W0195651

Viktor Farkas

Unsichtbare Fronten

Stell dir vor, es ist Krieg
und keiner merkt es

1. Auflage Juli 2009
Copyright © 2009 bei
Kopp Verlag, Pfeiferstraße 52, D-72108 Rottenburg

Alle Rechte vorbehalten

Lektorat: Perfect Page, Karlsruhe
Umschlaggestaltung: Peter Hofstätter – Angewandte Grafik
Satz und Layout: Perfect Page, Karlsruhe
Druck und Bindung: CPI – Clausen & Bosse, Leck

ISBN: 978-3-938516-95-9

Mix
Produktgruppe aus vorbildlich bewirtschafteten
Wäldern und anderen kontrollierten Herkünften
www.fsc.org Zert.-Nr. GFA-COC-001223
© 1996 Forest Stewardship Council

Gerne senden wir Ihnen unser Verlagsverzeichnis.
Kopp Verlag
Pfeiferstraße 52
D-72108 Rottenburg
E-Mail: info@kopp-verlag.de
Tel. (0 74 72) 98 06-0
Fax (0 74 72) 98 06-11

Unser Buchprogramm finden Sie auch im Internet unter:
www.kopp-verlag.de

Viktor Farkas

Unsichtbare Fronten

Stell dir vor, es ist Krieg
und keiner merkt es

KOPP VERLAG

Danksagung

*Ich danke einer großen Zahl von Lesern, die mich
mit Informationen und Anregungen versorgen
und die ich aus Platzmangel namentlich nicht
anführen kann. Und natürlich danke ich auch
meinem engagierten Verleger, Herrn Jochen Kopp,
der sich der Informationsfreiheit verpflichtet fühlt.*

Über den Autor:

Viktor Farkas, Jahrgang 1945, ist Journalist, Kommunikationsfachmann, Referent und renommierter Sachbuchautor. Seine Bücher umfassen ein breites Spektrum brisanter und aktueller Themen. Zu seinen bekanntesten Werken zählen »Das Science Fiction-Quizbuch«, »Neue Unerklärliche Phänomene«, »Vertuscht. Wer die Welt beherrscht«, »Zukunftsfalle – Zukunftschance. Leben und Überleben im Dritten Jahrtausend«, »Geheimsache Zukunft. Von Atlantis zur hohlen Erde«, »Schatten der Macht«, »Lügen in Krieg und Frieden. Die geheime Macht der Meinungsmacher«, »Mythos Informationsgesellschaft. Was wir aus den Medien *nicht* erfahren«. »Jenseits des Vorstellbaren. Der neue Reiseführer durch unsere phantastische Realität«, »Rätselhafte Wirklichkeiten« sowie »Gnadenlose Macht. Steht die ganze Welt auf dem Spiel?«
Siehe Website **www.farkas.at.**

Inhalt

6

10

DISTANZIERUNG

In der bundesdeutschen Justizpraxis können auch Zitate, sogar solche aus wissenschaftlichen Werken und historischen Dokumenten, zu einer Strafverfolgung führen, wenn man sich nicht glaubhaft vom Inhalt distanziert und die Veröffentlichung geeignet ist, den öffentlichen Frieden zu stören. Hiermit distanziere ich mich ausdrücklich von solchen Zitaten und Aussagen, sollten sie in meinen Veröffentlichungen erscheinen. Übertragen gilt das auch für Links oder Verweise auf Internetseiten. Deren Veröffentlichung habe ich rechtlich grundsätzlich nicht zu vertreten, da sie ohne Einfluss meinerseits sind.

Vorwort

»Die Sechste Kolonne«?

»Wenn Wahlen etwas bewirken würden,
dann wären sie längst verboten.«

Sponti-Spruch aus den 80er-Jahren

»Die Welt wird von ganz anderen Personen
regiert, wie man sich das vorstellt, und nur die,
welche hinter die Kulissen schauen,
können erkennen, wer das ist.«

Benjamin Disraeli
(englischer Premierminister, 1804–1881)

Diesem Buch muss ich eine Warnung vorausschicken: Es vertritt durchgehend eine Grundannahme, die man als kühn bezeichnen muss. Abwegig ist sie allerdings nicht, denn sie basiert darauf, dass US-Präsident Franklin Delano Roosevelt sich völlig im Klaren darüber war, was er sagte, als er 1945 jenen Satz ausgesprochen hat, der auch heute noch gerne zitiert wird: »*In der Politik geschieht nichts zufällig. Wenn etwas geschieht, kann man sicher sein, dass es auf diese Weise geplant war.*« Er musste es wohl wissen, soll er doch nach Aussagen seines Schwiegersohnes Curtis B. Dall selbst nur Befehlsempfänger gewesen sein. Genau diese Überzeugung tritt im Dialog mit zahlreichen meiner Leser angesichts der für viele unbegreiflichen Entwicklungen immer deutlicher hervor. Viele von ihnen haben mich ermuntert, diesen Gedankengang konsequent ein ganzes Buch hindurch zu verfolgen. Hier ist nun dieses Buch, wozu gleich eingangs gesagt werden muss, dass alle Thesen nur Diskussionsgrundlage sind, bei keiner sage ich »*So ist es auch!*«

Hand aufs Herz: Hätten Sie sich in den 70er- oder 80er-Jahren des vergangenen Jahrhunderts nicht auch an die Stirn getippt, wenn damals jemand prophezeit hätte, wir würden uns in Mitteleuropa im 21. Jahrhundert um unsere sozialen Errungenschaften, um unseren Arbeitsplatz, um die medizinische Betreuung, um die Zustellung von Briefen oder die Bahninfrastruktur Sorgen machen und unsere Mobilität gefährdet sehen, weil sich immer mehr Mitbürger das Benzin nicht leisten können? Oder wenn jemand vorhergesagt hätte, dass viele sich nicht auf die Straße trauen, weil die Polizei kaputtgespart wird, während andere im Winter daheim frieren, weil das Heizen unerschwinglich ist, ja, dass sogar der Kauf der täglichen Nahrung (!) zum Problem wird?

Diese dauernden Verschlechterungen, Hand in Hand mit permanenter Einschränkung von Bürgerrechten, überbordender Kontrolle, ausufernder Kriminalität, galoppierender Jugendgewalt und all den anderen Entwicklungen, die angeblich unvermeidlich sind, stellen für viele ein Rätsel dar. Sie fragen sich und andere: »Warum tun die da oben das wirklich?« Eine indirekte Antwort leiten manche aus einem Vortrag ab, den Dr. Richard Day, National Medical Director der von Rockefeller gesponserten »Planned Parenthood« (Organisation für geplante Elternschaft) sowie Professor für Kindermedizin an der Mount Sinai Medical School in New York vor 80 Medizinern der »Vereinigung Amerikanischer Kinderärzte« in Pittsburgh gehalten hat. Und das – wohlgemerkt! – am 20. März 1969!

In diesem Vortrag umriss er ein Zukunftsszenario, das uns heute gar nicht so zukünftig erscheint: Es wird Arbeitslosigkeit und Massenmigration geben, um lange etablierte und konservative Gemeinschaften aufzubrechen und wurzellos zu machen. Und zwar durch Grenzöffnungen bzw. bewusste Zulassung von Flüchtlingsströmen. Fremde werden besser behandelt als Einheimische, ausländische Sozialschmarotzer sogar gefördert. Die Völker sollen ihre Sprache, Individualität und Traditionen aufgeben und Herkunft leugnen, und in einem kulturlosen Einheitsbrei aufgehen. Gesetzesänderungen werden soziales und moralisches Chaos auslösen; der Drogenkonsum wird gefördert, um eine Dschungelatmosphäre in den Städten zu produzieren.

Er sagte auch, die Menschen würden durch die Informationen, die sie bekommen, kontrolliert werden. Diese Information wird selektiv sein. Nicht jeder wird Bücher besitzen dürfen. Gewisse Bücher werden aus den Bibliotheken verschwinden. Literaturklassiker werden subtil verändert werden (ist bereits mit Goethe passiert). Die Menschen werden wohl zu einer längeren Schulzeit verpflichtet, aber sie lernen nichts dabei und werden immer dümmer.

Sie wollen uns allen einen Chip implantieren, damit sie uns finden und identifizieren können, und damit sie uns überwachen, unsere Bewegungen kontrollieren und unsere Einkäufe aufzeichnen können. Gleichzeitig wollen sie den bargeldlosen Zahlungsverkehr einführen, wobei der Chip das Geld beinhaltet und nur damit bezahlt werden kann. Unliebsamen Personen wird man einfach den Chip abschalten, damit sie dadurch über das Geld ebenfalls »ausgeschaltet« sind. »Weltkriege sind überflüssig«, so Dr. Day, »deshalb wird Terrorismus stattdessen verwendet.« Man beachte, es war das Jahr 1969 und er sprach bereits über Terrorismus!

»Wie konnte dieser Mann das alles damals wissen?«, werden Sie sich jetzt vielleicht fragen. »War er ein Hellseher?« – Das wohl nicht, dafür aber soll der

1989 im Alter von 84 Jahren verstorbene Dr. Day ein Insider des »Order« (einer geheimen Vereinigung von … sagen wir einmal »Weltherrschern«) gewesen sein, als der er damals »inoffiziell« zu den versammelten Kinderärzten über den Plan der globalen Elite gesprochen hat, die die westliche Welt regiert und eine Weltdiktatur, eine Welttyrannei, etablieren will, die mittlerweile schönfärberisch »Neue Weltordnung« genannt wird. Damit beantwortet sich die Frage »Warum tun die da oben das wirklich?« selbst: Weil jene, die wir für »die da oben« halten, in Wirklichkeit nicht »die da oben« sind, sondern Befehlsempfänger von jenen, die *wirklich die da oben* sind. Um Verwirrung zu vermeiden: Wenn ich in der Folge von »denen da oben« spreche, so meine ich nicht die *tatsächlichen* Strippenzieher und Kulissenschieber hinter der Weltbühne – wer immer sie auch seien mögen – sondern ihre Ausführungsorgane, die Volksvertreter, die uns selten genug vertreten, wie oft beklagt wird. Deshalb werden die Politiker heute von immer mehr Zeitgenossen als »leitende Angestellte der Herrscher der Welt« betrachtet. Da aber die meisten diese Hintergründe nicht kennen bzw. schlimmstenfalls nur vermuten, bleiben wir bei der Formulierung »die da oben« für die »Frontfiguren«, die offenbar genau das exekutieren, was vielen von denen missfällt, die nicht wissen, warum das so sein *muss*.

Jene, die mich zu diesem Buch ermuntert und Anregungen dazu beigetragen haben, haben für diese Sachverhalte eine Antwort parat: Das ist so, weil nicht mehr und nicht weniger als der Kampf um den Globus in vollem Gange ist – wenn auch geheim und überall. Die gebetsmühlenartig genannten zwei Gründe für Einschränkungen und Verschlechterungen aller Art, nämlich die Globalisierung und der allgegenwärtige Krieg gegen den Terror, lassen sie nicht gelten. Selbst wenn man diese Zwänge, die mehr als fragwürdig sind, akzeptiert, so erklärt das immer noch nicht, wieso die Bildung ständig verschlechtert wird, wieso erwachsene und jugendliche Gewalttäter nicht zur Räson gebracht werden oder wieso nicht verhindert wird, dass Sozialleistungen von jenen missbraucht werden, die keinen Cent einbezahlt haben. Das sind nur einige Beispiele für Entwicklungen, die als unliebsam empfunden werden – und keineswegs als naturgegeben. Nicht zum ersten Mal habe ich in einem Lokal Gespräche am Nebentisch mitgehört, bei denen Bürger nach ein paar Gläsern Wein aus ihrem Herzen keine Mördergrube machen und immer öfter die Überzeugung äußern: »*Es ist keine ›verfehlte Politik‹ von denen da oben, dass wir zum Fremden im eigenen Land werden, sondern die wissen genau, was sie tun …*«

Da es selbst Paranoikern an den Kragen gehen kann, sollte man an die Wand gemalte Teufel nicht auf die leichte Schulter nehmen. Man braucht nur mit den Leuten zu reden und bekommt selbst von nüchternen und seriösen Naturen Heftiges zu hören. Viele sind mittlerweile der festen Ansicht, die sogenannte »Politische Korrektheit«, die Milde gegenüber Verbrechern durch Gesetze, die dem Rechtsempfinden der meisten Zeitgenossen (und Wähler!) krass zuwiderlaufen, oder der Niedergang der Bildungssysteme, die Herrschaft des Geldes, die Ausbreitung der Drogen, der zunehmende Atheismus, die Abschaffung der klassischen Familie mit gleichzeitiger Förderung der Gleichgeschlechtlichkeit, Dekadenz und immer irrwitzigere Spaßgesellschaft – um die wesentlichen der oft gehörten Beispiele zu nennen – seien keine natürlichen Vorgänge, sondern »Frontabschnitte« in einem Kriegsgeschehen, das rings um den Globus auf buchstäblich allen Ebenen im Gange ist.

Früher, und zwar noch vor einigen Jahren, hatte man die Kriminalität einigermaßen im Griff, die Sozialleistungen kamen allen zugute und Versorgungseinrichtungen wie Post oder Bahn versorgten uns vorbildlich und flächendeckend. Letzteres, obwohl die Wirtschaftsleistung weit geringer war als heute und sich daher auch weniger Geld im Staatssäckel befand. Ungeachtet der seither vervielfachten Produktionssteigerung und damit Wertschöpfung *muss* nach offizieller Lesart alles und jedes »reformiert«, sprich liquidiert werden, das in Generationen errungen wurde, und das, obwohl wir seit Jahrzehnten in Frieden prosperieren. Da passt doch einiges nicht zusammen. Da kann irgendetwas nicht stimmen. Genau so ist es, kann man vernehmen, weil nämlich in Wirklichkeit Krieg herrscht.

Das klingt nicht eben sensationell. Schließlich leben wir in einer Welt, die an vielen Stellen in Flammen steht. Kriege und Bürgerkriege toben. In Afghanistan, im Irak, in Tschetschenien, in Georgien, im Sudan, in Liberia, im Kongo und an zahlreichen anderen Brandherden ist die Bevölkerung Opfer von Mächten, die ihre Interessen mit Pulver und Blei durchsetzen. Gott sei Dank nicht bei uns, werden Sie vielleicht denken. »Irrtum!«, heißt es, denn »auch hierzulande herrscht Krieg.« Allerdings in anderen Formen und an unerwarteten Kriegsschauplätzen, weshalb der Begriff »Front« auch im weitestmöglichen Sinne zu verstehen ist.

Da sich vieles, um nicht zu sagen alles weiterentwickelt (auch wenn die meisten Entwicklungen eher negativer Natur sind, obwohl sie uns als »Fortschritt« verkauft werden), so denken die meisten Zeitgenossen an die Technik, wenn davon die Rede ist, dass sich auch der Krieg weiterentwickelt. Das aber ist, so scheint es jenen, die mich zu diesem Buch inspiriert haben, eine arge Verkürzung. Der Krieg entwickelt sich ihrer Ansicht nach nämlich nicht nur in Hinsicht auf elektronische Feinheiten oder Waffentechnik, sondern auch in seiner Natur selbst. Die neuen Fronten sind getarnt. Sie verlaufen in unseren Städten, unseren Häusern, an unseren Schulen, an unseren Gerichten ...

»Stell dir vor, es ist Krieg – und keiner merkt es ...« Dieses Brecht zugeschriebene, hier abgeänderte Zitat beschreibt, was heute viele für gegeben halten,

und was ein bekannter Politiker unter anderem so formuliert hat:
»*Heute ist uns kein offizieller Krieg erklärt worden. Wie heftig auch immer der Kampf sein möge, er wurde nicht in der traditionellen Weise erklärt. Was angegriffen wird, ist unsere Lebensart. Jene, die unsere Feinde sind, breiten sich über den ganzen Erdball aus. Kein Krieg ist erklärt worden, keine Grenzen wurden von marschierenden Truppen überschritten, keine Raketen abgefeuert …*
Was uns feindlich entgegentritt, ist eine monolithische und rücksichtslose Verschwörung, die sich primär verborgener Mittel bedient – die auf Infiltration setzt statt auf Invasion, auf Subversion statt auf Wahlen, auf Einschüchterung statt auf freie Entscheidung, auf Agenten in der Nacht statt auf Soldaten bei Tage. Es ist ein System, das gigantische menschliche und materielle Ressourcen aufwendet, um ein engmaschiges Netz zu weben; eine extrem effiziente Maschinerie, die militärische, diplomatische, geheimdienstliche, wirtschaftliche und politische Operationen miteinander verbindet. Ihre Vorbereitungen sind verheimlicht, nicht publiziert. Ihre Fehler werden begraben, nicht veröffentlicht. Ihre Dissidenten werden zum Schweigen gebracht. Keine Ausgabe wird in Frage gestellt, kein Gerücht wird gedruckt, kein Geheimnis wird enthüllt. Kurz gesagt, führt das System seinen Kampf mit einer Disziplin, wie sie nur im Krieg praktiziert wird und mit der es keine Demokratie aufnehmen kann …
Es ist unsere Verpflichtung, die Bevölkerung zu informieren und zu alarmieren, um sicherzustellen, dass sie im Besitz aller Fakten ist, die sie benötigt und auch verstehen kann, welchen Bedrohungen, Aussichten und Entscheidungen wir gegenüberstehen …
Die Medien haben nicht in erster Linie die Pflicht, die Bürger zu unterhalten und zu amüsieren, das Triviale und Sentimentale in den Vordergrund zu stellen, der Öffentlichkeit einfach nur zu geben, was sie will – sondern vielmehr zu informieren, aufzurütteln, zu reflektieren, unsere Bedrohungen und Möglichkeiten aufzuzeigen, unsere Krisen anzusprechen wie auch unsere Entscheidungen, zu führen, zu formen, zu erziehen und gelegentlich sogar Ärger zu machen …«

Diese flammenden Worte mit einem hochaktuell klingenden Inhalt sind ein Auszug aus einer Rede, die John F. Kennedy am 27. April 1961 im Waldorf-Astoria Hotel in New York City vor Journalisten gehalten hat. Wie es JFK schließlich ergangen ist, wissen wir. Die Kugeln eines angeblichen Attentäters setzten seinen Bemühungen, die Medien an ihre Aufgabe zu erinnern und das Volk aufzurütteln, ein Ende. Jahrzehnte danach befinden wir uns anscheinend immer noch in einem Krieg »*auf unerwarteten Wegen in jedem Bereich der menschlichen Aktivitäten*«, wie Kennedy es 1961 ausdrückte.
Was viele gar nicht als Krieg ansehen, ist in Wirklichkeit ein solcher, wenn auch in anderer Gewandung, ausgedehnt auf alle Lebensbereiche und zwar (wohlgemerkt!) auch in jenen Nationen, deren Bürger irrigerweise meinen, ihr Land würde sich im Frieden befinden. In Wirklichkeit,

so mutmaßen immer mehr Zeitgenossen, sind in der gesamten »westlichen Wertegemeinschaft« Kräfte am Werke, die Science-Fiction-Kenner unter ihnen sarkastisch als »Sechste Kolonne« bezeichnen (Romantitel von Robert A. Heinlein, 1949).

Als »Fünfte Kolonne« werden heimliche, subversiv tätige oder der Subversion verdächtige Gruppierungen bezeichnet, deren Ziel der Umsturz einer bestehenden Ordnung im Interesse einer fremden, aggressiven Macht ist. Die ursprüngliche Bedeutung stammt aus dem russischen Bürgerkrieg und bezeichnet eine Eliteeinheit. Diese »Fünfte Armee« wurde von Leo Trotzki gegründet. Der Begriff wurde 1936 im spanischen Bürgerkrieg allgemein bekannt und galt für Anhänger der Aufständischen, die nach dem Putsch in den von der Regierung kontrollierten Gebieten verblieben waren und dort in Aktion treten sollten, sobald es militärisch sinnvoll war. Da es sich nach dieser Definition um eine Subversion zum Zweck des Umsturzes in einem Land handelt, erscheint den Zynikern eine Steigerung des Begriffes erforderlich, wenn die Umstürzler das Land sozusagen bereits übernommen haben und – an den wesentlichen Schaltstellen sitzend – daran arbeiten, das übernommene Land *umzubauen*. Genau das soll jene »*Sechste Kolonne*« im Begriff sein zu tun, die der schlichte Staatsbürger für seine Repräsentanten hält. Eine kühne Hypothese, der ich nicht das Wort reden, sondern zu der ich meinen Lesern nur die dafür ins Feld geführten Argumente zur eigenen Beurteilung kenntlich machen will …

Angelpunkt der Argumentation ist die für viele manifeste Dekadenz im sogenannten freien Westen, für sie erkennbar an scheinbar ungebremster Zuwanderung, an der Nicht-Abschiebung von Kriminellen, an Drogen- und Alkoholexzessen bereits in jüngsten Jahren, an der Unterstützung von Verbrechern, nicht aber von Opfern, an der Zulassung von Schülerterror an den Ausbildungsanstalten, die man kaum noch als Bildungseinrichtungen bezeichnen kann, an den Exzessen von Jugendgangs aus »strafunmündigen« 12- bis 13-Jährigen, die unbehelligt bleiben, selbst wenn sie harmlose Passanten krankenhausreif zu schlagen pflegen, am Nicht-Eingreifen bei Gewalttaten oder bei Ausschreitungen diversester Art und an vielen anderen Erscheinungen, die sich meine Generation (1945) in ihren schlimmsten Albträumen nicht vorgestellt hätte. Beispielsweise die Punker in einer nach ihnen benannten »Punkerhytn« in Wien nahe einer Schule und einem Kindergarten, deren Anrainer bereits einen Umzug erwägen. Trotzdem will die Behörde dem Tag und Nacht schwer störenden und auch obszönen Treiben der »Sozialfälle« keinen Einhalt gebieten. Alles wird normiert, auch die Sprache, das Denken, Sitten und Kultur.

Die heutigen Verhältnisse, so das Resümee, seien nicht das Ergebnis einer unabwendbaren Entwicklung. Nein, sie seien das Ergebnis kalkulierter Absicht. Oder mit anderen Worten: Es ist eine Form von Krieg, der auf den unterschiedlichsten Ebenen stattfindet, die man früher mit diesem Begriff niemals in Verbindung gebracht hätte. Krieg gegen die Zivilisation mit einem Endzweck: One World, korrekter »One Slum«.

Damit sind wir beim eigentlichen Sinn des schrankenlosen Konsumierens, das heute das A und O ist. Die Menschen werden zum – von den Monopolen angebotenen – Konsum verurteilt. Um das zu erreichen, ist eine Globalgesellschaft mit sozialer und kultureller Verödung, Dekadenz, Verblödung und Entartung unabdingbar; das meinen mittlerweile immer mehr Analysten und nicht nur solche aus verpönten Ecken und Lagern.

Zivilisatorische Einrichtungen wie Post, Bahn usw., die unantastbar schienen, werden dem begehrlichen Zugriff der Investoren geöffnet. Manchen stößt auf, dass Worte wie »offen« oder »geöffnet« heute ununterbrochen im Munde geführt werden, allerdings nicht in ihrer wahren Bedeutung. Die Analysten meinen, »aufbrechen« wäre korrekter, getreu der Aussage von US-Präsident Woodrow Wilson von 1917: »*Wir werden mit jedem Handel treiben, ob er will oder nicht. Wer uns seine Märkte nicht öffnen will, dem treten wir die Türe ein.*« Die Umsetzung dieser Worte findet sich für Geschichtskundige in der sogenannten »Truman-Doktrin« aus der Rede des 33. US-Präsidenten am 12. März 1947 vor dem amerikanischen Kongress über die »*Verpflichtungen der USA*«. Darin betonte Harry S. Truman, »*alle freien Völker zu unterstützen, die sich der Unterwerfung durch bewaffnete Minderheiten oder durch Druck von außen widersetzen.*« Wie das in der Praxis aussieht, wissen wir mittlerweile.

Weit weniger bekannt ist aber ein Satz, den Truman wenige Tage zuvor gesagt hat, und zwar am 6. März 1947 in einer Ansprache am Baylor College in Texas: »*Die ganze Welt sollte das amerikanische System übernehmen. Denn das amerikanische System kann (selbst) nur in Amerika überleben, wenn es das System der ganzen Welt wird.*«

Diese offen ausgesprochene Willenserklärung macht verständlich, was in der Welt vor sich geht und welche Art von Krieg seit dem Ende des Zweiten Weltkriegs abläuft – nach dem Abdanken der Sowjetunion in verstärktem Maße mit fast schon exponentiell gesteigerter Geschwindigkeit: Der totale Krieg an allen Fronten, die der schlichte Zeitgenosse meist gar nicht zu erkennen vermag.

Auf dem Weg zur globalen Freiheit der Finanzoligarchie müssen alle historisch gewachsenen Identitäten nivelliert werden. Dieser Kapitalismus muss das Ende der Völker und Kulturen herbeiführen, um ungestört herrschen und ausbeuten zu können. Das ist ein im Wesen des Kapitalismus angelegtes Endzeitprogramm der Menschheit, das durch die sogenannten »Gegenmaßnahmen« im Zuge der 2008 »überraschend losgebrochenen« Weltfinanzkrise nicht wirklich gebremst wird. Manche sind sogar der Meinung, auch diese Krise mit genau dem genannten Endziel sei gewollt, geplant und durchgezogen worden.

Ich selbst kann mich erinnern, dass in den 1970er-Jahren ein alter Kommunist, mit dem Bekannte von mir Karten gespielt haben, zu sagen pflegte: »*Wünscht euch nicht, dass die Sowjetunion zugrunde geht [wovon damals natürlich keine Rede war; Anm. V. F.], denn dann wird der Kapitalismus über euch herfallen.*« Damals haben wir herzlich gelacht, heute lachen wir nicht mehr. Die UdSSR ist kollabiert, und unmittelbar anschließend begann der Kapitalismus in nie für möglich gehaltener Form über uns bzw. die gesamte Welt herzufallen, schönfärberisch getarnt als Globalisierung, Deregulierung, Privatisierung.

Fazit mancher Kartenspieler von damals ist heute: Der Kommunismus war als System völlig unbrauchbar, als *Schutzschild* hingegen extrem effektiv. Sie weisen darauf hin, dass seit dem Ende der UdSSR mächtige Kreise in den USA fast schon unverhohlen Personen ihrer Wahl in anderen Ländern an Schaltstellen befördern und auf jene Druck ausüben, die bereits dort sitzen. All das mit dem Ziel, das jeweilige Land scheibchenweise aufzukaufen oder gleich geschenkt zu erhalten. Anders kann man es wohl nicht nennen, wenn Staatsbetriebe, Versorgungseinrichtungen, Wasserversorgung, in Wien sogar das Kanalnetz in mehreren Bezirken, ein Teil des Rechenzentrums der Stadt Wien sowie U-Bahn-, Straßenbahnanlagen und -einrichtungen im Zuge der »Cross Border Leasing«-Geschäfte (CBL) gegen völlig wertlose Dollar übereignet werden, oder wenn in Indien ein ganzer Fluss an Investoren verhökert wird, die den Einheimischen den Zugang zum Wasser mit Waffengewalt verwehren (siehe mein Buch »Gnadenlose Macht«).

Auf Druck der Globalisierer (de facto: Amerikanisierer) bauen die Europäer ihre beitragsfinanzierten nationalen Sozialversicherungen mit ihren Umlageverfahren ab, um mit steuerlich geförderten (!) *Privat*versicherungen die Veranlagung der Versicherungsprämien in den USA zu unterstützen. Von diesen Prämien haben sich diverse beim »Finanz-Tsunami« ab 2008 in Nichts aufgelöst, wie andere »Alterssicherungen« auch. Um die Profite zu »maximieren«, müssen in Europa »Lohnnebenkosten« (sprich Sozialversicherungsbeiträge) reduziert werden. Die Zeche zahlen die (noch nicht freigesetzten) Arbeitenden, deren Löhne stetig sinken, und die Rentner, deren Pensionen mit den Aktienkursen in den Keller fallen, wie die Finanzkrise demonstriert. Der globalisierte Finanzbedarf verhindert zudem nationale Steuersenkungen, die dringend angesagt wären, um die Wirtschaft am Laufen zu halten.

Weil Geld bekanntlich nicht stinkt, wie schon Kaiser Vespasian wusste, finden sich allenthalben »Fachleute«, die dieses System »wissenschaftlich begründen« und »Volksvertreter«, die es zum Leidwesen »ihrer« Wähler exekutieren.

Betrachtet man die astronomischen Summen, die unfähigen Managern für die Zerstörung von gesunden Wirtschaftsunternehmen nachgeworfen werden, die geradezu absurden Vermögensanhäufungen in kürzester Zeit, die wundersame Verdoppelung von Milliardenvermögen durch Spekulation oder durch simple Kursschwankungen, wird dem Otto Normalverbraucher klar, dass Geld kein realer Wert ist, sondern lediglich die Bewegung von Elektronen in Computern. Nur – und das ist der springende Punkt – Otto Normalverbraucher besitzt das Passwort für den globalen Geldcomputer nicht. Den haben nur die Mitglieder eines im Hintergrund agierenden exklusiven Zirkels, der wohl auch dafür verantwortlich sein dürfte, dieses perverse System immer schneller und mit Feuer und Schwert der Welt überzustülpen. Er, Otto Normalverbraucher, darf dafür nur schuften, allerdings nicht für zuviel Lohn, denn sonst wird das Unternehmen ausgelagert und er selbst abgebaut. Anders gesagt: Genauso wie der kleine Maxi sich die Weltpolitik und die Vorgänge dahinter vorstellt, so sind sie auch: simpel und niederträchtig.

Es scheint, so beobachten manche Analysten, ein Wettlauf im Gange zu sein: Was passiert zuerst? Der Niedergang der USA oder die Umwandlung, sprich Unterwerfung, der restlichen Welt unter den »American Way of Life« – Obama hin, Obama her? Willfährige Ausführungsorgane stehen anscheinend zur Verfügung. Sie nennen sich allerdings Nationale Regierungen, kühnerweise sogar Volksvertreter. All das ergab sich im Meinungsaustausch mit zahlreichen Personen.

Meine Warnung zum Schluss dieses grimmigen Vorwortes: Manches wird Ihnen gewagt erscheinen. Kann es wirklich sein, dass Gesetze gemacht werden, die bewusst die eigene Bevölkerung in Schach halten, um nicht zu sagen unterdrücken sollen? Ist es denkbar, dass die Regierungen einen Krieg gegen die eigene Bevölkerung führen, wenn auch sehr subtil? In den USA breitet sich genau diese Meinung unaufhaltsam in der Masse der Bevölkerung aus und ist schon mehrheitsfähig. Mittlerweile ist sie aber auch in der »Alten Welt« zu vernehmen. Auch hierzulande stößt man auf die Ansicht, »die da oben« hätten Angst vor den eigenen Völkern und würden sich darauf einrichten, erste Anzeichen des Volkszorns sofort zu erkennen, um beizeiten darauf reagieren zu können. Jene, die diese Meinung vertreten, begründen sie so:» *Weshalb sonst hat Brüssel extra eine ›Beobachtungsstelle für innere Unruhen‹ eingerichtet, in der Erkenntnisse der nationalen Geheimdienste über die Unzufriedenheit der Bevölkerung zusammengeführt werden sollen?*« Nicht zu vergessen: die konsequente Entwaffnung gesetzestreuer Bürger.

Nochmals: Was ich versuche, ist nichts anderes, als diese Stimmungen wiederzugeben, wenn auch mit aller gebotenen Zurückhaltung. Was ich darlege, sind Fakten, und viele davon halten. Erfunden habe ich nichts. Manches schon früher erörterte greife ich wieder auf, weil die Problematik nach wie vor virulent ist oder sich gar noch verschlimmert hat, seit ich sie zuletzt angesprochen habe. Dem möglicherweise zu erwartenden Einwand, ich würde Fakten selektiv auswählen, halte ich entgegen, dass die schiere Existenz dieser Fakten bedenklich genug sein dürfte. Die konkrete Meinungsbildung liegt einzig und allein bei Ihnen, liebe Leserinnen und Leser. Mich betrachten Sie sozusagen als »Chronisten des Unliebsamen.«

Noch etwas auf dem Weg in unser aktuelles Horrorkabinett: Meinem stets aufmerksamen Publikum wird auffallen, dass ich manches ausführlich darlege, das in meinem Heimatland Österreich über die Bühne geht. Das hat mehrere Gründe. Vieles davon dürfte für gleichartige Vorgänge in Deutschland repräsentativ sein, über die dort aber nicht so eingehend – oftmals überhaupt nicht – berichtet wird. Dass dem so ist, liegt für viele offenkundig an der ausgeprägteren einseitigen Ausrichtung der öffentlichen Medien in Deutschland (den Ausdruck »Gleichschaltung« vermeiden vorsichtige Gemüter seit Eva Hermans medialer und sonstiger Abstrafung). Für besonders Unkorrekte ist der Umstand, dass in Österreich manches – wenn auch beileibe nicht alles, und oft nur in Form von Leserbriefen, aber immerhin – angesprochen wird, das in Deutschland absolut tabu ist, nicht nur auf den sprichwörtlichen alpenländischen Schlendrian zurückzuführen, sondern auch darauf, dass die Umerziehung in Deutschland total gegriffen hat, während in Österreich nicht alles 120-prozentig durchgezogen wird.

Und weil es gelegentlich Bemerkungen zur Quellenfrage gibt, möchte ich klarstellen, dass ich aufgrund von Leserreaktionen, die sich an Querverweisen, Fußnoten, Sternchen usw. stören, den Text im Interesse nicht dauernd gekippten Spannungsaufbaus davon freihalte und stattdessen das Quellenverzeichnis besonders ausführlich anlege.

Auch über die oftmalige Nennung anderer Bücher von mir erreichen mich ab und zu Kommentare. Natürlich mache ich Werbung für mich, das leugne ich nicht, aber hauptsächlich möchte ich meinen Lesern die Möglichkeit geben, spezielle Themenbereiche zu vertiefen, die ich aus Platzmangel nur ansprechen, aber nicht ausführen kann, die ich aber in anderen Büchern vertiefend behandelt habe. Und jetzt beginnen wir nach dem Motto »Wenn schon, denn schon!« mit einem Sprung nicht ins kalte, sondern ins heikle Wasser.

Zwei Teile in diesem Buch behandeln ein sehr sensibles Thema. Eines davon macht den Anfang, wobei der viel geschmähten und wenig beachteten »Stimme des Volkes« Raum gegeben wird, die – ich betone es nochmals – nicht in allen Punkten die meine ist …

Viktor Farkas

Teil I

Die neue »Heimat-Front«

Die Demografie-Offensive

Selektive Ein- und Auswanderung

Hand aufs Herz: Gibt es heute ein sensibleres Thema als die Zuwanderung in allen ihren Ausprägungsformen? Die Problematik ist mir voll bewusst, weshalb ich mit allem Nachdruck vorausschicken möchte, dass kein böses Wort über jene Zuwanderer gesagt werden soll, die integriert und gutwillig sind. Sie waren uns im Westen stets willkommen und sollen es auch weiterhin sein. Worauf hingegen der Fokus gerichtet werden soll und muss, sind Fehlentwicklungen, die nicht nur den »alten«, sondern auch den »neuen« Bürgern gegen den Strich gehen.

Nach dieser wichtigen Präambel wollen wir provokant und unkorrekt die wohl krasseste Form der Zuwanderung unter die Lupe nehmen, die auch integrierten Zuwanderern Sorge bereitet: die die Küsten erstürmenden Asylantenströme mit der darauf folgenden Entwicklung des Ausbruchs aus Auffanglagern. Ein Geschehen, das manche mittlerweile als »Invasion« ansehen. Dass es zu einer solchen Betrachtungsweise kommen könnte, hat vor mehreren Jahren ein Mann angesprochen, dem man beim schlechtesten Willen nicht vorwerfen kann, ein rechtsextremer Populist zu sein.

Ich spreche von dem von mir gerne als Autorität herangezogenen israelischen Militärhistoriker und -theoretiker Professor Martin van Creveld, der in den 1990er-Jahren in einer BBC-Dokumentation von Stephen Bradshaw, die vom österreichischen Fernsehen unter dem Titel »Welt am Abgrund?« ausgestrahlt wurde, unverblümt behauptet hat, der Tag würde kommen, an dem man Flüchtlingsschiffe würde versenken müssen: »*Jagen wir einige von den Booten in die Luft, die anderen werden es sich dann überlegen.*« Darauf die

Frage des Interviewers: »*Auf sie schießen? Glauben Sie, das wird kommen?*« Antwort: »*Oh ja, das wird kommen* ...« Wohlgemerkt: *Ich* empfehle das nicht, ein *Indikator* ist diese Aussage aber allemal. Nicht zuletzt, weil Creveld schon damals von einer neuen Form des Krieges gesprochen hat, der nicht mehr zwischen den Nationen ausgetragen wird, sondern innerhalb des Staatsgefüges von Nationen. Er meinte damals, die Mehrheit der Bürger würde den Flüchtlingsansturm, der heute ungleich stärker geworden ist, wie man fast täglich den Medien entnehmen kann, als »Invasion« betrachten.

Crevelds Horrorvision von den versenkten Flüchtlingsbooten wird – wie ich hoffe – niemals Wirklichkeit werden. Symptomatisch scheint sie aber dennoch zu sein, angesichts des wachsenden Unmutes über herrschende Gegebenheiten. Immer häufiger wird in Leserbriefen gefragt, wieso offenkundige Wirtschaftsflüchtlinge, in deren Heimatländern sie keiner Verfolgung ausgesetzt sind, x-mal Asylanträge stellen können, aufgrund derer sie jahrelang im Asylland verbleiben bis eine sogenannte »Aufenthaltsverfestigung« eingetreten ist. Sprich: Sie bleiben. Und immer dann, wenn Asylbewerber über längere Zeit hinweg Straftaten begehen, ohne nach Hause verfrachtet zu werden, pflegt die Volksseele überzukochen. Um nicht der Übertreibung oder gar Verhetzung gezogen zu werden, hier ein Zitat aus einem Leserbrief vom 28. Januar 2009 in der größten österreichischen Tageszeitung, der »Kronenzeitung«: »*In Innsbruck haben vier marokkanische Asylbewerber ein Mädchen stundenlang vergewaltigt. Ganz abgesehen von der Scheußlichkeit der Tat, fragt sich bei dieser Nachricht wohl mancher Bürger verwundert, wieso es bei uns überhaupt Asylbewerber aus einem Land gibt, wo niemand – außer Kriminellen – etwas zu befürchten hat.*« Und einige Seiten später liest man in eben dieser Ausgabe der »Wiener Krone« zum gleichen Fall: »*Helle Empörung in Innsbruck: Ein marokkanischer Asylbewerber, der wegen des Verdachtes der überaus brutalen Vergewaltigung einer 17-Jährigen in U-Haft sitzt, wurde nach einer kleinen Operation als Privatpatient ausgerechnet in der Kinderklinik untergebracht. Laut Justizwache gibt es dafür weit billigere Möglichkeiten.*«

Kann es da verwundern, wenn immer häufiger die Frage gestellt wird, wieso Gesetze eingeführt wurden, die derartiges ermöglichen – und wozu? Für besonders misstrauische Mitbürger sind solche Regelungen rundheraus ein feindlicher Akt gegen die eigene Bevölkerung. Wie schon erwähnt, sagen manche mittlerweile ebenso unverblümt wie unkorrekt, die Zuwandererproblematik sei nicht durch »verfehlte Einwanderungspolitik« entstanden, sondern wäre *bewusst herbeigeführt*. Im April 2009 äußerte sogar eine österreichische Politikerin, die in einer Landesregierung tätig ist und auch sonst selten ein Blatt vor den Mund nimmt: » ... *Die politische Klasse hat aktiv die Weichen für die Einwanderung gestellt. Von der Anwerbepolitik der 60er- und 70er-Jahre über das dann gewährte Recht auf Familiennachzug bis hin einem Asylrecht, das als Einwanderungsinstrument*

missbraucht wird … Es waren politische Entscheidungen, die die ›faktische Ein-wanderung‹ erst möglich gemacht haben …«
Als ein Indiz für solche Vermutungen werden unter anderem die Brüsse-ler Pläne vom Frühjahr 2009 genannt, die eine europaweite Einführung von Sozialhilfe für Asylbewerber vorsehen, was diese mit einheimischen Bedürf-tigen gleichstellen und eine Verdoppelung der Kosten für staatliche Flücht-lingsunterstützung nach sich ziehen würde. Wodurch, darüber sind sich Ex-perten einig, Länder wie Deutschland und Österreich solche Personen in verstärktem Maße regelrecht »ansaugen« würden. Und genau das *solle* auch geschehen, so die Warner.

Rumänien hatte noch bis kurz vor dem Beitritt zur EU massenweise Päs-se für die »Brüder in Moldawien« ausgeschüttet. Die EU-Bürokraten verga-ßen jedoch, Rumänien als Beitrittsbedingung die Ungültigmachung dieser Pässe vorzuschreiben. Fazit: Hunderttausende Moldawier können völlig un-gehindert in die EU einreisen, was die »Kronenzeitung« mit der Schlagzei-le »*Der Staat, der uns seine Kriminellen schickt*« kommentierte. Misstrauische Stimmen sind der Meinung, bei diesem Lapsus würde es sich keineswegs um ein »Versehen« in Brüssel handeln.

Derartigen Radikalpositionen will ich nicht zustimmen, sondern ledig-lich aufzeigen, dass viele sich über die Entwicklung Sorgen machen. Allein schon deswegen, weil dicht besiedelte Länder wie Deutschland (mit rund 230 Personen pro Quadratkilometer etwa zehnmal so stark bevölkert wie die USA) oder auch Österreich von Politik, Eliten und Medien in schöner Einhelligkeit ohne Unterlass zu »Einwanderungsländern« deklariert wur-den. Von Zahlen des BRD-Zentralamtes für Statistik wird gesprochen, de-nen zufolge in Deutschland der Prozentsatz der Kinder unter fünf Jahren »mit Migrationshintergrund« (in der Mehrzahl türkischer Provenienz) im Durchschnitt rund ein Drittel betragen soll, im städtischen Raum jedoch bereits bis zu 70 Prozent. Da die Verwendung der Grundrechnungsarten noch nicht als diskriminierend angesehen wird, dürften – so die Statistik stimmt – nach Adam Riese in zehn Jahren die Fünfzehnjährigen in den deutschen Städten zum überwiegenden Großteil Türken sein. Aktuelle Zah-len aus Österreich gehen in dieselbe Richtung: Im Frühjahr 2009 wurde durch eine Statistik aus dem Unterrichtsministerium kundgetan, 59 Prozent der Hauptschüler in Wien seien Migranten, wobei ein Bezirk, Hernals, mit einem Ausländeranteil von 93 Prozent herausragte. In dem Zusammen-hang haben sich etliche Wiener über die im Österreichischen Rundfunk ORF in mehreren Teilsendungen präsentierten Konzepte unter dem Motto »Wien 2020« lustig gemacht und gemeint, darüber bräuchte man sich im Wiener Rathaus keine Gedanken zu machen, denn 2020 würden dort an-dere das Zepter schwingen.

Kurzum: Nicht wenige Zeitgenossen fürchten interkulturelle Spannungen und sehen Konflikte heraufziehen, wie sie aus den französischen Vorstädten bekannt sind, seit Ende 2008 auch aus Griechenland und anderen Ländern. Manche argumentieren, dass diese Entwicklung nicht stattfände, würde die »ursprüngliche« europäische Bevölkerung nicht schrumpfen. Das wiederum lässt sie eine Frage stellen, die für »Korrekte« mehr als tabu ist, wenn bei diesem Begriff eine Steigerung möglich wäre:

Warum sinkt die Zahl der »ursprünglichen Europäer«?

Schon in »Mythos Informationsgesellschaft« und »Gnadenlose Macht« habe ich dargelegt, dass und wie die »klassische Familie« abgeschossen werden soll. Da diese Entwicklung, die manche als offenen Krieg gegen die Familie betrachten, ungebremst weitergeht, wollen wir sie also weiterhin beobachten.

Die Familie sei die Keimzelle der Gesellschaft, tönen auch jene Politiker, die das Scheidungsrecht derart gestaltet haben, dass diese Keimzelle leicht aufgelöst werden kann. Da Männer die vorbestimmten Scheidungsverlierer zu sein scheinen und daheim schon gar nichts zu reden haben, überlegen sie es sich zweimal, ehe sie eine Familie gründen. Wenn ein Familienerhalter ewig gestrig versucht, der »Herr in seinem Haus« zu sein, trifft ihn die Schwere der Gesetze. Es sei denn, der Mann ist ein Migrant. Wie man Berichten entnehmen kann, hat die Rechtsprechung in zumindest einem Fall die Bewertung von Gattinnenmisshandlung relativiert: Die Frau hätte sich in einem anderen Kulturkreis eben unterzuordnen und könne daher auch bestraft werden. Haut die Frau eines »Einheimischen« ab, bekommt sie zumeist jedwede Unterstützung, und er das »Recht« zu zahlen. Mit sonstigen Rechten sieht es weniger gut aus, wie einige haarsträubende Vorfälle aus Österreich beweisen, bei denen leibliche Väter vergeblich versucht haben, Kinder vor den neuen Männern ihrer Ex-Frauen zu schützen. Im Fall eines misshandelten Babys war es dem Kindesvater trotz heftigster Interventionen bei den Behörden nicht möglich, zu erreichen, dass das Kind der Mutter und dem misshandelnden Stiefvater entzogen wurde, wobei das Opfer im Alter von siebzehn Monaten schließlich zu Tode kam, laut Medienberichten infolge fortgesetzten sexuellen Missbrauchs. Der Täter wurde zu lebenslanger Haft verurteilt und damit (leider zu spät) aus dem Verkehr gezogen. Der Vater verklagte die trotz mehrfacher Information untätig gebliebenen Behörden. Ende Mai 2009 wurde schließlich die Mutter, die die deutlichen Spuren der schweren Misshandlungen nicht bemerkt haben wollte, in einem gesonderten Prozess zu einer Haftstrafe von einem Jahr ohne Bewährung verurteilt und die wegen Untätigkeit mit angeklagte Sozialarbeiterin zu einer Geldstrafe von 1200 Euro auf Bewährung. All das war aus den Medien zu entnehmen. Um nicht den Eindruck zu erwecken, so ginge es nur in deutschsprachigen Landen zu, sei auf einen Fall in England verwiesen. Dort löste die milde Strafe für die Mutter eines zu Tode misshandelten Babys in London heftige Debatten aus. Der Partner der Frau hatte ihren 17 Monate alten Sohn wiederholt so schwer geschlagen, dass er an inneren Verletzungen starb. Während der Peiniger lebenslange Haft verbüßt, könnte die »Mutter« bereits im August 2012 wieder frei sein. Obwohl der kleine Peter binnen acht Monaten 50 schwere Verletzungen erlitten hatte, schritt das Jugendamt nicht ein.

Anfang März 2009 erregte ein weiterer Fall beim schlichten Volke ziemlichen Unmut: Ein 19-Jähriger, der seinem zur Tatzeit sieben Wochen alten Baby immerhin 23 Knochen gebrochen haben soll, wurde gegen 7000 Euro Kaution aus der Untersuchungshaft entlassen. Auch diesmal konnte man die Frage vernehmen, gegen wen sich die »Härte des Gesetzes«, von manchen eingeschränkt auf »Härte der Justiz«, eigentlich richtet?

In diesem Zusammenhang möchte ich einige länger zurückliegende Vorgänge erwähnen, an die ich mich aus den Medien in vagen Umrissen zu erinnern meine, sie aber in keinen Zusammenhang gebracht habe. Diesen (seiner Ansicht nach) Zusammenhang stellte erst ein aufgebrachter Bürger her, dessen Argumentation nicht nur mich verblüfft hat. Worum geht es? Bei einer öffentlichen Diskussion über Kinderrechte und Kinderschutz äußerte ein Mann aus dem Publikum mit erregter Stimme, Kinderschutz sei den Behörden weniger wichtig als saftige Einnahmen. Vom Diskussionsleiter gefragt, was er damit meinte, schilderte der Mann aus seiner Sicht zwei Fälle, die sich ungefähr zeitgleich ereignet haben sollen, was mir selbst überhaupt nicht mehr bewusst war.

Fall eins: Beim Wiener Naschmarkt – das ist ein großer Markt nahe dem Stadtzentrum – hatte ein Friseur netterweise damit begonnen, den auf dem Marktgebiet anzutreffenden Pennern am Sonntag einen kostenlosen Haarschnitt zu verpassen, um ihnen Menschenwürde zurückzugeben. Wohlgemerkt: Der Meister selbst führte die Schere. Kein Angestellter wurde um die Sonntagsruhe gebracht. Zu diesem Menschenfreund begab sich ein als Penner aufgemachter Beamter des Marktamtes und ließ sich die Haare schneiden. Der klassische »agent provocateur«. In der Folge soll dem Friseur eine gesalzene Verwaltungsstrafe wegen Sonntagsöffnung bzw. -tätigkeit ins Haus geflattert sein.

Fall zwei: In einschlägigen Kreisen wurde verbreitet, eine Familie in einem Bundesland würde gegen bare Münze im Keller ihres Hauses Kleinkinder (vermutlicherweise im ehemaligen Ostblock beschafft) für Pädophile aller Couleur »zur Verfügung« stellen. Im Falle von zu heftiger »Kinderliebe« würde auch das Verschwinden der kleinen Leiche arrangiert. Dieses widerwärtige Angebot drang auch den Behörden zu Ohren, und man suchte die Anbieter auf. In der Tat sollen sich im Keller »*seltsame Instrumente und Einrichtungen*« befunden haben. Trotzdem soll das Paar ungeschoren davongekommen sein, da sie offenbar glaubhaft versicherten, das ganze Szenario sei lediglich als sozial-psychologisches Experiment gedacht gewesen. So weit, so ungut, aber wo ist der Zusammenhang? Für den erbosten Diskutanten bestehet er darin, dass »*zum Friseur ein agent provocateur geht. Bei den Kindervermietern hingegen gibt sich kein Polizist als Kinderschänder aus und nimmt sie dann fest*«. Wie letzteres rechtlich abzuwickeln gewesen wäre, kann ich nicht sagen, und schildere diese Episode – wenn auch mit größtem Vorbehalt – nur deshalb, weil der Wortmelder ganz offen meinte, »denen da oben« sei weder das Wohl der Kinder noch die Familie selbst ein Herzensanliegen – und weil ihm nicht wenige zustimmten.

Wie es manchen – beispielsweise Leserbriefschreibern – scheint, gehen die Volksvertreter nicht nur mit Macht daran, die klassische Familie abzuschaffen, sondern die Geschlechter selbst. Wer das für unmöglich oder für einen Witz hält, wird im fünften Teil »Die Europa-Front« eines Schlechteren belehrt (Stichwort MenschInnen).

Wie ist nun die Situation für eine Familie in der »modernen Gesellschaft«? Zahlreiche Paare wünschen sich ein Kind oder auch mehrere. Sind diese glücklich auf der Welt, beginnen sofort die Schwierigkeiten. Der Lebensstil, der in der sogenannten »Zivilisation westlicher Prägung« propagiert und von der Mehrzahl der Nicht-Migranten auch gelebt wird, schließt Kinder so gut wie aus. Kinder können abends nicht mit in Diskotheken. Sie sind eine Belastung beim Abenteuer- oder Wellness-Urlaub. Sie kosten Geld. Wenn die Mutter die Kinder zu Hause betreut, ist das Familienbudget angespannt. Allein die Wohnungskosten sind horrend und so gut wie alle Güter des täglichen Lebens werden permanent teurer.

Deswegen, und weil bei der »Nur-Mutterschaft« die weibliche Selbstverwirklichung auf der Strecke bleibt, sollen, ja müssen die Frauen wieder zurück ins Berufsleben. Diese Selbstverwirklichung findet nicht selten vor einem Computer statt, als Schreibkraft, Buchhaltungsgehilfin oder im Callcenter. Will frau höher hinaus, ist ein Kind während des Studiums, im besten Gebäralter, ein Störfaktor. Nach beendetem Studium, im zweitbesten Gebäralter, schadet der Nachwuchs beim Erklettern der Karriereleiter.

Kommt es dann doch zu einer Schwangerschaft, sei es durch einen »Unfall« oder weil selbst die perfekteste Indoktrinierung den übermächtigen Kinderwunsch im (noch) weiblichen Menschen nicht abschaffen kann, kommen die Kleinen ins Depot, am besten gleich nach der Geburt, wie es manchen Entscheidungsträgern wahrhaftig vorschwebt. Besagtes Depot wird schönfärberisch »Kinderkrippe« genannt. Obwohl Erfahrungswerte belegen, dass diese Entwicklung eine soziale Katastrophe ist, soll sie – allen Fakten zum Trotz – dank EU europaweit installiert werden.

Ist nun die anfängliche Entwicklungsphase mit Ach und Krach überstanden, geht es in die Schule. Dort warten überforderte, hilf- und machtlose Lehrer sowie Jugendgangs auf den Nachwuchs. Am Ende der Schulausbildung steht der Eintritt ins Berufsleben.

Mit Ausnahme von Politikern oder Managern, denen selbst im Greisenalter noch höchste Positionen angedient werden, ist der Mitteleuropäer ab 35 zu alt fürs Berufsleben. Zumindest sieht die globalisierte Wirtschaft das so, für die Erfahrung nichts zählt, aber billige Jungarbeitskräfte alles sind. Politiker hingegen meinen, Deutsche sollten mindestens bis 67 arbeiten, bevor sie Altersruhegeld beziehen dürfen. Außer den Politikern natürlich, denn die bekommen ihre weitaus höheren Pensionen schon ab 55 (in Einzelfällen sogar noch früher).

Dass die Menschen im Alter immer öfter auf medizinische Hilfe angewiesen sind, ist traurig aber wahr. In diesem Lebensabschnitt wird die immer ärgere Formen annehmende Zweiklassen-Medizin nun im wahrsten Wortsinn »schlagend«. Während die sogenannten Eliten alle Errungenschaften der modernen Medizin in Anspruch nehmen können, macht der Normalbürger mit Hungerrente mit dem Sprichwort Bekanntschaft, dass kein Geld zu haben, die halbe Krankheit ist, manchmal sogar der Tod.

Fazit: Die meisten EU-Bürger werden als ungeliebte Kinder in Ländern geboren, die nur Auserwählten eine wirkliche Perspektive bieten. Länder, in denen die Familien zugunsten von Lebensabschnittspartnerschaften aufgegeben wurden. Länder, die unfähige, ja sogar kriminelle Manager mit enormen Abfindungen belohnen, tüchtige Arbeiter aber mit Almosen vegetieren lassen. Länder der Vorschriften- und Meinungsdiktatur.

Auch wenn primär Deutschland und Österreich vordergründig die gewählten Zielobjekte der »Bevölkerungsaustauscher« sind, wie Radikale jene Politiker und »Eliten« nennen, die eben das zu betreiben scheinen, so greift diese »Verschwörungstheorie« für manche immer noch zu kurz. Ihrer Ansicht nach soll die gesamte westliche Zivilisation von Grund auf »durchmischt« werden: Österreich, Frankreich, Holland, die Skandinavischen Länder, ja sogar – man lese uns staune – die der EU fern gebliebene Schweiz, in welcher der Bürger noch etwas zu sagen hat, seien davon betroffen. Ihnen erscheint die im Dezember 2008 erfolgte Öffnung der Schweizer Grenzen (Stichwort Beitritt zum Schengenraum) als Bestätigung dieser Befürchtung.

Und im Land der Eidgenossen?

Dazu eine Stimme vom Sommer 2008 aus der schönen Schweiz, der durch ihre EU-losigkeit zwar viel erspart bleibt, aber trotzdem nicht alles: »Die ›normale‹ Schule hier nervt mich. *Und zwar, weil mein Junior der einzige Schweizer in seiner Klasse ist. Es geht mir nicht ums Lernen, sondern um den Umgang. Und ständig nur ›he voll krass du, wolle spiele‹ oder ›wolle usega, ich mache hier, du mache da, he voll krass‹ ... nö! Integration ist ja Programm. Das heißt, nicht nur Ausländerkinder aus aller Welt bevölkern die Schulen, sondern auch die behinderten Kinder mit Down Syndrom etc. ›Individuelle Förderung‹ heißt das Programm. Übersetzt heißt das jedoch nur, dass die Schwächsten in der Klasse das Niveau, Tempo und alles bestimmen. Aber die Kinder, die vor 2015 geboren worden sind, haben im Vergleich sowieso nochmals Glück gehabt. Es sind die letzten Schweizer, die in den Genuss einer ›Kindheit‹ kamen. Man will ja offensichtlich mit Gewalt das Projekt ›HarmoS‹ durchpeitschen.*

Unser Schweizer Pendant der deutschen Bildungsministerin Von der Leyen ist mindestens so ambitioniert, die staatliche Erziehung einzuführen.

Schule/Kindergarten-Mischung ab vier Jahren, individuelle Förderung ... ein Witz. Arme Kinder. Echt, dann noch Tagesschulen vom Morgen bis Nachmittag. Nö, danke!«

Am 28. September 2008 wurde an der Urne entschieden, ob der Kanton Luzern dem Schulkonkordat »HarmoS« beitreten soll. Obwohl die Befürworter in den leuchtendsten Farben ausgemalt hatten, wie wunderbar es sei, wenn künftig alle vierjährigen Mädchen und Knaben in den Kindergarten gingen, war ein Großteil der Eidgenossen bei der Abstimmung nicht der Meinung, die großangelegte Propagandaaktionen getrommelt haben: »Ein Ja zu ›HarmoS‹ stärkt vor allem unsere Kinder.«

Klar ist für die Kritiker: Die »Schweizerische Konferenz der kantonalen Erziehungsdirektoren« (EDK) will »HarmoS« gesamtschweizerisch durchsetzen. Die Bildungs- und weitgehend auch Erziehungsverantwortung soll den Kantonen, den kantonalen Parlamenten, den Stimmbürgern, den Eltern entzogen und weitestgehend auf die Funktionäre der EDK übertragen werden, die keiner parlamentarischen Kontrolle unterstehen. Wie es scheint, dürfte der Plan schlussendlich doch aufgehen, da im Kanton Tessin im April 2009 ein Referendum der »Jungen SVP« gegen das »Ja« des Großrates zum Schulkonkordat »HarmoS« gescheitert ist. Nach der Zustimmung des Südkantons ist das nötige Quorum von zehn Kantonen für eine partielle Inkraftsetzung der Vereinbarung erfüllt.

»HarmoS« ist überall

Der nicht abschwellende Ruf nach mehr Kinderkrippen erfordert es, die nackten Fakten nochmals darzulegen. In »Gnadenlose Macht« habe ich bereits ungeschönte Informationen darüber gebracht, welche verheerenden Auswirkungen das Kinderkrippensystem im sozialen und sonstigen Vorbildland Schweden gezeigt hat, das außerhalb des Ostblocks die längste Tradition von staatlich organisierten Tagesstätten für Kleinkinder aufweist. Ein Rückblick auf die DDR zeigt klar und deutlich, was der westlichen Gesellschaft allen Erfahrungen zum Trotz aufs Auge gedrückt werden soll. Werfen wir zuvor einen Blick auf Aussagen verschiedener Fachpublikationen im Bereich der Entwicklungs- und Verhaltenspsychologie:

Einige Zitate:
»Ein Säugling/Kleinstkind bedarf für einen gesunden Start ins Leben, ja für das Überleben, einer verlässlichen Hauptbezugsperson (nicht zwangsweise der Mutter), zu der eine exklusive, primäre Bindung besteht bzw. aufgebaut wird.

Diese zentrale Rolle wird erfüllt durch eine Person, die in dieser Phase der raschesten neurophysiologischen Entwicklung des Menschen ein sicheres, von Empathie und Kontinuität gezeichnetes Reaktionsmuster zeigt.

Dies wiederum ist Voraussetzung für das gesunde Erforschungsverhalten des Kindes und somit Basis für seine seinen Anlagen entsprechende kognitive sowie seine psychosoziale Entwicklung. Intelligenzminderung, Antriebsarmut aufgrund von Depression, Rohheit, antisoziales Verhalten, psychische Labilität bis zum Selbstmord, Drogensucht usw., die als Folge von mangelnder Bindung entstehen, können so vermieden werden (Erscheinungen, die in der DDR signifikant auftraten und in Skandinavien immer noch präsent sind).

Historiker wissen, dass das Kinderbetreuungs-Großexperiment in den kommunistischen Ländern ein Desaster war. Gehirnforschung, Bindungsforschung, psychologische Forschung wissen auch warum: Weil ein Kind am besten gedeiht, wenn es in den ersten drei Jahren in der Obhut der Mutter ist. Wird es vorzeitig von dieser getrennt, sind nicht selten langfristige Bindungsschäden die Folge, die langfristige negative Auswirkungen auf die seelische Gesundheit, das Sozialverhalten und die Leistungskraft des Individuums haben. Gewiss gibt es Eltern, die ihrer Verantwortung nicht gewachsen sind. Ihr Anteil wird jedoch auf etwa fünf Prozent geschätzt.

Massenbetreuung bedeutet zudem eine zusätzliche gesundheitliche Gefährdung des jungen Kindes. Atemwegserkrankungen, Gastroenteritiden usw. häufen sich. Je jünger ein Kind, desto bedrohlicher sind solche Erkrankungen.«

Fazit: Ungeachtet dieser Fakten werden Mütter politisch genötigt, ihre Nachkommenschaft in einem Alter, in dem die Mutter-Kind-Bindung extrem wichtig ist, Fremden zu überantworten. Dazu gesellt sich Propaganda in so gut wie allen Medien, Kinder in eine Massenfremdbetreuung zu geben, die niemals die Qualität einer auf Lebensdauer angelegten persönlichen Beziehung erreichen kann.

Das Robert-Koch-Institut hat in einer Untersuchung im Jahr 2006 ermittelt, dass die meisten Mütter junger Kinder keiner bezahlten Arbeit nachgehen. Bei Kindern bis ins Schulalter hinein wird Erwerbstätigkeit höchstens in Teilzeit ausgeübt. Die allerwenigsten Frauen arbeiten Vollzeit außer Haus – und sie wollen es auch nicht. Es sollte zu denken geben, dass die meisten Frauen ungeachtet sämtlicher gesellschaftlicher und finanzieller Repressalien bei ihren Kindern bleiben!

Mütter aus Österreich, die berufstätig sein *müssen*, berichten: »*Mitunter weint mein zweijähriger Sohn schon im Auto, wenn er das Gebäude sieht. Dann ist er nicht mehr zu beruhigen. Seine Lieblingsdecke und sein Kuscheltier fest im Arm, schickt er sich jeden Tag in das Unvermeidliche ...*«

Die »Psychoanalytische Vereinigung Deutschlands« warnt: »*Zu lange Trennung von den Eltern bedeutet in der frühen Kindheit einen bedrohlichen Verlust der Lebenssicherheit, auch weil Sprach- und Zeitverständnis des Kindes noch nicht weit genug entwickelt sind, um Verwirrung oder Angst mit Erklärungen zu mildern. Trennungserfahrungen in frühem Alter werden im Körper gespeichert. Sie tauchen als Ängste wieder auf. Anhaltendes Weinen und Schreien, später Verstummen, Schlaf- und Essstörungen können Auswirkungen der so hervorgerufenen seelischen Überforderung sein.*«

Kinder sind in diesem Alter noch nicht gruppenfähig. Weil ihnen in der Krippe eine konkrete Bezugsperson fehlt, können sie kein Grundvertrauen entwickeln und werden später von Beziehungsängsten geplagt, was sich in der Scheidungsrate widerspiegelt.

Je länger die Kinder von den Eltern getrennt sind, desto höhere Werte des Stresshormons »Cortisol« treten bei ihnen nachweisbar auf, das haben Wissenschaftler herausgefunden. Späteres aggressives Verhalten in der Schule könnte die Folge sein, was mithin die steigende Schulgewalt erklären mag.

Ehemalige DDR-Krippenkinder können ein Lied von in der frühesten Jugend erworbenen Ängsten singen. Viele von ihnen verfolgt noch heute das Trauma, das sie erlitten haben, als sie im Alter von zwei bis drei Jahren ins dort allgegenwärtige Krippensystem kamen: »*Wenn meine Mutter mich in der Früh abgab und ging, hatte ich das Gefühl ins Bodenlose zu fallen. Die Mutter geht und als kleines Kind weißt du nicht, wohin sie geht und ob sie wiederkommt. Du denkst, sie ist für immer weg. Ich schrie bis zur Besinnungslosigkeit. Dann setzte ich mich stundenlang in einen engen Leiterwagen ...*« Die Betreffende wurde damals sehr krank. Erst als die Eltern sie aus der Krippe nahmen, normalisierte sich ihr Leben langsam wieder. Als Erwachsene ist sie überzeugt, dass die flächendeckende DDR-Krippenbetreuung bei Eltern das Verantwortungsgefühl für den eigenen Nachwuchs verringert bzw. oftmals sogar zum völligen Verschwinden gebracht hat. Andernfalls wäre es in der Ex-DDR wohl kaum verbreitet gewesen, selbst im Falle der dort seltenen Arbeitslosigkeit Kinder ganztätig in der Einrichtung zu lassen, um ihnen kein Mittagessen kochen zu müssen. Ein Phänomen, das auch mit den westlichen Krippen Hand in Hand gehen soll. Krippenerzieherinnen berichten, selbst kranke Kinder würden abgegeben, weil den Eltern »das Gequengel« auf die Nerven geht.

Auch in den »alten Bundesländern« beklagen Kindergärtnerinnen, dass sogar ansteckende Krankheiten verheimlicht werden, wobei weniger Lieblosigkeit der Grund für die »Abschiebung« fiebernder Kleinkinder ist, sondern blanke Not, da arbeitende Elternteile um ihren Job fürchten, wenn sie zu oft Pflegurlaub nehmen.

Trotz all dieser dokumentierten Fakten konnte man im Frühjahr 2009 von einer EU-Studie erfahren, in der beanstandet wird, der in Österreich gewährte lange Elternurlaub und die damit verbundenen Sozialleistungen seien eine »indirekte Hürde« für die Betreuung von Kindern in frühen vorschulischen Einrichtungen. Weniger bürokratisch formuliert, heißt das: Es ist ein Fehler, dass in der Alpenrepublik Kleinstkinder vorrangig (noch) in der Familie betreut werden können und es entspricht nicht den Zielvorgaben der EU.

Wie diese Zielvorgaben aussehen könnten, darüber lasse ich kritische Stimmen in Teil V zum kaum zu übersetzenden »Gender Mainstreaming« zu Worte kommen. Nur soviel an dieser Stelle: Manche vermuten, »die da oben« würden ein Riesenheer von Frauen im Arbeitsprozess anstreben, deren Kinder in besagten Krippen deponiert sind und von nicht selten arbeitslosen Hausmännern versorgt werden. Wobei letztere Variante von manchen noch mehr gefürchtet wird als jene mit den Kitas. Sie verweisen auf immer wieder vorkommende Fälle von Zu-Tode-Schütteln, wenn den Haushalt führende Nicht-länger Machos von kreischenden Kleinkindern überfordert sind, die sie betreuen müssen, weil die jeweilige Gattin für das Familieneinkommen sorgt.

Manche befürchten einen dramatischen Anstieg von Kindesmisshandlungen, sollte tatsächlich ein »Papa-Monat« verpflichtend werden. Ende Januar 2008 ging eine solche Tat durch die österreichischen Medien, bei der die Frauen meines Bekanntenkreises besonders fassungslos waren: Ein 25-jähriger Vater hatte seine 17 Monate alte Tochter zu Tode geprügelt, weil sie seine Spielkonsole zu Boden geworfen hatte. Auch ohne solche grausame Dramatik ist eine bedenkliche Entwicklung nicht zu leugnen, zu der die »Welt am Sonntag« am 1. Februar 2009 einen Beitrag mit dem Titel »Die

Kita zieht Pädophile an« veröffentlicht hat. Darin wird klipp und klar gesagt, »*mit dem bundesweiten Ausbau der öffentlichen Kleinkinderbetreuung gehe auch der zunehmende Versuch Pädophiler einher, in den Betreuungsbereich einzudringen*«. Über Fälle dieser Art wird immer wieder berichtet, zu denen es beispielsweise dadurch kommt, dass Straftaten nach einer gewissen Zeit gelöscht werden, sodass oft gar nicht bekannt ist, welcher »Kinderfreund« als solcher beschäftigt wird. Auch der Umstand, dass selbst das erweiterte Führungszeugnis nur rechtskräftige Verurteilungen ausweist, nicht aber wenn ein Bewerber um einen Kinderbetreuungs-Job aus Mangel an Beweisen freigesprochen wurde. Mehr noch, handelt es sich um ein laufendes Verfahren, das durchaus mit einer Verurteilung wegen Pädophilie enden *kann*, schweigt das Zeugnis. Ein konkreter Fall aus den Medien: Im März 2009 wurde ein Sexualverbrecher, der drei Mädchen vergewaltigt hatte, nach Verbüßung seiner 14-jährigen Haftstrafe freigelassen, obwohl er während seiner Gefängniszeit Therapien verweigert hatte und von Gutachtern nach wie vor als sehr gefährlich eingestuft wurde. Er zog zu seinem Bruder in das kleine Dorf Heinsberg in Nordrhein-Westfalen. Ein Landrat bekam Wind davon und warnte – widerrechtlich! – die Bevölkerung. Wie der Presse zu entnehmen war, fürchteten die Dorfbewohner um ihre Kinder und veranstalten Protestdemonstrationen. »*Man spielt russisches Roulette mit der Bevölkerung*«, soll die hilflose Polizei gewettert haben.

Diese Betrachtungen dürften wohl ausreichen, um klar zu machen, weshalb die sogenannte einheimische Bevölkerung zurückgeht, und auch, um die Argumente jener auf den Tisch zu legen, die meinen, diese Entwicklung würde gefördert, um vehemente Einwanderungspolitik »*zur Sicherung der Renten*« betreiben zu können. Auch hier orten manche Verdächtiges. Sie fragen: Wieso faseln Politiker, Medien und »Fachleute« dauernd davon, die Europäer würden immer älter, wo doch in Wirklichkeit die Lebenszeit auch in der Zivilisation abnimmt? Die Gründe liegen auf der Hand: explodierende Fettleibigkeit im Großteil der Bevölkerung, steigende Krankenzahlen, verbunden mit einer auch nicht eben lebensverlängernden Zwei-Klassen-Medizin, um nur die gravierendsten zu nennen. Kennen die Verantwortlichen nicht die offiziellen UNO-Statistiken, die genau das belegen, beispielsweise, dass die Lebenserwartung in den USA bereits um sieben bis zehn Jahre gesunken ist?

Da in diesen heiklen Fragen Polemik strikt zu vermeiden ist, bleiben wir wieder einmal bei den nackten Fakten.

Ist Europa ein Einwanderungskontinent?

Die klassischen Einwanderungsländer wie Kanada oder Australien weisen riesige Landgebiete mit wenig Bevölkerung auf. Kanadier und Australier achten ganz genau darauf, wen sie hereinlassen. Einwanderer müssen die Landessprache beherrschen und über einen Beruf oder eine Ausbildung verfügen, die im Land gebraucht wird. Sie müssen jung genug sein, um durch eigene Arbeit eine Existenz aufzubauen oder genügend Kapital zur Gründung eines Geschäftes mitbringen.

Spätestens in der zweiten Generation sind die Neubürger kaum oder gar nicht von jenen zu unterscheiden, die schon seit Jahrhunderten in Kanada oder Australien leben. In der dritten Generation beherrschen sie oft nicht mehr die Sprache ihrer Vorfahren, und machen im Land ihrer Ahnen Urlaub, ohne dort leben zu wollen. Der Ehepartner stammt selbstverständlich aus Kanada oder Australien. Kaum einer kommt auch nur auf die Idee, sich diesbezüglich in der Urheimat umzuschauen. Familiennachzug ist unbekannt. So war es jedenfalls bis vor nicht allzu langer Zeit.

Wie es de facto um die Zuwanderung und Integration in Deutschland, Österreich und in anderen EU-Ländern steht, möchte ich nicht im Detail anführen, um eben nicht der Polemik oder gar der Demagogie geziehen zu werden. Zudem sind die Fakten und ihre Folgen bekannt und werden von kritischen Stimmen beanstandet. Das allerdings primär in Leserbriefen, weit seltener in offiziellen Kommentaren der »seriösen Medien«, die sich diesbezüglich vornehm zurückhalten.

Besorgte Bürger finden es hingegen problematisch, wenn Migranten ins Land kommen und dann genauso leben wie daheim. Die zweite Generation spricht oftmals immer noch kaum Deutsch und holt sich die Ehepartner aus der alten Heimat. Selbst manche Vertreter der dritten Generation sind nur körperlich im Westen angekommen, mental hingegen in einer Spielart des Islam verhaftet, wie er etwa in der Türkei nicht geduldet würde. Eigene Badetage oder Badeeinrichtungen, nur für Muslime, werden als selbstverständliche »Integrationsmaßnahme« dargestellt, obwohl sie bei nüchterner Betrachtung wohl eher trennen als verbinden dürften.

Das ist, so meinen kritische Mitbürger, die eine Seite der »Migrations-Medaille.« Es gibt noch eine zweite Seite, die man im semantischen Sinne als »Komplementärseite« bezeichnen könnte. Einfacher ausgedrückt: Die Auswanderung der »ursprünglichen Europäer«.

Ist Europa ein Auswanderungskontinent?

Auswanderung schadet zumeist dem Land, das verlassen wird, und bereichert das Land, in das die Zuwanderung erfolgt. Allerdings nur dann, wenn die Zuwanderer qualifiziert sind, in die Hände spucken und keine Arbeit scheuen. Wer scheitert, muss sehen, wo er bleibt. Dieses Prinzip galt für Jahrhunderte, ganz besonders in unserem Vorbildland USA. In früheren Zeiten war oft genug die Religion bzw. deren Verfolgung ein Grund, auszuwandern, wie etwa bei den französischen Hugenotten. Politische Unterdrückung generell führte ebenfalls zum selbst gewählten Exil. In vielen Fällen ging es ums nackte Überleben, wie nach der Revolution von 1848, als Ströme von Deutschen und Österreichern in die USA kamen und dort den Grundstein für eine Aufwärtsentwicklung legten, von der heute kaum noch die Rede ist (zumindest in Deutschland und Österreich nicht).

Die eigene Heimat zu verlassen, in der man aufgewachsen ist und an die sich zahllose Erinnerungen knüpfen, ist in jedem Fall ein schwerer Schritt für einen Menschen. Er wird in unseren Tagen allerdings durch die (gewollte?) Verschlechterung der Lebenssituation zunehmend »erleichtert«. Wer jung und befähigt genug ist, verlässt »Good Old Europe«, vertrieben von den Dritte-Welt-Zuständen in manchen Städten, von den Exzessen sich totalitär gebärdender Regierungen und der permanent unerträglicher werdenden Diktatur aus Brüssel.

Wie in früheren Jahrhunderten müssen immer mehr Bürger den Wohnsitz wechseln, um überhaupt Arbeit zu finden. Jene, die bereits arbeitslos sind, werden ebenfalls unfreiwillig entwurzelt, wenn sie ihre »zu große Wohnung« aufgeben müssen, um Hartz-IV-Unterstützung zu erhalten. Auch die bereits angedeutete Umwandlung ganzer Stadtteile in Wohngebiete mit fremden Sitten und Gebräuchen lässt so manchen Deutschen, aber auch Österreicher die Koffer packen. Dazu eine Zeitungsmeldung vom 31. März 2009: »*In vier von 23 Bezirken von Wien, und zwar Rudolfsheim, Leopoldstadt, Margarethen und Brigittenau sind Menschen mit Migrationshintergrund in der Mehrheit. In den Wiener Gemeindebauten (Sozialbauten) hat Schätzungen zufolge ein Drittel der Bewohner nicht Deutsch als Muttersprache.*«

Nach Ansicht von Kritikern dieser Entwicklung gibt es mittlerweile eine inhomogene Gruppe moderner Nomaden, die mit den klassischen Nomadenvölkern keine Ähnlichkeit haben. Letztere bilden nämlich homogene Einheiten mit großer Bindung an ihresgleichen und haben einen starken Heimatbezug, wobei diese Heimat die gesamten Weidegebiete der Sippe oder des Stammes umfasst. Die (klassische) Großfamilie ist ihnen heilig. Mit ihnen haben die Westeuropäer, die in die Ferne ziehen und in

Auswanderer-TV-Soaps wie »Mein neues Leben« präsentiert werden, wenig Ähnlichkeit. 2007 sind 165 000 Deutsche ausgewandert, sechs Prozent mehr als 2006, Tendenz steigend.

Heute vergrault »die Zivilisation« die fähigsten, aktivsten Teile der Bevölkerung. Denn nur wer bereit ist, das Risiko einzugehen, und genügend Vertrauen in die eigenen Fähigkeiten besitzt, wird das Wagnis der Auswanderung auf sich nehmen. Genau darin liegt für Kritiker der Teufelskreis. Denn jene, die es im Ausland zu etwas bringen, würden es in der Regel auch daheim schaffen, wenn man ihnen die Chance gäbe. Schlechte Ärzte werden in England oder Norwegen nicht genommen, die verbleiben in Deutschland. Wer in Paraguay oder Argentinien als Farmer oder Viehzüchter erfolgreich sein möchte, muss ein fähiger Agrarmanager sein, der auch in Deutschland einen Hof hätte führen können.

Wer Schiffbruch erleidet, kommt zurück, denn das Ausland hütet sich, unbrauchbare Immigranten durchzufüttern. Der Handwerksgeselle, der in Deutschland oder Österreich die Meisterprüfung nicht schafft, in den USA aber einen Betrieb gründet und mehrfacher Millionär wird, demonstriert nicht, dass es in den USA leichter ist, sondern vielmehr, dass die heimischen Vorschriften weltfremd und hinderlich sind. Bill Gates wäre in Deutschland immer noch in seiner Garage. Die meisten »alten« EU-Länder sind für die Fähigen und Befähigten nicht attraktiv. Im Gegenteil, so wird beklagt, vergraulen sinnlose Regulierungen, Verbote, Direktiven usw. die für unseren Kontinent wertvollen Leute, während Zuwanderer – von denen nicht alle eine Bereicherung sind – nicht selten mit staatlichen Unterstützungsmaßnahmen bedacht werden, von denen mancher Hartz-IV-Empfänger oder Rentner nur träumen kann.

Manche Zeitgenossen, die daheim keine Perspektive mehr haben, für den Aufbruch zu neuen Ufern aber nicht mehr fit genug sind, scheinen nach Ansicht morbider Geister eine andere Art der »Auswanderung« zu wählen – nämlich ins Jenseits.

»Eine schöne Leiche«

In meinem Heimatland Österreich, dessen Bewohner im Ruf stehen, einen besonders morbiden Charakterzug zu haben (immerhin gibt es in Wien das einzige Bestattungsmuseum der Welt und Bücher wie Hilde Schmölzers »Eine schöne Leiche« sind Bestseller) kursiert seit einiger Zeit ein makaberer Witz über die »Lösung der Pensionsproblematik«: Ab 65 *darf* man bei Rot die Fahrbahn überqueren, ab 70 *muss* man es ...

Lassen wir die Geschmacklosigkeiten, sondern wenden wir uns einem ernsten Thema zu, das von Lesern an mich herangetragen worden ist. Diese vertreten, von den amtlichen Suizidstatistiken und den Todesanzeigen in Zeitungen ausgehend, die in die Knochen fahrende These, die »überflüssigen Alten« würden subtil in den Selbstmord getrieben, also sozusagen »entsorgt«. Schockierend, das muss ich schon sagen. Mehr sage ich allerdings nicht, sondern stelle das präsentierte Szenario zur Diskussion und überlasse wie immer die Meinungsbildung meinen Leserinnen und Lesern.

Die Menschen in unserer modernen Welt werden vielfach mit 45 Jahren, bald schon noch früher, arbeitslos. Entgegen aller Abwiegelungen durch die Politik ist die Chance zu einer Neueinstellung für die meisten so gut wie Null. Ihre Rentenansprüche, für die sie jahrelang eingezahlt haben, werden jedoch erst mit 65 bzw. in Deutschland künftig mit 67, in Zukunft wahrscheinlich erst mit 70 Jahren oder noch später, fällig. Also landen sie umgehend in der Kategorie der Hartz-IV-Empfänger, die eine normale Existenz unmöglich macht, auch wenn hoch bezahlte Mandatare und »Fachleute« meinen, das wäre leicht möglich, ja man könne mit noch weniger prächtig auskommen – konkret mit 135 Euro im Monat. Welche Grausamkeiten das Hartz-System für die Bürger in petto hat, dem habe ich mich ausführlich in »Mythos Informationsgesellschaft« gewidmet. Wie lebt es sich aber real in dieser Situation?

Hartz IV bedeutet den Totalabstieg. Die Betroffenen werden immobil, weil sie sich kein Auto leisten können und die öffentlichen Verkehrsmittel, beispielsweise durch die zunehmende Einstellung unrentabler Bahnverbindungen, unzulänglich sind. Eine Teilhabe am normalen Informationsgeschehen ist nicht möglich, weil das Internet fast nicht bezahlbar ist. Kulturelles jeglicher Art entfällt sowieso, ja sogar eine gute Ernährung wird schwierig, weil die Lebensmittelpreise bekanntlich ohne Unterbrechung explodieren. Das bisherige Leben muss radikal geändert werden und zum Neubeginn in der Ferne fehlt die Kraft. Wohlgemerkt: Es ist von einfachen Bürgern mit bescheidener Lebensführung die Rede.

Diese Gegebenheiten im Kopf, bei denen keinerlei Besserung in Aussicht ist und nicht einmal versprochen wird, ist manchen bei den Todesanzeigen in europäischen Zeitungen eine eigenartige Tendenz aufgefallen:

Immer mehr Menschen im mittleren Alter (40 bis 65) sterben plötzlich und vollkommen unerwartet. Im Fernsehen wurden auch schon ähnliche Themen als Film gebracht, beispielsweise im »Aufstand der Alten«, mit dem Tenor, die Leute würden nicht genügend selbst für ihr Alter vorsorgen. Dabei war das Rentensystem so angelegt, dass es selbst in Kriegszeiten, Rezessionen und Depressionen funktioniert hat. Ein Abgeordneter der SPD scheint nach wie vor davon überzeugt zu sein, dass das deutsche Rentensystem vom Prinzip her tragfähig ist, sonst hätte er diese Ansicht wohl nicht im Maischberger-Talk am 16. Mai 2006 geäußert. Dennoch können die Rentenansprüche offenbar nicht mehr aus den Rentenkassen bedient werden. Wie also die fälligen Unsummen für die Renten sparen?

Hier kommt die angesprochene Horrorvision der »Selbstentsorgung« ins Spiel: Da die Stimmung in der Bevölkerung durch unterschwellige »Meinungsbildung« heute dazu tendiert, die Alten würden durch ihre »unangemessenen Ansprüche« den Jungen »die Zukunft stehlen«, darben die »überflüssigen Alten« (ab 45!) nicht nur, sondern fühlen sich ausgegrenzt und nutzlos – und haben darüber hinaus zunehmend ein schlechtes Gewissen. Was tut man, wenn diese Befindlichkeit ein unerträgliches Maß erreicht hat? Man befreit die Gesellschaft von sich selbst. Wer aufpasst, dem dürfte nicht entgehen, dass immer häufiger davon die Rede ist, Menschen sollten ihr Ende selbst bestimmen können. Gemeint sind natürlich schwer Kranke, aber geheime Botschaften kommen an, wie ich als Kommunikationsfachmann sehr wohl weiß.

Dass solche transportiert werden, meinen jedenfalls jene, für die die »Agenda 2010« ein weiterer Schritt in diese Richtung sein könnte. Wie diskutiert wird, sollen alle Hartz-IV-Empfänger, die das 60. Lebensjahr erreicht haben, aus der Hartz-IV-Szene ausgeblendet und einer Zwangsverrentung zugeführt werden, wobei eine Rente mit entsprechenden Abschlägen in einem Beispiel 250 Euro betragen kann (im Monat, nicht in der Woche oder gar am Tag, wie bei den meisten Politikern).

In dem generellen Zusammenhang habe ich einen Satz gelesen, der so schockierend ist, dass ich ihn zitieren möchte: »*Unter dem Strich ist das klassische Europa ein siechender, ein sterbender Kontinent, dessen ›Ureinwohner‹ sich am besten selbst entsorgen sollten.*«

Damit können wir uns nicht länger um die immer wieder in unterschiedlichsten Formulierungen gefasste Behauptung drücken, »die da oben« würden die Lebensbedingungen der »Urbevölkerung« sukzessive verschlechtern, Hand in Hand mit immer mehr Zugeständnissen an Zuwanderer, was für manche bereits die Dimension einer kriegerischen Handlung anzunehmen scheint. Das ist eine heikle These, deshalb sollen und dürfen auch nur publik gemachte Fakten angesprochen werden.

Alle sind gleich, manche sind gleicher

Die britische Stadt Bury war die erste europäische Stadt, die Muslimen offiziell das Falschparken, etwa im Umfeld einer Moschee, gestattet hat. Christen, die in Parkverbotszonen bei Kirchen parken, finden natürlich nach dem Kirchgang einen Strafzettel vor – oder gar nichts, wenn ihr PKW nämlich abgeschleppt wurde. Das ist zwar ärgerlich, aber war soll's? Auch eine weitere Neuheit auf der britischen Insel ruft vorerst nur Kopfschütteln hervor: Seit 2008 bekommen Polizei-Suchhunde bei der Fahndung nach Rauschgift in der Wohnung von Muslimen vor dem Betreten der Wohnung Schuhe angezogen. Die Polizisten hingegen müssen ihre Schuhe ausziehen.

Weit mehr Wellen hat die Kontroverse geschlagen, die im November 2008 in England losgebrochen ist. Die inzwischen abgelöste und durch eine andere Regierung ersetzte politische Führung kam nämlich auf ein Vorhaben zurück, das 2005 von der früheren Regierung propagiert worden war und landesweite Proteste ausgelöst hatte. Mehr als 25 000 Stellplätze in bester Lage sollten campenden Roma und Sinti (früher: »Zigeuner«) zur Verfügung gestellt werden. Nachdem die Zeitung »SUN« die Regierung mit einer landesweiten Kampagne gegen die »gipsy«-Stellplätze schwer unter Druck gesetzt hatte, legte man den Vorschlag auf Eis. Titelseiten mit nicht gerade einladenden Bildern von Wohnwagenansammlungen des fahrenden Volkes, begleitet von der Headline »Meet your Neighbours«, hatten die Briten gehörig in Rage gebracht.

2008 kam es zur Neuauflage. Die Regierung plante konkret, im Zuge der von der Bevölkerung abgelehnten Integrationsprojekte Grundstückseigentümer zu enteignen und nur minimal zu entschädigen, wenn diese nicht »freiwillig« musterhaft gepflegte private Gärten, Felder und schöne Grundstücke für die mobilen Wohnwagensiedlungen verkaufen würden. Darauf entlud sich in den Leserbriefen der großen Zeitungen die Wut jener, die das Land von einer Enteignungswelle förmlich überschwemmt wähnten: Nicht wenige der Kommentatoren wünschten sich allen Ernstes einen Militärputsch …

So radikal ist man in Deutschland natürlich nicht, auch wenn manche Entwicklungen Missfallen hervorrufen. Beispielsweise 2008 der Auftrag der Bundestagsabgeordneten an den Wissenschaftlichen Dienst des Deutschen Bundestages, die Frage der Vereinbarkeit der islamischen »Scharia« mit der deutschen Rechtsprechung zu prüfen. Dieser soll befunden haben, die Vorschriften der »Scharia« könnten nach dem deutschen Internationalen Privatrecht (IPR) zur Anwendung kommen. Basis ist die Gleichwertigkeit aller Rechtsordnungen der Welt. In Deutschland ist es zwar verboten, eine Mehrehe zu schließen, wie sie in der »Scharia« mit bis zu vier Frauen gestattet wird. Anders im Sozialrecht. Dort wird die Mehrehe insofern anerkannt, als eine solche im Ausland wirksam geschlossene Ehe die Ansprüche mehrerer Ehegatten auf Witwenrente oder Witwerrente nach dem Sozialgesetzbuch begründet. Folglich erhalten die Frauen eines Mannes, der sie in einem islamischen Land geehelicht hat, in Deutschland nach seinem Ableben eine Witwenrente. Manche meinen in solchen Regelungen, wie auch in den immer skurriler werdenden Anti-Diskriminierungen, verkappte Diskriminierungen der Einheimischen zu erkennen. Informierte Kreise, die solche Vermutungen hegen, verweisen auf den Ende Januar im Europäischen Parlament präsentierten »Bericht zur Lage der Grundrechte in der Europäischen Union 2004 bis 2008«, speziell auf Punkt 158. Hier wird verlangt, den Begriff »illegale Einwanderer« durch Begriffe wie »nicht gemeldeter Arbeiter/Einwanderer« oder »Personen ohne gültige Aufenthaltspapiere« zu ersetzen.

Urteilen Sie selbst über einen Fall, der nicht dramatisch klingt, für manche aber Anlass zum Nachdenken gibt: In einem Kindergarten in Köln-Ehrenfeld hat eine Erzieherin einer Mutter untersagt, ihrem Sohn weiter Salami oder andere aus Schweinefleisch hergestellte Wurstsorten aufs Jausenbrot zu legen, da dies muslimische Kinder provozieren könnte. Erlaubt sei nur noch Käsebelag. Der Mutter blieb nichts anderes übrig, als ihr Kind aus dem Kölner Kindergarten abzumelden.

Auch anderswo soll es mit den Rechten der »Ungläubigen« nicht immer zum Besten stehen. Laut Meldungen vom Dezember 2008 gehen Moslems daran, im etwa sechs Kilometer von der westaustralischen Stadt Perth entfernten Rivervale ein rein islamisches Stadtviertel zu errichten, zu dem »Ungläubige« keinen Zutritt haben. Eine Tiefgarage nur für Muslime, Wohnblocks nur für Muslime, ein Saal nur für islamische Hochzeiten, ein islamisches Religionszentrum – die muslimischen Führer finden das alles ganz normal, obgleich der Anteil der Muslime von Rivervale 3,4 Prozent beträgt. Dieses System scheint in der gesamten westlichen Zivilisation Schule zu machen.

Schon 2007 bauten Muslime am Ontariosee in der Nähe von Toronto/Kanada die erste rein islamische Stadt, genannt »Peace Village« (Friedensstadt). Auf dem Gelände stand früher eine christliche Kirche, die »Teston United Church.« Man hat sie abgerissen. Alles, was noch brauchbar war, wurde in einer Auktion verschleudert. Das kanadische »Peace Village« ist die erste rein islamische Stadt auf dem amerikanischen Kontinent. Weitere sollen folgen. Die Erstsprache der dort lebenden Muslime ist nicht etwa Englisch, sondern die pakistanische Sprache Urdu. Wie das Fernsehen berichtete, soll auch in den Niederlanden eine islamische Stadt entstehen. Damit sich die marokkanischen Mitbürger heimischer fühlen, will man in Rotterdam, das seit Januar 2009 einen muslimischen Bürgermeister hat, im Stadtteil Rotterdam-West ein eigenes muslimisches Stadtviertel bauen.

Manche befürworten diese Entwicklung sogar, wobei einige wie folgt argumentieren: »*Alle Länder, in denen heterogene Volksteile eng zusammenleben, scheitern blutig (Libanon, Tschetschenien, Jugoslawien, Ruanda u. v. a.).*« Ob das Blauäugigkeit oder blanker Zynismus ist, überlasse ich der geschätzten Leserschaft. Desgleichen die Antwort auf die Frage, ob Leserbriefschreiber Paranoiker sind, denen die sich immer weiter ausbreitenden Hundeverbote – beispielsweise in Wien – verdächtig erscheinen und die meinen, hier würde man sich den Zuwanderern unterwerfen, für die der älteste Begleiter des Menschen »unrein« ist. Ein weiteres Indiz für diese Vermutung vermeinen extrem misstrauische Mitbürger darin zu erkennen, dass die immer lauter werdende Forderung nach mehr Polizisten in Wien vom Innenministerium nicht nur abgeschmettert, sondern mit der Gegenforderung nach einer eigenen Stadtpolizei beantwortet wurde. Das erscheint im ersten Moment nicht schlecht, allerdings sollte diese neue Truppe weniger Dealern, Gewalttätern, Einbrechern usw. das Leben schwer machen, nein, eine ihrer vordringlichsten Aufgaben wäre dann »*die Kontrolle der Leinenpflicht*«. Am dramatischsten äußern sich jene, die meinen, die Justiz würde mittlerweile zu einseitiger Milde tendieren.

Recht und Ordnung im dritten Jahrtausend

Ich weiß, diese Begriffe sind in ihrer neudeutschen Form »Law and Order« offiziell gehörig in Verruf geraten, auch wenn sich die »breite Masse« keineswegs Unrecht und Unordnung wünscht, und schon gar nicht folgende Fallbeispiele:

Einwandererkinder steinigen Rentner zu Tode und werden rechtzeitig zu Weihnachten aus dem Jugendgefängnis entlassen, vermeldeten englische Medien sinngemäß im Spätherbst 2006. Im Februar 2006 hatten laut »Metropolitan Police« ein Dutzend Einwandererkinder den 67 Jahre alten Rentner Ernest Norton zu Tode gesteinigt, der in einem Freizeitzentrum mit seinem Sohn gerade Tennis spielte. Die Kinder waren wegen ihres rüpelhaften Verhaltens aus der Freizeitanlage gewiesen worden und hatten dann aus »Rache« den unbeteiligten Rentner mit großen Steinen traktiert. Sie zertrümmerten seinen Schädel und spuckten ihn dabei an.

In Großbritannien sorgte der Fall für riesige Schlagzeilen in den meisten Medien. Nicht so in deutschsprachigen Ländern. Dort wurde nur vereinzelt am Rande gemeldet, ein Rentner sei beim Tennis an einem Herzinfarkt gestorben. Das stimmte auch, allerdings bekam er den Infarkt, nachdem ihm der zweite Backstein die Schädelknochen gebrochen hatte. Danach trafen ihn noch 15 weitere Steine.

Die Einwandererkinder, deren Nationalität und Namen wegen ihres zarten Alters nicht öffentlich genannt werden dürfen, gehörten der Jugendgang »The New Estate« an, die mit Baseballschlägern bewaffnet ein Stadtviertel tyrannisiert. Selbst vor Gericht randalierten die Kinder und zeigten laut BBC nicht den geringsten Respekt vor britischen Behörden. Auch das Strafmaß von zwölf Monaten erschien manchen etwas zu milde. Doch die Milde wurde noch gesteigert: Im Sinne der christlichen Weihnacht veranlasste ein Richter überraschend die Freilassung der erst im August Inhaftierten. Die von britischen Medien »Killer« genannten Kinder kündigten auf ihrer Webseite neue »Mutproben« an – denn Angst vor Bestrafung müssen sie kaum haben. Auch in deutschen Landen scheint solche Milde die Devise zu sein, wenn man den Berichten glauben will.

In München wollten sich im Herbst 2008 zwei Deutsche mit Migrationshintergrund in der U-Bahn der Kontrolle ihrer – offenbar nicht vorhandenen – Fahrscheine entziehen. Also schlug der türkische Mitbürger einem Beamten mit dem Ellbogen gegen die Unterlippe. Sein Freund, ein farbiger Franzose, sprang einem Beamten der Bundespolizei in Kung-Fu-Manier mit ausgestreckten Beinen in den Rücken. Die Strafe: Der Ellbogenschwinger musste 500 Euro zahlen, sein Freund 60 Stunden Sozialarbeit leisten.

In Wien überfiel ein längst mit Aufenthaltsverbot belegter Türke mindestens 20 Geschäfte und verletzte dabei über 50 Personen. Bei der Festnahme eröffnete sein Komplize ohne zu zögern das Feuer auf die Polizei. Dieser Sachverhalt allein ergrimmte schon Leserbriefschreiber, am meisten jedoch der Umstand, dass der Haupttäter zu Elektrikarbeiten außerhalb seiner Haftanstalt eingestellt wurde und sich seelenruhig davonschleichen konnte.

Ähnliches Befremden beim schlichten österreichischen Bürger löste es aus, als zu Hilfe gerufene Gendarmen einer Gruppe von Gewalttätern, die nach einem Rockkonzert in einem Zug Kopfstützen und Aschenbecher herausgerissen, Tische eingetreten, Feuerlöschschaum versprüht und zur Krönung einen ganzen Sitz abgeschraubt und aus dem fahrenden Zug geworfen hatten, lediglich Überweisungsträger für die Zahlung des Schadensersatzes überreichten. Das verblüffte nicht nur die terrorisierten Fahrgäste, die sich das »Eingreifen« der Behörde irgendwie anders vorgestellt hatten, sondern sogar die Vandalen selbst.

Schnell und gefasst reagierten hingegen ein 19-jähriger und ein 20-jähriger Moldawier, als sie Ende Mai 2009 bei einer Personenkontrolle in der Wiener U-Bahn mit einem kompletten Satz von Einbruchswerkzeugen in ihren Rucksäcken, einschließlich einer Axt, Zangen, Klebebänder und Masken, von der Polizei ertappt wurden. Ungerührt erklärten sie: *»Die Rucksäcke haben wir in einem Mistkübel gefunden.«* Und: *»Wir stellen einen Asylantrag.«* Der Polizei waren die Hände gebunden und das moldawische Duo wurde in ein völlig normales Asylverfahren aufgenommen. Ähnlich machtlos müssen sich die Beamten gefühlt haben, als ein wegen Gewalttaten polizeibekannter in Wien lebender Asylant seinem Vorgesetzten das Nasenbein brechen und immer wieder Todesdrohungen ausstoßen konnte, ohne Abschiebung befürchten zu müssen, da der Ägypter als politisch Verfolgter gilt. Vielmehr durfte der Täter seine Familie nachholen und auf eine Sozialwohnung hoffen. Die Opfer solcher Straftäter hingegen leben in ständiger Angst.

Wie jedes Jahr wurde auch 2007 in Köln zur Karnevalszeit die sogenannte »Weiberfastnacht« gefeiert. Auch der 44-jährige Waldemar W. war mit den drei jungen Töchtern seiner Freundin dabei. Ohne jeden Anlass und vor den Augen der entsetzten Kinder wurde er auf dem Nachhauseweg an einer Haltestelle von einem 18-jährigen Türken attackiert und so brutal verprügelt, dass er wochenlang im Koma lag. Das Opfer wird sich vermutlich nie wieder ganz erholen. Auch ein Jahr nach der Tat ist der Mann körperlich und geistig gezeichnet und arbeitsunfähig. Zwei der Kinder sind traumatisiert und deswegen in Behandlung. Seine Lebensgefährtin hat ihn verlassen. Er ist ein Pflege- und Sozialfall.

Weit besser geht es dem Täter. Im Frühjahr 2008 verließ er den Gerichtssaal als freier Mann. Obwohl seine Schuld klar feststand, konnte der Richter bei dem Angeklagten »keine schädlichen Neigungen feststellen« und »verdonnerte« ihn lediglich dazu, ein Anti-Aggressions-Training zu absolvieren. Also keine Haft, sondern ein paar Wochenend-Seminare. Der Richter bat den Schläger zwar, sich bei dem Opfer zu entschuldigen, was dieser laut »Kölner Express« mit den Worten abgelehnt haben soll, das ginge gegen seine Ehre. Ehre ist bekanntlich ein dehnbarer Begriff. Was man dem jungen Mann aber auf keinen Fall absprechen kann, ist Konsequenz, denn im Juni 2008 landete er wieder vor dem Haftrichter, weil er abermals völlig grundlos auf einen Passanten eingedroschen hatte, und das exakt an der Stelle seines Überfalls auf Waldemar W. – offenbar sein »Revier«, wie manche meinten. Und im August 2008 soll er sich mit einem homosexuellen Pärchen eine Schlägerei geliefert haben, wobei beide Seiten – die zwei Männer und der Jung-Migrant – Anzeige erstatteten.

Auch wenn der rabiate junge Mann nach seinem letzten Auftritt in Untersuchungshaft wanderte, äußern sich Leserbriefschreiber empört zu dem Fall, in etwa mit diesem Tenor: *»Zu wie viel Jahren würde wohl ein Bürger ohne Migrationshintergrund verknackt werden, der einen solchen mit Migrationshintergrund derart zusammenschlägt, dass das Opfer wochenlang auf der Intensivstation liegt – und das beim ersten Angriff?«*

Andere wundern sich aufgrund solcher Vorfälle – die sich laut Berichten häufen sollen – nicht darüber, dass vom 19. bis 21. September 2008 just in Köln eine Anti-Islamismuskonferenz abgehalten wurde, von der Obrigkeit erwartungsgemäß heftig bekämpft, beispielsweise durch die Verteilung dagegen gerichteter Flugblätter vor der Moschee durch die Polizei.

Weiter geht's aus Österreich:

Im Sommer 2007 ist der angesehene, leitende Angestellte eines renommierten Wiener Unternehmens, Thomas S., um zwei Uhr früh auf dem Weg nach Hause, als er von einem aus dem Iran stammenden Taxifahrer angeblinkt wird, weil Thomas S. ihm offenbar zu langsam fährt. Der Angeblinkte winkt den Taxifahrer vorbei. Dieser überholt S., bespuckt ihn durch das offene Seitenfenster, beschimpft und bedroht ihn mit der Faust. S. bekommt es mit der Angst zu tun, als der andere ihm den Weg abschneidet und ihn an den Straßenrand drängt. Im Fond hat er die Tasche seines zwölf Jahre alten Sohnes stehen, darin befindet sich eine dunkelblaue Wasserspritzpistole. Um den renitenten Iraner von sich fernzuhalten, fuchtelt er mit der Kinderpistole. Daraufhin ruft der Taxifahrer über Funk seine Kollegen zu Hilfe. Von sieben ausländischen Taxifahrern verfolgt, flüchtet der Familienvater in Panik in eine Polizeistation und erzählt, was vorgefallen ist. Kurz darauf taucht auch sein Kontrahent dort auf und zeigt Thomas S. wegen gefährlicher Drohung an.

Im Prozess glaubt der österreichische Richter dem unbescholtenen Familienvater weder die Spuckattacke noch die Verfolgung und meint in etwa »*Wenn einer so weit spucken kann, soll er im Zirkus auftreten, das glaubt dem S. doch niemand!*« Und er brummt dem bislang nicht vorbestraften Mann drei Monate Haft plus drei Jahre auf Bewährung auf, weil dieser zu einer Kinderpistole gegriffen hat. Dem Taxifahrer genehmigt er Ersatz für erlitteten Verdienstentgang, da dieser von der Bedrohung mit der Wasserpistole so schwer geschockt war, dass er tagelang nicht schlafen konnte.

Interessant für deutsche Leserinnen und Leser dürfte ein Fall aus Österreich sein, der in unseren Nachbarländern bestenfalls am Rande erwähnt wurde, auf keinen Fall aber solche Wellen geschlagen hat wie in der Alpenrepublik.

2008 hatte die Abgeordnete Dr. Susanne Winter als Frontfrau der umstrittenen FPÖ in einer Wahlkampfrede in Graz gegen die von ihrer Partei angeprangerte Islamisierung des Abendlandes polemisiert und dabei den Propheten Mohammed strafbarer Tatbestände geziehen. Worum es im Detail ging, will ich sowohl aus Korrektheit wie auch aus dem Respekt, den man jeglicher Religion gegenüber haben sollte, nicht ausführen (wer Näheres erfahren will, kann sich informieren). Darüber hinaus ist es ohnedies unsinnig und unzulässig, ein Verhalten aus heutiger Sicht zu verurteilen, das zum damaligen Zeitpunkt völlig legal war. Das verbietet allein schon der elementare Rechtsgrundsatz »*Nullum crimen sine lege*« (ohne Gesetz kein Verbrechen).

Der springende Punkt im »Fall Winter«, der immer wieder in den Medien groß herausgestellt wurde, ist ein anderer: Gegen die Dame wurde wegen Verhetzung, Verunglimpfung von Religionen, Beleidigung der Gläubigen und des Glaubens von der österreichischen Staatsanwaltschaft Anklage erhoben. Anfang 2009 kam es zum Prozeß, der mit einer Verurteilung endete. Für ihre verbalen Entgleisungen wurde Dr. Winter zu drei Monaten auf Bewährung und zu einer Geldstrafe von 24 000 Euro verdonnert. Soweit alles korrekt und gesetzeskonform. Nichtsdestotrotz gab und und gibt es Österreicher, die in dieser Vorgangsweise eine gewisse Einseitigkeit erblicken wollen.

Damit Sie sich selbst ein Urteil bilden können, zitiere ich zwei Leserbriefe, die beide an ein und demselben Tag in der größten Tageszeitung Österreichs abgedruckt wurden:

Im ersten heißt es: » … *Ihre Verurteilung entspricht der Gesetzeslage, weiter will ich darüber nichts sagen. Die Proportionen aber scheinen ins Trudeln gekommen zu sein. Denn bei uns im christlichen Europa und auch in Österreich kann und darf laufend unsere Religion verhöhnt, mit Hass überschüttet und eine schier unfassbare Blasphemie betrieben werden. Ersparen Sie mir, die zahllosen Beispiele aufzuzählen. Nicht nur, dass bei uns die Verhöhnung und Verunglimpfung unserer christlichen Religion ungestraft bleibt und Gott selbst verhöhnt werden darf, es kommt noch schlimmer, weit schlimmer. Notorische Religionsverspotter werden bei uns mit höchsten Auszeichnungen geehrt, laufend subventioniert, ja es wird einem der ganz Prominenten dieser Blasphemiker-Zunft auf Kosten der Steuerzahler noch ein Museum errichtet!*

Die unverständlich ungleiche Behandlung des Christentums und anderer Religionen durch Justiz, Behörden und Politik ist der wahre Skandal und eine weithin sichtbare Lehre aus dem ›Fall Winter‹. Ebenso skandalös ist das Schweigen jener, die dazu auserwählt wurden, unsere Religion und unsere Gläubigen zu verteidigen. Unsere Zeit ist aus den Fugen geraten.«

Im zweiten Leserbrtief steht: »*Es besteht überhaupt kein Zweifel darüber, dass die Aussage der Grazer FPÖ-Abgeordneten Susanne Winter über den Islam ein hanebüchener Unsinn ist. Nur eine Frage darf man an das hohe Gericht im Zusammenhang mit dem Urteil (24 000 Euro Geldstrafe und drei Monate Haft auf Bewährung) schon stellen: Wäre diese Strafe auch genauso hoch ausgefallen, wenn Frau Winter den gleichen Blödsinn über unsere katholische Kirche verzapft hätte? Wahrscheinlich nicht, wie die Vergangenheit gezeigt hat, wo diverse Zeichner und andere ›Künstler‹ ungestraft Jesus und die katholische Kirche in den Dreck ziehen durften (und noch immer dürfen).*

Drum glaube ich in diesem Falle: Das ›gleiche Recht‹ gilt nicht für alle …«

Ich will Sie nicht mit weiteren Aufzählungen behelligen. Klar dürfte wohl sein, weshalb manche eine Schieflage in der Rechtsprechung orten, die ihrer Meinung nach in der generellen Behandlung von Straftätern, welcher Herkunft auch immer, zum Ausdruck kommt. Davon wird im folgenden zweiten Teil »Die Justiz-Front« die Rede sein. Für den Augenblick wollen wir uns einem Aspekt widmen, der einmal in einer Diskussion vielleicht überspitzt, aber unmissverständlich geäußert wurde: »*Wenn das so weitergeht, kommt es noch zu einem Bürgerkrieg.*«

Bürgerkrieg ante portas?

*»Wir befinden uns bereits in
einer vorrevolutionären Situation.«*

Paul Virilio (*1932, französischer
Architekt, Philosoph und
Gesellschaftswissenschaftler)

Wie meinen Lesern in Deutschland wahrscheinlich nicht bekannt ist, besitzt Wien eine mit Steuergeld finanzierte »EU-Beobachtungsstelle gegen
Rassismus und Fremdenfeindlichkeit.« Noch unbekannter, wenn man diesen Begriff steigern könnte, dürfte wohl sein, dass diese Beobachtungsstelle
eine von ihr selbst initiierte Umfrage ein Jahr lang in der Schublade behal-
ten haben soll, weil sich Unliebsames dabei herausgestellt hat. Beispielsweise, dass die wachsende Zahl der nach Europa zugewanderten Muslime
für den zunehmenden Antisemitismus verantwortlich sein dürfte. Angesichts solcher Enthüllungen fragen sich viele, welche Studien wohl noch
unter Verschluss gehalten werden, weil sie andeuten könnten, der Bürgerkrieg würde in Europa bereits stattfinden.

Anfang 2009 gingen in Österreich die Wogen gewaltig hoch, als eine
Studie bekannt wurde, derzufolge jeder fünfte Islam-Lehrer an Österreichs Schulen Demokratie und Menschenrechte rundweg ablehnen und
seinen Unterricht in diesem Geist gestalten würde. »Der Islamische Reli-
gionsunterricht zwischen Integration und Parallelgesellschaft« ist keine
der üblichen Studien, da ihr Initiator ein angesehener Islamwissenschaft-
ler und Lehrerausbilder ist.

Einige Ergebnisse in absteigendem Prozentsatz: 44,1 % der 210 befragten Lehrer sieht es als ihre Aufgabe an, ihre Schüler zu befähigen, zu erkennen, dass sie, weil sie Muslime sind, besser als ihre Mitschüler sind.
29 % finden, eine Integration der Muslime in Österreich ist nicht möglich, ohne die islamische Identität zu verlieren. 28,4 % sehen einen Widerspruch darin, Muslim und zugleich Europäer zu sein. 21,9 % lehnen
die Demokratie ab, weil sie sich mit dem Islam nicht vereinbaren lässt.
18,2 % hätten Verständnis dafür, wenn Muslime, die vom Islam abgefal-
len sind, mit dem Tod bestraft würden. 14,7 % lehnen die österreichische
Verfassung ab, weil sie im Widerspruch zum Islam steht. 8,5 % fanden es
verständlich, wenn Gewalt zur Ausbreitung des Islam angewendet wird.

In einer am 27. Juli 2008 publizierten Studie haben 32 % der repräsentativ befragten moslemischen Studenten in Großbritannien Morde und Tö-

tungen im Namen des Islam als »gerechtfertigt« beurteilt. Es handelt sich nicht etwa um erklärte radikale Islamisten.

In Deutschland sehen die Zahlen nicht viel anders aus: 24 % der jungen Muslime sollen 2008 nach einer Studie der Bundesregierung (Titel: »Muslime in Deutschland«) Mord und Totschlag gegen »Ungläubige« befürworten. Wie spärlich, aber doch berichtet wird, soll es in Einzelfällen zu inländerfeindlichen Gewaltorgien gekommen sein, bei denen muslimische Mitbürger schon mal den einen oder anderen »ursprünglichen« Deutschen »*aus Spaß*« zu Tode geprügelt haben, beispielsweise im Sommer 2008 beim christlichen Erntedankfest in Bad Sooden-Allendorf. Im selben Zeitraum sollen in Köln mutmaßliche türkische Mitbürger einen der zugegebenermaßen extrem rechten Gruppe »Pro-Köln« angehörenden Stadtratsverordneten in einer Fußgängerzone am hellen Tag ins Koma geprügelt haben. Immer mehr solcher vereinzelter Vorfälle schüren nicht nur an den Stammtischen Rachegelüste und Bürgerkriegsstimmung.

Erwartungsgemäß wird von der Politik abgewiegelt und eine Verbesserung der Situation versprochen. Misstrauische Beobachter geben sich damit aber nicht zufrieden, wie man gelegentlich vernehmen kann. Sie fordern rigide Maßnahmen. Besonders misstrauische Mitbürger fragen mittlerweile, ob hinter all dem wirklich nur eine »verfehlte Zuwanderungspolitik« steht, oder ob die Betreiber dieser Politik nicht eigentlich genau hätten wissen müssen, was sie auslösen. Mit einem anderen Wort: Absicht. – Verlassen wir die Ebene der Spekulation und nehmen die nackten Fakten unter die Lupe:

Dass in den Banlieues, den Vorstädten französischer Großstädte, seit Jahren eine Art von Bürgerkrieg im Gange ist, daran hat man sich fast schon gewöhnt. Daher erstaunte niemanden die Meldung vom Mai 2009, der französische Präsident Nicolas Sarkozy plane eine spezielle Polizeieingreiftruppe für »Einrichtungen, in denen es zu außerordentlichen Gefahrensituationen kommen kann«. Zusätzlich sollten an deren Eingängen Metalldetektoren aufgestellt werden. Diese Einrichtungen sind nicht etwa Gefängnisse, Gerichtsgebäude, Waffendepots, Hochrisikolabors oder Ähnliches, sondern – Sie ahnen es vielleicht – Schulen, und zwar nicht nur solche in den turbulenten Vorstädten.

Deutschen und österreichischen Medien ist offenbar bisher entgangen, dass es auch in Athen mindestens eine »gesetzesfreie Zone« gibt. Es ist der Stadtteil »Exarchia«, auch bekannt als »verbotene Stadt«, da Sicherheitskräfte dort keinen Zutritt haben. Am 23. Dezember 2008 wurde dort ein Polizeibus beschossen. In der Nacht zum 6. Januar 2009 eröffneten Unbekannte das Feuer auf einen Polizeiposten vor einem Gebäude des Kulturministeriums und warfen eine Handgranate. Ein 21-jähriger Polizist blieb schwer verletzt liegen. Liegen blieben ferner 27 Patronenhülsen aus einem AK-47-Sturmgewehr, besser bekannt als Kalaschnikow. Umso entsetzter war daher im Dezember 2008 die öffentliche Reaktion, als ganz Griechenland zur Bürgerkriegszone wurde. Unangepasste Kommentatoren verwiesen auf Hintergründe dieser Ausschreitungen, von denen die meisten »seriösen« Medien nichts verlauten ließen. In diesen war so gut wie ausschließlich von Autonomen oder von »enttäuschten Studenten ohne Perspektive« die Rede, aber so gut wie niemals vom Anteil zugewanderter Mitbürger am wüsten Geschehen und ebensowenig von deren steigender Zahl. Darüber berichtete nur die »International Herald Tribune.«

Als im Mai 2009 im Rahmen einer Drogenfahndung in Athen ein Polizist bei einem verdächtigen Syrer ein mit Isolierband verklebtes Päckchen und darin beim Öffnen Papiere mit arabischen Schriftzeichen fand, diese zerriss und zu Boden warf, ahnte er anscheinend nicht, dass es sich dabei um einen Koran handelte. Daraufhin kam es wegen Beleidigung des Korans zu Ausschreitungen. Die aufgebrachten Muslime warfen Steine und Latten auf die Polizei, zerstörten mehrere Ampeln und Bushaltestellen. Die Situation eskalierte. Hunderte Immigranten, meist Pakistaner und Afghanen, zogen durch die Straßen der westlichen Stadtteile, zerstörten Autos und zündeten Reifen an. Wenig später erfolgte der »Gegenschlag«: Unbekannte verübten einen Brandanschlag auf ein muslimisches Gebetshaus.

Eine US-TV-Produktion hatte die Aufmerksamkeit der Zuschauer schon vor einiger Zeit darauf gelenkt, dass auch im liberalen Schweden die Dinge nicht anders liegen. Unter anderem wurde eine Schule präsentiert, in der von 1000 Schülern nur noch zwei Schweden sind.

Während sich zum Jahreswechsel 2008/2009 die ungeteilte Aufmerksamkeit auf die schweren bürgerkriegsähnlichen Unruhen in der griechischen Hauptstadt Athen richteten, veranstalteten Jugendliche in der schwedischen Stadt Malmö schwere Krawalle. Dort war kein Jugendlicher durch eine Polizeikugel weder direkt noch indirekt (Querschläger) ums Leben gekommen, hingegen hatte die Polizei einen islamischen Gebetsraum bzw. Keller in Malmö-Rosengård geräumt, weil der Mietvertrag seit Wochen ausgelaufen war. Mieter des Kellers war der »Islamische Kulturverein von Malmö.« Dieser hatte in der Vergangenheit von sich reden gemacht, weil er die Einführung des islamischen Rechts, der »Scharia«, in Schweden propagierte. Nach diesem sollen beispielsweise Frauen, die vergewaltigt wurden, vier unabhängige Zeugen für die Tat benennen. Können sie das nicht, geht der Täter straffrei aus. Besorgte Beobachter sehen heute schon gravierende juristische Probleme heraufdämmern, wenn unterschiedliche kulturelle und rechtliche Auffassungen unter einen Hut gebracht werden müssen – und zwar mit den abendländischen Rechtsnormen, für die Ehrenmorde und die Genitalbeschneidung bei Mädchen nun einmal strafbare Tatbestände und keine respektable Tradition sind. – Vor der Räumung des Gebetskellers hatten die muslimischen Jugendlichen den Raum okkupiert und angekündigt, sie würden sich dieser Amtshandlung mit Gewalt widersetzen. Als sie dennoch erfolgte, setzten sie Fahrzeuge in Brand, bewarfen Polizisten mit Pflastersteinen und drohten mit Sprengstoffanschlägen. Feuerwehrleute, die von den Unruhestiftern mit Molotow-Cocktails in Brand gesetzte Geschäfte und andere gelegte Brände löschen wollten, wurden mit Wurfgeschossen angegriffen. Auch Rettungssanitäter und Krankenwagen wurden von den Jugendlichen attackiert, desgleichen Journalisten, die über die multikulturellen Aktivisten berichten wollten. Der Sprecher der Randalierer teilte den Medien mit, die Angriffe würden fortgesetzt, bis die Jugendlichen den Keller wieder als islamischen Gebetsraum nutzen könnten. Im Sommer 2009 wurde der Einsatz der Armee erwogen ...

Ich selbst habe nur ein einziges Mal etwas über Hintergründe dieser Art in einer der österreichischen Zeitungen entdeckt, die ich regelmäßig lese, und zwar als Leserbrief in der größten Tageszeitung des Landes: *»Beim Tod des 15-Jährigen in Athen bleibt unerwähnt, dass es sich bei diesen Schlägern und Brandlegern vorwiegend um Leute handelt, die aus den Zuwanderer-Ghettos kommen und ihre Wut darüber auslassen, dass ihnen dort die gebratenen Tauben nicht in den Mund fliegen!«*

Beachtlich finden es manche, die kritisch verfolgen, was aus den Medien dringt, dass sofort nach dem Tod des 15-Jährigen einheitlich davon die Rede war, die Polizei hätte ihn »erschossen«, obgleich die Beamten aussagten, es seien Warnschüsse abgegeben worden, wobei ein Geller (Querschläger) das Opfer unglücklicherweise getroffen hätte. Das ist absolut nicht dasselbe wie »erschossen« und fällt eindeutig unter den Begriff »Vorverurteilung«, da zu dem Zeitpunkt der Hergang der Tat oder eben des Unfalls noch völlig ungeklärt war. Wie es scheint, hat sich alsbald anhand der Deformation der Todeskugel herausgestellt, dass sie in der Tat ein Querschläger und nicht ein direkter Treffer war. Soviel zur »Unschuldsvermutung«, auf die jeder Mörder ein Recht hat, selbst wenn er mit blutigem Messer in der Hand und über das Opfer gebeugt gefasst wird. Bezeichnen ihn die Medien bis zu seiner rechtmäßigen Verurteilung nicht als »mutmaßlichen Täter« klagt er und erhält in der Regel auch gewaltige Entschädigungszahlungen. Der Polizist hingegen wurde von Anfang an als »Todesschütze« bezeichnet, von »mutmaßlich« war keine Rede.

Auch davon, dass »die Autonomen« seit dem 5. Juni 2008 einem neuartigen »Hobby« frönen, konnte man nichts vernehmen. Sie pflegen nämlich Buchhandlungen zu überfallen und haben mittlerweile Zigtausend Bücher in Athen mit Benzin übergossen und in Brand gesetzt. Nicht ein deutscher oder österreichischer Journalist hat bislang über diese öffentlichen Bücherverbrennungen berichtet, wohl aber die Internationale Buchhändlervereinigung mit Sitz in Genf/Schweiz. Dort hat man die Welle der brutalen Übergriffe auf griechische Buchhandlungen über Monate aufmerksam verfolgt. Aufgefallen ist vor allem, dass die Polizei nicht eingegriffen hat. Sie hat die Täter anscheinend in Ruhe abziehen lassen, wenn diese Buchhandlungen in Brand setzten.

Laut Berichten sind in den letzten Jahren etwa 80 000 moslemische Flüchtlinge aus dem Nahen Osten, vom Balkan, aus Afghanistan und dem Irak nach Athen gekommen, von denen sich so gut wie alle illegal in Athen aufhalten sollen. Sie sollen von Überfällen und Rauschgifthandel leben und kriminelle Gangs bilden. Sie greifen Athener an und liefern einander gegenseitig Straßenschlachten. Die Polizei ist ratlos. In den betroffenen Stadtgebieten schließen die Geschäfte, die ursprünglichen Griechen ziehen weg.

Der sozialistische Bürgermeister von Athen sprach von einer »explosiven Lage«. Die aus dem Nahen Osten zugewanderten Mitbürger hätten die griechische Hauptstadt als »Geisel« genommen. Er warnte vor schweren »Rassenunruhen« mitten in Athen.

Die griechische Entwicklung schien neu, doch nicht für informierte Kreise. Von diesen wird gelegentlich und sehr besorgt eine CIA-Studie über die Bevölkerungsentwicklung in europäischen Ballungsgebieten aus dem Jahre 2008 zitiert, in der es heißen soll: »*Vor dem Hintergrund des mangelnden Integrationswillens vieler Zuwanderer wird es um das Jahr 2020 herum auch in Deutschland ethnisch weitgehend homogene rechtsfreie Räume geben, die muslimische Zuwanderer entgegen allen Integrationsversuchen auch mit Waffengewalt verteidigen werden. Und das bedeutet die Gefahr von Bürgerkriegen in Teilen Deutschlands.*« Auch der Leiter des britischen Inlandsgeheimdienstes MI5 soll sich hinsichtlich des inneren Friedens von Europa etwa um dieselbe Zeit ähnlich besorgt geäußert haben.

Aber nicht nur dort. Besorgte Stimmen vermeinen in dem brutalen Straßenüberfall einer mehrköpfigen Bande jugendlicher Migranten türkischer Herkunft auf eine komplette Schulklasse auf dem Weg zum Eislaufen am 15. Dezember 2008 in Wien-Leopoldstadt bereits erste Anzeichen von Anarchie, wenn nicht sogar eines Bürgerkriegs zu erkennen. Manche gehen noch weiter und fragen, ob die konsequent betriebene Entwaffnung der »einheimischen« Bevölkerung vielleicht etwas damit zu tun haben könnte.

Der Eindruck, dass der Staat auf Seiten der Gewalt und nicht auf Seiten der Bürger steht, wird von der Milde gegenüber Angreifern genährt. Die Schläger von Leopoldstadt wurden nämlich ausfindig gemacht und gefasst.

Nach ihrer Verhaftung zeigten sie sich total ohne Reue und voll der Gewiss-
heit, dass man heutzutage nach Lust und Laune jedermann zusammen-
schlagen könne, weil ohnedies nichts Ernsthaftes droht. Sie wurden in der
Tat nicht in Untersuchungshaft genommen, und das, obwohl sie den Lehrer, der eingreifen wollte, krankenhausreif geprügelt hatten, möglicherweise sogar unter Einsatz eines Totschlägers. Auf jeden Fall haben sie ihrem bereits auf dem Boden liegenden, blutüberströmten Opfer mit Schuhen ins
Gesicht getreten. Bilder in Medien zeigen, dass der couragierte Pädagoge
schwer misshandelt worden war, wobei manche daran erinnern, dass es
sich bei dem Opfer um einen 54-jährigen Turnlehrer handelt, also einen
Mann, der körperlich gut in Schuss sein dürfte. Man kann sich also vorstel-
len, wie er »bearbeitet« worden sein musste, um so auszusehen.

Wie viele seiner Kollegen, überlegte der Traktierte, seinen Beruf aufzugeben. In einem Interview erklärte er, zahllose Solidaritätsbekundungen
aus dem ganzen Land erhalten zu haben, darunter viele Berichte von Eltern, deren Kindern Ähnliches zugestoßen war, einschließlich des für die
meisten am aller-unverständlichsten Umstandes, dass die Gewalttäter regelmäßig bei Erstattung einer Anzeige bis zur Verhandlung auf freiem Fuß
bleiben dürfen. Zu Zeitungen sagte der geschundene Lehrer: »*Wir haben
in unserer Mittelschule genug von dem permanenten Straßenterror. Erst kürz-
lich habe ich einen Schüler mit zertrümmertem Knie ins Spital geführt.*«

Im März 2009 erfolgte dann das Urteil gegen die Gewalttäter vom
15. Dezember 2008, das in den Medien als »harte Strafe«, »saftige Haftstrafe« und ähnlich kommentiert wurde. Wie sahen diese »saftigen Strafen« für Täter aus, deren Opfer nach wie vor unter Sehstörungen leidet,
was ihn »*jeden Tag wütend macht*«? Der mittlerweile 17-jährige erste Angreifer, der bereits wegen Raubes vorbestraft war, erhielt zwei Jahre ohne
Bewährung. Dazu lebte die bedingte Vorstrafe wieder auf, womit er insgesamt fast vier Jahre ausfasste. Ein 18-Jähriger muss – inklusive Vorstrafe – 28 Monate absitzen, ein Brüderpaar für ein Jahr bzw. sieben Monate
hinter Gitter. Einer der Burschen wurde freigesprochen. Die verurteilten,
bei ihren jeweiligen Tatausführungen weniger sensiblen Schläger brachen
nach den Urteilsverkündungen in Tränen aus.

Dass der schlichte Bürger und Leserbriefschreiber die Strafen nicht als
so »hart« oder »saftig« empfand wie die Medien, brauche ich wohl nicht
zu betonen. Ergänzend sei noch erwähnt, dass die Urteile nicht zuletzt so
»drakonisch« ausgefallen waren, weil die bis zur Verhandlung auf freiem
Fuße befindlichen Täter kurz vor der Verhandlung im Kaufhaus »Wiener
Lugner City« einen jungen Mann wortlos angegriffen, mit einem Baseballschläger und durch Tritte ins Gesicht krankenhausreif geprügelt und
mit einer Gaspistole angeschossen hatten. Der Schwerverletzte blieb am

Boden zurück, während die später zu »harten Haftstrafen« Verurteilten seelenruhig essen gingen.

An dieser Stelle sei eine andere Strafe erwähnt, die besonders viele Zeitgenossen auf die Palme gebracht hat und wofür ein Leserbrief in der »Kronenzeitung« ein besonders deftiges Beispiel ist, dessen Nachsatz manchen zu denken geben dürfte und den ich unkommentiert zitiere:

»Am 1. April lese ich, dass eine rumänische Sexbestie ein Urteil von acht Monaten bedingte Haft ausfasste. Ich suchte verzweifelt nach dem Hinweis auf den 1. April, aber leider wurde ich nicht fündig. Diese Bestie vergewaltigte ein zwölfjähriges Mädchen auf offener Straße. Da es sich allem Anschein nach nicht um einen Aprilscherz handelt, bin ich versucht zu denken, dass es einen internen Wettbewerb im Justizministerium gibt, bei dem der mildeste Richter eine Waschmaschine und einen Trockner gewinnt. Meine Gedanken sind jedenfalls bei dem armen Mädchen und deren Eltern, die ein Leben lang einen Schaden wieder gutmachen müssen. Außerdem würde mich das Urteil interessieren, wenn der Vater Selbstjustiz an dieser verabscheuungswürdigen Person verübt. Gute Nacht, geliebtes Österreich!«

Österreich ist also alles andere als die gern zitierte »Insel der Seligen«, die – von den Politikern – unaufhörlich als offen, bunt, vielfältig und extrem tolerant apostrophiert wird. Wie es scheint, haben aber nicht alle den Toleranzbegriff völlig verinnerlicht, wie für manche die Kriminalstatistik eines einzigen Wochenendes im Mai 2009 belegt: Schießerei und Stecherei in einem indischen Tempel im 15. Wiener Gemeindebezirk nahe dem Westbahnhof. Sechs mit einer 9-mm-Pistole Type »Makarow« und mit großen Messern bewaffnete fundamentale Sikhs – vier von ihnen leben seit Jahren als Asylanten in Wien, die anderen zwei sollen sich seit 2001 illegal in Österreich aufhalten – griffen zwei aus Indien angereiste Priester an, worauf es zwischen ihnen und den anderen Gläubigen zu einer regelrechten Schlacht kam. Die Attentäter wurden schwer verletzt, ebenso die beiden Gast-Prediger, von denen einer Tage später seinen Verletzungen erlag. Grund des Gemetzels: religiöse Auffassungsunterschiede. Nach Recherchen stellte sich heraus, dass der Anschlag in mehreren Terrorzellen vorbereitet worden war, die sich seit Jahren völlig unbehelligt in Wien ausgebreitet hatten – wobei das Faktum ihrer Existenz Erstaunen und Bestürzung hervorrief. Kritik wurde in dem Zusammenhang auch an dem österreichischen Asylsystem laut, das acht Jahre nach dem Stellen des Asylantrags durch einen der Attentäter immer noch zu keiner finalen Entscheidung fähig war, sodass sich der Mann fast ein Jahrzehnt lang sicher vor jeglicher Abschiebung in der Alpenrepublik aufhalten konnte. Laut Statistik sind zahlreiche Langzeit-Asylbewerber sogar in der Lage, ihr Verfahren bis zu der magischen Grenze von zehn Jahren in die Länge zu ziehen.

Türkenmord vor einem Kebab-Imbiss mitten in der Herrengasse, einer Fußgängerzone in Wiener Neustadt: Der (geständige) türkische Lokalbesitzer, der drei Kaffeehäuser und zahlreiche Immobilien sein Eigen nennen soll, richtete seinen Kellner und Landsmann auf offener Straße mit vier Schüssen regelrecht hin, angeblich weil dieser ihm Geld schuldete. Nachbarn und Bekannte sind nicht verwundert: »*Wir alle wussten, dass er gefährlich ist.*« Für die Anrainer ist die Herrengasse eine Art »Todeszone«. Ein Anwohner, der den Mord mit angesehen hat, sagte: »*Ich habe meinen 17-jährigen Sohn schon vorher nicht mehr allein am Abend durch die Herrengasse gehen lassen. Es ist wirklich arg geworden.*« Kleine Pikanterie am Rande: Just das Polizeirevier in der Herrengasse ist unbesetzt.

Vor einem Nachtlokal am Wiener Währinger-Gürtel rammen sich um 1.45 Uhr in der Nacht zum 24. Mai 2009 ein Nigerianer und ein Türke gegenseitig Messer in die Leiber und werden beide in Bauch und Herz schwerst verletzt in Intensivstationen gebracht. Grund: gegenseitiger Rassismus. Einen Monat zuvor war ein serbischer Türsteher in der Nähe des Wiener Praters mit sechs Schüssen liquidiert worden. Vermutet wird eine Racheaktion von Kosovo-Albanern.

Kommentar eines Zeitungs-Redakteurs: »*Für kleinere Schusswechsel bzw. Messerstechereien und Prügelszenen ist im Österreichteil kaum mehr Platz. Auch die täglichen Wohnungseinbrüche in Wien und Umgebung kann man gar nicht mehr aufzählen.*« Mittlerweile ist die Situation derartig, dass besagter Redakteur in der Headline seiner Kolumne ganz offen fragt »*Wer hat die alle hereingelassen?*«, und in der Kolumne mit der Frage nachhakt »*… und warum?*«. Letzteres fragen sich immer mehr Zeitgenossen und vermuten hinter all dem weniger eine »verfehlte Einwanderungspolitik«, sondern sinistre Motive.

Nach diesem Einschub zurück zum mittlerweile viel diskutierten Thema »Gewalt gegen Lehrer« und zu einem Beispiel dafür, wie es einem Lehrer ergeht, der sich vergisst: Ein einziges Mal in seiner 26-jährigen untadeligen Laufbahn verlor ein Lehrer in Nantes, Frankreich, die Beherrschung und ohrfeigte eine unerträglich renitente Schülerin. Sofort traf ihn die ganze Härte des Rechtes: Anzeige beim Schulinspektor. Das Ende seiner Karriere vor Augen, erhängte sich der Lehrer noch am selben Tag.

Wen wundert es da, dass solche und ähnliche Strafbemessungen bei der Bevölkerung auf wenig Verständnis stoßen? Beispielsweise drei Jahre Gefängnis für einen arbeitslosen jungen Türken mit österreichischer Staatsbürgerschaft, der – um seine Spielsucht zu finanzieren – fünf Rentner brutal beraubt hat, wobei sein letztes Opfer, eine 85-Jährige, schwer verletzt wurde und kurz danach starb. – Noch größeren Groll rief die Rechtsprechung in einem anderen Fall hervor:

2007 waren zwei 13-Jährige während der Unterrichtszeit im Verlauf eines Messebesuches von etwa 30 ausländischen Jugendlichen brutalst zusammengeschlagen worden. Und das unter den Augen der Lehrer, von denen einzig eine Lehrerin versuchte zu helfen. Einem der Opfer wurde ein Schneidezahn ausgeschlagen und er erlitt neben zahllosen anderen Verletzungen eine schwere Jochbeinprellung. In diesem Zustand wurde er nach Hause geschickt. Es wurde ihm keine Erste Hilfe geleistet, kein Rotes Kreuz und keine Polizei wurden verständigt! Der Vater musste mit seinem verletzten Kind zur Versorgung ins Krankenhaus fahren. Fazit war, dass der Staatsanwalt die Anklage wegen Nichtigkeit niederschlug! Der verletzte 13-Jährige musste die Schule verlassen.

Ende März 2009 prügelten drei Halbwüchsige mit Migrationshintergrund im Hamerlingpark in Wien-Josefstadt einen Zehnjährigen mit Holzlatten derart, dass er ins Krankenhaus musste. »Während die anderen noch abhauen konnten, schlugen die Jugendlichen meinem Sohn fast ein Ohr ab«, schilderte seine entsetzte Mutter, eine Juristin. Aus Angst vor Racheaktionen verzichtete sie auf eine Anzeige.

Ebenfalls vor der schwierigen Entscheidung, was zu tun sei, sah sich im nämlichen Monat eine Mutter, deren 13-jähriger Sohn in einer Wiener Schule von einem Mitschüler aus Tschetschenien nach dem Unterricht schwer vermöbelt worden war. Sie verständigte die Schulleitung, worauf der aggressive Jugendliche vor der Direktorin wüste Drohungen ausstieß, Mord eingeschlossen. Da der für seine Gewaltbereitschaft Bekannte trotzdem »wieder eine Chance bekommen sollte«, ging es für die Mutter um die Frage, ob ihr Sohn in der bisherigen Bildungsanstalt seiner Gesundheit oder gar seines Lebens sicher sein konnte.

Im deutschen Horn-Bad Meinburg schlichtete ein unbeteiligter 35-jähriger Deutscher einen Streit zwischen zwei Türken und einem Gast, dem einer der Türken, ohne ihn zu fragen, eine Zigarette weggenommen hatte. Nach Aussagen des Türken sei dieser dabei von dem Zigarettenbesitzer beleidigt worden. Daraufhin lauerten die beiden dem Gast vor der Pizzeria auf, um ihn zusammenzuschlagen. »*Wir wollten unseren Spaß haben*«, so die späteren Aussagen der 18- und 19-jährigen Schläger. Sie schlugen und traten eben auf ihr Opfer ein, als der 35-jährige Deutsche vorbeikam und sie zum Einstellen der Prügelei bewegte. Unglücklicherweise begegnete der Schlichter den beiden Stunden später in der Stadt wieder, worauf sie über ihn herfielen. Der damals 17-jährige Türke erschlug den Deutschen mit einer Wodkaflasche. Beide waren geständig und erklärten auf die Frage des Richters, wie es zu einer solchen Gewalttat kommen konnte: »Wir hatten eben etwas getrunken.« So der Sachverhalt – nun das Urteil: Das Landesgericht verurteilte den Täter am

16. August 2007 zu fünf Jahren Haft, von denen ihm bei »guter Führung« bis zu einem Drittel erlassen wird.

Zu solchen Fällen gibt es (speziell in Österreich) immer eine Vielzahl von Leserbriefen, in denen vehement die Abschiebung der Täter oder – so sie bereits Neubürger sind – die Aberkennung der Staatsbürgerschaft und hernach die Abschiebung gefordert wird. Dass die Obrigkeit solche Forderungen »nicht einmal ignoriert«, wie Karl Valentin zu sagen pflegte, versteht sich fast von selbst. Auch das könnte ein Grund dafür sein, dass viele meinen, es sei ein »von oben geführter Krieg gegen das eigene Volk« im Gange. Soweit wollen wir nicht gehen. Eines aber scheint evident: Mord und Totschlag scheinen überall in Europa hoffähig und zum neuen Stil unseres Kulturkreises zu werden.

Mittlerweile soll sich selbst das beschauliche Kopenhagen zum »Kriegsgebiet« entwickelt haben. Dieser Ausdruck ist nicht etwa üble Polemik, sondern soll wörtlich in der seriösen dänischen Zeitung »Copenhagen Post« stehen. Darin war im Herbst 2008 zu lesen, dass in der dänischen Hauptstadt Schießereien zugewanderter Mitbürger sowie Mord und Totschlag an der Tagesordnung seien. Sie vergleicht die Lage mit den Slums der schlimmsten amerikanischen Ballungsgebiete und spricht davon, Kopenhagen drohe zur »Kriegszone« zu werden. Vor allem das Kopenhagener Einwandererviertel Nørrebro, in dem viele Zuwanderer aus islamischen Staaten leben, gleicht einem Kriegsgebiet. Die Schulen und Kindergärten fordern ihre Zöglinge dazu auf, auf dem Weg zur Schule und in den Kindergarten den Schießereien in Nørrebro auszuweichen.

Da nach immer neuen Messerstechereien und Schießereien Woche für Woche der Bedarf an Blutkonserven steigt, gehen diese bedrohlich zur Neige. In dieser Notlage hat sich die größte Blutbank der Stadt, die sich im Rigshospitalet-Krankenhaus befindet, in einem dramatischen Appell an die Öffentlichkeit gewandt und die Bevölkerung zum Blutspenden aufgerufen.

Wie schon erwähnt, herrschen »dänische Zustände« offenbar auch in Schweden. So berichteten schwedische Zeitungen im März 2009 zum ersten Mal, dass ein »*Krieg der Gangs*« über die Öresund-Brücke, die seit Sommer 2000 das dänische Kopenhagen und das schwedische Malmö verbindet, in schwedischen Städten Einzug hält.

Um trotz nüchterner Sachlichkeit nicht der Polemik geziehen zu werden, wollen wir es mit diesem Streiflicht gut bzw. nicht gut sein lassen, auch wenn im Zusammenhang mit der gängigen Rechtsprechung gelegentlich die Frage zu hören ist: Wenn man so ›billig‹ davonkommt, wenn man harmlose Bürger halb tot schlägt und manche von ihnen ein Leben lang behindert zurücklässt, und die Haft zudem in einem Gefängnis verbringt, das – verglichen mit den Haftbedingungen in den Herkunftsländern mancher Täter – der reine Hotelaufenthalt ist, wird dann hier nicht mit »Billigung von oben« gegen uns, die Nicht-Kriminellen, Krieg geführt? Ein Leserbriefschreiber in dem Zusammenhang: *»Offenbar haben wir völlig vergessen, was Strafvollzug bedeutet. Drogenhandel, Gefängnis-Sex in staatlichen Kuschelzimmern [ja, die gibt es wirklich in Gefängnissen; Anmerkung des Autors], Privathandys (für Absprachen mit anderen Tätern und zur Steuerung weiterer Straftaten), Sauna, Kegelbahnen und Hallenbäder – das gehört offensichtlich zum bequemen Häfenalltag um unser Steuergeld! Beste Grüße aus dem 5-Sterne-Luxus-Hafen in Leoben …«*

Angeprangert wird zudem seit langem, dass Kriminelle, die sich nicht an Leib und Leben, dafür aber am Geld vergreifen, fast schon regelmäßig weit härter bestraft werden als brutale Gewalttäter. Als Beispiele werden Fälle wie dieser genannt: Ein Mann in Geldschwierigkeiten geht zu der Bank, in der er sonst seine Geschäfte erledigt. Vor der Kassiererin, die ihn kennt, fuchtelt er mit einem Zierdolch und ruft *»Überfall!«*. Die Frau fragt ihn, *»Meinen Sie das ernst?«* Darauf steckt er die Waffe ein und hinkt von dannen, laufen kann er nämlich wegen einer Krankheit nicht. Also spaziert er ins nächste Cafe und wartet auf die Polizei, die ihn bald darauf festnimmt. Er ist geständig und erklärt, sein Verhalten selbst nicht zu verstehen. Bei der Bankkassiererin entschuldigt er sich mit einem höflichen Brief. Damit zur Gretchenfrage: Welche Strafe, glauben Sie, hat dieser, man kann ihn wohl so nennen, Schwachkopf erhalten? Eine Ermahnung? Ein paar Monate bedingt? Mitnichten: Der eher peinliche als gefährliche verhinderte Räuber bekam sieben Jahre Haft aufgebrummt.

Auch der Erpresser der reichsten Frau Deutschlands, Susanne Klatten, und anderer Damen ist zweifellos kein Sympathieträger, aber auch kein Gewalttäter. Deshalb erscheinen manchen die sechs Jahre Haft, die er im März 2009 von einem Münchner Gericht ausfasste, im Vergleich zu brutalen Körperverletzern doch recht saftig, noch dazu, wo die »Milde« des Urteils in Medien hervorgehoben wurde, weil der Gigolo ein volles Geständnis ablieferte und sich zudem entschuldigte. Eine weitere Steigerung sind für viele Kritiker die Manager, die selbst dann, wenn sie ohne Rücksicht auf (fremde) Verluste Milliarden versenken, lediglich mit Millionenabfertigungen »bestraft« werden.

Im Vorwort habe ich darauf hingewiesen, dass zwei der behandelten Teile in diesem Buch sensibel, um nicht zu sagen heikel sind. Sie haben eben den ersten gelesen. Nach dieser Überleitung hier nun der zweite.

Teil II

Die Justiz-Front

Zur Einstimmung in dieses delikate Thema zitiere ich ohne jeglichen Kommentar einen Leserbrief, der unter der Überschrift »*Kollaps in der Justiz?*« am 27. Mai 2009 in der *Kronenzeitung* abgedruckt wurde:

> »*Durch die geplanten Personalkürzungen in der Justiz wird es laut Wiener Rechtsanwaltskammer zu einem Kollaps der Strafrechtspflege und damit auch der Verbrechensbekämpfung kommen. Eine funktionierende Rechtspflege und Justiz sind die Hauptmerkmale eines funktionierenden Rechtsstaates, und dies wird anscheinend durch die geplanten Personalkürzungen von der Politik nicht gewünscht – vielleicht, um die eigenen Fehler zu kaschieren? Personalbedingte Verzögerungen im Verfahrensbereich haben bereits zu unhaltbaren Zuständen im Asylbereich geführt, und trotz dieser deutlichen Warnsignale beschreitet die Politik den Weg einer weiteren personellen Ausdünnung – vielleicht mit Absicht?*«

Wahnsinn mit Methode?

Aus den Vereinigten Staaten ist man juristische Bocksprünge gewöhnt, die jedem Rechtsempfinden Hohn sprechen, speziell im Bereich der absurden und astronomischen Schadenersatzforderungen. Unsummen zugesprochen erhielten beispielsweise: ein Zechpreller, der sich durch das Toilettenfenster davonstehlen wollte und sich dabei verletzt hat, ein Einbrecher, der tagelang Hundefutter aus dem Kühlschrank essen musste, weil er sich versehentlich selbst in dem Haus eingesperrt hatte, in das er eingebrochen war, oder ein Mann, dem ein Autofahrer unabsichtlich über die Hand gefahren war, während der Dieb die Radkappen abmontieren wollte.

Andererseits war in der »größten Demokratie der Erde« vor Obama Folter per Gesetz erlaubt, wenn auch nicht als solche bezeichnet (wobei noch nicht völlig erwiesen ist, wie es ab 2009 tatsächlich zugeht). Jedenfalls nannte man dortzulande das Beinahe-Ertränken vornehm »*Water Boarding*«. – Dass von der Inquisition Angeklagte im Zuge der »*hochnotpeinlichen Befragung*« Hexerei oder Geschlechtsverkehr mit dem Teufel zugaben, verwundert nicht. Die Tatsache, dass unter der Folter so gut wie jeder alles gesteht, lässt jedoch die modernen Inquisitoren, wie die »Befragungsexperten« im Dienste der USA gelegentlich genannt werden, nicht am Wert der von ihnen erzielten »Erkenntnisse« zweifeln. Genug des Aberwitzes »Made in USA«. Besorgte meinen, dass sich juristische Seltsamkeiten, die jedes Rechtsempfinden auf den Kopf stellen, auch hierzulande auszubreiten scheinen.

Früher herrschte die rechtliche Ansicht, dass es bei einer Straftat, bei der ja unweigerlich jemand leiden muss, der Täter ist, der zu leiden hätte. Heute hingegen sind es das Opfer und seine Angehörigen, denen zusätzliches Leid aufgebürdet wird, während das Wohl des Täters im Vordergrund zu stehen scheint. Wieso eigentlich – und was hat sich der Gesetzgeber bei diesem Richtungsschwenk gedacht oder gar beabsichtigt?

Eine simple Wahrheit wird von den »Fachleuten« mit fast schon bewundernswerter Konsequenz geleugnet: Seit in der westlichen Wertegemeinschaft Strafe aufgehört hat, *Strafe* zu sein, blüht das Verbrechen wie nie zuvor. In welcher Gesellschaft, in welchem Mitteleuropa, leben wir, so tönt es allenthalben, wenn schwere Körperverletzung nicht nur an der Tagesordnung ist, sondern in manchen Fällen anscheinend als Kavaliersdelikt behandelt wird? Wenn sich allerdings jemand erfolgreich wehrt, dann trifft ihn die Härte des Gesetzes. Sie glauben das nicht?

In Wiens Innenstadt wurde ein Automechaniker von vier Jugendlichen um Zigaretten angeschnorrt. Er hatte keine, bot ihnen aber sogar Geld zum Kauf von Rauchwaren an! Das lehnten die Schnorrer ab, da sie offenkundig Streit suchten. Als Auftakt begann einer der vier auf den Mechaniker einzuschlagen. Fatalerweise für das gewaltfreudige Quartett war der Attackierte allerdings ein durchtrainierter und sehr kräftiger Judokampfsportler, der die vier gründlich vermöbelte. Wer nun meint, hier läge berechtigte Verteidigung vor, der irrt. Tatsächlich wurde der Angegriffene wegen Körperverletzung verurteilt und musste an die Angreifer Schmerzensgeld bezahlen. Ein bedauerlicher Einzelfall? Mitnichten.

Wie ein Leserbriefschreiber in der »Kronenzeitung« berichtete, wurde ein Freund von ihm vor Jahren in einem Lokal von sieben Burschen angestänkert. Der Mann wollte jedem Zoff aus dem Weg gehen, bezahlte und ging. Die sieben folgten und umringten ihn. Er war eindeutig ihr auserkorenes »Opfer des Tages.« Der Bedrohte wollte »deeskalieren«, wie es heute angesagt ist, und machte seine Angreifer darauf aufmerksam, er sei ein ausgebildeter Kampfsportler und sie mögen ihn im eigenen Interesse zufrieden lassen. Das beeindruckte die siebenfache Übermacht keineswegs. Sie schritt vielmehr zur Tat. Nach kurzem Schlagwechsel wies der Angegriffene leichte Schrammen auf, die Attackierer hingen waren ziemlich ramponiert. Sie enteilten mit schmerzenden Gliedern und eröffneten eine neue Front – die »Justiz-Front.« Mit Hilfe eines cleveren Anwaltes wurde der ursprünglich als Prügelknabe Vorgesehene zum Notwehrüberschreiter, weil er über die »Gefährlichkeit seines Körpers hätte Bescheid wissen müssen«. Seine diesbezügliche Warnung an die Schläger wurde ihm juristisch zum Verhängnis. Er musste seinen Angreifern 70 000 Schillinge (heute 5000 Euro) Schmerzensgeld bezahlen. Diese Strafe wäre natürlich leicht zu umgehen gewesen: Er hätte sich nur krankenhausreif schlagen lassen müssen.

Am 30. Dezember 2008 will sich ein Autodieb der Verhaftung entziehen, indem er mit dem gestohlenen PKW, in dem hinterher auch noch gestohlener Schmuck gefunden wird, auf eine Polizistin zurast, um sie niederzufahren. Ein Mordversuch, so könnte man meinen, noch dazu an einer Polizistin. Und wenn schon. Der Betreffende wurde nur angezeigt.

Dass man in der Schule führwahr für das Leben lernt, belegt nach Ansicht von Zynikern ein Fall, ebenfalls vom Dezember 2008. Nachdem eine Elfjährige einen Neunjährigen in der Volksschule Bleiberg im österreichischen Bundesland Kärnten dermaßen traktiert hatte, dass er einen Milzriss erlitt und einer Notoperation unterzogen werden musste, verlangten die Eltern des Opfers wie auch andere Eltern den Schulverweis der als aggressiv bekannten jungen Täterin. Die Direktion hingegen sah die Lösung in Schulmediation, auf dass die Sitzenbleiberin mit Nahkampfausbildung (!) dazu überredet werde, ihre Mitschüler nicht zu drangsalieren.

Stählerne Härte wird hingegen bei Terroristen gezeigt. Dagegen spricht auch nichts, lediglich vielleicht der Umstand, dass diese Härte nicht ausschließlich bei terroristischen *Taten* zur Anwendung kommt, sondern weit öfter bereits bei georteten *Absichten*, die bekanntlich weit schwerer zu beweisen sind.

Terror einmal anders

Hand aufs Herz: Sind Ihnen die dauernden Terrorwarnungen nicht auch schon langsam suspekt? Nicht dass ich oder jeder andere Mitteleuropäer sich konkreten Terror wünschen würde, aber die unentwegten Meldungen, ein Land sei »ein Zielgebiet des internationalen Terrorismus« hängt so manchem schon zum Halse heraus. Mittlerweile werden in Deutschland Stimmen der Verwunderung darüber laut, dass ein »Zielgebiet des internationalen Terrorismus« offenbar weniger durch Anschläge als durch Urteile definiert wird, die noch dazu dem Rechtsempfinden des schlichten Bürgers krass widersprechen. Natürlich will niemand Terroristen auf freiem Fuße haben, aber Sachbeweise würde man sich schon wünschen, wenn jemand zu einer Haftstrafe verurteilt wird – es könnte einen schließlich ja auch selbst treffen, wie besonders pessimistische Mitmenschen meinen, für die neuerdings Guantanamo auch in Stuttgart zu finden sei.

Anlass für solche Befürchtungen ist für sie das Urteil des Stuttgarter Oberlandesgerichtes vom 15. Juli 2008, das drei angeblichen Mitgliedern der Terrororganisation Ansar al-Islam zehn Jahre, acht Jahre und siebeneinhalb Jahre Knast beschert hat. Der Grund für diese Haft, mit der auch manche Mörder davonkommen, ist die angebliche Planung eines Attentates auf den seinerzeitigen irakischen Ministerpräsidenten Ijad Allawi im Dezember 2004 in Berlin.

Na ja, ein Mordkomplott ist ja auch keine Kleinigkeit und dran muss schon etwas gewesen sein, bedenkt man, dass die Behörden das Treiben der Angeklagten mithilfe von 64 Zeugen durchleuchtet und das Gericht dieses in 142 Verhandlungstagen dargelegt hat. Die Anzahl der Zeugen ist allerdings strittig, bedenkt man, dass sie sich in ein und derselben Ausgabe eines Mediums, das über den Prozess berichtet hat, verdoppelt haben soll. Über die Kosten des Prozesses gibt es jedenfalls keine Unklarheit: Sie betragen 1,2 Millionen Euro.

Weniger klar ist die perfide Planung, die solche drakonischen Urteile nach sich gezogen hat. Laut Medien »*sei immer noch unklar, wie der Anschlag ablaufen sollte*«. Dann wird man bei den potenziellen Terroristen bei ihrer Festnahme wohl Waffen und Sprengstoff gefunden haben. Auch das nicht, obwohl heftig – wenn auch vergeblich – danach gesucht wurde.

Macht auch nichts, denn die Angeklagten konnten durch einen glaubwürdigen Zeugen überführt werden, der per Videokonferenz befragt und als »Zeuge Nr. 1« bezeichnet wurde. Bei diesem Mann, dessen Identität leider geheim bleiben musste, handelte es sich um einen V-Mann des Verfassungsschutzes. Auch andere »Beweise« stammten von dieser Behörde, die bekanntlich die NPD in einem Maße unterwandert hat, dass bei dem Versuch, die rechtsextreme Partei zu verbieten, nicht eruiert werden konnte, ob Parteimitglieder oder V-Leute das für ein Verbot erforderliche staatsfeindliche Verhalten an den Tag gelegt hatten. Es kam nicht zu dem Verbot, wohl aber zum Kursieren von Witzen wie »Jeder NPD-Aufmarsch ist in Wirklichkeit ein Betriebsausflug des Verfassungsschutzes.« Aber schweifen wir nicht ab.

Wenden wir uns den »beweiskräftigen« Telefonabhörprotokollen des Verfassungsschutzes zu, die zum nämlichen Urteil geführt haben. Diese verzeichnen eindeutige Anschlagspläne, die sich so anhören: »Der liebe Gast soll essen bis zum Verrecken«. Mit mehr konnten die Medien nicht aufwarten.

Sei es, wie es sei. In der das Urteil kommentierenden Pressemitteilung des OLG Stuttgart hieß es jedenfalls, der Senat gehe von dem Sachverhalt aus, die drei Angeklagten würden der Terrororganisation Ansar al-Islam angehören, und hätten hierorts den in Rede stehenden Anschlag geplant. Wortklauber stoßen sich an der Formulierung »ausgehen«, dachten sie doch, ein Gericht müsse nach langer Verhandlung einen konkreten Sachverhalt feststellen. Semantisch bedeutet »von etwas ausgehen« hingegen vermuten, annehmen, mutmaßen oder spekulieren.

Medien, über deren Einstellung sich jeder seine Meinung bilden kann, fanden es tadelnswert, dass die Verteidigung die Geduld des Gerichts mit 140 Beweis- und Befangenheitsanträgen strapaziert hätte. Eine Unverschämtheit, wo man sich ohnedies über zwei Jahre lang unter widrigen Umständen herumquälen musste: Keine Ahnung, keine Beweise, geheime Zeugen – und dazu auch noch immer wieder Beschwerden. Damit war für manche Kommentatoren klar: Nicht das monatelange Auswinden von vagen Indizien zum Zwecke einer Verurteilung sei für die beachtlichen Kosten des seltsamen Mammutprozesses verantwortlich, der vom 20. Juni 2006 bis zum 15. Juli 2008 gedauert hatte, nein die Verteidigung war es mit ihren dauernden Querschüssen. Und dabei dachte man doch, in einem Rechtsstaat könne man nur anhand konkret belegbarer Vorwürfe und definitiver Beweise verurteilt werden, noch dazu in dieser Größenordnung. Mehr noch: Da der Begriff des Terroristen selbst eine Wandlung durchzumachen scheint, kann Hinz und Kunz überraschenderweise nächtens aus dem Bett gezerrt und mit Vorwürfen konfrontiert werden, die üblicherweise nur gegen Zeitgenossen erhoben werden, die man als Terroristen oder Mafiosi bezeichnen würde. Das jedenfalls meinen entrüstete Österreicher seit dem Frühsommer 2008.

Tierschützer als Terroristen

> *»Es ist gefährlich, in Dingen recht zu haben, in denen die etablierten Autoritäten unrecht haben.«*

Voltaire

Kennen Sie RICO? Der »Racketeer Influenced and Corrupt Organizations Act« (RICO) ist ein US-Gesetz, das den Behörden die Möglichkeit geben soll, strukturierte kriminelle Organisationen wegen ihrer gesamten kriminellen Tätigkeiten strafrechtlich zu verfolgen, anstatt gegen Einzelpersonen zu ermitteln oder die Organisation als eine kriminelle Verschwörung bezeichnen zu müssen. Durch das RICO-Gesetz erhöhte sich das Strafmaß auf eine Mindeststrafe von 20 Jahren. Es erlaubt auch die Beschlagnahme und den Verfall von Eigentum der Angehörigen von Organisierter Kriminalität (O. K.). Außerdem gibt dieses Gesetz dem Bundesstaatsanwalt das Recht, Zivilklagen gegen O.-K.-korrumpierte Organisationen zu erheben.

Das amerikanische Bundesjustizministerium und das FBI definieren die Organisierte Kriminalität als eine fortgesetzte und sich selbst erhaltende kriminelle Verschwörung, die ihre Machtposition durch Einschüchterung und Korruption erhält und von Habgier motiviert ist. Diese Definition enthält einige sehr wichtige Begriffe. Die O.-K.-Organisation ist demnach eine Vereinigung, deren erstes Ziel die Machterhaltung ist. Diese Macht kann nur erhalten werden, wenn die Organisation im Geheimen wirkt und alle Konkurrenten sowie die Strafverfolgungsorgane ausgeschaltet sind. Gegen Konkurrenten werden Gewalt und Einschüchterung angewandt, Organe des Staates werden korrumpiert. Korruption in der Wirtschaft, Politik und in den Verwaltungsbehörden ist unbedingt notwendig, um den Erhalt und den Erfolg einer O.-K.-Organisation zu gewährleisten.

Man sollte meinen, dass dieses Gesetz, das es, wenn auch unter anderen Namen, auch in anderen Ländern, beispielsweise in Österreich gibt, gegen Mitglieder von kriminellen respektive terroristischen Organisationen angewendet wird. Nur – was genau ist eine solche Organisation?

Nach der einführenden Erklärung wird sicher für Sie klar sein: Eine derartige Organisation besteht aus Kriminellen und/oder Terroristen. Sie widmet sich der Erpressung, der Geldeintreiberei, dem Rauschgifthandel, der Zuhälterei und dem Terror, sei es nun eines der »Geschäftsfelder« oder alle gemeinsam. Weit gefehlt. Eine solche Organisation kann durchaus auch eine Zielsetzung haben, der viele Zeitgenossen mit offener Sympathie gegenüberstehen. Diese Zielsetzung ist – Sie werden verblüfft sein – der Tierschutz.

Ich würde mit Ihnen wetten, dass Sie bei folgendem Szenario, entnommen aus zahlreichen Veröffentlichungen, an einen Einsatz gegen Terroristen, Mafiosi oder Großdealer denken:

Unter dem Einsatzbegriff »Operation Pelztier« erfolgte am 21. Mai 2008 eine österreichweite Polizeiaktion mit Hausdurchsuchungen, wobei, so die Betroffenen, die Wohnungen ziemlich verwüstet, Computer, Aktenordner, Bücher und sogar Bekleidung mitgenommen worden sein sollen. Schon drei Tage vorher waren Personen verhaftet worden, die in der Nähe von Pelz führenden Geschäften Flugblätter gegen die unleugbar nicht sehr tierfreundliche Pelztierhaltung verteilten.

Spezialeinheiten der WEGA stürmten bewaffnet und maskiert um sechs Uhr in der Früh 23 Wohnungen bzw. Büros. Angeklopft oder geläutet wurde in der Regel nicht, sondern mit Rammböcken die Türen eingeschlagen. Die Tierschützer wurden – in manchen Fällen in Gegenwart kleiner Kinder – mit gezogener Waffe aus den Betten geholt und mit Scheinwerfern angestrahlt. Eine Frau, die nur mit einem Slip bekleidet war, musste sich so auf den Boden legen, während man ihr die Waffe vorhielt und Fotos machte.

Dr. Dr. Martin Balluch wurde als Obmann des »Vereins gegen Tierfabriken« (VGT) vorgeworfen, Kopf eben dieser kriminellen Organisation und Kopf besagter Tierschutzbande zu sein. Der unbescholtene Staatsbürger Balluch war zu diesem Zeitpunkt 23 Jahre im Tierschutz tätig und nach eigener Aussage immer gegen kriminelle Tierschützer eingetreten. Er hat in Oxford gelehrt und hält in Wien rechtsphilosophische Vorträge über die Rechte der Tiere. Sein Bruder wurde bei der Zugriffsaktion im Nebenzimmer mit erhobenen Händen gegen die Wand gestellt und bekam die Pistole ins Genick, während seine siebenjährige Tochter zusehen musste. Balluch selbst war gezwungen worden, nackt aus dem Bett aufzustehen.

Umittelbarer Auslöser der Aktion soll laut eines Nachrichtenmagazins der Anruf des Hälfteeigentümers eines Textilriesen am 4. April 2007 bei der Polizei gewesen sein, weil sein Mercedes E 280 mit roter Farbe überschüttet und die Reifen seines Autos aufgestochen worden waren. Dem BMW Cabrio seines Bruders und Besitzers der anderen Untenehmenshälfte widerfuhr zur selben Zeit Ähnliches. Zwei klare Fälle von Sachbeschädigung.

Kurz darauf schaltete sich das Landesamt für Terrorismusbekämpfung in Wien ein. Die Beamten mutmaßten im sofort erstellten »Lagebild« einen Bezug zu einer Demonstration des VGT, der vor Geschäftsstellen der Textilkette täglich eine angemeldete Kundgebung zum Thema »Aufklärung über das Leid der Pelztiere« veranstaltete.

Es würde zu weit führen, den behördlichen Aufwand der sogenannten »SOKO Pelztier« mit ihren 32 Ermittlern darzustellen, der schließlich zum Zugriff vom Mai 2008 führen sollte. Will man den Medien glauben, so erstreckte er sich über mehr als ein Jahr, nahm sieben Tierschutzorganisationen ins Visier und war gewaltig. Es sollen beispielsweise 17 Personen rund um die Uhr observiert, zwölf Telefone abgehört, 15 Hauseingänge mit Video überwacht, Handys überwacht und zwei Autos mit Peilsendern versehen worden sein. Allein für die Telefonüberwachung sollen die Telefonfirmen den Behörden 100 000 Euro berechnet haben. Während seiner Observierung soll Dr. Dr. Balluch laut einer Veröffentlichung des VGT von Beamten des Landesamtes für Verfassungsschutz aggressiv angepöbelt worden sein. Seine Untersuchungshaft wurde verhängt, obgleich er laut Publikationen weder eine kriminelle Handlung begangen, gesetzt, geplant, in Auftrag gegeben oder im Vorfeld davon gewusst hatte, noch einen etwaigen Täter persönlich gekannt hatte.

Zehn Personen wurden mit Handschellen abgeführt und wanderten unter dem Verdacht, radikale Mitglieder einer militanten und international vernetzten Personengruppe zu sein, in Untersuchungshaft in zwei Justizanstalten, einige davon die längste Zeit in Einzelhaft und unter Bedingungen die, so die Kritiker, bei Schubhäftlingen sofort zahlreiche Organisationen hätte tätig werden lassen. Auch der Umstand, dass der Nichtraucher Balluch anfangs in eine Zelle mit einem Kettenraucher gesteckt wurde, hätte in einer anderen Konstellation wahrscheinlich Protektoren auf den Plan gerufen, die sich im vorliegenden Fall bedeckt hielten.

Der Vorwurf bezog sich auf Verbindungen zur »Animal Liberation Front« (ALF), die in den USA als terroristisches Netzwerk gilt. Darüber hinaus wurden die U-Häftlinge hinsichtlich 14 Sachbeschädigungen und Brandanschlägen sowie Stinkbombenattacken mit Buttersäure gegen Bekleidungshandelsketten, die Pelzwaren verkaufen, verdächtigt (wobei zwei Brandanschläge den Tierschützern angelastet wurden, obgleich laut Brandsachverständigen keine Brandstiftung vorlag). Der angerichtete Schaden wurde mit 600 000 Euro beziffert. Konkrete Beweise oder auch nur handfeste Indizien für die Beschuldigungen sollen die Behörden laut Medien während der gesamten Zeit der Untersuchungshaft nicht haben beibringen können. Zwei der einsitzenden Tierschützer standen lediglich unter dem Verdacht der »Nötigung«, weil sie bei einer Demonstration Autos angehalten hatten.

Diese, man könnte vielleicht sagen, »wackelige Basis« sowie die offenkundige Unverhältnismäßigkeit der Vorgehensweise führten schon bald danach zu heftigen Protesten im In- und Ausland, im Internet wie an der Medienfront. Zahlreiche Prominente traten für die Inhaftierten ein. Nichts davon fruchtete, denn die Aktion basierte unter anderem auf einem Gesetz, das, so Juristen, eine gewisse »Flexibilität« zuzulassen scheint. Beispielsweise ist in einem Medienbericht davon die Rede, der VGT hätte als einer der drei Träger der 1995 ins Leben gerufenen Tierschutzkontrollstelle, die seit Jahren Freilandeier kontrolliert, ALF indirekt finanziert, da die Tierkontrollstelle ihrerseits als Geldgeberin der ALF verdächtigt wird.

Aufhänger war der § 278 a der Strafprozessordnung (StGB) über die Mitgliedschaft in kriminellen Organisationen. Im konkreten Fall wurden allerdings Zweifel laut, ob man diesen Paragraphen auch auf Tierschützer anwenden könnte. So meinte beispielsweise der Justizsprecher der Sozialdemokratischen Partei Österreichs (SPÖ), der selbst bei der Schaffung eben dieses Paragraphen mitgewirkt hat: *»Überspitzt formuliert, könnte man sagen, wenn diese exzessive Auslegung von § 278 a weiter derart voranschreitet, werden wir bald so weit sein, dass jeder, der einer Tierschutzorganisation etwas spendet, verdächtigt werden kann, Angehöriger einer kriminellen Organisation zu sein.«*

In der Tat ermittelte der Verfassungsschutz nach der Entlassung der Tierschützer weiter und forschte unter anderem 2500 Personen aus, die in den vergangenen Jahren mit dem »Verein gegen Tierfabriken« telefoniert hatten. Folge: Die Wohnung einer Studentin, die 2007 im Alter von 17 Jahren ein T-Shirt bestellt hatte, wurde durchsucht und ihr Computer beschlagnahmt.

Auch Dr. Marlene Petrovic, ehemalige Politikerin der Grünen und nunmehrige Leiterin des Wiener Tierschutzhauses Vösendorf, soll in das Visier der Ermittler geraten sein, weil sie Balluch von dem möglichen Abhören von dessen Telefon gewarnt hatte.

Wenn Ihnen diese Schilderung zu ausführlich erscheint, bitte ich um Nachsicht, aber es handelt sich ohnedies um eine komprimierte Fassung eines Vorganges, der große Wellen geschlagen hat, weil viele die Gleichsetzung von Tierschützern mit Kapitalverbrechern für bedenklich halten. Für sie ist diese Aktion, die von »Amnesty International« als eine Vielzahl von Menschenrechtsverletzungen bezeichnet wird, eine erschreckende, undemokratische Hilfestellung der Behörden für das Kapital. Noch kritischere Zeitgenossen halten sie sogar für einen »Probelauf à la Waco«, über diese Aktion des FBI berichte ich in meinem Buch »Schatten der Macht«.

An dieser Stelle nochmals der Hinweis, dass ich offen gewordene Meinungen lediglich wiedergebe und deren Bewertung jedem Einzelnen überlasse.

Wie aber kommen nun Zeitgenossen, selbst wenn sie besonders kritisch und misstrauisch sind, überhaupt auf den Gedanken, die Exekutive würde zuerst schleichend und mittlerweile ganz offen gegen die eigene Bevölkerung eingesetzt und in Stellung gebracht? Beispielsweise aufgrund des Umstandes, dass die Untersuchungshaft der Tierschützer verlängert worden war und schließlich 105 Tage dauerte, bis sie im September 2008 aus juristischen Gründen nicht mehr aufrechterhalten werden konnte. Zitat der Oberstaatsanwaltschaft Wien aus den Medien: *»Die U-Haft dürfe* *nicht fortgesetzt werden, wenn sie zu der erwartenden Strafe außer Verhältnis steht«.* Schon während dieser Zeit wurde lauthals darauf hingewiesen, dass die schwersten Verbrecher sich manchmal relativ schnell wieder unter das Volk mischen können oder überhaupt bis zur Verhandlung auf freiem Fuß bleiben, statt in Untersuchungshaft zu sitzen.

Im Oktober 2008 wurden die Tierschützer durch DNS-Tests entlastet. Keine einzige Genspur an den Orten der Sachbeschädigungen stammt laut der Analysen von VGT-Aktivisten. Konkrete Anklagen konnten keine erhoben werden, Schuldige wurden auch nicht festgestellt. Nicht einmal die Verunstaltung der eingangs erwähnten Luxus-PKWs konnte einem Tieraktivisten angelastet werden. Im April 2009 lag der 78-seitige Abschlussbericht der Polizei vor, der laut Pressemeldung keinen einzigen Beweis enthalten soll. Zitat: *»Der Krimi um Dr. Dr. Martin Balluch könnte zum Skandal werden. Denn nach 30 Monaten Ermittlung und 104 Tagen Untersuchungshaft gibt es keinen Beweis.«* Die Zeitung ortete mächtige Lobbys als Gegner des umtriebigen Tierschützers und zitiert einen Beamten des Bundeskriminalamtes (BKA), der im vertraulichen Gespräch gesagt haben soll: *»Wenn wir gegen Dealer, Kinderpornografen oder verdächtige Russen ermitteln, ist jede Überstunde ein Problem. Im Fall VGT aber war Geld nie ein Thema.«* Allein die *Zusatzkosten* für Gutachten, Dolmetscher und Telefonüberwachungen sollen laut Ministerauskunft rund 400 000 Euro betragen. Für den der Mitgliedschaft in einer kriminellen Organisation verdächtigen Dr. Dr. Balluch ist Geld allerdings ein Thema, wie er einer Tageszeitung gestand: *»Die Anwaltskosten waren bisher schon horrend. Ich weiß nicht mehr, wie es weitergehen soll.«*

Fakt ist: Hier geht es um Sachbeschädigung mit permanenter U-Haft. Zur Klarheit: Natürlich will ich weder ein Delikt gegen fremdes Eigentum verniedlichen und bin daher für adäquate Bestrafung bei Sachbeschädigung, noch habe ich, obwohl ich ein ausgewiesener Tierfreund bin, das geringste Verständnis für Tierschutzaktionen illegaler Art, besonders solche bei denen Gewalt eingesetzt wird. Die Verwüstung von Geschäften ist selbstverständlich zu bestrafen, ebenso wie Attacken auf Pelzträgerinnen, bei denen ihre Mäntel mit Lack besprüht oder gar angezündet werden. Wenn schöne Frauen nackt gegen das Tragen von Pelzen demonstrieren, so finde ich das allerdings nicht nur vom Standpunkt des Tierschutzes aus höchst begrüßenswert.

Halten wir fest: Bei Angriffen auf Leib und Leben bleiben die Angeklagten in der Regel bis zu ihrer Verhandlung auf freiem Fuß. Sind Ihnen einige Beispiele aus den Medien und aus einem begrenzten Zeitraum – und zwar etwa der zweiten Hälfe eines einzigen Jahres – gefällig?

Gewalttäter brauchen Verständnis

Beginnen wir mit einer »Sachbeschädigung der anderen Art«: Weil sich seine Freundin von ihm trennen wollte, bedrohte im August 2008 ein 18-Jähriger mit Migrationshintergrund das Mädchen und tötete ihr vier Wochen altes Hundebaby. Er wurde lediglich wegen Tierquälerei angezeigt. Nun ja, Hunde sind keine Menschen und gelten für viele irgendwie immer noch als »Sachen.« Damit also zum Homo sapiens.

Im Juni 2008 traktierte ein »Vater« in Niederösterreich seinen dreijährigen Sohn dermaßen mit den Fäusten, dass er dem Kleinen die Knochen brach. Während das Opfer im Krankenhaus lag, wurde sein Peiniger auf freiem Fuß belassen, da der zuständige Staatsanwalt der Ansicht war: *»Es besteht keine Verdunkelungsgefahr.«*

Im nämlichen Zeitrahmen stellte sich ein 15-jähriger Armenier der Polizei, der einem Zugbediensteten, der ihn beim Schwarzfahren erwischt hatte, einen Kopfstoß verpasst und ihn dann noch mehrmals mit einer Eisenstange geschlagen hatte. Auch dieser dynamische Jugendliche wurde nicht etwa sofort aus dem Verkehr gezogen, sondern lediglich angezeigt.

Auch das Kassieren von Strafgeld ist offenbar nicht ganz ungefährlich. Das mussten zwei Maut-Kontrolleure im Juli 2008 in Tirol feststellen. Als sie auf dem Autobahnparkplatz Weer von zwei Türken wegen fehlender Autobahnvignette Strafgeld kassieren wollten, entriss einer der beiden den Mitarbeitern der ASFINAG-Autobahngesellschaft eine Taschenlampe und schlug damit auf die Kontrolleure ein. Während die Attackierten zusammenbrachen, durchsuchten die Gewalttäter die am Boden Liegenden, griffen sich deren Papiere und rasten davon. Die schwer verletzten Opfer wurden ins Krankenhaus Schwarz eingeliefert, die beiden Schläger wurden angezeigt und verblieben damit auf freiem Fuß. Es wird vermutet, dass sie nicht brav in Österreich auf ihren Prozess gewartet, sondern sich abgesetzt haben dürften.

Ebenfalls im Juli 2008 wurde ein Dealer aus Serbien gefasst, der in seiner Wiener Wohnung Waffen hortete, Drogen verkaufte und zusätzlich als Heiratsschwindler »arbeitete«. Auch er wurde ohne weitere Sicherheitsvorkehrungen angezeigt.

Im August 2008 wurde eine 19-jährige Kärntnerin von einem 18- und einem 17-Jährigen per Zug nach Oberösterreich und Salzburg verschleppt, indem sie das schmächtige Mädchen durch Schläge und Drohungen zwangen, in den Zug einzusteigen. Während der Fahrt wurde die junge Frau vom Älteren zum Oral- und Vaginal-Sex gezwungen, geschlagen, gedemütigt und von ihren Peinigern am Bahnhof Salzburg an einen wildfremden Reisenden für fünf Euro zum Oralsex »vermietet«. Die beiden Burschen konnten ihr Opfer offenbar so sehr einschüchtern, dass sie es nicht wagte, Alarm zu schlagen. Dann ging es wieder zurück nach Kärnten. Dort angekommen, fesselte der 18-Jährige der jungen Frau mit einem Abschleppseil die Hände, befestigte dieses an der Anhängerkupplung seines Autos und fuhr einen Waldweg entlang, sodass die Gefesselte hinter dem Wagen herlaufen musste. Bei einem eventuellen Sturz wäre sie zu Tode geschleift worden. Ein Ende fand das mehrtägige Martyrium, das vielleicht noch kreativere Formen angenommen hätte, durch eine polizeiliche Verkehrskontrolle. Der Haupttäter wanderte hinter Gitter und wurde Anfang 2009 zu 30 Monaten Haft verurteilt. Sein Mittäter hingegen, der auch bei der Autofahrt dabei gewesen war, kam nicht einmal in Untersuchungshaft.

Im September 2008 wurde eine Frau nächtens von einem Mann mit dem Auto über eine Böschung gestoßen und von dem Unfalllenker in der Folge brutal geschlagen. Aussage der Betroffenen: »Entweder wollte er mich vergewaltigen oder töten.« Auch dieser Mann wurde angezeigt, ohne in Untersuchungshaft zu kommen. Beim Datenabgleich stießen die Ermittler auf einen Fall aus dem Jahr 2005. Damals war eine Frau von einem Mann bei dem Versuch, sie zu vergewaltigen, mit einem Eisenrohr auf den Kopf geschlagen worden. Diese Tat gestand der Angezeigte.

Im Spätherbst 2008 wurde ein Fall von Totschlag verhandelt. Ein 19-Jähriger hatte zusammen mit einem Kumpan Straßenbahngäste angepöbelt. Eine Frau flüchtete aus der Straßenbahn. Die beiden betrunkenen rabiaten Burschen wurden aus der Straßenbahn verwiesen. Einer von ihnen soll auf der Straße einem unbeteiligten 64-jährigen ehemaligen Wiener Bezirkspolitiker, der zufällig des Weges gekommen war, einen Faustschlag ins Gesicht versetzt haben. Das Opfer starb einige Tage später im Krankenhaus. Der Nicht-Schläger wurde auf freiem Fuß belassen, der Schläger inhaftiert. Seine Strafe lautete auf 24 Monate Haft, davon drei unbedingt, weil der Tathergang strittig war und fast schon als Unfall behandelt wurde. Aufgrund der bereits verbüßten Haft verließ der Totschläger (sofern man ihn so bezeichnen darf) unmittelbar nach der Urteilsverkündung den Gerichtssaal als freier Mann.

Dass dieses Urteil das schlichte Volk ergrimmte und eine Flut von Leserbriefen nach sich zog, kann eigentlich nicht verwundern. Ebenso wenig wie die Flut wütender Leserbriefe, nachdem eine Gruppe von Jungösterreichern türkischer Abstammung einen österreichischen Lokalbesucher grundlos dermaßen zusammengeschlagen hatte, dass er Zeit seines Lebens gelähmt im Rollstuhl sitzt, nicht sprechen und sich nur mit den Augen verständigen kann. Für diese Tat hatten sie ein paar Jahre Knast ausgefasst.

Abschließend möchte ich diese zeitlich begrenzte Aufzählung mit einem Vorfall von Ende November 2008. Damals dürfte ein über Generationen gepflegter Hass zweier Familien, die in der niederösterreichischen Gemeinde Gmünd zwei aneinander grenzende Grundstücke bewohnen, einen unrühmlichen »Höhepunkt« gefunden haben. Als der 42-jährige Landwirt Johann S. während einer Unterhaltung mit einem Nachbarn nur wenige Zentimeter auf dem Grundstück seines »Feindes« Roman M. stand, stürzte sein Kontrahent aus dem Haus, schlug und trat unter wüsten Beschimpfungen auf Johannes S. ein. Romans Opfer musste mit dem Hubschrauber ins Krankenhaus gebracht werden, wo er an seinen Verletzungen starb. Der Totschläger (manche nannten ihn »Mörder«, was natürlich vom Gesetz her unzulässig ist) wurde – man vermutet es vielleicht schon – nicht in Untersuchungshaft genommen.

14 Jahre Haft hingegen wurde im Mai 2009 einem 17-jährigen Brasilianer aufgebrummt, der in Deutschlandsberg (Steiermark) eine 75-jährige Pensionistin wegen 30 Euro durch Zertrümmerung des Gesichtes erschlagen hatte. Das klingt im ersten Moment einigermaßen angemessen, nicht aber für einen Leserbriefschreiber aus Bayern: *»Bis dato dachte ich immer, wenigstens die österreichische Justiz – im Vergleich zur deutschen – hat ein Gespür für Gerechtigkeit und ›Normalität‹. Das Urteil gegen den 17-jährigen Brasilianer, der eine alte Frau wegen 30 Euro erschlagen hat, ist ein ›Justizskandal‹ allerersten Ranges. Die Tat selbst ist äußerst kaltblütig ausgeführt worden. Der Mann kehrte, weil er befürchtete, wiedererkannt zu werden, an den Tatort zurück und erschlug die Frau mit einem Ast … Dass dieser Täter wohl nach spätestens zehn Jahren wieder in Freiheit ist, sollte zu denken geben …«*
Eines noch, weil Ihnen vielleicht unbekannt: In Österreich werden Mitarbeiter der Rettung immer häufiger von rabiaten Personen, denen sie helfen wollen, angegriffen. Die meist Betrunkenen prügeln oft hemmungslos auf die Helfer ein, die darauf ihrerseits nicht selten selbst zu einem Fall für den anwesenden Rettungsarzt werden. Verteidigen dürfen sich die Sanitäter aber laut Gesetz (!) nicht. Der einzige Ausweg, um Verletzungen zu entgehen oder gering zu halten, ist wegzulaufen und sich zu verstecken.

Nicht verstecken konnte sich hingegen eine Frau, die wegen Migräne im Wiener Krankenhaus AKH stationär aufgenommen wurde. Dazu ihr Bericht vom 23. März 2009 aus der Zeitung »Österreich«: *»Am Samstag, dem 7. März erlebte ich die schrecklichsten Minuten meines Lebens. Ich wurde morgens um zirka sieben Uhr im Raucherraum der Ebene 5 Opfer eines Vergewaltigungsversuches. Ich wurde mit den Worten ›Jetzt bist du dran!‹ tätlich angegriffen. Durch meine Gegenwehr konnte ich Schlimmeres verhindern …«*
Der Sicherheitsdienst des AKH konnte den Täter fassen und übergab ihn der Polizei. Der Betreffende, ein Obdachloser, war den Securities kein Unbekannter. Die Überfallene gab jedoch an, man habe den Täter am nach-

folgenden Sonntag wieder im Haus gesehen. Darauf der Sicherheitsdienst: *»Das kann nicht sein.«* Über den Mann sei ein Hausverbot verhängt worden. Wo immer er auftauchen würde – man würde ihn sofort aus dem AKH entfernen. Für manche erhob sich bei diesem Vorfall die nicht ganz unverständliche Frage, wieso ein Streuner, der sich offenbar schon länger in dem riesigen Krankenhaus herumtrieb, am nächsten Tag nach einer Fast-Vergewaltigung wieder durch die Gänge streichen konnte, anstatt sich wegen dieses Deliktes hinter Gittern zu befinden.

Selbst Polizisten fühlen sich nach einem unerwarteten Urteil schutzlos. Im Frühling 2008 trat und schlug ein rabiater Mann wüst auf ein geparktes Auto ein. Als die Exekutive eintraf, ging der Mann erst richtig aus sich heraus. Wie wild attackierte er die Beamten und nahm eine Polizistin in den Würgegriff. Erst mit Gewalt konnte er von der Frau getrennt und verhaftet werden. Jetzt mögen Sie vielleicht denken: Bei Widerstand gegen die Staatsgewalt wird der wohl eine ordentliche Strafe ausfassen. Ich dachte es jedenfalls. Weit gefehlt. Fast ein Jahr später ließ die Staatsanwaltschaft Wien das Verfahren gegen ein Bußgeld von 1100 Euro, zu entrichten an die Kasse der Staatsanwaltschaft, einschlafen. Also keine Vorstrafe für den Rabiator, der an die Polizistin sage und schreibe 100 Euro Schadenersatz bezahlen musste. Dazu ein Beamter: *»Unfassbar! In Österreich darf man die Exekutive also für einen Unkostenbeitrag attackieren. Polizisten würgen für 100 Euro – ein tolles Angebot.«*

Als besonders problematisch empfinden manche die völlige Hilflosigkeit der Gesellschaft gegenüber »strafunmündigen« Tätern, egal wie schwer ihre Taten auch sein mögen, deutlich gemacht an einem Beispiel von vielen. Die »Kronenzeitung« meldete am 23. Mai 2009: *»Mit einem ausgeschlagenen Zahn und einem Bluterguss am Auge endete für Anita S. (31) aus Wien Floridsdorf eine Busfahrt. Grund: Ein Schüler wollte auf ihrem Platz sitzen! Als die junge Mutter nicht sofort nachgab, schlug er zu. Anita S.: ›Ich musste ins Spital. Der Täter war erst 13 Jahre. Ein Kind!‹ Was das 31-jährige Opfer besonders wütend macht, ist die Tatsache, dass der Bursche nicht einmal ernste Konsequenzen fürchten muss. Denn: ›Er ist noch nicht strafmündig!‹*

Es ist wenig verwunderlich, dass Leserbriefschreiber ihrem Unmut darüber Luft machten, dass man Tätern dieses Alters, die oft schon recht groß und kräftig sind, vom Gesetzgeber schutzlos ausgeliefert ist. Einer äußerte zwei Tage später in nämlicher Tageszeitung: *»… Ein Fall aber lässt ganz besonders aufhorchen: Ein 13-jähriger Schüler schlug einer jungen Mutter einen Zahn aus und verletzte sie schwer, weil sie dem Rotzbuben nicht sofort ihren Sitzplatz im Autobus überlassen hat.«* Der Leserbriefschreiber vermutet im Weiteren: *»Da die Nationalität von Täter und Opfer nicht genannt wur-*

de, lässt das die Vermutung zu, dass die Ungläubige zu wenig Respekt vor dem jungen Orientalen zeigte und sich dieser daher sein vermeintliches Recht schaffte. Ganz besonders junge Türken kennen keine Skrupel und fühlen sich als Herrenmenschen. Auch wenn sie die westliche Kultur ablehnen, eines wissen sie ganz genau: Mit 13 Jahren können sie bei uns machen, was sie wollen, ohne eine Strafe befürchten zu müssen – und das nützen viele von ihnen aus … dem Buben wird nichts passieren, von den Eltern wird das Opfer nichts bekommen, also bleibt die arme Frau auf der Strecke … Völlig anders wäre die Situation, wenn der Bub ein Österreicher wäre und das Opfer eine Zuwanderin. Dann wären alle Zeitungen voll mit rassistischen Vorwürfen und mit Pauschalverurteilungen aller Österreicher … Weit haben wir es gebracht in Österreich …«

Damit will ich es gut bzw. nicht gut sein lassen. Es dürfte ja wohl zu erkennen sein, worauf die »Stimme des Volkes« hinweisen will, wenn sie sich über die pflegliche Behandlung von Gewalttätern empört oder einen Vergleich zwischen den Tierschützern und Gewalttätern anstellt. Ob dieser Vergleich zulässig ist, will ich nicht kommentieren, angestellt wird er jedenfalls.

Manche sprechen von »linker Justiz« oder von »Gutmenschen-Invasion«. Misstrauische Stimmen äußern sich aber noch weit heftiger. Für sie scheint sich derartiges wie koordiniert in zunehmendem Maße in allen Ländern der »westlichen Wertegemeinschaft« auszubreiten, was sie zu der Schlussfolgerung veranlasst, die Wurzel könnte viel tiefer sitzen. Ihnen scheint es daher legitim, die Gretchenfrage zu stellen: »Passieren« solche Gesetze und die damit verbundene Judikatur einfach, sind sie ein Produkt der humanen Politik und der damit verbundenen humanen Entwicklung, oder steckt *etwas ganz anderes* dahinter?

Der Eiertanz um die Selbstverteidigung

Bereits in »Mythos Informationsgesellschaft« habe ich mich mit dem in Europa gepflegten (Rechts-?) Prinzip der »Sicherheit durch Wehrlosigkeit« befasst. Was sich seither regelmäßig ereignet, lässt eine Weiterführung des Themas und eine Rekapitulierung geboten erscheinen. Zuvor eine Frage an Sie, liebe Leserin, lieber Leser: Glauben Sie, dass ein Land sicherer wird, wenn nur noch die Verbrecher bewaffnet sind und das auch *wissen*? Trotzdem plant die EU bereits die Totalentwaffnung aller nichtkriminellen Bürger (die kriminellen *kann* man nämlich nicht entwaffnen). Wie nicht anders zu erwarten, wurde der tragische Amoklauf, den der 17-jährige Tim K. am 11. März 2009 in der Albertvilleschule in Winnenden bei Stuttgart in Baden Württemberg veranstaltete, zum (wie misstrauische Stimmen meinen: willkommenen) Anlass, die gesetzliche Abschaffung *aller* Privatwaffen zu fordern. Die Argumentation stützte sich darauf, dass der jugendliche Massenmörder die *legale* Beretta-Pistole seines Waffen sammelnden Vaters für seine Wahnsinnstat verwendet hatte. Also weg mit allen Knarren daheim. Nur am Rande, oft auch gar nicht, wurde erwähnt, dass der Vater fast sein gesamtes Arsenal, konkret 14 Waffen, gesetzeskonform im Tresor weggeschlossen hatte – bis auf die im elterlichen Schlafzimmer herumliegende Beretta, auf die sein Sohn somit *illegal* zugreifen konnte. Das heißt im Klartext: Bei Verbrechen mit Schusswaffen werden so gut wie immer die geltenden Gesetze gebrochen. Sei es, weil Verbrecher sich mit Leichtigkeit selbst (überhaupt verbotene) Maschinenpistolen verschaffen können oder weil eine legal besessene Waffe jemandem in die Hände fallen kann, der dazu nicht berechtigt ist.

Daher vermuten mittlerweile immer mehr kritische Bürger hinter dem bei jeder sich bietenden Gelegenheit ertönenden medialen Entwaffnungschoral in Wirklichkeit eine gezielte Strategie zur Wehrlosmachung der Bürger. Besonders misstrauische Menschen an der Grenze zur Paranoia – oder schon darüber hinaus – vermuten hinter manchen Amokläufen, beispielsweise hinter dem für manche immer noch nicht ganz geklärten in Erfurt 2002, sozusagen »staatliche Aktionen« und begründen dies damit, dass die Täter hinterher zumeist mausetot sind. Es sagt wohl schon genug, wenn Leute solches auch nur *denken*. So weit wollen wir aber wirklich nicht gehen. Das Offenkundige könnte schon für den einen oder anderen Verdacht reichen …

Dazu ein signifikantes Detail, das ich bereits in »Gnadenlose Macht« erwähnt habe. Es verdient, in Erinnerung gerufen zu werden, auf dass sich jeder denken kann, was er will: Nachdem der Hurrikan »Katrina« am 29. August 2005 die Deiche von New Orleans bersten ließ und dabei 1200

Menschen ums Leben kamen, herrschte Gesetzlosigkeit. Um der Anarchie Herr zu werden, blieb der Bundesregierung nichts anderes übrig, als den »Posse Comitatus Act« zu verletzen, der den Einsatz regulärer Militärtruppen im eigenen Land dezidiert verbietet. So hieß es jedenfalls. Manche fanden es seltsam, dass die Behörden inmitten des Chaos Zeit hatten, die *legalen* Waffen der Einwohner zu beschlagnahmen, mit denen sie sich gegen Räuberbanden und Plünderer verteidigt hatten. Nur ein rasches juristisches Eingreifen der »National Rifle Association« (NRA) stoppte die Konfiszierungen.

Ich kann mich erinnern, dass ich bei einem meiner geschäftlichen USA-Aufenthalte beinahe von einem erzürnten Hausbesitzer erschossen wurde, weil ich in einem noblen Vorort von Washington gedankenlos über ein kleines Mäuerchen gestiegen war und einen Rasen betreten hatte, von dem ich glaubte, er gehöre zu einem öffentlichen Park. Zwischen den Bäumen erschien ein Mann, der einen klassischen Wild-West-Revolver-Marke »Peacemaker« schwenkte und Unverständliches schrie. Dabei wies er auf eine Tafel, die ich zuerst übersehen hatte. Darauf stand »We Answer Armed!«, was so viel bedeutet wie das klassische »Trespassers Will Be Shot At Sight!« (Eindringlinge werden auf Sicht erschossen), nur lediglich poetischer formuliert. Dass ich mit dem Leben davonkam, verdanke ich wahrscheinlich nur dem Umstand, dass ich mit einem Satz wieder aus dem Anwesen heraussprang und dass mir der gute Mann offenbar den Ausländer angesehen hat. Was wäre ihm aber passiert, hätte er mich »at sight« erschossen? Glauben Sie mir: Nichts, denn ich war auf seinem Grund und Boden und er daher im Recht. Das wird Ihnen übertrieben erscheinen, und mir auch – nicht nur weil ich der Kugelfang gewesen wäre. In Österreich oder Deutschland können sich *echte* Eindringlinge wie auch Zerstörer fremden Eigentums allerdings weit sicherer fühlen.

Als ein vom Balkan stammender Randalierer in einem Wiener Café mit der Zertrümmerung der Einrichtung mittels Baseballschläger begann, verständigte die Eigentümerin der Lokalität die Polizei, die auch umgehend zur Stelle war, jedoch nicht einschritt. Auch nach dem Eintreffen beträchtlicher Verstärkung beschränkte sich die Amtshandlung auf Abriegelung des Tatortes, während der Zertrümmerer ungestört weitermachte. Erst als die Verwüstung total war und der Mann sein Zerstörungswerk in die Umgegend verlegen wollte, erfolgte der polizeiliche Zugriff.

Da bei dem Guten kein Schadenersatz zu holen war, klagte die Geschädigte die Republik Österreich wegen Unterlassung eines Schutzes durch die Sicherheitskräfte an. Zur Verblüffung von Leserbriefschreibern verlor sie den Prozess mit der Begründung, die Raserei des Verwüsters sei dermaßen gewesen, dass bei einem Eingreifen ein Schusswaffengebrauch nicht völlig auszuschließen war. Da die körperliche Unversehrtheit des Täters ein höherwertiges Rechtsgut als das Eigentum der Lokalbesitzerin sei, war Zurückhaltung geboten. Nach dem Urteil und ohne Schadenersatz war diese finanziell ruiniert. Es bleibt jedem unbenommen, sich auszumalen, was ihr möglicherweise widerfahren wäre, hätte sie eine Waffe besessen und sogar nach dieser gegriffen, um ihr Eigentum zu schützen.

Ein Hausbesitzer im österreichischen Salzburg, der Anfang Dezember 2008 um drei Uhr früh in seiner Wohnung durch Geräusche auf der Terrasse wach wurde, konnte im Halbdunkel durch die Scheibe einen maskierten Mann erkennen, der gerade dabei war, die Türe aufzubrechen. Zunächst wollte er den Maskierten durch Klopfen verscheuchen, holte dann aber seinen Revolver aus dem Safe und machte sich im Haus auf die Suche nach dem Einbrecher. Als er und seine Frau im Zimmer des Sohnes, der außer Haus war, ein Rumoren hörten und noch dazu die Zimmertüre aufging, gab der Wohnungsbesitzer in Panik zwei Schüsse ab. Die Projektile durchschlugen die Türe. Eines prallte von der Wand ab, traf den Mann hinter der Türe am Oberarm und verletzte ihn oberflächlich. Peinlicherweise war es nicht der im Haus herumschleichende Einbrecher, sondern der Sohn des Ehepaars, der eigentlich bei den Großeltern hätte schlafen sollen.

Ein Unglücksfall, werden Sie jetzt vielleicht denken, bei dem niemand eine Schuld trifft, den Eindringling ausgeschlossen, der sich aus dem Staub gemacht hatte und dessen Anwesenheit von der Spurensicherung bestätigt wurde. Weit gefehlt. Der Vater, der die Waffe legal seit 21 Jahren besaß und bei dem schon mehrmals eingebrochen worden war, wurde wegen fahrlässiger Körperverletzung angezeigt und ein Verfahren zum Entzug seiner Waffenberechtigung eingeleitet.

Ähnlich erging es einer 56-jährigen Juwelierin aus Wien-Fünfhaus ebenfalls im Dezember 2008. Als ein schon lange gesuchtes Verbrecherduo aus Osteuropa einen bewaffneten Raub versuchte, vertrieb die mutige Frau die Täter mit drei Schüssen aus einem legal besessenen Revolver. Zivilcourage, auf jeden Fall aber Notwehr, sollte man meinen, schließlich ließen die Verbrecher bei ihrer Flucht eine geladene Pistole zurück. (Im übrigen eine echte schussbereite Knarre, keine Schreckschusswaffe oder eine der täuschend echt aussehenden Spielzeugpistolen, die oft bei Raubüberfällen verwendet werden.) Da wäre doch ein dickes öffentliches Lob, wenn nicht gar ein Orden fällig. Aber die Realität sieht anders aus: Die couragierte Frau muss mit einer Anzeige wegen Schusswaffengebrauchs rechnen. Was Sie sich jetzt vielleicht denken, das dachten zahlreiche Zeitungsleser, die sich mit einer Flut von Briefen Luft machten. Ich erwähne nur einen, und zwar den originellsten: Der Schreiber schlug vor, der Juwelierin auf Kosten der Staatsanwaltschaft Gutscheine für Patronen auszuhändigen.

Ungeachtet solcher Vorfälle, wird Jahr für Jahr die weitere Beschränkung des privaten Waffenbesitzes angestrebt und medial dafür getrommelt. So wurde beispielsweise im April des Bertha-von-Suttner-Jahres 2005 in Österreich triumphierend verkündet, die seit einiger Zeit rigide verschärften Waffengesetze seien ein voller Erfolg. Dabei denkt man, mit Waffen verübte Verbrechen seien zurückgegangen. Das ist aber nicht der Fall, sie haben vielmehr zugenommen, seit der EU-Ostöffnung sogar explosionsartig. Was weniger wurde, ist der Besitz von *legalen* Waffen, weil immer mehr unbescholtene Waffenbesitzer sich durch regelmäßige Überprüfungen etc. genervt fühlen. Die Erwähnung Bertha von Suttners (1843–1914) soll keine Verunglimpfung der bedeutenden Friedensnobelpreisträgerin sein, im Gegenteil! Man kann ihr nur zustimmen: Die Waffen nieder, ja! – Aber alle, und natürlich zuerst die der Verbrecher!

In Wien gibt es eine Örtlichkeit, die seit längerer Zeit als Versammlungsplatz für Drogendealer, Bettlermafia, Süchtige und andere Elemente gilt und die aufgrund häufiger Beschwerden, wie auch wenig erfolgreicher Polizeiaktionen, in den Medien präsent ist. Es handelt sich um die U-Bahnstation Karlsplatz in der City, unweit von Touristenattraktionen wie der Wiener Staatsoper und der Wiener Secession. In einer Kleinmeldung vom April 2009 wurde berichtet, Geschäftsleute hätten beobachtet, immer mehr Dealer würden sich bewaffnen. Neben Messern und Stöcken sollen sogar Faustfeuerwaffen gesichtet worden sein – und dass Dealer sich Revolver oder Pistolen auf legalem Weg beschaffen können, dürfte wohl kaum anzunehmen sein. Dass die Tatwaffe bei dem bereits erwähnten Gemetzel im indischen Gebetshaus in Wien, eine in Österreich nicht registrierte zehnschüssige »Makarow«-Pistole Kaliber 9 mm, illegal war, braucht wohl nicht extra hervorgehoben zu werden. Dass die meisten Schusswaffen, mit denen Blutverbrechen begangen werden, sich jeglicher polizeilichen Kontrolle entziehen, sollte eigentlich auch den deutschen Anlassgesetzgebern nicht unbekannt sein, die als Reaktion auf den Amoklauf in Winnenden Wohnungskontrollen von (legalen!) Waffenbesitzern beschlossen haben. Solche gibt es in Österreich seit vielen Jahren – verhindert haben sie bislang so gut wie nichts …

Tatsache ist jedenfalls, dass Gewaltverbrechen mit zum Teil militärischen Schnellfeuerwaffen begangen werden, die ein Privater *überhaupt nicht* besitzen dürfte. Da illegale – meist kriminelle – Waffenbesitzer von Kontrollen aller Art natürlich verschont werden, drängt sich manchem die von mir eingangs gestellte Frage auf, ob ein Land tatsächlich sicherer wird, wenn nur noch die Verbrecher bewaffnet sind, und das auch *wissen*.

Freie Bahn für Amokläufer?

Am 23. September 2008 stürmte der 22-jährige Matti Juhani Saari in der finnischen Kleinstadt Kauhajoki eine Berufsschule. Er tötete zehn Schüler und beging dann Selbstmord. Wie das Amen im Gebet wurden sofort Forderungen nach einer Verschärfung des Waffenrechtes laut. Nicht laut wurde allerdings, dass der Amokläufer aus seiner Walther PP22-Pistole insgesamt 69 Schüsse abgegeben hatte. Das wiederum bedeutet, dass er für diesen Kugelhagel mehrmals nachladen musste, und dass man ihn während des Nachladens mit einer Kugel hätte stoppen können, was zahlreiche Leben gerettet hätte. Allerdings hätte jemand des Schulpersonals bewaffnet sein müssen. Was auch für den zehn Monate vorher an einer anderen Schule des Landes veranstalteten Amoklauf gilt, bei dem der 18-jährige Abiturient Pekka-Eric Auvinen sechs Mitschüler, die Schulleiterin und eine Krankenschwester erschossen hatte.

Etwas mehr als ein Jahr vorher, am 16. April 2007, schockte das Blutbad, das der 23-jährige Cho Seung Hui »in zwei Raten« auf dem 6000 Schüler umfassenden Campus der Tech University von Blacksburg, Virginia, angerichtet hatte, die USA und die Welt. Fazit: 33 Tote, 29 teils schwer Verletzte, »weil die Gesellschaft«, so der Amokläufer in seinem Vermächtnis, das er in der Pause zwischen den Amokläufen auf den Postweg gebracht hatte, »*100 Milliarden Chancen nicht genutzt hatte, das hier zu vermeiden* ...« Nach seinem Gemetzel erschoss er sich selbst. Viele meinen, eine Kugel hätte ihn schon vorher stoppen und Leben retten können, nur hat niemand die Gelegenheit ergreifen können.

34 Kinder spielten im August 1999 arglos, als der 37-jährige Buford O. Furrow in Tarnuniform den im jüdischen Gemeindezentrum von San Fernando Valley, Los Angeles, untergebrachten Kinderhort stürmte. Er eröffnete sofort das Feuer aus einer israelischen Uzi-Maschinenpistole. Drei Kinder, eine Betreuerin und die Empfangschefin wurden im Kugelhagel schwer verletzt. Nach dem Feuerzauber floh der Attentäter. Am Schauplatz des blutigen Dramas blieben 70 Geschosshülsen zurück. Auch in diesem Fall musste der Täter nachladen.

Der populäre Gouverneur von Minnesota erklärte nach dem Massaker an der als sicher geltenden Columbine Highschool im Denver-Vorort Littleton (Colorado) im April 1999: »Hätte jemand anderer in der Highschool eine Waffe gehabt, hätte das die Lage vielleicht stabilisiert.« Fazit: 13 Tote, 28 Schwerverletzte.

Neben den üblichen Entwaffnungsforderungen, die – wie in Europa auch – den Umstand negieren, dass Mörder sich immer schon Waffen aller Art besorgen konnten, egal wie unerbittlich Waffengesetze sind, wurden nach dem Columbine-Gemetzel Trenchcoat-Verbote ausgesprochen. Der Grund für dieses seltsame Verbot war der Umstand, dass die jugendlichen Amokläufer als Angehörige einer nebulosen Gruppierung namens »Trenchcoat-Mafia« identifiziert wurden. Sie hatten sich nicht damit »begnügt«, in der Highschool-Kantine Salven auf Mitschüler abzufeuern, sondern hatten auch mit Nägeln gefüllte Splitterrohrbomben geworfen und das Schulgebäude mit über 50 Sprengsätzen, darunter zwei gewaltige Propangasbomben, geradezu gespickt.

Es liegt auf der Hand, dass ein Trenchoat-Verbot ebenso sinn- und wirkungslos geblieben wäre, wie das in Deutschland nach dem Amoklauf von Winnenden und Wendlingen im März 2009 ernsthaft erwogene Verbot von »Paintball-Spielen«, die angeblich zur Steigerung der Gewaltbereitschaft beitragen sollen. Konsequenterweise müsste eigentlich Boxen verboten werden, denn bei dieser olympischen Disziplin geht es *real* gewalttätig zu. *Echtes* Blut fließt, und mehr als ein Faustkämpfer hat den Ring nicht lebend verlassen.

Ansonsten wird in Europa gebetsmühlenartig verkündet, der Bürger bräuchte keine Waffe, schließlich sei die Polizei ja bewaffnet. Normalerweise kann die Exekutive die Bürger jedoch keineswegs mit der Waffe in der Hand davor schützen, einem Verbrechen zum Opfer zu fallen, da bei Gewalttaten im seltensten Fall Beamte zugegen sind.

In den USA wurde jedenfalls im Dezember 2007 die 42-jährige Wachfrau Jeanne Assam gefeiert, weil sie ein größeres Blutbad verhindern konnte. Mit einem wohl gezielten Schuss beendete sie den Amoklauf, den der 24-jährige Matthew Murray in der »New Life«-Kirche von Colorado Springs, Bundesstaat Colorado, während eines Gottesdienstes veranstaltet hatte. Murray hatte zuvor in einem christlichen Missionszentrum in Denver zwei Personen getötet und zwei schwer verletzt. Dann war er ins 85 Kilometer entfernte Colorado Springs gefahren, um weitere Gläubige zu erschießen. Vier Tote und fünf Verletzte gingen dort bereits auf sein Konto, als ihn die Ex-Polizistin Assam mit einer Kugel stoppte. Viele schaudern heute noch, wie viele Opfer der Wahnsinnige ohne die Gegenwehr noch produziert hätte, da er ein Schnellfeuergewehr, zwei Pistolen und 1000 Schuss Munition mit sich führte. Mittlerweile gibt es in den USA immer mehr Lehrer, die mit einer Waffe umgeschnallt unterrichten, um ihre Schüler und sich vor den schon Tradition gewordenen Amokläufen zu schützen.

»Traue keiner Statistik,

die du nicht selbst gefälscht hast«

Besonders Gewissenhafte erinnern an obigen Spruch, der Winston Churchill zugeschrieben wird. Sie melden Kritik an den Statistiken an, mit denen nachgewiesen werden soll, dass in den »bewaffneten« USA auch bei Einrechnung der unterschiedlichen Bevölkerungszahlen ein Mehrfaches an Toten durch Schusswaffengebrauch zu beklagen ist, als beispielsweise in Deutschland. Zerlegt man manche Statistiken in Einzelbereiche, so zeigt sich, dass in den USA etwa die Hälfte der Erschossenen Mitglieder von Banden sind, die einander bekriegen und dabei ums Leben kommen. Derartiges gibt es in Deutschland oder Österreich (noch) nicht, erste Anzeichen machen sich allerdings bereits bemerkbar. Von der verbleibenden Hälfte sind wiederum die Hälfte Verbrecher, die von bewaffneten Bürgern in Notwehr erschossen werden. Damit reduziert sich der Zahl der nicht kriminellen Verbrechens*opfer* auf ein *Viertel*. Auch wenn diese Zahl in der Relation immer noch höher ist als in der »Alten Welt«, so bleibt das Faktum, dass in Europa so gut wie *alle* Getöteten anständige, wenn auch nicht bewaffnete Bürger sind.

Die überproportional hohe Zahl der gewaltsam ums Leben Gekommenen in den USA liegt nach Expertenmeinung de facto weniger an der privaten »Hochrüstung« als an der gewalttätigen Wild-West-Mentalität der Bürger, deren Vorfahren immerhin Millionen Indianer niedergemetzelt haben. In der Schweiz befindet sich in fast jedem Haushalt eine Waffe, weil die Präsenzdiener seit Jahrzehnten ihr Sturmgewehr auch nach abgedientem Wehrdienst daheim haben dürfen und sollen. Trotzdem herrscht im Land der Eidgenossen generell Ruhe und Ordnung.

Während in den USA also erfolgreich zurückgeschossen wird, wird in der »Alten Welt« die Entwaffnung vorangetrieben und das »klärende Gespräch« im Falle der Bedrohung von Leib und Leben empfohlen.

Wehrlosigkeit ist die Devise

War Ihnen das alles bekannt? Wussten Sie, dass die Quote der Gewaltdelikte (Morde, Raubüberfälle) mit illegalen Schusswaffen nach der Volksentwaffnung in England aufgrund des Attentates in Dunbleen Statistiken zufolge regelrecht explodiert sein soll (um zehn Prozent landesweit, um 100 Prozent in London)? Da nicht alle Verbrechen angezeigt werden, registrieren Opferhilfeorganisationen noch weit drastischere Steigerungsraten. Die englischen Behörden schätzen, dass es heute rund um ein Drittel mehr illegale Waffen gibt als vor dem Verbot. Eine unabhängige Studie des »Center for Defense Studies« am King's College in London kam zu folgendem Schluss: Faustfeuerwaffendelikte stiegen in den zwei Jahren nach dem Faustfeuerwaffenverbot um 40 Prozent.

Großbritannien wird heute von einer derartigen Welle an Gewalt überflutet, dass man immer mehr »potenzielle Tatgegenstände« zu verbieten sucht: Gaspistolen, mit denen man kaum Massaker verüben kann, größere Hunderassen (unsinnigerweise als »Kampfhunde« bezeichnet, nicht existente Rassen wie den »römischen Kampfhund« eingeschlossen), Messer und sogar Bierkrüge. Zwei Jahre unbedingte Haft gab es für den Besitz eines Elektroschockers, der andernorts zur Abwehr gegen Vergewaltiger empfohlen wird.

Mittlerweile hat die Rechtssprechung den diffusen Begriff »offensive weapons« auch auf Spazierstöcke, schwere Schlüsselbünde und Taschenlampen ausgedehnt. Gleichzeitig erhielt die britische Exekutive immer größere Kompetenzen auf Kosten der klassischen Bürgerrechte. Mittlerweile dürfen Autos und Häuser auf den bloßen *Verdacht* des Besitzes von »offensive weapons« durchsucht werden. Sehr praktisch, denn ein Schlüsselbund oder ein Messer wird sich überall finden lassen. Mittlerweile ist in England die Kriminalitätsrate unvergleichlich höher als die in den USA, deren Bürger bis zur Halskrause bewaffnet sind.

Angesichts dieser unleugbaren Fakten meinen manche rundheraus: Die europäischen Entwaffnungsgesetze und das zunehmende Unter-Strafe-Stellen von Notwehr sind eine klare Feindaktion gegen nicht kriminelle Normalbürger.

»We Answer Armed!«

Dieses Prinzip, dem ich wie schon erwähnt beinahe zum Opfer gefallen wäre, wird in den USA hochgehalten. Deshalb meinen manche, die »Alte Welt« könnte sich hinsichtlich der Verteidigung von Leib, Leben und Eigentum von den USA eine Scheibe abschneiden. Natürlich wird niemand empfehlen, man solle Personen straflos erschießen dürfen, die sich auf ein Privatgrundstück verirren. Die Selbstverteidigung jedoch zu kriminalisieren kann aber wohl auch nicht im Sinne der Bürger sein.

In dem Zusammenhang lohnt es sich, die Wurzeln des in den USA mit Klauen und Zähnen verteidigten Rechtes auf privaten Waffenbesitz zu beleuchten. Wann immer davon in der »Alten Welt« die Rede ist, dann wird in herablassendem Ton verächtlich gemeint, Amerika sei eben immer noch der »Wilde Westen«, ein »kriminelles Dorado« usw. Unerwähnt bleibt, *warum* der »zweite Zusatz« (*second amendment*) der amerikanischen Verfassung *(Constitution)* das Recht auf Waffenbesitz einzementiert. Grund hierfür ist nicht – wie bei uns vermutet –, dass sich die weißen Amerikaner ursprünglich vor den damals noch nicht völlig unterworfenen »Rothäuten« schützen wollten, die sich dauernd im eigenen Land »im Aufstand befanden« (wie später die Iraker). Nein, die amerikanische Verfassung beharrt deswegen auf freien Waffenbesitz, damit – und jetzt wohlgemerkt! – der Bürger nicht wehrlos ist, wenn im eigenen Lande die Demokratie zu verkommen droht. Ein Gesichtspunkt, der hierzulande so gut wie unbekannt ist, da er (absichtlich?) in der Waffendiskussion nie eine Rolle spielt. Ebenso wenig wie die 18 Jahre umfassende Studie des Wirtschaftswissenschaftlers Professor John R. Lott, aus der eindeutig hervorgeht, dass die Zahl der Gewaltverbrechen in den US-Bundesstaaten mit völliger Waffenfreiheit geringer ist als in jenen mit eingeschränktem Waffenbesitz. So weisen Staaten mit einer geringen Anzahl von Waffen Mordraten auf, die über der von Texas liegen, wo die höchste Waffendichte zu finden ist.

Professor John R. Lott, Jahrgang 1958, ist nicht irgendwer, sondern Senior research scholar (School of Law, Yale University, 1999–2001), Law and economics fellow (University of Chicago, 1995–1999), Visiting assistant professor (Graduate School of Business, University of Chicago, 1994–1995), Visiting fellow (Cornell University Law School, 1994), Assistant professor (The Wharton School, University of Pennsylvania, 1991–1995), Graduate School of Management (UCLA, 1989–1991), Chief economist (U. S. Sentencing Commission, 1988–1989), Department of Economics (Rice University, 1987–1988), Fellow (Hoover Institution, Stanford University, 1986–1987), Department of Economics (Texas A&M University, 1984–1989).

Nach der Lott-Studie hätten sich die US-Staaten mit freiem Waffenzugang im Beobachtungszeitraum etwa 1500 Morde, über 4300 Vergewaltigungen, 6000 bewaffnete Angriffe und 12 000 Raubüberfälle »erspart.« Laut John Lott und William Landes ist die Zahl der Opfer von Amokläufen bei liberalen Waffenbesitzgesetzen durchschnittlich um 69 Prozent gesunken.

Amerikanische Kriminologen haben durch Tausende Telefoninterviews erhoben, dass es in den USA jährlich an die 2,5 Millionen Mal zu Fällen von privater Notwehr mit Schusswaffen kommt, bei denen aber nicht geschossen wird, da im Regelfall die *Drohwirkung* der Schusswaffe ausreicht, um den Verbrecher abzuschrecken. Kriminalitätsopfer, die sich fügen, werden dreimal häufiger verletzt als jene, die mit Schusswaffen Widerstand leisten. 15,7 Prozent der Befragten gaben an, er/sie sei sich sicher, dass Unschuldige ihr Leben verloren hätten, wenn die Schusswaffe nicht zur Verteidigung bereitgestanden hätte. Anders ausgedrückt, wären das amerikaweit etwa 340 000 gerettete Leben pro Jahr. Einer der Kriminologen, die diese Untersuchung durchgeführt hatten, erhielt dafür den »Hindelang Award«, eine renommierte Auszeichnung für die beste kriminologische Arbeit der vorangegangenen drei Jahre.

In den USA, wo es über hundert Millionen *registrierte* Waffenbesitzer mit rund einer halben Milliarde Waffen gibt (die Dunkelziffer ist astronomisch höher), ist eine Entwaffnung der gerüsteten Massen völlig unmöglich. Wie soll eine Armee von 1,7 Millionen Mann, die noch dazu in fernen Landen die Demokratie zu verbreiten hat, 100 Millionen bereits sehr misstrauischen und wehrbereiten Bürgern die Waffen abnehmen, die – im Gegensatz zu Europa – zu nicht geringem Teil mit militärischem Gerät ausgerüstet sind, von Schnellfeuergewehren über Handgranaten bis zu Panzern? Da nützen auch die jahrzehntelangen Bemühungen der amerikanischen »Arms Control«-Bewegung nichts, die Aufdeckern zufolge von der CIA gesponsert wird.

Wie es manchen scheint, wird der Kern dessen, was wir unter Recht verstehen, auf mehreren Ebenen aufgeweicht. Oder wie es ein offenbar besonders ergrimmter Leserbriefschreiber provokant formuliert hat: *»Sind ›die da oben‹, die Unbehagen hervorrufende Gesetze beschließen oder nach der Ansicht vieler Bürger überzogene Aktionen durchführen, nicht vielleicht unsere Feinde?«*

»Aktion Himmel« gegen die Hölle

Kinderpornografie ist das Letzte, darüber braucht nicht diskutiert zu werden. Man kann aber auch das Kind mit dem Bade ausgießen. Oder man führt genau das im Schilde, um das Anziehen der Überwachungsschraube zu legitimieren. Nicht mehr und nicht weniger befürchten kritische Naturen angesichts einer Aktion, die unter der griffigen Bezeichnung »Himmel« an Heiligabend 2007 mit dem Schwerpunkt in Nordrhein-Westfalen stattgefunden hat. Laut Agenturmeldung sollten 12 000 potenzielle Kinderporno-Konsumenten strafrechtlich verfolgt werden. Außerdem befanden sich Internetnutzer in weiteren 70 Ländern im Visier der Ermittler.

Hier ist nun das Ergebnis: *»Die Operation ›Himmel‹ habe einen irren Verwaltungsaufwand für fast gar nichts produziert«*, soll laut »Spiegel« ein Strafermittler aus Westfalen kritisiert haben. Bereits am 29. Dezember 2007 konstatierten Medien unter Berufung auf mehrere Staatsanwaltschaften aus Nordrhein-Westfalen, die von der Staatsanwaltschaft Berlin angestoßene Operation »Himmel« habe nur wenig zutage gefördert. Die Dortmunder Oberstaatsanwältin erklärte, viele der gemeldeten Nutzer seien nach den vorliegenden Erkenntnissen nur für Sekunden und daher möglicherweise aus Versehen auf die relevante Kinderporno-Seite im Internet geraten. Es sei fraglich, ob die Zeit überhaupt ausgereicht habe, sich Dateien auf den eigenen Computer zu laden. Die neue österreichische Regierung hat jedenfalls im Januar 2009 bekanntgegeben, man plane, bereits die Betrachtung einer Kinderpornoseite unter Strafe zu stellen.

Dass heutzutage jeder normale Bürger ein potenzieller Terrorverdächtiger oder –sympathisant sein könnte, daran haben sich viele schon gewöhnt. Da nunmehr jeder Internetnutzer zum potenziellen Kinderschänder mutiert zu sein scheint, fürchten viele, dass bereits ein unglückliches Anklicken über das Schicksal eines Bürgers zwischen Himmel und Hölle entscheiden könnte. Diese Befürchtungen anders formuliert: Die wachsende Zahl unterschiedlicher Bedrohungs- und Straftatszenarien scheint mittlerweile Grund genug zu sein, alle Computer und Haushalte online oder real zu durchsuchen.

Nochmals: Kindesmissbrauch muss selbstverständlich unerbittlich verfolgt werden. Trotzdem haben manche Zweifel an der Lauterkeit von Aktionen wie der geschilderten. Ihrer Meinung nach ist es seltsam, dass der Gesetzgeber gleichzeitig Ärzte kriminalisiert, die nach einer Reihe von Kindestötungen gegen die Misshandlung von Kindern aktiv wurden.

Wie »Focus« berichtete, startete ein Kinderarzt in Duisburg im Juni 2007 das Projekt »Riskind« (Risikokinder Informationsdienst), an dem sich 26 Pädiater aus der Stadt im Ruhrgebiet beteiligten. Das Konzept sieht so aus: Wann immer Ärzte Verdacht schöpfen, dass ihre kleinen Patienten misshandelt wurden oder immer noch werden, stellen sie diesen Fall in eine Datenbank. Über geschützte Passwörter können Kollegen die Informationen einsehen und die mutmaßlichen Opfer zu deren Schutz gezielt beobachten. Damit will man Eltern auf die Schliche kommen, die permanent den Arzt wechseln, damit es nicht auffällt, wie häufig sich die Kleinen »selbst verletzen« oder dass sie blaue Flecken haben, die nicht beim Spielen entstanden sein können. Mit diesem Warnsystem kann ein reiner Verdacht zur sicheren Diagnose werden, worauf die »Riskind«-Mediziner Polizei und Jugendamt einschalten. Das ist seit der Etablierung des Systems mehrfach geschehen. Aufgrund der Erfolge haben mehrere Städte in Nordrhein-Westfalen solche Netzwerke eingerichtet. Polizeistellen fordern die bundesweite Ausdehnung des Systems.

Ich nehme an, Sie werden meinen, das sei eine lobenswerte Initiative zum Schutz des wertvollsten Gutes eines Volkes, seiner Kinder, und sie würde vom Gesetzgeber und der Regierung begrüßt und unterstützt. Leider nicht. Nach Gesetzeslage stehen die »Riskind«-Ärzte vielmehr mit einem Bein im Gefängnis. Neben Sanktionen durch die Ärztekammer könnten sie Haftstrafen bis zu einem Jahr ausfassen, weil sie die relevanten Informationen ohne Einwilligung der Eltern nicht weitergeben dürften – auch nicht an andere Ärzte und auch nicht mit den besten Absichten. Da von Eltern, die ihre Kinder misshandeln, eine solche Einwilligung natürlich nicht zu erhalten sein dürfte, ist es wohl nichts mit dem Kinderschutz.

Wozu auch, schließlich gibt es ja Bemühungen zur Entkriminalisierung von Kinderschändung (kein schlechter Witz). Schon vor Jahren hat sich ein deutscher Politer der Grünen dafür ausgesprochen, sich nicht mit der Gleichstellung der Homosexualität zu begnügen, sondern vielmehr den Kampf für die Entkriminalisierung der Pädosexualität (ein Fremdwort für Sex mit Kindern) aufzunehmen. In den Niederlanden ist nicht nur die Schutzgrenze gegen Pädophilie bereits auf zwölf Jahre herabgesetzt, sondern eine eigene Pädophilen-Partei registriert worden, die auch den Geschlechtsverkehr mit Unter-Zwölfjährigen legalisieren will. Die totale Abschaffung der Strafbarkeit von Sex mit Kindern überhaupt wird gefordert. Angesichts von all dem fragen sich viele: »Wen schützen ›die da oben‹ eigentlich?«

»Mord oder nicht Mord, das ist hier die Frage!«

Was ich jetzt schildere, entstammt (leider) keinem Horrorfilm à la »Freeze – Alptraum Nachtwache«: Mitarbeiter der Bestattung der Stadtgemeinde wollen drei Verstorbene in das für die Obduktion zuständige Krankenhaus bringen. Niemand öffnet ihnen, weil sich keiner der diensthabenden Ärzte zuständig fühlt. Schließlich lässt ein beherzter Portier die Bestatter ein. Sofort stoßen die Totenträger auf ein weiteres Problem: Vor Ort gibt es keinen Platz, denn die Kühlfächer sind bereits voll belegt.

Dieser Vorfall hat sich nicht in einem Drittweltland oder im ehemaligen Ostblock ereignet, sondern Anfang Januar 2009 in Wien. Und er ist kein Einzelfall. Aufgrund von Sparmaßnahmen finden Obduktionen nicht mehr am dafür eingerichteten »Gerichtsmedizinischen Institut« statt, sondern müssen in zwei von der (weisungsgebundenen) Staatsanwaltschaft bestimmten Krankenhäusern durchgeführt werden. Weil es dort zu Vorfällen wie dem geschilderten sowie zu Geruchsbelästigung aufgrund unzulänglicher hygienischer Bedingungen kommt – die Krankenhäuser sind für derartiges nicht immer eingerichtet –, hat die Stadtverwaltung auf dem Wiener Zentralfriedhof Container als Obduktionseinheiten aufstellen lassen. Verwendet wird dieses Provisorium jedoch nicht für Obduktionen, sondern als Lagerstätte. Darüber hinaus sollen einzelne Krankenhäuser aufgrund der Totentransporte mit Ungezieferbefall kämpfen.

Fachleute laufen Sturm gegen diese Neuregelung, und zwar nicht nur aufgrund der geschilderten Missstände, sondern auch wegen des Schlages gegen die Verbrechensaufklärung. Nunmehr können nämlich nicht in allen Zweifelsfällen Obduktionen durchgeführt werden, um ein mögliches Fremdverschulden festzustellen. Zahlreiche Morde bleiben nicht un*aufgeklärt*, sondern werden gar nicht erst als solche *erkannt*. Mittlerweile bezahlen immer mehr Hinterbliebene die Arbeit der Pathologen aus eigener Tasche, wenn sie meinen, es sei bei einem Todesfall etwas nicht mit rechten Dingen zugegangen. Kein billiger Entschluss, denn für eine Leichenöffnung plus chemischer Analyse bezahlt man rund 3000 Euro.

Mittlerweile zeigen vom österreichischen Innenministerium in Zusammenarbeit mit lokalen Gerichtsmedizinen durchgeführte Vergleichstests, dass mehr Straftaten aufgeklärt werden können, wenn eine größere Anzahl genetischer Fingerabdrücke analysiert wird – nur: Für mehr DNS-Tests auf breiter Basis fehlt leider das Geld.

Ein Schelm, der Übles dabei denkt, und ein solcher ist wohl mancher schlichte Bürger, der sich so äußert: »*Für jeden Mist ist massig Geld vorhanden, aber für die Verbrechensbekämpfung natürlich nicht.*«

Sei es wie es sei. Fakt ist: Die Gerichtsmedizin konnte ihre wertvolle Arbeit Jahrhunderte lang erfolgreich durchführen – in der Monarchie, während beider Weltkriege, in der Zwischenkriegszeit. Heute nicht mehr. Na ja, vielleicht rechnet sie sich einfach nicht, ebenso wie die Post oder die Bahn, die ebenfalls Jahrhunderte lang den Bürgern bestens gedient haben. Heute werden sie zwecks Profitmaximierung »abgeschlankt« und an die Börse gebracht, wie vielleicht in Bälde auch die Feuerwehr und die Polizei. Diese Entwicklung betrachten manche, rüde gesprochen, als kriegerischen Akt gegen die Säulen der mühsam errungenen Wohlstandsgesellschaft.

Teil III

Die Infrastruktur-Front

Angriff auf das Staatsgefüge?

*»Öffnet die Grenzen und reißt die Zollschranken
nieder, und der amerikanische Arbeiter wird es
nicht besser haben als ein chinesischer Kuli.«*

Abraham Lincoln (1809–1865)

Sehnsucht nach der Sowjetunion

Interessanterweise und im Westen wenig bekannt, herrscht in den Ländern des ehemaligen Ostblocks, die mittlerweile mit den »westlichen Segnungen« Bekanntschaft gemacht haben, eine in den Grundzügen vergleichbare Stimmung wie hierzulande. Viele Bürger weinen ehemaligen Verhältnissen nach – beispielsweise als die Post jedermann und allerorten Briefe brachte und die Bahn in jedem Kuhdorf gehalten hat – und geben der Überzeugung Ausdruck, »die Demokraten da oben« seien alles andere als ihre Freunde, schon gar nicht die Vertreter ihrer Interessen.

Es scheint bemerkenswert, dass die Aussage des damaligen russischen Präsidenten Putin im Jahr 2007, der Zusammenbruch der UdSSR sei die größte Katastrophe des 20. Jahrhunderts, seit einigen Jahren just in den nunmehr »frei« gewordenen, ehemaligen Ex-Sowjetländern von einem wachsenden Anteil der Bürger geteilt wird. Und zwar schon lange bevor die Bevölkerung in den nunmehr im Westen angekommenen vormaligen Sowjetrepubliken während des Gasstreites zwischen Russland und der Ukraine Anfang 2009 nicht nur vor Kälte, sondern auch vor Grimm mit den Zähnen klapperte. Die mit raffinierten Tricks in den »goldenen Westen« beförderte Ukraine (die Hintergründe habe ich in »Mythos Informationsgesellschaft« dargelegt) präsentierte sich Anfang 2009 überhaupt als bankrott.

Die zu Sowjetzeiten relativ gut gefahrenen Ungarn erleben seit einigen Jahren mit Entsetzen die Ausplünderung ihres Landes durch die »sozialistische« Regierung (sprich: den im Westen beliebten Verkauf von Volksvermögen an ausländische Investoren), wobei die immer heftiger werdenden Proteste von der westlichen »Informationsgesellschaft« verfälscht als rechtsradikale Randale dargestellt werden. Mittlerweile hat die Bekämpfung »normaler« Kriminalität im Lande der Magyaren einen bislang unvorstellbaren Tiefstand erreicht, weil das Geld für die Ordnungskräfte fast nur noch zum Kauf von Tränengas, Wasserwerfern und ähnlichem Gerät ausgegeben wird, das man braucht, um aufmüpfige Bürger im Zaum zu halten. Zum Kampf gegen Räuber, Mörder oder Vergewaltiger sind solche Ausrüstungen klarerweise sinnlos. Zusätzlich ist die primär ländliche Bevölkerung aufgebracht, weil »Kriminalität zur Existenzsicherung« in Ungarn nicht geahndet wird, was dazu führt, dass Obst und Gemüse ungehindert gestohlen werden – und in der Folge zunehmend zu Selbstjustiz von Seiten der Bestohlenen.

Ende 2008 sahen sich der Internationale Währungsfonds IWF, die Weltbank und die EU genötigt, Ungarn einen Kredit von 23 Milliarden Euro zu gewähren, um den drohenden Staatsbankrott abzuwenden. Kein Wunder, dass im Lande Stimmen ertönen, die darauf hinweisen, wie gut es der Bevölkerung gegangen sei, als Ungarn noch ein Satellit der UdSSR war und als besonders geschickt im Betreiben von Schattenwirtschaft galt. Auch bürgerkriegsähnliche Zustände, wie sie seit einiger Zeit aufflammen, wenn Verbrechen von Roma verübt werden und es daraufhin zu Übergriffen gegen Roma kommt, wären im ehemaligen Ostblock unmöglich gewesen. Der Meinung sind dieser Tage jedenfalls nicht wenige Ungarn. Wie man beispielsweise einer ungarischen Wochenzeitung entnehmen konnte, sollen 40 Prozent der ungarischen Kinder unter der Armutsgrenze leben und – Polizeiberichten zufolge – manche von ihnen schlichtweg verhungert sein. Aufgrund einer Verordnung des Finanzministers von 1996 sollen Krankenhäuser geschlossen, Abteilungen zusammengelegt, Ärzte und Pflegepersonal entlassen worden sein. Die Zahl der Krankenhausbetten sei seit der Regimewende im Jahr 1990 von 105 000 auf 55 000 abgesunken.

Auch in Tadschikistan träumt man von seligen Sowjetzeiten, als der Strom nicht abgedreht wurde, es medizinische Versorgung für jedermann gab und man heizen konnte. Für einige Rubel konnte man sogar nach

Moskau fahren. Derzeit breitet sich hingegen das ökonomische Mittelalter aus, ergänzt von nicht weniger mittelalterlichem islamistischem Fundamentalismus, der in der UdSSR nichts zu melden hatte.

In Lettland gab es aufgrund der katastrophalen Wirtschaftssituation im
Lande Mitte Januar 2009 das erste Mal seit dem Freiwerden vom sowjetischen Joch 1991 wieder Straßenschlachten in der Hauptstadt Riga: Autos
wurden angezündet, Geschäfte geplündert. Etwa tausend aufgebrachte
Letten versuchten, den Regierungssitz zu stürmen. Sie drangen bis zum
Haupttor vor und warfen die Scheiben des Parlaments ein, bevor die hart
durchgreifende Polizei den »Aufstand«, den manche »Volksprotest« nennen, unter anderem durch den Einsatz von Tränengas niederwerfen
konnte.

Im einstigen Sowjetland Armenien werden im Winter die Schulkinder
erst bei minus acht Grad nach Hause geschickt, alte Menschen fürchten
den Kältetod – manche verheizen ihre Möbel – und Behinderten weht die
eisige Gleichgültigkeit der »neuen Gesellschaft« entgegen. Verklärt erzäh-
len die Senioren von »früher«, von »der guten alten Sowjetunion.« Viele
sind sich einig: »Ja, die Kommunisten waren Helden.« Stolz werden durch
Tüchtigkeit erworbene Lenin-Orden getragen. Wärmen kann man sich an
ihnen allerdings nicht. Fakt ist: Seit seiner Unabhängigkeit im Jahr 1991
gibt es in dem Drei-Millionen-Land 95 Prozent Bettelarme und fünf Prozent stinkreiche Neo-Kapitalisten, von vielen »Darlings des Westens« genannt. Die Unterdrückung soll noch brutaler sein als zu UdSSR-Zeiten, die
Zensur 100 Prozent.

Ähnlich wie in der süditalienischen Metropole Neapel – aus der es bereits »Müllflüchtlinge« gibt, die in anderen Ländern um Asyl bitten – lagern in der bulgarischen Hauptstadt Sofia seit geraumer Zeit Hunderttausende Tonnen Abfall auf den Straßen und vor den Toren der Stadt. Die
Firmen, die mit dem Abtransport befasst sind, verdienen sich laut Medienberichten eine goldene Nase, ohne dass das Müllproblem behoben
wird. Trotz zweier teurer Machbarkeitsstudien für eine funktionierende
Abfallentsorgung wurde in Sofia bislang keine Müllverbrennungsanlage
errichtet. Auch hier denken viele Bürger wehmütig an die »sauberen«
Sowjetzeiten, in denen solche Zustände nur aus Zeitungsberichten über
den »kapitalistischen Westen« bekannt waren.

Die Tschechen sind mehrheitlich gegen den EU-Reformvertrag und gegen eine amerikanische Radaranlage in ihrem Land, die Polen gegen US-
Raketen auf ihrem Boden und die Ukrainer gegen einen NATO-Beitritt.
Nützen tut der Volkswille der Mehrheit allerdings wenig, denn die gewählten Eliten agieren völlig konträr zum Volkswillen, woran sich die
kleine Frau und der kleine Mann erst gewöhnen müssen, glaubten sie

doch mit dem Ende der UdSSR wäre derartiges vorbei. Ein Blick in den Westen hätte sie aber eines Besseren, korrekter gesagt: Schlechteren belehren sollen.

Den ehemaligen Sowjetbürgern und nunmehrigen Russen war schon kurz nach »dem Ausbruch der Freiheit« klar, dass sie in der Jelzin-Ära dank des vom Westen mithilfe von Handlangern im eigenen Land betriebenen Ausverkaufs russischen Volksvermögens (woher sonst kommen die heutigen Oligarchen?) einer galoppierenden Verelendung entgegengingen. Sehnsüchtig dachten sie an die »wunderbare Breschnew-Ära« zurück. Erst etwa ein Jahrzehnt nach dem Untergang der UdSSR konnte Putin der ungehinderten Ausplünderung Russlands ein Ende machen, was ihm – wenig verwunderlich – bis heute eine schlechte Presse im Westen eingetragen hat. Ein Schicksal, das er mit anderen Politikern aller Regionen des ehemaligen »Reichs des Bösen« teilt.

Nicht unerwartet ging nach der Wahl in Weißrussland am 19. März 2006, bei der Amtsinhaber Lukaschenko 82 Prozent erzielte und sein stärkster Gegner lediglich 6 Prozent, unisono ein Aufschrei durch die westliche Welt. Es wäre blauäugig, zu behaupten, die Wahl sei absolut astrein abgelaufen, aber nichtsdestotrotz hat Lukaschenko eine starke Basis bei jenen, denen es nicht prächtig geht und die nach der geforderten Verwestlichung mit Haut und Haaren unter die Räder kommen würden. Nicht anders würde es natürlich auch vielen von jenen ergehen, die nach Demokratisierung westlicher Prägung schreien, nur rechnen sie nicht damit. Das peinliche Erwachen nach der ersehnten Verwestlichung dürfte für sie eine ebensolche Überraschung sein, wie schon vor Jahren für Millionen Bürger in den filetierten Überresten der ehemaligen UdSSR. Wie Statistiken ausweisen, hat die in der Ex-Sowjetunion eingesetzte Massenverelendung zu einem dramatischen Anstieg der Selbstmorde geführt.

Obwohl den Medienvertretern all das wohlbekannt sein musste, kommentierten die meisten vor der Wahl abschätzig, Lukaschenko würde unter den Alten und der bäuerlichen Bevölkerung auf breite Zustimmung zählen können, weil er ihnen die bescheidene Sicherheit des ehemaligen Sowjetsystems garantieren würde. Völlig unerwähnt blieb, dass die verachtungsvoll so apostrophierte »bescheidene Sicherheit« bedeutete, dass Löhne und Renten zwar dürftig waren, dafür aber pünktlich ausbezahlt wurden und dass Wohnraum (natürlich ebenfalls bescheiden) erschwinglich war. Bescheidene Sicherheiten, die sich nach dem Zusammenbruch der UdSSR verflüchtigt haben – sogar für die gerade noch Besserverdienenden, von Wenigverdienern und Pensionisten ganz zu schweigen, die seither von pünktlichen Gehalts- oder Rentenzahlungen nur noch träumen können.

Nach der Wahl entrüstete sich die EU hoch moralisch und verstieg sich sogar zu fast schon peinlich wirkungslosen Sanktionsdrohungen. Sarkastische Zeitgenossen meinten, Lukaschenko hätte seinerseits vehemente Demokratiedefizite bei der EU anprangern können, worauf er aber offenbar noch nicht gekommen ist. Am lautesten von allen äußerten sich die USA über Manipulationen bei der Weißrussland-Wahl. Just jenes Land, dessen Präsident 2000 nach endloser Stimmenzählerei durch einen von Reagan ernannten Richter zum Präsidenten erklärt wurde.

Analysten meinen, in den von Russland gelösten Trümmerstücken der Ex-UdSSR würde im Zeitraffer ablaufen, was im goldenen Westen just nach der Auflösung der Sowjetunion langsamer, aber nicht weniger verheerend im Gange ist. In unseren Breiten kann das Wahlvolk zwar gegen die Übertragung von Volksvermögen aller Art in die Hände von ausländischen Investoren oder gegen desaströse Privatisierungen protestieren. Das war's dann aber auch schon, denn seit dem Ableben der UdSSR schreitet beides mit Volldampf voran. Dieser Desintegrationsprozess nennt sich schönfärberisch Deregulierung oder Liberalisierung und wird dem schlichten Volke im Westen wie im Osten als Naturgesetz verkauft. Ein Naturgesetz, das es seltsamerweise zu Sowjetzeiten nicht gegeben hat. Sie erinnern sich an den im Vorwort erwähnten Karten spielenden Kommunisten, der gemeint hat, ohne die schützende Sowjetunion würde der Kapitalismus über uns Westler herfallen. Genauso ist es ja auch gekommen, und er hat stellenweise eine Spur der Verwüstung hinterlassen.

Etwa aus der Zeit, als die Aussage bei der Kartenpartie fiel, stammt das wichtige Buch von Joachim Fernau, »Halleluja. Die Geschichte der USA«, in dem er hinter die verlogene Maske des Moralapostels mit den blutigen Händen blickt und resümiert: Siegt der Kommunismus, wird es den Leuten lange Zeit schlecht gehen. Siegt der Amerikanismus, wird die Erde in einen toten Planeten verwandelt werden.

Das klingt zugegebenerweise krass, wird aber angesichts der Entwicklung, die sich auch im »goldenen Westen« anzubahnen scheint, von manchen durchaus ernst genommen. Sie malen für die nicht allzu ferne Zukunft ein Szenario, das ihrer Meinung nach an den sogenannten »Kartoffelkrieg« von 1923 im Bergischen Land erinnert, als das Hamstern in Plündern überging und einen lokalen Mini-Bürgerkrieg verursachte.

Kartoffelkrieg gestern und morgen?

Die Weltwirtschaftskrise ließ damals die Lebensmittelpreise rapide ansteigen. Fabriken und Betriebe standen still. Wesentliche Teile der Bevölkerung standen ohne Arbeit und Geld da. Der nackte Hunger trieb die Stadtbewohner in wachsenden Scharen aufs Land, um Kartoffeln zu hamstern, von denen aufgrund der rasenden Inflation Mitte Oktober 1923 ein Sack eine Milliarde Mark kostete und im November bereits 500 Milliarden.

Da die Bauern bald keine Kartoffeln mehr rausrücken konnten oder wollten, begannen die Städter, sie aus den Feldern auszugraben und den Preis selbst zu bestimmen. Nach einigen Tagen stellten sie ihre Zahlungen ein und gingen zum Plündern über. Dazu stahlen sie bei den Bauern Pferde und Wagen und fuhren die gestohlenen Kartoffeln zum Bahnhof. Daraufhin kam es auf den Feldern zu Auseinandersetzungen zwischen den Bauern und den Plünderern, wobei letztere aufgrund ihrer großen Zahl vorerst die Überhand behielten.

Die örtliche Polizei war machtlos. Die englische Besatzung in Köln erklärte sich für nicht zuständig, und die französische Besatzung in Siegburg wollte nur dann eingreifen, wenn die Bauern die »Rheinische Republik« ausriefen.

Das taten sie nicht, sondern sie versammelten sich mit Knüppeln, Mistgabeln, Dreschflegeln und anderen zweckentfremdeten Gerätschaften bewaffnet am Morgen des 26. Oktober vor dem Overather Bahnhof, wo die meisten Plünderer einzutreffen pflegten. Die mit dem Frühzug ankommenden konnten zurückgeschickt werden, nicht aber jene, mit denen der 9-Uhr-Zug regelrecht vollgestopft war. Eisern entschlossen, Kartoffeln zu ergattern, versuchten sie die bäuerliche Absperrung gewaltsam zu durchbrechen. Flaschen flogen, Hacken wurden geschwungen. Die Situation eskalierte zum Nahkampf. Schüsse fielen, Menschen sanken zu Boden. Einer wurde zu Tode geprügelt. Nach dieser Bluttat kehrten die Plünderer in Richtung Köln zurück.

In den darauffolgenden Tagen rückten sie wieder in großen Scharen an. Diesmal stellte sich ihnen niemand in den Weg, als sie über die Kartoffelfelder herfielen. Große Trupps drangen in die Bauernhäuser und Ställe ein und raubten alles, was essbar war. Am Bahnhof, der fest in der Hand der Plünderer war, hatten sich bereits Hehler etabliert, die das Gestohlene aufkauften und in Waggons verluden.

Die Raubzüge fanden erst ihr Ende, als die Bauern handfeste Unterstützung von den Bergarbeitern erhielten, die wiederum um ihre Kartoffelversorgung fürchteten. Diese ländlichen Kampfverbände blockierten die

Bahnhöfe an der Agger- und Sülztalstrecke. Nachdem auch noch sämtliche Tageszüge in diese Richtungen eingestellt wurden, verlegten die Plünderer daraufhin ihre Tätigkeit in andere Gebiete.

Diese turbulente Vergangenheit könnte, so meinen nicht nur Pessimisten, zur unliebsamen Gegenwart werden, wenn eine ernsthafte Versorgungskrise eintreten sollte, die so unwahrscheinlich nicht ist. Wenn es an Maschinen, Treibstoffen und Düngemitteln mangelt, geht die Lebensmittelerzeugung zurück. Die Lebensmittelpreise steigen wie anno dazumal. Lebensmitteleinfuhren aus anderen Ländern bleiben aus. Schwarzmärkte bilden sich, doch aufgrund der Inflation können die meisten dort nichts kaufen. Um nicht zu verhungern, bieten die Städter den Bauern Gold, Schmuck, Teppiche und was sonst irgendwie brauchbar erscheint zum Tausch gegen Lebensmittel an. Und wenn sie schließlich nichts mehr haben, greifen sie zu Gewalt ...

Na, so schlimm wird es ja wohl nicht werden, denken Sie jetzt vielleicht. Heute sind weder die Zustände von 1923 möglich, noch jene nach 1945, denn damals war ja die Infrastruktur zerstört und die Menschen hatten buchstäblich nichts. Darauf lässt sich erwidern, was man ab und an hören kann: Eine Infrastruktur lässt sich auch ohne Bomben zerstören, und genau das ist im Gange.

»Trari, Trara – die Post ist weg!«

Wo glauben Sie, liegt ein Dorf mit etwas über 1000 Einwohnern, in dem es keine Polizei, keinen Bahnhof, keine Post, kurzum keine Infrastruktur gibt? In Afrika? In der Mongolei? In hintersten Winkel der ehemaligen Sowjetunion? Weit gefehlt. Dieses Dorf liegt in Österreich, jenem Land, das von den einheimischen Politikern gerne als »das drittreichste Land in der EU« bezeichnet wird, wenn es darum geht, Steuergelder für etwas zu verpulvern, das die Bürger niemals finanzieren würden. Man fragt sie aber nicht.

Die besagte Ortschaft trägt den Namen Kaumberg und liegt im niederösterreichischen Bezirk Lilienfeld. Der Bahnhof wurde 2005 geschlossen. Seither wächst das Unkraut kniehoch zwischen den Schienen. Die Gendarmerie ist fort. Die Post ist seit 2005 weg. Kaumberg ist eines der Geisterdörfer ohne Versorgung, ohne Ärzte, ohne Apotheken, ohne öffentlichen Verkehr, ohne Disco, ohne Kino, ohne Post, wie sie allenthalben in Europa aufblühen – wenn man diesen Ausdruck zynischerweise verwenden will – allerdings bewohnt von lebenden Menschen.

Ein Einzelfall? Keineswegs. So findet sich beispielsweise in der offiziellen Publikation der österreichischen Arbeiterkammer (Ausgabe Dezember 2008/Januar 2009) der Artikel »Rettet meinen Bezirk«. Darin wird die Zerstörung der postalischen Versorgung angeprangert. Unter der Überschrift »Lasst uns wenigstens die Bahn!« kommt ein ergrimmter Bürger zu Wort: »Als ich vor zehn Jahren in Jedenspeigen [das ist eine Ortschaft in Niederösterreich] mein Haus gebaut habe, hat es geheißen: Wir haben ein Postamt, einen Krämer und der Zug bleibt in der Früh und am Abend alle 30 Minuten stehen. Als erstes hat der Krämer zugemacht, vor fünf Jahren wanderte die Post ab und jetzt wird bei der Zugverbindung gespart.«

Erinnern Sie sich noch an die »gute alte Zeit« (so »alt« ist sie nämlich nicht, sonst könnte sich meine Generation nicht mehr daran erinnern), als die Post zweimal am Tag ausgetragen wurde, am Samstag natürlich auch? Mehr noch: Selbst unvollkommene oder falsch geschriebene Adressen und verunstaltete Namen haben eine richtige Zustellung nicht verhindert. So konnte es nicht weitergehen. Deshalb musste die flächendeckende Post, die Hinz und Kunz selbst im entlegensten Bergdorf Briefe zugestellt hat, dem freien Markt geopfert werden.

Klarerweise fielen dieser Liberalisierung zuerst bürgerfreundliche Vergünstigungen wie ermäßigte Tarife für Bücher oder Drucksachen zum Opfer. Heute kostet das Versenden eines Buches ins benachbarte EU-Ausland oft genauso viel wie das Buch selbst. Davon kann ich ein Lied singen, weil ich oft Bücher für Leser signiere, die sie mir senden und die ich ihnen dann wieder zuschicke. Diese Prozedur verschlingt etliche Euro. Auch das schlichte Aufgeben eines Briefes ist ein mühsames Unterfangen, da Briefkästen mittlerweile zu den raren Objekten im öffentlichen Raum zählen. Ich erlebe es selbst immer wieder. Die sonstigen Leistungsverschlechterungen an dieser Stelle aufzuzählen, unterlasse ich aus Platzgründen. Vielleicht nur das: Wie angeführt wird, kommt es bei der »auf Effizienz getrimmten Post« schon einmal zu einer Beförderungszeit von zwei Monaten von Wolkersdorf nach Sollenau (70 Kilometer) oder von zwölf Tagen von Wien nach Sollenau (40 Kilometer), heute wohlgemerkt, nicht zu Zeiten der Postkutsche, die war nämlich schneller.

Dazu eine Frage: Kennen Sie eigentlich die Sprachwurzel des Wortes »privatisieren«? Ich glaube nicht. Es kommt nämlich vom lateinischen »privare« und das heißt nichts anderes als »berauben«. Alles klar?

Die galoppierende Privatisierung von Volksvermögen und Versorgungseinrichtungen lässt viele bangen: Was kommt wohl als nächstes nach der vollendeten Skelettierung der Post und der Bahn? Ist der Verkauf von öffentlichen Einrichtungen wie Teilen der Straßenbahn, des Strom- und Gasnetzes, von kommunalen Immobilien, von Post und Telekom, von Wasserkraftwerken und anderen Energieerzeuger-Anlagen oder von der Kanalisation nur ein

Vorspiel? (Alle diese Beispiele stammen aus Österreich.) Wird demnächst unsere Luft von den nationalen Volksvertretern an Global Players verhökert und die Arbeit der Polizei von Privatfirmen gemacht? Manche fragen sich deshalb: Wieso *muss* das eigentlich so sein? Warum lässt der Staat als nationaler Gesamtkapitalist diese Zerstörung zu und arbeitet sogar den Zerstörern noch in die Hände? Sie setzen Beschäftigte auf die Straße, überschulden Betriebe, ziehen liquide Mittel heraus und führen letztlich die Firma in die Insolvenz. Hat nicht das Postwesen seit Jahrhunderten vor, in und nach zwei Weltkriegen klaglos funktioniert? Wieso können sich die Regierungen heute, da die Wirtschaftskraft ungleich stärker ist als etwa in den Monarchien, eine Post auf einmal nicht mehr leisten, die diese Bezeichnung noch verdient? Und das, obwohl die Post, die Polizei, die Feuerwehr, die Wasserversorgung etc. staatlich zu stellende Versorgungsleistungen sind, die mit Steuergeldern errichtet wurden – die Bahn übrigens auch, deren Leistungen zumindest in Österreich hinter denen im letzten Kriegsjahr in der K.-u.-k.-Monarchie herhinken sollen.

Erboste Österreicher haben in Leserbriefen die Frage gestellt, wieso das Management der Österreichischen Bundesbahn ÖBB – wie kolportiert wird – mehr als 600 Millionen Euro Hochrisikospekulationen (CDO = Collateralized Debt Obligations) in den Sand gesetzt und gleichzeitig Riesengagen eingestreift haben soll, anstatt hinter Gittern zu landen. Wieso überhaupt Bahnspekulationen? Man war eigentlich der Meinung, die mit Steuergeld errichtete, ursprünglich staatliche Bahn hätte nur zu *fahren* und nicht zu zocken, noch dazu mit Verlust. In diesem und ähnlichen Zusammenhängen wird oftmals recht aggressiv gefragt: Wieso *darf* ein Manager eines staatlichen Versorgungsunternehmens überhaupt Geld verspekulieren, anstelle es im vorliegenden Fall voll und ganz in den Ausbau und in die Instandhaltung der Bahn zu stecken? Um Ihnen ein Stimmungsbild von der anderen Seite der Medaille – nämlich jener der »kleinen Hackler« – zu geben, ein paar Zeilen aus dem Leserbrief eines solchen in der »Kronenzeitung«: »*Als Jahrzehnte-Mitarbeiter der ÖBB möchte ich fordern, dass diese, die für das Millionendesaster verantwortlich sind, zur Rechenschaft gezogen werden. Als Verschieber am HBF (Hauptbahnhof) Graz fiel mir bei einer Bremsfahrt mit einer Personengarnitur mein Vierkantschlüssel, den man ständig für die Türen braucht, aus der Tasche in einen großen Schneehaufen. Ein Suchen war nicht möglich, und so ging ich ins Materiallager, um einen neuen zu holen. Ich wurde zur Schadensaufnahme beordert und bekam erst nach einem längeren ›Wie, warum und wo?‹ einen Ersatzschlüssel. Nach einem halben Jahr wurde ich wieder zu dieser Dienststelle beordert, und ich wurde belehrt, dass ich meinem Dienstgeber einen Schaden von vier Schillingen (heute nicht ganz 30 Cents) zugefügt habe und dass der mir beim nächsten Gehalt abgezo-*

gen wird.« Kann es wirklich verwundern, dass manche in der Wut so weit gehen zu meinen, »Volksfeinde« (man verzeihe mir den verpönten Ausdruck, aber ich habe ihn mehrfach gehört) würden an den Schalthebeln der Macht werken? Konsequent weitergedacht, wird gefragt: Wenn demnächst also Feuerwehr und Polizei an die Börse gehen, auf dass sie sich endlich »rechnen«, wieso dann überhaupt Steuern zahlen? Warum sollte man den Staat weiter finanzieren, wenn er sich von seinen Pflichten verabschiedet?

Wer meint, solche Überlegungen seien absurd, den wird, so meinen besorgte und ergrimmte Stimmen, die Entwicklung der kommenden Jahre bald eines Schlechteren belehren. Manche unter den besorgten Beobachtern sagen heute schon provokant: Was wir hier erleben, ist Landesverrat, Vernichtung von Volksvermögen durch Übereignung in fremde Hände. Kommunale Schulen, Wasserversorgung, Heizkraftwerke, Messehallen, Müllverbrennung, Energieversorgung, Verkehrssysteme wie Straßenbahnen und U-Bahnen und deren Schienennetze, öffentliche Gebäude, ja sogar unser Trink- und Abwassersystem wurden an US-Firmen über eine Laufzeit von bis zu 100 Jahren vermietet. Der Trick bei diesen bereits erwähnten Cross-Border-Leasing-Verträgen, deren Struktur im Detail zu erklären zu umständlich wäre, liegt bzw. lag in der Nutzung der unterschiedlichen steuerlichen Regelung zwischen der USA und einem europäischen Land wie Deutschland oder Österreich, durch welche sich für beide Partner finanzielle Vorteile lukrieren ließen. Zahlreiche europäische Kommunen konnten durch dieses Manöver vorläufig ihre Haushalte aufbessern. Allerdings zu früh gefreut, denn im Jahr 2005 gab die amerikanische Finanzverwaltung bekannt, dass missbräuchliche Steuerumgehung vorliegt und dass die Steuervorteile auch für in der Vergangenheit abgeschlossene CBL-Geschäfte nicht bezahlt würden. Auch die CBL-Geschäfte der Österreichischen Bundesbahn, die bei Spekulationen kein sehr glückliches Händchen bewiesen hat, scheinen laut Zeitungsberichten nach hinten losgegangen zu sein. Ende der 1990er-Jahre hatte die ÖBB offenbar die geniale Idee, ihre Waggons an amerikanische Unternehmen zu verkaufen und diese anschließend wieder zurückzuleasen. Die damals so erzielten Gewinne wurde bei US-Banken angelegt, die nunmehr von der Finanzkrise erwischt wurden. Wie man lesen kann, belasten diese »Geschäfte« die ohnedies mit zwölf Milliarden Euro verschuldete ÖBB noch mehr.

Manche äußern sich zu all dem so: »*Eine gezielte Auflösung des Staatsgefüges durch Eliminierung der Infrastruktur ist im Gange.*« Noch kürzer und krasser reden manche vom »*Krieg gegen das eigene Land*«.

Das klingt zugegebenermaßen heftig. Halten wir uns also an die nackten Fakten, primär in Österreich, wo im Spätherbst 2008 an die Öffentlichkeit gedrungen ist, dass der »gute alte Postmann« in wenigen Jahren nicht nur nicht mehr zweimal, sondern für Tausende Österreicher gar nicht mehr klingeln könnte. Weil er nämlich im Zuge der Totalliberalisierung abgeschafft werden soll. Der pflichtbewusste Postbote »Säbelbein«, dem der geniale Carl Barks in einer Donald-Duck-Geschichte ein Denkmal errichtet hat und den es bislang in der europäischen Realität gegeben hat, wird bald nur noch eine Comicfigur sein. Und das trotz abschreckender Beispiele aus Deutschland, die ich in »Mythos Informationsgesellschaft« ausführlich dargelegt habe und hier kurz in Erinnerung rufen möchte: Seit der Umwandlung der Post in eine Aktiengesellschaft im Jahr 1995 verschwinden jährlich in Deutschland Zigtausende Briefe und Pakete. Einer der Gründe ist der Einsatz billiger Subunternehmen, die ihrerseits auf Kräfte aus dem Ausland zurückgreifen. Dabei sind Orientierungs- und Sprachprobleme vorprogrammiert. Säcke mit Briefen sollen schon im Müll landen, wenn der ortsunkundige Zusteller mehrmals zur falschen Adresse fährt. Manchmal werden Briefkästen von Pizzaboten geleert. Es wurden Fälle bekannt, in denen angeheuerte Postausfahrer lastwagenweise Briefe und Pakete geklaut, sie nach Verwertbarem durchwühlt und sodann entsorgt haben sollen. Mitte Mai 2005 stellte die Polizei allein im Raum Frankfurt Handys, Computer und Kameras im Wert von rund 200 000 Euro sicher, die sich Postmitarbeiter unter den Nagel gerissen haben sollen. Genaue Zahlen über Diebstähle von Sendungen will die Deutsche Post angeblich nicht herausgeben.

Dieses »Vorbild« hindert in Österreich die »Eigentümer der Post« nicht daran, zur Vollprivatisierung der Post ins (Post-)Horn zu blasen – auch wenn die gesetzlich vorgeschriebene Versorgung der Bevölkerung dabei vor die Hunde geht. Allein der Umstand, dass seltsamerweise die Politiker die »Eigentümer der Post« sind, stößt manchen sauer auf. Sie meinen, nicht die Politiker seien die Besitzer von Versorgungseinrichtungen wie der Post, sondern die Staatsbürger, die das Ganze über Jahrzehnte finanzieren durften und im Gegenzug Briefe erhielten oder in – früher vorhandene – Postkästen einwerfen konnten.

Was meinen Sie, wie »flächendeckend« eine Versorgung ist, wenn von 1300 Postämtern 1000 sowie 30 Briefverteilerzentren geschlossen und von rund 25 000 Postbediensteten 9000 gefeuert werden sollen? Gegen diesen Kahlschlag »Made in Austria« nehmen sich die etwa zur gleichen Zeit verkündeten Pläne der Deutschen Post, 40 000 Arbeitsplätze zu streichen, geradezu bescheiden aus (schließlich hat Deutschland zehnmal so viele Einwohner wie Österreich). Man muss dazu wissen, dass es 2001 in Österreich noch 2300 Postfilialen gegeben hat, also mittlerweile bereits

1000 ihre Pforten schließen mussten. Besagten Kahlschlag soll ein 91 Seiten umfassendes »Strategiegeheimpapier« vorsehen. Es wurde von ausländischen Unternehmensberaterfirmen verfasst, ist jedoch nicht geheim geblieben und hat gewaltigen Protest hervorgerufen. Den allerdings primär von Seiten der Gewerkschaft, obwohl manche meinen, die »Masse des Volkes« müsse auf der Straße demonstrieren, wenn es ihrer Versorgung an den Kragen geht, die sie noch dazu finanzieren durfte.

Besonders erschüttert viele die Tatsache, dass die österreichische Post 2007 sage und schreibe 162 Millionen Euro Gewinn gemacht haben soll. Auch die kolportierten 600 000 oder 700 000 Euro Jahresgage für den österreichischen Post-Generaldirektor haben nicht wenigen die Zornesader schwellen lassen. (Der US-Präsident erhält etwa die Hälfe, Spesen nicht dazugerechnet, die er zweifellos in größerem Maße hat als jeder österreichische Bedienstete). Die vier Post-Mitvorstände sollen im Schnitt mit bescheidenen rund 552 000 Euro pro Jahr durchkommen müssen. Ein junger Postbediensteter in Österreich verdient im Monat etwa 1400 Euro. Dem deutschen Beispiel, das auch positive Seiten hat – nämlich die Einführung eines Mindestlohns für alle Anbieter auf dem Postmarkt zur Vermeidung von Hungerlöhnen – folgt man in Österreich allerdings nicht.

Zu den noblen Salärs in den oberen österreichischen Postetagen gesellt sich sozusagen als Tüpfelchen auf dem i die Verleihung des »Großen Goldenen Ehrenzeichens für Verdienste um die Republik« an den Post-Generaldirektor am 26. Juni 2008 durch den österreichischen Finanzminister und Vizekanzler. Dieser gehörte der im September 2008 donnernd abgewählten Österreichischen Volkspartei ÖVP an. Angesichts des Massakers an der Post meinten viele, dass hier der Begriff »Verdienst« irgendwie falsch verstanden worden sein dürfte.

»Aber, aber, wozu die Aufregung?«, so tönt es aus offiziellem Munde. »Die Infrastruktur ist ja gesichert!«. Selbst die Bewohner in den abgelegensten Dorfregionen seien keineswegs unterversorgt, wenn das örtliche Postamt seine Pforten für immer schließt. Die Bahn fährt zwar schon lange nicht mehr in Orte wie »St. Frostaufbruch an der Umleitung«, aber Briefe aufgeben und in Empfang nehmen sowie den Zahlungsverkehr abwickeln, das kann man sehr wohl beim lokalen »Postpartner«, sprich: in Papierwarengeschäften, bei Krämern, in Apotheken, Tankstellen, Autohäusern, bei Imkern und in diversen Ladengeschäften, auch wenn es nicht jedermanns Sache ist, seine Post zwischen Gorgonzola und Salami über den Tresen zu schieben.

Doch ach, selbst dieser Ausweg aus der Versorgungskrise ist kein solcher. Erstens einmal gehen Gemüsehändler und andere Gewerbetreibende noch schneller als die Postämter den Weg alles Irdischen und zweitens setzt in Österreich bereits eine Schließungswelle bei den noch vorhandenen »Postpartnern« ein, da »*die Postpartnerschaft total unrentabel ist*«. Einer der Postpartner, der kaum über die Runden kommt, ist eine Familie in besagtem Kaumberg, die Postamt, Tabakladen, Gasthaus und Krämer in einem sein muss: »*Wir machen es, weil es sonst niemand macht.*« Bedenkt man, dass für diese Familie für die arbeitsintensive Multifunktion als Postpartner monatlich vielleicht 160 bis 230 Euro herausspringen, so ist klar, dass es eines echten Idealismus bedarf und dass das ganze System extrem fragil angelegt ist. Was bleibt dem schlichten Bürger also im Endeffekt? Eine Wüste wie nach einem Krieg, meinen viele.

Während die Profite himmelwärts streben und der Service immer mehr reduziert wird, wird das Volk mit Gewäsch vom globalen Wettbewerb und mit Neusprech-Monstern eingeseift. Nur wenige fragen, um bei dem Beispiel der Post zu bleiben, gegen wen diese eigentlich im Konkurrenzkampf steht? Vielleicht gegen die staatliche (!) US-Post? Das nicht, aber gegen die wie Pilze aus dem Boden schießenden Privatpostdienste. Welches Naturgesetz schreibt aber vor, dass es solche geben *muss* (es sei denn, man setzt Organisationen wie die WTO oder gar die EU mit einer Naturkraft gleich)?

Fakt ist für viele daher: Während uns gebetsmühlenartig progressiver Gesellschaftswandel verheißen wird, ist soziales Elend angesagt.

»Ja, derfen's denn dös?«

Dieser für meine Leserschaft in Deutschland sicher schwer verständliche Satz heißt »übersetzt«: »Ja, dürfen sie denn das?« Gestellt haben soll diese Frage der österreichische Kaiser Ferdinand I. (genannt »der Gütige«) bei der Märzrevolution von 1848, als ihm vom Aufstand der Wiener berichtet wurde. Genau diese Frage erhebt sich für immer mehr Alpenländer angesichts der drohenden Vernichtung der Infrastruktur durch ihre Volksvertreter. Die Antwort ist: Eigentlich dürfen sie es nicht.

In Österreich gibt es nämlich die sogenannte »Universaldienstverordnung«, die sich im Prinzip auch in anderen EU-Ländern finden lässt. Die österreichische Variante enthält eine Reihe von Vorschriften, die unter anderem die Zeit regeln, in der die Post zugestellt werden muss, wie auch das Tempo, in dem Briefe und Pakete ausgeliefert werden müssen. Bindend vorgeschrieben ist auch eine *flächendeckende* Versorgung mit Briefkästen und deren regelmäßige Entleerung. Wie es allerdings mit dem Vorhandensein von Briefkästen in der Praxis aussieht, habe ich bereits erwähnt. Manche Österreicher, denen das bekannt ist und die trotz allem den Humor nicht verloren haben, meinen dazu: Selten so gelacht.

Weniger lustig findet der Staatsrechtler Prof. Dr. Adrian Hollaender die Sachlage und erklärt in seiner Kolumne »*Alles, was Recht ist!*« unter dem Titel »*Staatsaufgaben*« am 16. November 2008 in der »Kronenzeitung«: *»Dem Staat obliegt die Grundversorgung der Bevölkerung. Dies betrifft alle Bereiche staatlicher Kernaufgaben. Es ist die Pflicht des Staates, die Funktionsfähigkeit in diesen Bereichen zu gewährleisten. Dazu gehört unter anderem auch die Sicherstellung des Postdienstes.*

Die Verwaltungsrechtslehre hat stets betont, dass der Staat zwar die Besorgung von Aufgaben im Zuge von Privatisierungen ausgliedern darf, er jedoch für die Gewährleistung des Funktionierens der Aufgabenbesorgung verantwortlich ist. Das gilt nicht nur für die Post, auch andere zentrale Staatsaufgaben (etwa im Bereich der Pensionssicherung, des Straßenbaus, der Kultur oder der Sicherheitsverwaltung) sind nicht unbeschränkt disponibel. Diesbezügliche Privatisierungen finden ihre Grenzen dort, wo die Erbringung ureigenster staatlicher Aufgaben gefährdet wird.

Das scheint derzeit bei der Post der Fall zu sein, denn die aktuellen ›Zukunftspläne‹ der Post gefährden deren Aufgabenbesorgung massiv. Daher trifft den Staat die Verpflichtung, entweder die Österreichische Post AG dazu zu veranlassen, von diesen Plänen Abstand zu nehmen oder eben die Erbringung dieser Aufgaben wieder an sich zu ziehen.

Die Wirtschaftsfreiheit darf nämlich nicht zur Verabschiedung des Staates aus seinen Kernaufgaben führen. Das wäre nicht nur ein falsches Verständnis der Wirtschaftsfreiheit, sondern auch eine rechtlich unzulässige Unterlassung staatlicher Pflichten.

Die Ausgliederung und Privatisierung von staatlichen Unternehmungen ist daher rechtlich immer nur insoweit zulässig, als die Wahrnehmung von deren Kernaufgaben gewährleistet ist. Wenn ein ausgegliedertes Unternehmen die Erbringung der notwendigen Dienstleistungen künftig nicht mehr sichern kann, fällt diese Aufgabe daher wieder an den Staat zurück ...

Bereits im Zuge der bisherigen Privatisierungsschritte wurde der Service der Post immer schlechter. Briefkastenleerungen wurden seltener (früher mehrmals täglich, heute nur noch einmal pro Tag). Zahlreiche Briefkästen wurden abmontiert. Die Portokosten wurden erhöht. Und es gab gerade in letzter Zeit erhebliche Verzögerungen bei der Zustellung.

Einschub: Ein interessanter Brauch aus der Vor-Privatisierungsära herrschte zumindest zum Jahresende 2008 nach wie vor: Wer mehr als 20 Briefe auf einmal aufgeben wollte, bekam einen Stempel in die Hand gedrückt, um sie eigenhändig zu entwerten. Jedes Unternehmen gewährt bei einem Massenumsatz einen Rabatt. Die Post macht es umgekehrt. Weigerte man sich nämlich und überließ diese Dienstleistung der/dem Postbediensteten, so durfte man pro Brief um zehn Cent mehr berappen. Ganz ordentlich, bedenkt man, in welch astronomischen Höhen das Porto bereits angesiedelt ist. – Weiter mit dem Gutachten:

Wenn jetzt auch noch die Postämter aufgelöst werden sollen und die Briefträger verschwinden, kann das zum Ende der notwendigen Postdienste überhaupt führen. Daher ist die Regierung nicht nur aus politischen, sondern auch aus staatsrechtlichen Gründen dazu verpflichtet, dem mit allen Mitteln entgegenzuwirken. Denn die Steuerzahler haben ein Recht darauf, dass der Staat ihre Grundversorgung in allen zentralen Bereichen sicherstellt. Derzeit ist er somit dringend aufgerufen, dies beim Postdienst zu tun!«

Im November 2008 verkündigte der Post-Generaldirektor aufgrund des medialen, wie wohl auch wegen politischen Drucks im Zuge der damals laufenden Koalitionsverhandlungen der beiden Wahlverlierer SPÖ und ÖVP zum Zwecke der Neuauflage der alten, mit Pauken und Trompeten abgewählten großen Koalition, der Abbau Tausender Mitarbeiter sei »*vom Tisch*« (zumindest für einige Monate). Für Realisten war das lediglich eine Atempause, bis sich die Wellen gelegt hätten. Sie meinten: Warten wir ab, wie lange die ohnedies erst für 2011 geplante »Abschlankung« de facto »vom Tisch« ist und wie die »Versorgung« in der Zukunft *wirklich* aussieht. Oder auf Neudeutsch: Time will tell.

Anfang 2009 bestätigten sich die negativen Erwartungen dieser misstrauischen Beobachter: Wie es schien, hatten sich die Wellen gelegt und man scheute sich nicht bekanntzugeben, 2009 würden nochmals 300 bis 400 Postämter geschlossen, und das überwiegend im ländlichen Raum, der dadurch immer mehr zur Wüstenei zu werden droht, wie nicht nur das Beispiel Kaumberg erschreckend demonstriert. Schon damals wurde unverfroren angekündigt, 2010 würde es mit den Schließungen frischfröhlich weitergehen. Die Politik, die zuvor gegen Postamtsschließungen eingetreten war, stimmte nunmehr zu. Nicht zuletzt, weil wieder einmal die »Postpartner« als Ersatz angeführt wurden. Diese Postpartner werden von der Post AG in Anzeigenkampagnen heftig gesucht. Das System könnte sich allerdings als Schimäre erweisen, weil sich für so manchen anfangs begeisterten »Postpartner« die Mehrarbeit nicht lohnt. Die Post AG argumentierte, man würde 2008 zwar rund 175 Millionen Euro (!) an die Aktionäre ausschütten, aber für die nächsten zwei Jahre rechne man eher mit einem Minus. Bis 2001 sollen weitere Schließungen sogar noch forciert stattfinden.

Konkret in die Tat umgesetzt wurde mit Beginn 2009 ein weiterer »Kundenservice«: Beim Mieten von Postfächern werden Vereine jeglicher Art nicht länger als Privatkunden behandelt, sondern allesamt als Firma. Das bedeutet: Ab 1.1.2009 ist für Vereine, seien sie noch so unkommerziell, gemeinnützig, mildtätig, kirchlich, tierschützerisch oder was auch immer, beinahe das Dreifache der bisherigen Postfachmiete fällig.

Und im März 2009 kritisierte ein Vertreter des Wirtschaftsbundes den Umstand, dass die Kosten von Personal und Filialen deutlich gesenkt wurden und gleichzeitig das Porto kräftig gestiegen ist, während mehr als 50 Millionen Euro als Dividende an ausländische Partner gegangen sind. Der Kritiker hätte sich allerdings gewünscht, dass die Wertschöpfung in Österreich geblieben wäre.

Seither wird an einer gesetzlichen Regelung zur Garantie einer ausreichenden Zahl von Postämtern bzw. Postpartner gebastelt, wobei sogar die Kirche als Postpartner ins Spiel gebracht wurde. Letzteres veranlasste sarkastische Leserbriefschreiber zu der Frage, wo nun Mitbürger muslimischen Glaubens ihre Briefe aufgeben oder Postsendungen abholen würden. Soviel zur Theorie. Die Praxis sieht, wie man weiteren Leserbriefen entnehmen kann, meist anders aus. »*Das Postamt an meinem Arbeitsort hat schon vor ein paar Jahren geschlossen. Der Postpartner hat vormittags nur von acht bis zwölf geöffnet, unsere Bürozeiten sind aber von sieben bis eins. Wie soll ich da die Firmenpost aufgeben? Der Postpartner hat schon gewechselt, in dieser Zeit war überhaupt geschlossen ...*«, so oder ähnlich lauten die Klagen vieler Postkunden. Fakt ist jedenfalls: Am 10. Juli 2009 haben die Postämter in Salzburg-Mülln und in Salzburg-Kasern endgültig ihre Pforten geschlossen.

Mitbürger, deren lauten Gesprächen ich in Restaurants unfreiwillig gelauscht habe, äußerten sich diesbezüglich weniger zurückhaltend als besagter Wirtschaftsbund-Funktionär. Sie sprachen von »*Diebstahl von Volksvermögen*«, eine Betrachtungsweise, auf die man im Zusammenhang mit Übertragung von ehemaligem Staatseigentum an nicht selten ausländische Investoren immer wieder stößt.

Ein künstliches Naturgesetz

Auch wenn die Profiteure der Deregulierung mit donnerndem Mediengetöse tagtäglich fordern, dass ihnen noch mehr »Konjunkturpakete« und Marktfreiheit gegeben werden, damit sie die Welt noch schneller auffressen können, denn dies und nur dies schaffe Arbeitsplätze, wächst die Zahl der »Rufer in der Privatisierungswüste«, die darauf hinweisen, welches künstliche Dogma uns mit dem »Naturgesetz zur Privatisierung« vorgebetet wird.

Die Globalisierung ist also *in Wirklichkeit* kein Naturgesetz, wie uns vorgelogen wird (sonst hätte es sie schon früher in dieser Form gegeben), sondern vielmehr eine Amerikanisierung.

Den Privatisierungsfans, die ihren Halbgott der »Laissez-faire-Ökonomie«, den schottischen Ökonomen und Moralphilosophen Adam Smith (1723–1790) zitieren, um ihre Raubritterkultur zu begründen, widersprechen sie entschieden. Sie halten ihnen entgegen, dass gerade der Begründer der klassischen Nationalökonomie – würde er heute leben – ein erbitterter Gegner von globalisierter Privatisierung, Auslagerung und Lohndrückerei wäre. Smith geißelte zu seiner Zeit geheime Absprachen von Unternehmen sowie die Ausbeutung von Arbeitern und Gemeinden. Wenn Markteuphoriker seinen berühmten Satz zitieren, »*Wenn es um mein täglich Brot geht, verlasse ich mich nicht auf die Menschenliebe des Bäckers, sondern auf seine Gewinnsucht*«, so unterlassen sie es tunlichst zu erwähnen, dass Smith stets gefordert hat, der Eigennutz müsse durch eine Rechtsordnung in Schranken gehalten werden.

Nirgends in seinem 900-seitigen Buch »Der Wohlstand der Nationen« deutet Smith auch nur an, dass jene, die bei der Verfolgung ihrer persönlichen Gier besonders hemmungslos vorgehen, dadurch der Gesellschaft nützen würden. Den Gedanken, Unternehmen würden nur existieren, um Geld ohne ethische Beschränkungen zu machen, lehnte Smith stets kategorisch ab. Und vom Verkauf öffentlicher Versorgungseinrichtungen hielt er schon gar nichts, wie der von ihm vor über zweihundert Jahren kreierte Begriff»Common Good« beweist, den man am besten mit»öffentlichem Gut« übersetzen kann:

Für Smith ist ein Gut dann öffentlich, wenn niemand vom Konsum dieses Gutes ausgeschlossen werden darf und es daher von allen Staatsbürgern konsumiert werden kann. Deutlicher gesagt: Alles, was bei privater Herstellung nicht genug Gewinn abwirft, muss eben vom Staat produziert und zur Verfügung gestellt werden. Handelt es sich um ein Naturgut wie Wasser, hat der Staat dafür zu sorgen, dass es zugänglich und erschwinglich ist, am besten kostenlos. Letzteres gilt natürlich auch für Luft, die derzeit noch kostenlos geatmet werden darf. Nichts anderes sagt Professor Hollaender in unseren Tagen.

Etwa zeitgleich mit der Auflösung der Sowjetunion können wir im Sprachgebrauch von Staatsführung und Nachrichtensprechern eine aufschlussreiche Verwandlung beobachten: Während man früher bei Entscheidungen, die Land und Volk betrafen, betont hat, dieses oder jenes sei wichtig für die Kultur Deutschlands oder Österreichs, gut für das Allgemeinwohl der Bevölkerung, hilfreich für die Jugend und die Zukunft des Landes, so ist davon längst nichts mehr zu vernehmen.

Dass es völlig»out« ist, den gesellschaftlichen Zusammenhalt zu betonen (soziale Solidarität war einst ein großes Wort!) oder gar zu erwähnen, eine Maßnahme sei»*moralisch geboten*«, versteht sich fast von selbst. Unentwegt ist heute hingegen die Rede davon, der Wirtschaftsstandort Deutschland oder Österreich würde diese und jene Entscheidung, diese und jene Reform verlangen. Dabei zuckt fast jeder Deutsche und Österreicher zusammen, wenn er das Wort»Reform« vernimmt, denn es ist für viele zum Tarnbegriff für»Verschlechterung für den Bürger« geworden, meist verbunden mit einem neuen Vorrecht für Spekulanten.

Ärgerliche Bürger fragen: Wieso bewahren uns die Politiker, speziell die sozialistischen Politiker nicht vor diesen Belastungen und vor dem galoppierenden Sozialabbau? Warum beschützen sie uns nicht vor den Gefahren hemmungsloser Raffgier? Hängt es vielleicht damit zusammen, dass so mancher Volksvertreter nach seinem Abgang aus der Politik zumeist noch höher dotierte Positionen in der Wirtschaft zu bekleiden pflegt, ungeachtet seiner Qualifikation oder Nicht-Qualifikation?

»Dank« der EU läuft dieser Prozess anscheinend immer schneller ab. In Brüssel werden Gesetze gemacht, die von den finanzstarken Lobbyisten gefordert werden. Lobbyismus ist übrigens nicht verboten, sondern ein offiziell eingestandener Begriff der EU. Manche sagen unumwunden: In Brüssel beschließen von Firmen gekaufte Politiker die Veräußerung von Staats- und Volksbesitz an diese Firmen. Natürlich zu Schleuderpreisen.

Unsere Infrastruktur, unsere Häuser, unsere Bildungseinrichtungen, unser kulturelles Erbe, unsere Errungenschaften sowie unser Vermögen – nur verwaltet vom Staat, nicht dessen Eigentum – alles wird verkauft, nicht selten verramscht. Liberalisierung ist die Devise, man denke nur an das internationale GATS-Abkommen, das die Privatisierung *sämtlicher* Dienstleistungen anstrebt.

Wer glaubt, dass man nicht alles und jedes privatwirtschaftlich führen kann, weiß wohl nicht, dass beispielsweise ein »nationales Denkmal«, der traditionsreiche Touristenmagnet Schloss Schönbrunn in Wien – samt seinen Gärten von der UNESCO zum Weltkulturerbe ernannt – eine »Kultur- und Betriebsgesellschaft mit beschränkter Haftung« geworden ist. Oder, dass manche Wiener Straßenbahnen, Posteinrichtungen, Postbusse oder Verschubanlagen im Zuge von Cross-Border-Leasing (CBL) amerikanischen Unternehmen gehören, ebenso wie Teile des Wiener Kanalnetzes oder vieler österreichischer Autobahnen. Während man laut eines Fernsehberichtes in Wien diesbezüglich wieder zurückgerudert ist, musste man im Frühjahr 2009 bei einem großen Tiroler Stromkonzern, der das bei weitem größte Geschäft dieser Art in Österreich abgeschlossen hat, um das an den US-Investor verpfändete Eigentum zittern und sogar befürchten, es wieder zurückkaufen zu müssen. Als besondere Finesse bei dieser Art von »Geldgenerierung« empfinden die Kritiker den Umstand, dass in den – meist streng geheimen und im Ausland deponierten – CBL-Verträgen nicht selten festgehalten sein soll, der Verpfänder müsse den fernen Besitzer des vormals öffentlichen Eigentums mit einer Garantie gegen Verluste absichern.

Für Parks und Staatsforste sollen Eintrittsgelder erhoben werden. Es soll nichts, absolut nichts mehr geben, das dem Zugriff multinationaler Gesellschaften entzogen ist, keinen Platz mehr, an dem man kostenfrei atmen und sich aufhalten kann.

Aufbauend auf dem bisher Erörterten sind manche überzeugt: Die ganze Welt ist ein Kriegsschauplatz, in dem es primär um jenes Wundermittel geht, das Herrscher zu Narren und Narren zu Herrschern macht: Ums liebe Geld – Objekt der Begierde und unschlagbare Waffe in einem …

Teil IV

Die Kapital-Front

»Kassiere und herrsche!«

»Oktober, einer der gefährlichsten Monate für Börsenspekulationen.
Die anderen sind Juli, Januar, April, September,
November, Mai, März, Juni, Dezember, August und Februar.«

Mark Twain

»Blissfull Ignorance«

Im Englischen gibt es den schwer zu übersetzenden Begriff »blissfull ignorance«, der die Mentalität des Zivilisationsbürgers trefflich beschreibt: Wonnigliche Ignoranz. So unerfreulich es klingt, aber es ist wahr und lässt sich in einem etwas grotesken Satz am besten ausdrücken: »In Wirklichkeit wollen wir die Wirklichkeit nicht wirklich wissen.«

Der Grund dafür, warum wir solche Schwierigkeiten haben, uns mit der Realität zu befassen, liegt in unserer von Mythen geprägten Stammesgeschichte. Wir ziehen es vor, an den Mythos zu glauben, dass Tausende von Jahren der menschlichen sozialen Entwicklung endlich das ideale Wirtschaftssystem perfektioniert haben, anstatt der Tatsache ins Auge zu blicken, dass wir auf ein falsches Konzept hereingefallen sind.

Wir haben uns eingeredet, jedes Wirtschaftswachstum würde der Menschheit nützen und dass der Nutzen umso größer ist, je größer das Wachstum ist. »Ohne Wachstum kein Fortschritt und keine Arbeitsplätze!«, so tönen ständig Politik und Medien. Ein völliger Irrsinn, der eigentlich jedem einsichtig sein müsste, da klarerweise in einem endlichen System wie der Erde nichts ewig wachsen kann. Dieses simple Faktum macht allen, die noch nicht gehirngewaschen sind, klar: Bei der unanfechtbaren Forderung nach Wirtschaftswachstum handelt es sich nicht um ein Prinzip nüchterner Ökonomie, sondern um ein pseudoreligiöses *Glaubensbekenntnis.*

Exponentielles Wachstum lässt sich berechnen. Die jeweiligen Folgen entziehen sich aber offensichtlich der Vorstellungskraft, wie ein, wenn auch rein theoretisches, Beispiel demonstriert: Kann man einen gängigen Din-A4-Papierbogen 40 mal falten? Spontan würde man sagen »Ja«. Falten wir ihn einmal, so liegt er doppelt. Beim zweiten Mal Falten liegt er vierfach, beim dritten Mal achtfach, beim vierten Mal 16-fach usw. Beim 42. Falten wäre der Papierberg bereits 439 896 Kilometer dick, also bereits jenseits des Mondes, der bekanntlich 384 000 Kilometer von der Erde entfernt ist. Natürlich geht das nicht wirklich, aber es zeigt die verheerende Dynamik.

Dessen ungeachtet wird uns dauernd eingeredet, dass jene, die das wirtschaftliche Wachstum anheizen, gepriesen und belohnt werden sollten, während die sprichwörtliche »breite Masse« zur Ausbeutung vorgesehen ist. Frischfröhlich und mit dem Segen der Politik wird auf Teufel komm raus rationalisiert, entlassen und die Produktion in immer fernere und immer billigere Länder verlegt, in denen Sklavenarbeit offen an der Tagesordnung ist. Es ist ein ebenso kurioses wie erschreckendes Zeichen einer europäischen Gesellschaft, die vor dem Abgrund erst einmal Kopf steht, dass mittlerweile sozialdemokratische, früher sozialistische Parteien die Demontage des sozialen Netzes mittragen.

Die besitzende Klasse ist außer Rand und Band. 90 Prozent des Weltkapitals befindet sich in den Händen von fünf Prozent der Weltbevölkerung. Karl Marx (1818–1883) meinte, es sei ein größeres Verbrechen, eine Bank zu gründen, als eine zu berauben. In Anbetracht dessen, was in den letzten Jahren und Jahrzehnten auf und hinter der Weltbühne vor sich ging, sehe ich mich immer häufiger veranlasst, diesen Kapitalismuskritiker aus fernen Tagen zu zitieren, ohne deswegen ein Marxist zu sein.

Weltweit hat sich die Korruption in obersten Firmenetagen, in Parteien und Ämtern fast schon wie eine harmlose Selbstverständlichkeit etabliert. Ähnlich könnten die letzten Tage des dekadenten Roms ausgesehen haben.

Dagobert Duck ist ein Wohltäter

Wen diese Formulierung wundert, der wisse: Der Onkel von Donald Duck ist unbestritten die reichste Person (Ente) der Welt und extrem geizig. Da er immer bestrebt ist, seinen Geldspeicher weiter zu füllen, ist er ein beispielhafter Unternehmer der *Real*wirtschaft. Finanzblasen sind nicht seine Sache. Zudem ist er im Grunde seines Wesens herzensgut und vollbringt so manche Tat der Nächstenliebe – wenn auch geheim, da es ihm peinlich ist. Die »neuen menschlichen Dagobert Ducks« sind aus einem anderen Holz geschnitzt. Nächstenliebe ist ihnen fremd und das ist ihnen keineswegs peinlich.

Nach dem Zweiten Weltkrieg entstand in Deutschland und Österreich die »soziale Marktwirtschaft«. Die Reichen waren vermögend, die Armen waren es nicht, aber sie litten keinen Hunger. Der großen Masse des Volkes ging es gut, und das mehrere Jahrzehnte lang. So konnte es nicht weitergehen.

Als die UdSSR kollabierte, wurde die totale Liberalisierung/Deregulierung/Privatisierung unter dem Verweis auf das »Naturgesetz« der Globalisierung ausgerufen. Ein Naturgesetz, das bis dahin nur in den USA gegolten hatte. Dort war der Abbau der Mittelschicht, der einst 85 Prozent der Bevölkerung angehört hatten, in vollem Gange. Heute gehören die meisten US-Bürger einer Unterschicht an, wie es sie früher nicht gegeben hat und bei uns (noch) nicht gibt: der Unterschicht der »working poor«. Sie malochen Vollzeit, sind aber oft obdachlos. Die Zahl derer, die nach der Arbeit die Nacht in einer karitativen Notunterkunft verbringen müssen – nicht selten mit Kind und Kegel – ist erschreckend und steigt stetig. Ebenso wie die der US-Bürger, die in ihren PKWs »wohnen«. Werktätige am Fließband oder Bedienungskräfte in Imbissstuben tragen Windeln, weil der Toilettenbesuch »Zeitdiebstahl« ist (kein schlechter Witz).

Es gibt einen Satz, den amerikanische Angestellte fürchten wie die Pest oder die Cholera. Er lautet: »You have thirty minutes!« Mit diesen dürren Worten wird selbst Mitarbeitern, die jahrzehntelang treue Dienste geleistet haben und nicht selten rund um die Uhr für ein Unternehmen verfügbar waren, mitgeteilt, dass sie ihren Arbeitsplatz innerhalb einer halben Stunde zu räumen haben. Abfindung oder Kündigungsfrist, wie sie in Europa (noch) selbstverständlich sind, gibt es in den USA nicht. Man wird gefeuert und geht. Und zwar sofort.

Dass unsere »Eliten« offenbar von diesem »Erfolgsmodell« begeistert sind und emsig daran arbeiten, es auch in der »Alten Welt« einzuführen, wollen aufmerksame Beobachter unter anderem an dem Wuchern heimlicher Überwachungs- und Sicherheitstechnologie im öffentlichen wie auch im wirtschaftlichen Bereich festgestellt haben. Da prügelnde Polizisten mit herabgelassenen Visieren und mannshohen Schilden nicht gut ins Bild des offiziell ausgerufenen liberaldemokratischen Staates passen, befleißigt man sich mannigfaltiger mehr oder minder diskreter Methoden. Der ehemals freie Zugang zu Firmengebäuden und die Bewegungsfreiheit im Innern dieser Gebäude wird immer stärker elektronisch überwacht und immer strenger geregelt. Das hat seinen guten Grund, denn die Wirtschaft ist sich darüber im Klaren, dass sie im Zuge ihres »Gesundungsprozesses« noch eine Reihe von Mitarbeitern entfernen muss. Das sei nur am Rande angemerkt.

Damit Sie sich ein Bild von dem mittlerweile viel zitieren »Finanz-Tsunami« machen können, den »die da oben« uns allen eingebrockt haben, der die geschilderten US-Zustände weiter verstärkt und in die Welt exportiert, nur soviel: Derzeit sollen Derivate im Wert von 600 bis 700 Billionen Dollar um die Welt vagabundieren. Diese für niemanden mehr konkret erfassbare Summe ist das sieben- bis achtfache Bruttosozialprodukt sämtlicher Staaten unseres Planeten Erde.

Sie werden mit dem eher der Chemie zugeordneten Begriff »Derivat« vielleicht nicht allzu viel anfangen können. Kurz gesagt, sind Derivate im Kern nur verbriefte Kredite an Emittenten. Geht der Emittent pleite, verliert der Besitzer seinen kompletten Einsatz. Nun stellen aber Derivate peinlicherweise in ihrer Mehrzahl die Basis für Pensions-, Lebensversicherungs- und Rentenzusagen dar. Seit Ausbruch der Krise sind Pensions- und Hedgefonds, Banken und Versicherer eifrig bemüht, Abnehmer zu finden. Da diese aber immer weniger werden, verfallen die Derivate – und mit ihnen Sicherheiten aller Art – in hoher Geschwindigkeit. Dabei hatte alles doch so vielversprechend begonnen.

Der Vorteil der Verbriefung von Kreditforderungen für die ausstellende Bank war, dass sie den Kredit oder die Hypothek nehmen und dann unverzüglich an einen Verbriefer, auch Zeichner genannt, verkaufen konnte, der Hunderte oder Tausende solcher Kredite zu einem neuen forderungsbesicherten Wertpapier bündelte.

Die Kreditbanken mussten einen Hypothekenkredit nicht mehr wie bisher 20 bis 30 Jahre lang in ihren Büchern führen. Stattdessen konnten sie ihn zu einem Rabatt verkaufen und das Geld für die nächste Runde der Kreditausstellung verwenden. Besser noch: Die Kreditbank musste sich nicht länger darüber Sorgen machen, ob der Kredit jemals zurückbezahlt werden würde. Die Banken verkauften die Kredite zur Verbriefung an die Wall Street. Das schiere Kreditvolumen und der Weiterverkauf erbrachten Profite in astronomischen Ausmaßen. Dass gleichzeitig die Welt des traditionellen Bankwesens auf den Kopf gestellt wurde, fiel kaum ins Gewicht.

Bald wurde es normal, dass die Banken ihre Hypothekenkreditvergabe freien Maklern übertrugen. Da die Hypothekenkreditgeber den Maklern Bonusanreize gewährten, damit diese eine größere Menge von Kreditverträgen einbrachten, wurde Hinz und Kunz der Häuserkauf auf Pump in leuchtenden Farben ausgemalt. Etwaige Sorgen des Kreditnehmers wurden durch den Hinweis auf das Wachstum des Immobilienwertes – aufgrund der von den Banken erzeugten Finanzblase – zerstreut. Fachleute bezeichneten die Blase als normal und behaupteten, man könne sich darauf verlassen, dass alles so weitergehe. All dies wurde von den Banken gefördert, die Schwärme von Beratern, die man hierzulande vielleicht als Vertreter (oder Drücker) bezeichnen würde, zu den Hypothekenmaklern schickten. Diese Berater berieten die Makler, wie sie vorgehen sollten. Anstatt die Kreditnehmer auf ihre Kreditwürdigkeit zu überprüfen, verließen sich die Makler meist auf Online-Kredit-Fragebögen, vergleichbar mit Anträgen für eine Kredit-Karte, bei denen keine Nachprüfung erfolgt.

Da eine Bank nicht mehr auf die Bonität eines Kreditnehmers achten musste, stellten viele US-Banken sogenannte»Lügenkredite« aus, um das Kreditvolumen und die Umsätze zu erhöhen. Ob jemand in Bezug auf seine Kreditwürdigkeit und sein Einkommen log, um sein Traumhaus zu bekommen, spielte keine Rolle, denn das Hypothekenrisiko wurde nicht selten sofort nach Vertragsunterzeichnung weiterverkauft. Ein klassischer Fall von»Genuss ohne Reue« für die Banken, nicht aber für die mit steigenden Zinssätzen zahlungsunfähig gewordenen Nehmer von Subprime-Krediten (faulen Krediten). Mittlerweile sollen über 20 Prozent der amerikanischen Haushalte als Subprime eingestuft werden.

Hausbesitzer stehen plötzlich auf der Straße und Pensionisten vor dem Nichts. Ruhig schlafen können hingegen die Banker. Ebenso wie Manager, deren einziges Anliegen es ist, Entlassungen im großen Stil durchzuziehen, reichen Aktionären Dividenden in astronomischer Höhe auszuzahlen und dabei zusätzlich Prozente einzusacken, sind sie auf der sicheren Seite.

Jene, die Amerika an den Rand des Abgrundes (oder weiter?) geführt und dem Rest der Welt gravierende Schwierigkeiten besorgt haben, cashen voll ab. Einer der Bankrottbankmanager kassierte 8000 Dollar in der Stunde. Ein anderer erhielt mehr als sämtliche Lehrer von New York in vier Jahren zusammen. Es ist kaum verwunderlich, dass diese»Fachleute« nicht nur Privatjets, sondern auch Privatflugplätze besitzen. Nicht wenige haben auf ihren riesigen Anwesen zig Garagen und sogar Tankstellen.

Besonders angenehm ist sicherlich der Umstand, dass Geldmanager im Gegensatz zu Unternehmern in der Realwirtschaft (wie Dagobert Duck) völlig risikofrei arbeiten. Bei größtmöglichem Versagen schnürt der Staat ein Rettungspaket. Für die Versager gibt es einen Geldregen. Wir alle kennen die zahlreichen Fälle, in denen Managern der Abschied mit Millionenbeträgen versüßt wird, ungeachtet der von ihnen verursachten Megaverluste. Diese »Sitte« führt schon seit langem zu Groll in der Bevölkerung, die nicht verstehen kann, welches »Risiko« und welche »Verantwortung« speziell Manager in staatsnahen Betrieben eigentlich haben, dass sie dermaßen nobel abgegolten werden müssen. Die kleine Frau und der kleine Mann haben eine ganz konkrete Vorstellung, wie die dauernd im Munde geführte Verantwortung schlagend werden sollte: Zugriff auf das persönliche Vermögen der Versager und – wenn schuldhaftes Verhalten vorliegt – Gefängnis. Unter Umständen auch für all jene, die den Versagern derartige Verträge gegeben haben ...

Was man allein mit diesen »goldenen Handshakes« an Sinnvollem hätte bewirken können, sei der Phantasie der Leserin/des Lesers überlassen (von den verpulverten Unsummen will ich gar nicht reden).

LTCM – Vorbote des Desasters

Den meisten ist heute eine Krise aus dem Jahr 1998 kaum mehr in Erinnerung, die damals schon vorexerziert hat, wovon heute jeder spricht: Im September 1998 hatte dem weltweiten Finanzsystem mit dem Platzen des Hedgefonds »Long Term Capital Management« (LTCM) in Greenwich, US-Bundesstaat Connecticut, ein veritabler Zusammenbruch gedroht. Nur die Intervention der (privaten) Notenbank »Federal Reserve« verhinderte einen globalen Crash.

Das Desaster war durch ein Ereignis ausgelöst worden, das die reichlich vorhandenen Fachleute bei LTCM völlig überraschte: Diese hatten aufgrund früherer Erfahrungen eine leichte Kursschwankung bei den ausländischen Währungen und Obligationen prognostiziert. Als Russland erklärte, dass es den Rubel abwerten und seinen Verpflichtungen in Bezug auf die staatlichen Obligationen nicht nachkommen würde, ging dem LTCM-Hedgefonds praktisch die Luft aus.

Anfang 1998 verfügte LTCM über ein Kapital von 4,8 Milliarden Dollar und ein Portefeuille von 200 Milliarden Dollar, die von allen größeren amerikanischen und europäischen Banken geborgt worden waren, da sie sich ungeheure Gewinne versprachen. Das waren dieselben Banken, die knapp ein Jahrzehnt später im Zentrum der Verbriefungskrise von 2007 stehen sollten. Bei einer Pressekonferenz zu jener Zeit versuchte der US-

Finanzminister abzuwiegeln, indem er erklärte, LTCM wäre ein isolierter Einzelfall.

Eine Pikanterie setzt der LTCM-Affäre die Krone auf: Zu den wichtigsten Akteuren des Fonds gehörten zwei herausragende Finanzexperten, die 1997, also ein Jahr vor dem Kollaps, den Nobelpreis für Wirtschaftswissenschaften für ihre Arbeit über Derivate erhalten hatten – Spezialgebiet »Einschätzung von Risikokapital«.

Damals zeigte sich bereits, was heutzutage mit der Verbriefung von Kreditforderungen von zig Billionen Dollar falsch läuft. Dessen ungeachtet waren die Lektionen aus der LTCM-Krise innerhalb von Wochen vergessen. Laut Meldungen wurde der Regierungsbehörde »Commodity Futures Trading Commission« (CFTC), die den Handel mit Derivaten offiziell überwacht, sogar untersagt, die Regulierung von Derivaten zu verschärfen, um die Industrie nicht zu behindern (mit »Industrie« waren offenbar die großen Banken gemeint).

Zur Ablehnung einer regulierenden Aufsicht der hochriskanten neuen und immer exotischer werdenden Finanzinstrumente gesellte sich 1999 unter Clinton die endgültige Abschaffung des 1933 eingeführten »Glass-Steagall-Gesetzes«, das die mit Wertpapieren handelnden Banken streng von den kommerziellen Kreditbanken trennte.

Seit dieses legale Hindernis aus dem Weg geräumt war, konnten die Banken plötzlich auch in das risikobehaftete Investment-Banking einsteigen und eine Vielzahl 100-prozentiger Tochterfirmen gründen, um das boomende Geschäft mit den Wohnungsbau-Hypotheken zu bedienen.

Da bilanzunwirksame Transaktionen (beispielsweise Derivate und Verbriefung) bei der »Basel-I-Eigenkapitalvereinbarung« nicht berücksichtigt wurden, die die Banken verpflichtete, acht Prozent eines normalen Handelskredites als Reserve für einen möglichen zukünftigen Kreditverzug zurückzulegen, konnte sich der neue Goldrausch ungehemmt entfalten.

Fazit ist: Je mehr die Immobilienpreise fallen und je mehr die Hypotheken mit höheren Zinssätzen belastet werden, desto höher wird die Arbeitslosigkeit in den gesamten USA. Dieser Teufelskreis hat eine Abwärtsspirale der Preise für Wirtschaftsgüter in vielen Teilen der Welt in Gang gesetzt und damit einen Schneeballeffekt in Bezug auf Arbeitsplatzverluste, Kreditkartenverzug und eine weitere Fundamentalkrise im riesigen Markt für verbriefte Kreditkartenschulden. Das Bemerkenswerte an dem Desaster ist, dass es in der amerikanischen Geschichte niemals eine Krise diesen Ausmaßes gegeben hat, in die ein so großer Teil des gesamten US-Finanzsystems verwickelt ist.

Ein weiterer Indikator, der auf den Zerfall *dieses* Kapitalsystems hinweist, ist die galoppierende Inflation, die mit raffinierten Tricks versteckt wird.

Sie ist weiter gediehen, als man dem Europäer von Staats wegen glauben macht. Der viel zitierte »Warenkorb« ist ein wahres Lügensammelsurium. Wichtige Güter des Lebens, die im Preis stark gestiegen sind, befinden sich außerhalb des fiktiven Korbs oder sie werden durch statistische Tricks günstiger dargestellt. Den meisten US-Bürgern bräuchte man diesbezüglich gar nichts vorzumachen, denn erstens glauben sie amtlichen Statistiken sowieso nicht und zweitens interessieren sie sich auch gar nicht dafür. Jetzt noch weniger als früher, weil sie ihr geliebtes »Shoppen« reduzieren müssen und ihre Häuser nicht länger finanzieren können.

Womit allerdings nicht gesagt ist, dass es den Raubtierkapitalisten an den Kragen ginge. Die werden sich schon zu helfen wissen, davon sind resignierende Zeitgenossen überzeugt. Manche haben sogar ein mehr als heftiges Beispiel parat, wie ihrer Ansicht nach vorgegangen wurde, damit sich wenigstens ein Teil der Hypothekarkrise elegant »in Rauch auflöst.«

Feuriges Krisenmanagement?

Vom Standpunkt der reinen Ökonomie aus gesehen gab es keinen Ausweg: Der Dollar würde fallen, die Rezession war unvermeidlich. Dass asiatische Banker sich schlagartig entschließen könnten, ihre Dollarberge in den Kauf einiger Millionen leerstehender, oft auch vandalisierter Häuser in Kalifornien oder Florida zu investieren, war nicht zu erwarten. Was also tun?

Wir erinnern uns an die verheerenden Brände in Kalifornien vom Herbst 2007, nicht allzu lang nach dem Ausbruch der Krise. Nun ist es so, dass in den ganzen Vereinigten Staaten mehrere Millionen Häuser zu viel herumstehen, die im letzten Boom errichtet wurden. Angesichts dessen wäre jedes vom Feuer verschlungene Haus ein gutes Objekt, weil es den Angebotsüberschuss verringert. Hand in Hand damit sind die betroffenen Hausbesitzer ihr Hypothekenproblem los – schließlich sind die Häuser versichert. Erfolgt die Schadensregulierung auf der Grundlage der aktuellen Marktwerte, wird aber erst ein paar Monate später ausbezahlt, sind die Hauspreise bis dahin so gefallen, dass man ein fast genauso großes und schönes Haus wie das abgebrannte für den halben Preis erstehen kann. Draufzahlen müssten rein theoretisch die amerikanischen Versicherungen, de facto aber nicht. Da im vorliegenden Fall ein Großschaden vorliegt, muss ein guter Teil der Schadenssumme von den Rückversicherern übernommen werden. Und die wiederum sind nicht selten außerhalb der USA angesiedelt, in Deutschland und in der Schweiz. Die einzige große amerikanische Rückversicherung gehört zum Imperium eines Giga-Investors, von dem man nicht genau weiß, ob ihm der Titel »Reichster Mann der Welt« gebührt oder nicht. Was man hingegen zu wissen glaubt, ist der Umstand, dass er von den Dutzenden Milliarden Dollars, die er zu investieren pflegt, keinen Cent in schlechten Subprime-Hypotheken angelegt hat.

Vorbild für eine solche »Entschuldung«, so sie in der Form stattgefunden hat, was ich keineswegs behaupten will, könnte nach Ansicht von Verschwörungstheoretikern der »terroristische Abriss« der asbestverseuchten desolaten Türme des WTC am 11. September 2001 sein. Auch damals musste die astronomische Versicherungssumme von einer deutschen Versicherung berappt werden.

Vor den Waldbränden hatten die Rückversicherer naiv gedacht, sie hätten mit der Kreditkrise gar nichts zu tun. Kleiner Irrtum. Die rein theoretische finanzielle Logik hinter den feurigen Verwüstungen ist jedenfalls bestechend. Manche finden sie nicht einmal besonders erschreckend. Schließlich hat man sich mittlerweile schon daran gewöhnt, dass mit Bomben und Granaten »Wirtschaftspolitik« gemacht wird – wenn auch als Demokratieschaffung, Bewahrung von Menschenrechten, humanitäre Intervention etc. deklariert – und dass man buchstäblich aus *allem und jedem* Geld herausholen kann und das auch tut …

»Spekulationsobjekt Erde«

Eine Satire aus dem Internet zeigt auf sarkastische Weise, wie ein von der Leine gelassener Kapitalismus wirklich funktioniert:

- Die OPEC-Länder steigern ihre Produktion: *Der Benzinpreis steigt.* Dies ist auf grundlegende ökonomische Gesetze unserer Marktwirtschaft zurückzuführen: Die gestiegene Nachfrage nach Tankerkapazität verteuert die Frachtraten überproportional.
- Die OPEC-Länder drosseln ihre Produktion: *Der Benzinpreis steigt.* Das ist ökonomisch bedingt: Das Angebot sinkt bei gleichbleibender Nachfrage, damit wird die Ware teurer.
- Im Nahen Osten herrscht Waffenruhe: *Der Benzinpreis steigt.* Die Ruhe ist trügerisch, die Lager werden vorsorglich aufgefüllt. Die zusätzliche Nachfrage erhöht den Marktpreis.
- Im Nahen Osten wird gekämpft: *Der Benzinpreis steigt.* Hamsterkäufe erhöhen die Nachfrage und damit den Marktpreis.
- Die Verbraucher sparen: *Der Benzinpreis steigt.* Der Minderverbrauch be-

wirkt, dass die Raffinerien weit unterhalb ihrer Kapazität produzieren müssen. Dies erhöht den Einheitspreis (Kosten pro Liter), den in einer Marktwirtschaft die Konsumenten zu tragen haben.

- Die Verbraucher sparen nicht: *Der Benzinpreis steigt.* Die Ölgesellschaften erfüllen eine lebenswichtige Funktion in der Marktwirtschaft. Durch Preiserhöhungen wirken sie einer noch größeren Abhängigkeit vom Erdöl entgegen.
- Die Verbraucher weichen auf Substitute aus: *Der Benzinpreis steigt.* Die Verbundproduktion der verschiedenen Erdöl-Derivate kommt durcheinander. Das erhöht die Kosten pro Liter.
- Der Rhein führt Hochwasser: *Der Benzinpreis steigt.* Die Versorgungslage wird prekär. Vorsorgebestellungen erhöhen die Nachfrage und damit logischerweise den Marktpreis.
- Der Rhein führt Niedrigwasser: *Der Benzinpreis steigt.* Die Schiffe können nur zu einem Drittel ihrer Kapazität beladen werden. Die dadurch erhöhte Fracht pro Tonne Ladegut verteuert die Ware.
- Der Rhein führt Normalwasser: *Der Benzinpreis steigt.* Kaum 25 Prozent des eingeführten Benzins erreichen Deutschland auf dem Wasserweg. Für die Kalkulation spielt daher die Situation auf dem Rhein eine geringe Rolle.
- Der Dollarkurs steigt: *Der Benzinpreis steigt.* Alle Erdöl-Kontakte werden in Dollar abgerechnet. Die Konsequenzen für den Preis in Euro liegen auf der Hand. In einer freien Marktwirtschaft wirken sich alle Änderungen sehr schnell aus.
- Der Dollarkurs sinkt: *Der Benzinpreis steigt.* Längst nicht alle Abschlüsse auf dem für Deutschland maßgebenden Spotmarkt in Rotterdam werden in Dollar abgewickelt. Im Übrigen dauert es immer eine gewisse Zeit, bis sich Änderungen beim Verbraucher auswirken.
- Die Lager sind randvoll: *Der Benzinpreis steigt.* Große Lagerbestände drücken auf die Gewinnmarge. Die Filialen der großen Erdölkonzerne leisten freiwillig einen unschätzbaren Beitrag zur Landesversorgung in Notzeiten. In einer freien Marktwirtschaft ist es nur natürlich, dass sich die Konsumenten an den hohen Kosten dafür beteiligen.
- Die Lager sind leer: *Der Benzinpreis steigt.* Die hohen Lagerverluste wurden bisher stets von den Erdölgesellschaften zu Lasten ihrer Erfolgsrechnung getragen. Das ist nicht mehr länger möglich.
- Der durchschnittliche Reingewinn der großen Erdölkonzerne ist gegenüber dem Vorjahr um 380 Prozent gestiegen: *Der Benzinpreis steigt.* Die Zahlen ergeben ein unvollständiges Bild. Im Benzingeschäft allein sieht die Lage schlecht aus. Vereinzelt entstanden sogar Verluste, die von den anderen Abteilungen getragen werden mussten.
- Der durchschnittliche Reingewinn der großen Erdölkonzerne ist gegenüber dem Vorjahr kaum gestiegen: *Der Benzinpreis steigt.* In einer freien

Marktwirtschaft kann ein Produzent nur mit einer angemessenen Umsatz-Marge existieren.

- Ein OPEC-Mitglied stoppt sämtliche Exporte: *Der Benzinpreis steigt.* Das Angebot auf dem Weltmarkt hat sich verringert. Die Preise reagieren entsprechend.
- Ein OPEC-Mitglied nimmt seine Ausfuhren wieder auf: *Der Benzinpreis steigt.* Die seither eingetretene Inflation wurde entgegen den Gesetzen einer freien Marktwirtschaft von den Konzernen aufgefangen. Das kann nicht ewig so weitergehen.
- Neue Erdölvorkommen werden entdeckt: *Der Benzinpreis steigt.* Es gibt viel zu tun, packen wir's an. Um die Versorgung in der Zukunft zu sichern, müssen heute gewaltige Investitionen getätigt werden. Die Produktionskosten werden ständig höher.
- Bisher ergiebige Ölfelder erschöpfen sich: *Der Benzinpreis steigt.* Es wird immer schwieriger und teurer, der unverminderten Welt-Nachfrage nach Öl gerecht zu werden.
- Zwei Erdölkonzerne fusionieren: *Der Benzinpreis steigt.* Der Zusammenschluss ist ein Signal dafür, dass bei den gegenwärtigen Preisen das Überleben einzelner Gesellschaften nicht mehr gewährleistet ist.
- Zwei Erdölkonzerne fusionieren nicht: *Der Benzinpreis steigt.* Der von den staatlichen Aufsichtsstellen abgelehnte Zusammenschluss verhindert beträchtliche Rationalisierungs-Vorteile. Die Konsequenzen hat der Konsument zu tragen.

Das ist, wie gesagt, eine Satire, allerdings eine der Realität sehr nahekommende, wie das bei Satiren oft der Fall ist. Tatsache ist, man kann nicht nur mit Öl und anderen Energieträgern auf abenteuerliche Weise Gewinne erzielen, sondern mit allem, was sich zu einem Energieträger machen lässt. Damit sind wir bei einer Form der Spekulation, die relativ neu ist aber bereits dramatische Auswirkungen zeigt. Manche Kritiker nennen sie schlichtweg »Mundraub«, andere sprechen ironisch von »Essen auf Rädern neu.« Sie werden sicher schon erraten haben, worum es geht: um Biotreibstoffe.

Ohne den moralischen Aspekt anzusprechen und mich in den Disput darüber einzulassen, ob es vom Standpunkt der Ökonomie sinnvoll ist, Nahrungsmittel durch den Auspuff oder den Schornstein zu jagen, sei nur dargelegt, wie die Situation sich darstellt:

Nachdem der Preis von Reis um über 50 Prozent gestiegen ist, kommt es in ganz Asien seit dem Frühjahr 2008 zu Hungeraufständen. Weltweit sind die Reserven eines der wichtigsten Nahrungsmittel der Welt auf dem niedrigsten Stand seit 30 Jahren. Faktoren, die zur Preisexplosion auf diesem Sektor beitragen, sind steigende Preise für Kraftstoff und Düngemittel und – in letzter Zeit – die drastisch gestiegene Produktion von Biosprit.

Allein durch das gewaltige Ausmaß des Ackerbaus für die Biospritproduktion – vor allem in den USA und in Brasilien – ist der Preis für Nahrungsmittel zum ersten Mal in der Geschichte explizit an den Ölpreis gekoppelt. Damit hört für viele die obige Satire auf, lustig zu sein.

Ein weiterer Grund für die Explosion der Nahrungsmittelpreise wird Sie vielleicht überraschen: Es ist die von den USA ausgehende Krise der zweitklassigen Hypotheken bei Eigenheimen und anderen Immobilien. Für Milliarden Dollars wird weltweit nach handfesten Investitionsmöglichkeiten gesucht, die sich nicht in Luft auflösen können, wie etwa Hypothekenpapiere. Das treibt das Geld in konkrete Güter wie Nahrungsmittel, Silber oder Gold. Dies wiederum lässt die Marktpreise für Reis, Mais, Sojabohnen und Nahrungsmittelgetreide explodieren.

Selbst nicht zur Panik neigende Zeitgenossen fragen:»Kann das ewig so weitergehen? Und wozu führt das alles?«Jedem dürfte klar sein, dass eine solche Entwicklung nicht weitergehen *kann,* ohne dramatische Verwerfungen und Veränderungen zu bewirken.

Die erste Veränderung dürfte in der Auflösung der Nationalstaaten bestehen, die wir bereits registrieren. Unter anderem dadurch, dass Regierungen den Geldbesitzern immer weniger in den Arm fallen können. Das geben sie nicht nur zu, sondern begründen ihre Machtlosigkeit sogar mit dem nicht länger vorhandenen Primat der Politik. Bestimmend seien eben die wirtschaftlichen Gegebenheiten, davor könne man den schlichten Bürger leider nicht schützen, so gerne man es auch täte.

Das ergrimmt immer mehr besagter Bürger, die sich in Leserbriefen, im Internet oder wo immer sonst darüber aufregen, dass der neue (Geld-)Adel unbehelligt vom ohnmächtigen Wahlvolk immer neue Geschäftsfelder erschließen kann, die immer tiefer in unser aller Leben einschneiden, und dass er schrankenlos Spekulationsobjekte aller Art generieren kann. Seine Repräsentanten hat er ja – so der Tenor des Unmutes – bereits überall dort in Stellung gebracht, wo sie seine Interessen mit Erfolg vertreten können.

Ein fruchtbarer Boden für Lobbyisten

Ist Ihnen bekannt, dass Brüssel heute mit über 1000 Lobbygruppen und Hunderten ihnen zuarbeitenden Firmen für Werbung, Finanzierung und juristische Beratung, Dutzenden Think-Tanks der Konzerne wie auch Hunderten Unternehmenszweigstellen mit Washington um den Titel der »Lobbyhauptstadt der Welt« konkurrieren kann? In Brüssel sollen nämlich im Jahr 2008 sage und schreibe 15 000 bis 20 000 Lobbyisten am Werk gewesen sein. Buchstäblich jede Wirtschaftsgruppe oder Branche soll ihre eigene Lobbygruppe haben. Eine einzige der großen Lobbygruppen beschäftigt in Brüssel wahrscheinlich mehr Menschen als alle sozialen und Umweltgruppen zusammen. Ihr wichtigstes Zielobjekt ist die EU-Kommission, denn nur diese kann neue Gesetze entwickeln und sie dem Europaparlament vorschlagen.

Ein weiterer wichtiger Ansprechpartner ist der Ministerrat, der – hinter geschlossenen Türen – das letzte Wort zu allen Vorschlägen der Kommission hat. Und noch bevor sich die Minister versammeln, werden 90 Prozent der Entscheidungen vom Komitee der ständigen Vertreter, bestehend aus den EU-Botschaftern der Mitgliedstaaten, getroffen. Seitdem der Einfluss des Europaparlamentes ansteigt, ist in letzter Zeit auch dieses in einem Ausmaß zu einem Anziehungspunkt für Lobbyisten geworden, das groteske Züge aufweist. So soll sich die Interessenvertretung der Lobbyisten in Brüssel SEAP (»Society of European Affairs Professionals«) im März 2004 veranlasst gesehen haben, in einem Beschwerdebrief an den Präsidenten des Europaparlaments darauf hinzuweisen, es seien nicht genug Sitze und Kopfhörer für die Lobbyisten eingeplant.

Eine Vorstellung davon, wie so manches ablaufen dürfte, kann man aus der kolportierten Aussage eines liberal-demokratischen Europaparlamentariers gewinnen. Er soll gemeint haben, er wäre wegen des Arbeitsdrucks und der Komplexität der im Europaparlament anstehenden Fragen sehr daran interessiert, aus der Industrie spezielle Änderungsvorschläge zu den Gesetzentwürfen zu erhalten. Diese Änderungsvorschläge würde er dem Europaparlament jeweils zur Abstimmung vorlegen. Wie Gerüchte verlauten lassen, werden viele solcher Vorschläge tatsächlich EU-Gesetz.

Einer der größten europäischen Wirtschaftsverbände tritt wenig überraschend für einen flexiblen Arbeitsmarkt innerhalb des Binnenmarkts ein, der von allen physischen, technischen, steuerlichen und sozialen »Verzerrungen« so frei wie möglich sein sollte. Er fordert einen Stopp für alle neuen sozialen Initiativen, und zwar so lange, bis die EU der konkurrenzfähigste Wirtschaftsraum weltweit ist. Seine Lobbytätigkeit beschränkt sich nicht nur auf Brüssel, sondern findet durch seine nationalen Mitgliederverbände auch bei den Regierungen der 25 EU-Staaten statt. Gemeinsam mit dem 1983 gegründeten, sehr einflussreichen »Europäischen Runden Tisch der Industriellen« (»European Round Table of Industrialists«, ERT), über den ich ausführlich in meinem Buch »Gnadenlose Macht« berichtet habe, hatte er sich an führender Stelle dafür eingesetzt, die »Konkurrenzfähigkeit« zum obersten Ziel der EU zu machen. Dies gelang im März 2000, als das Lissabon-Programm die Konkurrenzfähigkeit als zentrales EU-Ziel festschrieb, dem alle anderen politischen Bereiche untergeordnet werden müssen. Zu diesem Zweck setzte sich besagter Unternehmerverband erfolgreich dafür ein, dass ab Frühjahr 2004 sämtliche bestehenden und neuen EU-Maßnahmen im Hinblick auf ihre Auswirkungen auf die Wirtschaft überprüft werden. Dies bedeutet, dass es unmöglich wird, politische Maßnahmen einzuführen, die der Wirtschaft mehr Kosten als Gewinn auferlegen – wie dies in Großbritannien bereits der Fall ist.

Um nicht Seite um Seite mit den immer wieder angeprangerten Einflüssen von Wirtschaftsverbänden, Konzern-Beratergremien, Think-Tanks und anderen Interessengruppen zu füllen, die sich in Brüssel tummeln, ein kurzer Blick darauf, wie manche Steuergelder verwendet werden. Steuergelder, die von den Volksvertretern der Nettozahler pflichtschuldigst – zu treuen Händen – an die EU abgeführt werden.

Lehrreiche Beispiele finden sich unter anderem in der regelmäßigen Kolumne des EU-Abgeordneten Dr. Hans-Peter Martin (Autor des mehr als visionären Bestsellers »Die Globalisierungsfalle«, der viele Jahre nach seinem Erscheinen immer aktueller wird) in Österreichs größter Tageszeitung.

Ich zitiere zwei »Gustostücke«, die besonders für meine Leser in Deutschland von Interesse sein dürften, da dort weit weniger über skandalöse Umtriebe in der EU berichtet wird als in Österreich: Die Ehefrau eines italienischen Politikers soll 400 000 Euro Förderung für ihre Reitschule – konkret für Reitstunden für behinderte Kinder – erhalten haben. Da es aber offenbar nicht genug Kinder dafür gab, sollen »systematisch Unterschriften von Kindern gefälscht« worden sein, wie die bekannte italienische Zeitung »Corriere della Sera« berichtete. Ebenso schamlos unter fast identischem Vorwand soll sich der Ex-Bürgermeister einer spanischen Stadt bedient haben. Seine »Reitschule«, für die er 54 000 Euro EU-Zuschuss erhielt, entpuppte sich bei einer Kontrolle als das Straßenbordell »Siebter Himmel«.

Na ja, seien wir nicht zu streng. Vielleicht sind das nur Einzelfälle. Zudem haben es die Eliten bei ihren vielfältigen Aufgabenstellungen wirklich nicht leicht. Kritiker zweifeln allerdings an der Qualifikation mancher Eliten, nicht zuletzt wegen des rapide ausufernden »Beraterunwesens«, wie das steigende Heranziehen von »Consultants« nicht selten genannt wird.

Wie die legendären Journalisten Dr. Laurence J. Peter und Raymond Hull in ihrem Klassiker »Das Peter-Prinzip« 1969 schlagend bewiesen haben, waren schon damals mit Phantasiegagen bedachte »Spitzenmanager« meist nicht einmal dazu imstande, in einer Brauerei ein Besäufnis zu organisieren. Daran hat sich offensichtlich nichts geändert. Im Gegenteil. Heute sind die meisten der sogenannten »Eliten« kaum in der Lage, auch nur einen ordentlichen Brief zu verfassen, einen PC zu bedienen oder gar eine juristisch korrekte Rechnung zu erstellen.

Was also tun, wenn man mit Milliarden herumjonglieren kann, aber nicht einmal die simpelsten wirtschaftlichen Zusammenhänge versteht? Nichts leichter als das. Man beschäftigt einen Berater, am besten eine ganze Batterie von ihnen. Diese (Un-)Sitte soll laut kolportierter Statistiken in Österreich bereits dazu geführt haben, dass die Regierung mehr für »Consultants« aufwendet, als sie den Sozialversicherungen zuschießt. Wie schon gesagt: kolportierte Statistik. Konkret beziffert wurden jedenfalls im Januar 2009 die Ausgaben für externe Expertenmeinungen in den Jahren 2007 und 2008 mit immerhin 35,2 Millionen Euro.

Ein hochangesehener Unternehmensberater aus Bonn soll über seine Erfahrungen im Umgang mit teuer erstellten Gutachten für die öffentliche Hand so resümiert haben: »Gelesen, gelacht, gelocht«. Diese Formulierung ist auch der Titel einer Filmdokumentation über den Weg, den die allermeisten hochpreisigen, aber wenig beachteten Expertisen zu nehmen scheinen. Für Insider der Beraterbranche ist seit langem klar, dass die Behörden auf Kommunal-, Landes- und Bundesebene nicht einmal wissen, wie viele Gutachten von wem und wozu in Auftrag gegeben werden. Jährlich werden Tausende externe Gutachten zu den unterschiedlichsten Themenkreisen produziert; vor allem, um die Privatisierung öffentlicher Dienstleistungen begründen zu können. Beim letzten Punkt wird es kritisch. Manche finden den finanziellen Aufwand zwar erschreckend, mehr aber noch die möglichen politischen Implikationen. Sie befürchten, die Politik könnte fatale Vorhaben durch externe Beratung absichern und austesten und sich Argumente für ihre Umsetzung liefern lassen.

»Quo vadis, Demokratie?«

Journalisten und Aufdecker, die im Dickicht des Beraterwesens auf Spurensuche gehen, fragen provokant: Warum muss für ein thüringisches 500-Seelen-Dorf eine Studie zum Thema »Gender Mainstreaming in der Dorferneuerung« gemacht werden?

Brisanter erscheint manchen hingegen die Frage, ob es notwendig ist, mehr als eine halbe Milliarde Euro für Berater auszugeben, die das Verteidigungsministerium dabei unterstützen sollen, die Bundeswehr kleiner und schlagkräftiger zu machen. Einige von ihnen verweisen auf einen an die Öffentlichkeit gelangten Bericht des Bundesrechnungshofes über das Berater(un)wesen bei der Bundeswehr. Für die Beratung in einem schweren Verteidigungsfall soll eine eigene Beratungsagentur gegründet worden sein, die sich wiederum von externen Beratern beraten lässt. Der Chef der Bundeswehr-Beratungsagentur soll sogar Schwierigkeiten gehabt haben, klipp und klar zu erklären, worin der pekuniäre Erfolg seiner Beratung eigentlich besteht. Immerhin konnte der Journalist und Produzent der Filmdokumentation »Gelesen, gelacht, gelocht« wenigstens mit dem Mann sprechen. Als er hingegen beim Stammunternehmen in Berlin Außenaufnahmen machen wollte, erschien die Polizei. Auch der Bundesrechnungshof öffnete dem Reporter seine Pforten nicht, obgleich diese Behörde eigentlich im Interesse der Bürger dafür sein müsste, dass eine schonungslose Analyse des Beraterwesens publik werde.

Beratungsunternehmen überlassen nichts dem Zufall. So berichtete das Nachrichtenmagazin »Focus« über ein internes Strategiepapier einer der renommierten Unternehmensberatungen für die »Deutsche Bahn AG«. Die Berater verwiesen auf stetig schwindende Marktmacht des Monopolisten auf Schienen wie auch darauf, dass dieser Negativeffekt durch weitergehende Privatisierungen nur noch verstärkt würde. Als Gegenmaßnahme empfahl man ein »Regulierungsmanagement«. Mit anderen Worten: Der freie Wettbewerb solle »durch die Beeinflussung von Entscheidungsträgern« möglichst blockiert werden. Dazu müsse man erst einmal das Bundeskartellamt, das einer »bahnfreundlichen Ausrichtung der Regulierung« im Wege steht, »ausbremsen«, um eine Terminologie zu verwenden, die dem Objekt der Beratung angemessen ist. Als Möglichkeiten wurden die Forderung nach einer europäischen Bahn-Regulierungsbehörde oder der Ausbau des DB-freundlichen Eisenbahn-Bundesamtes vorgeschlagen. Politische Freunde, sprich: Wettbewerbsgegner, sollten gestützt werden, indem ihnen politische Erfolge beschert würden. Dass für die Bescherung solcher Erfolge ein unglaubliches Sortiment an PR-Methoden zur Verfügung steht, wissen die Leser meiner Bücher. Es kommt meist nur darauf an, wie viel Geld man hineinpumpen kann. Geld, an dem es im vorliegenden Fall wohl nicht mangeln dürfte.

Da ich niemanden in das verfilzte Beraternetzwerk in der »Deutschland AG« hineinführen möchte, nur das nüchterne Statement eines Journalisten bei einer Diskussion: *»Es [das Beraternetzwerk] funktioniert bestens, nur nicht zum Wohle der Volkswirtschaft oder gar des Volkes.«* Politiker werden heute bei Beratern und Lobbyisten (was nicht selten ein und dasselbe ist) vorstellig, während es früher wenigstens noch üblich war, dass die Lobbyisten zu den Politikern gingen.

Was sollen die Volksvertreter auch tun? Die Macht ist ihnen schon längst entglitten. Lobbyisten machen mittlerweise bereits Gesetze (in meinem Buch »Gnadenlose Macht« können Sie sich daran erfreuen, wie das heute über die Bühne geht). Berater beraten sie, wie man den Leuten beibringt, dass sie den Gürtel enger schnallen und die Hosen herunterlassen oder gleich ganz ausziehen müssen – und wie man solches schließlich am elegantesten in die Tat umsetzt. Wie es sich für viele immer deutlicher zeigt, haben Politiker keine Möglichkeit, den jahrzehntelang und noch länger aufgebauten, effektiven Sozialstaat in irgendeiner Form zu verteidigen oder gar zu bewahren.

Den medienwirksam inszenierten Großangriff auf den Sozialstaat, an dem Consultants maßgeblich beteiligt waren, kennt der leidgeprüfte Bürger unter der Bezeichnung »Hartz IV«. Unter dem Schatten dieses Synonyms für staatlich verordnete Verarmung als Folge des »Naturgesetzes« vom völlig freien Markt geht ein Gespenst um, dessen Auftauchen man noch vor wenigen Jahren für absolut unmöglich gehalten hätte. Die Rede ist von der sogenannten »Lebensmittelarmut«. Weniger schönfärberisch ausgedrückt: Überall in Deutschland herrscht Hunger. Manche Trendforscher halten das für einen Vorgeschmack für Zustände, wie sie in anderen EU-Staaten bereits gang und gäbe sind. Und zwar nicht in den zur EU gekommenen Ländern des ehemaligen Ostblocks, sondern speziell im altehrwürdigen ureuropäischen Großbritannien.

Krankenschein gegen verordnete Verarmung

Ein pensionierter Arzt und Psychiater, der in Birmingham in Krankenhäusern und Gefängnissen gearbeitet hatte, hat die sozialen Auswirkungen der hoch gejubelten Globalisierung/Deregulierung/Privatisierung analysiert.

Er untersuchte die Situation von Unterschichtjugendlichen, die – wie ihre als »unabhängig« bezeichneten alleinerziehenden Mütter – von Sozialhilfe leben. Dabei stellte sich Unerwartetes heraus: Die Basis dieser »modernen Form der Unabhängigkeit« ist in England nicht mehr das Arbeitslosengeld, sondern die permanente Krankheit. Denn mit Krankenschein muss man sich nicht mehr um einen Job bemühen. Die Folge davon ist, dass nicht nur die neue Unterschicht, sondern auch viele Ärzte in England die Gesellschaft betrügen. Allerdings in den seltensten Fällen aus Eigennutz, sondern aus Furcht um Leib und Leben.

Laut der besagten Studie sollen nämlich 50 Prozent aller britischen Ärzte in den vorhergegangenen zwölf Monaten mindestens einmal massiv bedroht oder gar tätlich angegriffen worden sein, wenn sie sich weigerten, den begehrten Schein ohne Fragen auszustellen oder es gar ablehnten, eine nicht vorhandene Krankheit zu konstatieren.

Die Sozialhilfeträger (erst aus Not, später aus Vorteil und schließlich aus Gewohnheit) und die von diesen unter Druck gesetzten Ärzte leben in einem permanenten Zustand der Lüge einerseits und der Bedrohung andererseits. Welches Motiv im Einzelfall auch das zutreffende ist: In Großbritannien werden derzeit über eine Million Menschen ständig und dauerhaft krankgeschrieben. Angesichts der bereits fortgeschrittenen Auflösung der europäischen Sozialstandards sind nicht nur Pessimisten, sondern auch nüchterne Realisten absolut überzeugt, dass der »Rest der EU« auch in dieser Entwicklung nach- und gleichziehen wird, all das im Rahmen der vermuteten globalen Strategie im Frontabschnitt »*Übertragung des Volksvermögens von vielen in wenige Hände.*«

Der indische, 1956 geborene Schriftsteller und Historiker Amitav Ghosh hat es schon vor Jahren auf den Punkt gebracht: »*Die Verbindung aus Kapitalismus und Imperium bedeutet ein Programm des permanenten Krieges – jener Vorstellung, an der sich einst die Trotzkisten berauschten und die sich nun jene Neokonservative aufs Neue zu eigen machen, die das Projekt für das neue amerikanische Jahrhundert ersonnen haben. Wenn es diesen Kreisen gelingen sollte, die Welt mit ihrem Programm zu beherrschen, wird es mit den heutigen technischen Möglichkeiten und Waffensystemen noch weniger Schlupflöcher geben als in den großen totalitären Diktaturen des 20. Jahrhunderts.*«

Die Besitzer der Welt

»Wenn ihr weiterhin die Sklaven der Banken
sein wollt und für eure eigene Versklavung
bezahlen wollt, dann lasst die Banken weiterhin
das Geld erschaffen und die Kredite kontrollieren.«

Sir Josiah Stamp
(Von 1928–1941 Direktor der »Bank of England«)

Diese Kapitelüberschrift erinnert nicht grundlos an den Bestseller von Professor Dr. Jean Ziegler, »Die neuen Herrscher der Welt«. Darin erwähnt der 1934 geborene Soziologe (von dem erzählt wird, er habe einmal gemeint, die Endstufe der Globalisierung sei die organisierte Kriminalität) einen Begriff, der Ihnen nicht bekannt sein dürfte: Es ist der *»Konsens von Washington«*. Dabei handelt es sich um ein Bündel informeller Abmachungen, die im Lauf der 1980er- und 1990er-Jahre zwischen den wichtigsten transnationalen Gesellschaften, diversen Wall-Street-Banken, der (privaten) US-Nationalbank »Federal Reserve« (FED) und internationalen Finanzorganisationen (Weltbank, IWF usw.) getroffen worden sein sollen. Zweck dieser Übereinkommen sei schlicht und einfach die Privatisierung der Welt. Dazu der britische »The Economist«: *»Globalisierungsgegner halten den ›Konsens von Washington‹ für eine Verschwörung zur Bereicherung der Banker. Ganz Unrecht haben sie damit nicht.«*

Immer mehr Fachleute kommen zu der Ansicht, dass sich die gesamte Wirtschaftwelt innerhalb der nächsten 10 bis 15 Jahre auf unserer Erde radikal verändern wird. Etwa 1000 internationale Konsortien werden die 20 Schlüsselbranchen untereinander aufteilen. Das wäre dann der »totale globale Konsens«. Der Rest der Großindustrie verfällt bzw. geht in Konkurs und wird häppchenweise geschluckt. Dies wird dann de facto das Ende autarker Staatsgebilde sein.

Nachdem nahezu alle Staaten faktisch bankrott sind, werden die einzelnen in noch größerem Maße als Erfüllungsgehilfen des internationalen Großkapitals fungieren, als es heute schon der Fall ist. Wer meint, dies sei zu schwarzmalerisch, dem wird nicht bekannt sein, dass die internationale Verschuldung heute schon das Bruttosozialprodukt der gesamten Welt bereits um ein Vielfaches übertrifft. Bereits als diese Situation erst im Entstehen war, wurde dem Diktat des Internationalen Währungsfonds (IWF) nachgegeben. Zölle wurden aufgehoben und Subventionen für Nahrungsmittel und Benzin gestrichen. Krankenhäuser, Schulen und Fabriken wurden geschlossen. Ein radikales Beispiel zeigt nach Ansicht von kritischen Analysten, in welche Richtung auch wir in Europa schlussendlich befördert werden sollen.

Das westafrikanische Land Niger gehört zu jenen bettelarmen Staaten im Sahel, die sich den »Strukturanpassungsprogrammen« von Weltbank und Währungsfonds unterwerfen mussten, um weitere Kredite zu erhalten. Sowohl die Bauern als auch die Viehzüchter verarmten rapide, während der Staat gleichzeitig alle Subventionen auf Druck der genannten Organisationen streichen musste. Einheimische beschreiben die Folgen: Früher waren Medikamente in Niger subventioniert. Heute gibt es fast nur noch privat bewirtschaftete Apotheken. Früher gab es staatliche Krankenhäuser, die mehr schlecht als recht funktionierten, gleichwohl zu zivilen Preisen Hilfe boten. Heute ist die medizinische Versorgung in Händen von Privatunternehmern. Früher trieb der Hirte seine Herde einfach in den Busch, wenn die Tiere grasen sollten. Heute ist der Busch der Ackerfläche gewichen, und der Viehzüchter muss Futter beikaufen, das er sich eigentlich gar nicht leisten kann. Weil das so ist, brachte die Verdoppelung der Hirsepreise allein 2007 fast eine Million Menschen um ihr tägliches Essen.

In Europa wird auch auf Biegen und Brechen dereguliert, liberalisiert und privatisiert, werden Unternehmen geschlossen, ausgelagert oder filetiert, geht die Grundversorgung den Bach herunter und was noch mehr der Segnungen der Globalisierung sind. Trotzdem stellt sich die Situation anders, wenn auch nicht im geringsten erfreulicher dar, als auf anderen Kontinenten, deren Bewohner den »Besitzern der Welt« mangels eigener Industrialisierung völlig ausgeliefert sind.

Gegen den Strich gebürstete Analysten vertreten die provokante Theorie, wir würden seit Jahrzehnten nicht über, sondern weit *unter* unseren Verhältnissen leben. Ihrer Ansicht nach resultiert die hohe Staatsverschuldung – aufgrund derer gnadenlos gespart und Volksvermögen verhökert werden muss – in Wirklichkeit aus den jahrzehntelangen Steuergeschenken an Konzerne und Spitzenverdiener. Und entgangene Steuereinnahmen produzieren ab einer gewissen Größenordnung nun einmal Massenarbeitslosigkeit und soziale Verelendung. Wer immer mehr Geld an die Reichen abführt, muss sich nicht wundern, wenn irgendwann Ebbe in der Kasse ist.

Die Genannten widersprechen dem Credo, die Staatsquote – also der Anteil aller Staatsausgaben am gesamten Sozialprodukt – müsse auf bzw. unter 40 Prozent gedrückt werden, damit sich Leistung wieder lohne. Diese Behauptung ist ihrer Ansicht nach völlig willkürlich und ein vollkommener volkswirtschaftlicher Unsinn. Die Staatsquote gibt nämlich nur an, was der Staat umverteilt. Alle, auch staatlich umverteilte, Einkommen landen letztlich in privaten Händen – in der Geldbörse eines Lehrers, einer Krankenschwester oder eines privaten Unternehmers, der für den Staat Straßen oder Flugzeuge baut (natürlich nur, wenn der Unternehmer im Land beheimatet ist und dort Steuern zahlt).

Belassen wir es bei diesen finanz- und wirtschaftspolitischen Erörterungen. Was grundsätzlich aufgezeigt werden sollte, ist Folgendes: Nicht nur Wirrköpfe vertreten die Ansicht, dass so gut wie alles, das wir mit Schrecken in anderen Ländern beobachten und immer näher an uns heranrücken sehen, in dieser Form nicht sein müsste. Es ginge nämlich auch anders. Das wissen die Betreiber dieser Entwicklung natürlich am besten. Und da sie an den Hebeln der Macht und auf den Geldsäcken sitzen dürften, können sie wohl auch dafür sorgen, dass alles so weiterläuft wie bisher.

Fachleute der menschlichen Natur wissen genau, wie man den Homo sapiens dazu bringt, Verschlechterungen zu akzeptieren: Zuerst Furcht und dann totale Kontrolle; das funktioniert. Wer permanent vor Angst schlottert, hat andere Sorgen, als sich zu fragen, ob es nicht vielleicht auch anders gehen könnte.

Für Angst sorgen permanent Terroristen aller Art. Dabei ist es völlig unerheblich, dass in den meisten Fällen gar kein Anschlag stattfindet, sondern fast immer im Planungsstadium entdeckt wird. Selbst wenn sich die Anschuldigungen in Luft auflösen und die Leider-doch-nicht-Terroristen freigelassen werden müssen (wie in London und Madrid) oder sich »im letzten Moment verhinderte Großanschläge« wie jener mit den angeblichen Flüssigsprengstoffen im Sommer 2006 in England als physikalisch undurchführbar erweisen, so spielt das überhaupt keine Rolle. Andernfalls würden Flugpassagiere nicht nach wie vor Parfums, Rasierwasser etc. am Flughafen abgeben müssen, was manche weniger als Schikane ansehen als einen weiteren Schritt dazu, den Bürger an den Überwachungsstaat zu gewöhnen. Und wer sich permanent überwacht weiß, der wird wohl kaum aus der Reihe tanzen.

»Big Brother« – wirksam wie eh und je

*»Ein Staat, in dem alle verdächtig
sind, ist selbst verdächtig.«*

Burkhard Hirsch

Nicht nur Paranoiker gehen heute davon aus, dass die Regierungen und die herrschende Schicht – die nicht identisch sind – mit verstärkten sozialen Unruhen rechnen und ihre Vorbereitungen längst getroffen haben. Darunter ist nicht der sprichwörtliche »Polizist an jeder Straßenecke« zu verstehen, sondern eine technische Überwachungsstruktur, die sowohl die Einrichtungen des Staates als auch der Wirtschaft mit dem Einsatz hochtechnologischer Mittel vor Volkes Zorn schützen soll. Wie es scheint, zeigen die oberen Ränge Misstrauen gegenüber der Mehrheit ihrer Untergebenen und sind bestrebt, soviel wie möglich über Hinz und Kunz zu wissen, um für alle Eventualitäten gerüstet zu sein.

Zu meiner Verblüffung wurde ich 2008 bei der Abgabe eines Überweisungsträgers in einem der Postämter (wenn man sie noch so nennen kann) nach meinem Geburtsdatum und Geburtsort gefragt. Auf mein Erstaunen wurde mir ein Informationsblatt über die von der EU eingeführten gesetzlichen Vorgaben der FATF (Financial Action Task Force on Money Laundering) zur Verhinderung von Geldwäsche ausgehändigt. Ein etwa 40-jähriger Kunde am Nebenschalter war offenbar ebenso befremdet wie ich. In einem Akt zivilen Widerstandes gab er 1900 als Geburtsdatum an und als Geburtsort Entenhausen. Solche Scherze werden aber wohl nicht mehr lange möglich sein, da der nächste logische Schritt die Vorlage eines Ausweises bei allen Einzahlungen sein dürfte, was zumindest das Geburtsdatum fixiert.

Für manche sind solche Sicherheitsmaßnahmen nur Babyschritte auf dem Weg zu einer Totalüberwachung, wie sie nicht einmal George Orwell erträumt hat, der als »verdächtiger Linker« übrigens selbst vom britischen Geheimdienst überwacht worden war. Bestätigt fühlen sich die Kritiker in diesen Vermutungen, als beispielsweise Anfang 2009 der höchste Drogenexperte der UNO in einem Interview davon ausging, Banken seien mit Drogengeldern vor Pleiten gerettet worden. Laut des Berichtes bietet die Wirtschaftskrise den Mafia-Bossen ungeahnte Möglichkeiten, ihre Milliarden sozusagen »legal« anzulegen. Zitat aus dem Interview: *»Es sieht aus, als seien Interbank-Kredite durch Geldmittel finanziert worden, die aus dem Drogenhan-*

128

del und anderen illegalen Aktivitäten stammen.« Wie das? Ganz einfach: Weil diese Gelder offenbar die einzig verfügbaren Mittel waren. Aha.

Wenn dem so ist, dann scheint die Kontrolle des Zahlungsverkehrs von Hinz und Kunz doch nicht der richtige Weg zu sein,»Money Laundering« zu unterbinden. Ausgebaut werden Kontrollen der kleinen Frau/des kleinen Mannes nichtsdestotrotz in zügigem Tempo. Und das nicht erst seit heute.

Bereits vor 1998 konstatierte »Der Spiegel«, ein Bewohner von New York würde statistisch jeden Tag 20-mal auf einem Überwachungsband erscheinen. Ein echtes Überwachungsdorado scheint nach Meinung von Datenschützern aber »Good Old England« zu sein: Dort überwachen mehr als 1,5 Millionen Kameras Straßen, Plätze, Schulen, Einkaufszentren und Bürogebäude. Damit soll Großbritannien zu einer der am meisten überwachten Nationen der Erde geworden sein. Komplette Stadtteile von London werden von »intelligenten Kameras« überwacht, die »auffälliges Verhalten« einzelner Personen optisch registrieren. Seit diesem Befund ist mehr als ein Jahrzehnt vergangen und die Entwicklung nicht stehen geblieben.

Sollten Sie also in nächster Zeit in die Niederlande reisen, werden Sie am Flughafen Scanner vorfinden, die mehr sind als die vertrauten Detektoren, die nach Metall oder Sprengstoffen an Ihrem Körper suchen. Sie werden vielmehr »virtuell entkleidet.« Da mittlerweile auch die Vereinigten Staaten solche »Nacktscanner« an vorerst zehn Flughäfen einsetzen, scheinen die Erfahrungen der Niederländer zu den größten Hoffnungen zu berechtigen. Anfang 2009 waren es insgesamt 38 Scanner, die dem Sicherheitspersonal in Los Angeles, Baltimore, Denver, Albuquerque, New York, Dallas, Detroit, Las Vegas, Miami und Washington den Intimbereich der Flugpassagiere präsentieren.

Europäische Sicherheitsbehörden beobachten aufmerksam die Erfahrungen der Niederländer und Amerikaner. Testweise sollen solche Geräte an einem großen deutschen Flughafen installiert werden. Etwaiges Schamgefühl ist unwichtig; was zählt, ist Sicherheit.

»Verdächtiger, beobachte dich selbst!«

»Der beste Weg, meine Privatsphäre zu schützen, ist sie aufzugeben.« Diese seltsam anmutende Feststellung traf 2007 ein aus Bangladesh stammender US-Bürger und Kunstprofessor, als er nach dem 11. September 2001 von einem Unbekannten diffamiert, daraufhin vom FBI als Terrorverdächtiger eingestuft und seit der anonymen Verleumdung von dieser Behörde beobachtet wurde. Nachdem nicht nur er erleben musste, dass es praktisch unmöglich ist, einen solchen Verdacht wieder loszuwerden, wie unschuldig man auch sein mag, ging der bis heute observierte Akademiker in die Offensive: Er beobachtet sich selbst und veröffentlicht diese Selbstbeobachtung auf seiner Website im Internet, sozusagen »Big Brother in Eigenregie.«

Konsequent dokumentiert er seinen Tages- und Lebensablauf öffentlich, nonstop, 24 Stunden rund um die Uhr: Mahlzeiten, Kontoauszüge, Treffen mit Freunden. Selbst Aufnahmen von Toilettenbesuchen in den USA wie auch von seinen Reisen zu Seminaren, Ausstellungen oder Konferenzen hält er nicht zurück. Mit Hilfe eines GPS-Peilsenders, den der Selbstbeobachter stets bei sich trägt, kann sein gegenwärtiger Aufenthaltsort auf einer Karte im Netz in Echtzeit beobachtet werden. Was er mit dieser Aktion totaler Transparenz beabsichtigt, hat er zu deren Beginn klar formuliert: *»Wenn sie mich beschuldigen, ein Terrorist zu sein, dann werde ich sie vom Gegenteil überzeugen.«* Ob ihm das bei den Behörden gelungen ist, steht noch in den Sternen. Hunderttausende Internet-User wollen jedenfalls täglich wissen, wo er sich aufhält, was er so treibt und besuchen regelmäßig seine Internetseite. Zweifellos sind auch Behördenvertreter live dabei. Bürgerrechtler wünschen dem originellen Querdenker viel Glück, zweifeln aber an seiner Reinwaschung, nicht zuletzt aufgrund der Tatsache, dass die Terror-Listen in den USA immer länger und immer grotesker werden.

Bürgerrechtlern zufolge stehen bereits über eine Million Menschen auf den Listen. Laut Meldungen im Sommer 2008 sollen Monat für Monat 20 000 neue Kandidaten dazu kommen, darunter Boliviens Präsident Evo Morales und der Sänger Cat Stevens, weil er zum Islam konvertiert ist. Selbst Säuglinge, die zufällig den gleichen Namen wie gesuchte Terroristen tragen, werden bei den Kontrollen festgehalten. Das alles nennt man Konsequenz. Manche nennen es Paranoia. Für andere ist es einfach die kommende Entwicklung, und zwar nicht nur auf der gegenüberliegenden Seite des Atlantik, sondern auch hierzulande.

So sollen durch ein geplantes Abkommen zwischen Deutschland und den USA US-Ermittlungsbehörden Zugriff auf persönliche Daten Ver-

dächtiger erhalten. Der Vertrag sieht unter anderem vor, neben Finger-
abdrücken und DNS-Profilen auch Informationen über »Rasse oder eth-
nische Herkunft«, politische Anschauungen, religiöse Überzeugungen,
die Mitgliedschaft in Gewerkschaften, die Gesundheit und sexuelle Neigungen zu übermitteln. Das Abkommen ist nicht nur auf Terrorverdäch-
tige anwendbar. Die Daten können auch für strafrechtliche Ermittlun-
gen und für »nicht strafrechtliche Gerichts- oder Verwaltungsverfahren«
erhoben werden. Dabei sind ausgefuchste Kontrollmaßnahmen gar nicht notwendig.
Fakt ist nämlich: Nicht nur der sich selbst beobachtende Kunstprofessor, nein, fast jeder Zivilisationsbürger übermittelt seine Daten freiwillig in alle Richtungen, hinterlässt täglich eine elektronische Spur, trägt
Bewegungsmelder und Beichtstuhl in Handyform mit sich und giert danach, sich einen Datenchip einsetzen zu lassen (Stichwort RFID). Wer
sich dieser Entwicklung verschließt, wird früher oder später klein bei-
geben müssen, denn nichts und niemand wird verhindern können, dass
die Elektronik jeden Bereich des Lebens durchdringt, konkreter gesagt,
übernimmt.

Sie wollen ein Kraftfahrzeug anmelden, Ihre DVD-Sammlung verkaufen, Ihre Eigentumswohnung ins Grundbuch eintragen lassen, sich ver-
heiraten, einen Job suchen oder an einer Wahl teilnehmen? Ein paar
Mausklicks genügen. In Estland würde diese Vorgehensweise bereits zum
Alltag gehören, so hieß es 2008. Postämter werden demnächst nur noch
musealen Charakter haben. Das Aufgeben von Briefen und das Einzahlen
von Geld am Schalter sind bald nur noch nostalgische Erinnerungen,
denn die Postämter sind geschlossen. Wer braucht sie auch, gibt es doch
SMS oder E-Mails.
Selbst die Justiz wird sich dem Zug der Zeit nicht verschließen können
und Sie bald auf eine Weise abstrafen, die an Bürgernähe nicht zu überbieten ist: Sie brauchen nie mehr in einem altmodischen und deprimie-
renden Gerichtssaal zu erscheinen. Von zu Hause aus können Sie Ihren
Prozess verfolgen und werden per E-Mail verknackt.

Es ist nur noch eine Frage der Zeit, bis jeder, der keinen Zugang zum Internet besitzt, automatisch zum Paria wird. Für diese Ausgestoßenen wird
kein menschliches Wesen mehr erreichbar sein. Kein persönlicher Kontakt in einer Bank, kein Kauf einer Fahrkarte am Bahnhof, keine Auskunft
an einem Schalter, kein Kundenbetreuer in einem Büro und keine Vor-
sprachemöglichkeit in der Amtsstube irgendeiner Behörde jeglichen Landes. Welch eine Alternative: Paria oder unter Dauerbeobachtung wie in
der »Truman Show« (nur dass man im Gegensatz zu dem von Jim Carrey

gespielten Truman von der 24-Stunden-Kontrolle weiß). Da fällt einem wirklich die Wahl schwer.

Angesichts all dessen erhebt sich für manche die Frage, wie man eine solche Entwicklung – so sie tatsächlich ein geplantes Unternehmen sein sollte – überhaupt in die Wege leiten kann.

Geschichtlich Versierte erinnern an den italienischen Philosophen, Autor und Politiker Antonio Gramsci (1891–1937), der vor Jahrzehnten festgestellt hatte, mithilfe von »kultureller Hegemonie« wäre es möglich, selbst die erschreckendsten Entwicklungen als die natürliche Ordnung der Dinge zu verkaufen. Gramsci und dieser von ihm geschaffene Begriff wird mittlerweile wieder diskutiert, allerdings fast ausschließlich im Zusammenhang mit dem Wandel, der in der Kunst seit längerer Zeit stattfindet. Die Kritiker all dessen, was heutzutage als Kunst figuriert, orten Gramscis Handschrift, schließlich hatte er doch postuliert, wie ein solcher Wandel herbeigeführt werden könne: Wenn man positive Begriffe wie Schönheit oder Modernität mit Begriffen verknüpft, die gemeinhin wenig positive Regungen auslösen, beispielsweise Abfall, Gedärme oder Fäkalien, kommt es in Europa sukzessive zu einer Umkehr der Werte: Bislang als hässlich oder abstoßend Empfundenes wird zeitgemäß, schön und künstlerisch. Das, so denkt man gemeinhin, soll Gramsci mit »kultureller Hegemonie« gemeint haben. Manche, die sich intensiv mit den Gedanken dieses sozialistisch-kommunistischen Theoretikers befasst haben, meinen, dass »kulturelle Hegemonie« auch auf einer Ebene stattfinden kann, an die man in diesem Zusammenhang nicht denkt. Unter diesem Aspekt stellen wir uns die Frage: Was also ist »europäische Kultur« in letzter Konsequenz?

Die Antwort kann man aus den Aussagen von Meister-Manipulatoren wie beispielsweise Edward L. Bernays herauslesen: »*Kultur ist, was für eine solche erklärt wird – natürlich erst dann, nachdem all das zerstört oder umgewertet wurde, was man bislang darunter verstanden hat.*«

Wenn dem so ist, wo setzt man nun an, um wiederum das zu erreichen? Auch darauf haben Aufdecker eine Antwort: bei eben dem Aspekt kultureller Hegemonie, der normalerweise unter den Tisch fällt: bei der Bildung, konkreter gesagt, bei der *Nicht*-Bildung.

Teil V

Die Europa-Front

Vorherrschaft über die Köpfe

*»Die bewusste und intelligente Manipulation
der organisierten Gewohnheiten und Meinungen
der Massen ist ein wichtiges Element
in einer demokratischen Gesellschaft.«*

Edward L. Bernays

Klassische Bildung war gestern ...

Im Juli 2008 erfuhr der erstaunte Leser aus den Medien von einer bildungspolitischen Maßnahme, welche die Freie und Hansestadt Hamburg soeben festgesetzt hatte. Zitat aus dem »Rahmenplan Deutsch des Landesinstituts für Lehrerbildung und Schulentwicklung«: Mit dem Absolvieren der Sekundarstufe I hat der Hamburger Gymnasiast *die grundlegenden Kompetenzen erworben, die ihm eine individuelle Teilhabe an unserer Kultur ermöglichen«.* So vorbereitet, tritt der Gymnasiast in die Oberstufe ein und beginnt mit der Teilhabe an unserer Kultur. Aber was ist »unsere Kultur«? Das entscheiden nunmehr die Lehrer. Sie bestimmen, welche Bücher in der Oberstufe gelesen werden. Es müssen keine verstaubten Klassiker mehr sein, kein »Faust«, keine »Räuber«, kein »Soll und Haben«, noch nicht einmal mehr »Ulysses«. Künftig reicht ein *»gesichertes und strukturiertes literarisches Basiswissen«.* Das könne, so soll der SPD-Bildungsexperte gescherzt haben, auch *»die Bedienungsanleitung einer Kaffeemaschine«* sein, anhand der die Schüler ihre literarische Kompetenz beweisen. Nicht alle finden das

ebenso lustig und sehen die Amerikanisierung des Bildungssystems heraufziehen, das für sie dann vielmehr ein Nicht-Bildungssystem ist. Lenken wir
den Blick auf unser großes Vorbild USA:

Etwa 1990 richtete Präsident Clintons Vorgänger George Bush sen. den
flammenden Appell an das amerikanische Volk, bis zum Jahr 2000 müsse jeder US-Bürger lesen können. Ich kann mich an mein eigenes Erstaunen erinnern, als ich die entsprechende Zeitungsmeldung bemerkte. Ich
las sie zweimal, um sicherzugehen, dass vom mächtigsten Land der Erde
die Rede war, und nicht von einem Staat in der Dritten Welt. Und welchen Erfolg hatte die propagierte Alphabetisierungskampagne?

Einige Jahre später konnte man in amerikanischen Büchern die Anzeige einer Organisation mit dem Namen »Koalition für Bildung« mit folgendem Text finden: »*Im Jahr 2000 könnten zwei von drei Amerikanern An-
alphabeten sein. Es ist wahr. Heute [in einem Taschenbuch aus dem Jahr 1998,
Anmerkung des Autors] können 75 Millionen Erwachsene, ein Amerikaner von
drei, nicht richtig lesen. Im Jahr 2000 wird Amerika eine Bildungsrate von 30
Prozent besitzen, das malen U.S. News & World Report aus. Bevor es soweit
kommt, können Sie es aufhalten, indem Sie sich dem Kampf gegen den Analphabetismus heute noch anschließen.*«

Mittlerweile dürfte die Befürchtung dieser und anderer Koalitionen, die
den Kampf gegen den Analphabetismus auf ihre Fahnen geschrieben haben, eingetroffen sein. Und das nicht nur in den USA, wo der Bildungs-
stand der sprichwörtlichen »breiten Masse« niemals extrem hoch war.

Auch hierzulande steht es um den Ausbildungserfolg nicht mehr so
wie in den Zeiten von »Schüler Gerber«. Lehrpläne werden nach unten
nivelliert, sprich: Sie orientieren sich an den Schlechtesten. Hand in Hand
damit sinken die Forschungsbudgets, weil man ja sparen muss. Andernfalls würde im gesamten Westen der »funktionelle Analphabetismus«
nicht laufend fortschreiten. Immer mehr Menschen können einfache Sätze lesen, verstehen sie aber nicht. Führend sind hier, wie nicht anders zu
erwarten, die USA, aber auch wir in der »Alten Welt« brauchen nicht auf
die »ungebildeten Amis« herunterzublicken. Eine aktuelle Zahl aus
Deutschland: Vier Millionen Menschen können nicht einmal einen Fahr-
schein am Automaten lösen.

In Europa (nicht in den USA) zeigte sich der Großteil der Schüler in London unfähig, die Hauptstadt ihres Landes zu benennen. Vom Rest der Welt
wussten sie noch weniger, sofern sich diese Ignoranz noch steigern lässt.

Pessimistische Fachleute haben folgende Analyse und zynische Prognose erstellt: Für jede soziale Klasse gibt es eine bestimmte Bildungsrate. Diese hängt von der Aufmerksamkeitsspanne ab, die ihrerseits Ergebnis der

gesellschaftlichen Konditionierung ist. Zum Wesen der kapitalistischen Gesellschaft gehört eine Tendenz zur Verkürzung der Aufmerksamkeitsspanne, weil das Nervensystem der sogenannten westlichen Zivilisationsmenschen auf dem Weg des geistigen Verfalls am weitesten vorangeschritten ist. Selbst manche Jugendliche aus der privilegierten bürgerlichen Klasse sind zunehmend außerstande, etwas Komplexeres zu begreifen als Werbetexte.

Diese psychische Verstümmelung zeitigt bereits jetzt sichtbare Auswirkungen auf die Kultur: Neue Film- und Musikformen zertrümmern den Inhalt in kleine, rein auf Sensation ausgerichtete Fragmente. Songtexte werden immer mehr zu unartikulierten, ständig wiederholten Phrasen, die nie länger als drei oder vier Sekunden dauern. Überall Jugendliche, die sich mittels Ohrstöpsel von Stakkatotönen ohne erkennbare Melodie volldröhnen lassen, die oft durch einen ganzen U-Bahn-Waggon hallen.

In Filmen für ein jüngeres Publikum werden Regisseure schon bald jede Einstellung auf höchstens fünf Sekunden begrenzen und die Dauer von da an immer weiter reduzieren. Bei der derzeitigen Beschleunigung des Wahrnehmungsschwundes wird die junge Generation des Jahres 2020 nicht mehr die Fähigkeit besitzen, eine Botschaft aufzunehmen, die länger als ein Einzelbild in einem Film oder einem Werbespot ist.

Selbst kürzeste Gags in Slapstick-Komödien könnten für zukünftige Generationen unverständlich sein. Würde man ihnen beispielsweise eine klassische Tortenwurfszene zeigen, könnten sie sich, wenn die Torte im Gesicht landet, schon gar nicht mehr erinnern, wo sie hergekommen ist.

Zu diesem Zeitpunkt wird die Sprache auch die letzten Reste eines grammatikalischen Zusammenhangs verloren haben, der auf der Fähigkeit beruht, einer einfachen, rund dreieinhalb Sekunden dauernden Aussage von Anfang bis Ende auch nur die minimalste Aufmerksamkeit zu widmen. All das ohne dauernd erneuerte Rechtschreibungen.

Für unangepasste Soziologen ist klar, dass Hand in Hand mit der Erosion der klassischen Bildung auch eine solche des Umfelds einhergeht bzw. einhergehen muss, in das die Bildung früher eingebettet war.

... Disziplin erst recht!

Wie ich schon 2007 in meinem Buch »Gnadenlose Macht« angemerkt habe, herrschten in den Zeiten meiner Jugend in der Gesellschaft andere Zustände als jene, die man heute (weshalb eigentlich?) als fortschrittlich bezeichnet, ohne dass meine Generation kaputte Typen en masse hervorgebracht hätte. Jugendliche waren in den 50er- und 60er-Jahren weder Kettenraucher noch Kampftrinker bis ins Koma, vom Rauschgift war schon gar keine Rede. Lehrer und Schüler waren korrekt gekleidet und die Lehranstalten nicht beschmiert. Der Lehrkörper wurde weder geduzt, noch – so der Körper weiblich war – an delikaten Stellen betastet. Schulgewalt gab es nur in US-Filmen. Rabiate (verhaltensauffällige bzw. verhaltensoriginelle) Schüler terrorisierten weder Mitschüler noch Professorinnen und Professoren, weil sie nämlich in Erziehungsanstalten landeten, die allerdings weit humaner waren als die heute gängigen US-Bootcamps, in denen Jugendliche von pensionierten Militärs gnadenlos auf Vorderjungen/Vordermädchen gebracht werden.

Als ich »Gnadenlose Macht« schrieb, war eben der neue Jugendsport des »Happy Slapping« in Mode gekommen. Schüler rotteten sich zusammen, suchten sich unterlegene Opfer, schlugen diese zusammen, filmten diese Aktivität mit dem Handy und schickten das Bildmaterial entweder an andere oder stellten es ins Internet. Mit solchen Aktionen kann man große Beachtung bei Gleichaltrigen finden. Was man in der Regel nicht findet, ist Bestrafung.

In der Zwischenzeit sind innovative Jugendliche dazu übergegangen, ihre Lehrer zusammenzuschlagen und diese Aktivität via Internet zu verbreiten. Interessanterweise entwickeln zum Großteil Mädchen diese neuen Praktiken, was Zyniker als Gleichstellung auf allen Ebenen kommentieren. Ob man es als echten Fortschritt betrachten kann, dass nicht nur Mitschülern, sondern auch dem Unterrichtspersonal die Funktion von »Sandsäcken« zugewiesen wird, erscheint vielen fraglich.

Sie glauben das nicht, weil Sie die Schulbank vielleicht schon seit etlichen Jährchen nicht mehr drücken und keine Kinder an der »Schulfront« haben? Hier ein kleiner Ausschnitt von Berichten in einem begrenzten Zeitraum in den österreichischen Medien. Dass es in deutschen Landen ebenso zugeht, wird den dort Angesiedelten sicher auch gelegentlich zu Ohren kommen, allerdings meist noch mehr heruntergespielt als bei uns, wie mir deutsche Leser immer wieder versichern.

Selbst das österreichische Fernsehen fand den Terror gegen deutsche Lehrer so beachtenswert, dass es im Weltjournal auf FS2 am 15. Oktober

2008 zeigte, wie ein Lehrer durch unentwegtes Handyläuten zur Raserei getrieben, sein verständlicher Ausbruch per Handy gefilmt und zur allgemeinen Belustigung ins Internet gestellt wurde. Verglichen damit scheint es geradezu läppisch, wenn das Bild einer deutschen Lehrerin oder eines deutschen Lehrers im Internet in eine Guillotine kopiert und die/der Betreffende per Mausklick beliebig oft geköpft werden kann. Die so »Verulkten« finden das allerdings nur mäßig lustig und gehen nervlich auf dem Zahnfleisch. Auch der aus deutschen Landen berichtete Brauch, Gesichter von Lehrern in Bilder von Exekutionen oder in pornographische Darstellungen hineinzumontieren, ist wohl nur lustig, wenn man nicht selbst abgebildet wird. Mittlerweile attackieren sogar jüngste Grundschüler ihrer Lehrer.

Nun einige Beispiele aus Österreich:
Jeder achte Lehrer ist Opfer von Gewalt. – 13-Jähriger nimmt Pistole mit in den Unterricht. – *»Direktor mit Baseballschläger attackiert«*, so titelte die »Kronenzeitung« am 24. September 2008. In dem Artikel wurde davon berichtet, ein Abiturient habe seinen Direktor gründlich verprügelt, weil dieser ihn wegen des Nichterscheinens zu einer Nachprüfung getadelt hatte. Der Pädagoge erlitt eine Risswunde, Prellungen und eine Gehirnerschütterung. Bei der Polizei gab der Jugendliche an, die Tat geplant zu haben, um dem Direktor und einem Lehrer, den er nicht erwischte, einen Denkzettel zu erteilen. In seiner Sporttasche, in der er den Baseballschläger verborgen hatte, fand man auch noch ein großes Messer. In einem späteren Artikel konnte man lesen, Mädchen hätten auf ihren Lehrer eingetreten und ein Schüler sei bewaffnet erschienen. Jeder fünfte Pädagoge würde angeben, sein Eigentum wäre bereits einmal von Schülern zerstört worden.

Im Sommer 2008 wurde ein Zeichenlehrer im steirischen Frohnsdorf von vier Mädchen mit Flaschen beworfen, bemalt und beschimpft. Da jede Art von Gegenwehr derart Drangsalierten gesetzlich strengstens untersagt ist, flüchtete der Lehrer in einen Abstellraum und schloss sich dort ein. Dass seine Verzweiflung mit Handy gefilmt und im Internet verbreitet wurde, versteht sich von selbst. Das sogenannte »Cyber-Bullying« kam in Mode, nachdem Schlagzeilen berichteten, dass ein schottischer Schüler vor der Kamera und vor der ganzen Klasse einem Lehrer die Hose herunterzog. Tausender solcher selbst produzierten Filme kursieren im Internet. Der Schutz der Persönlichkeit, der Illustrierten Riesensummen kostet, wenn sie einen Promi gegen seinen Willen abbilden, spielt so gut wie keine Rolle. Auch sonst sind die Möglichkeiten der Betroffenen eher bescheiden. Ein Vertreter der Gewerkschaft der Pflichtschullehrer forderte: »*Es muss uns mehr Handlungsspielraum eingeräumt werden. Wir dürfen Schülern nicht einmal das Handy wegnehmen.*« Nicht einmal ein klärendes Gespräch nach dem Unterricht sei möglich.

In Wien quälten muntere Schüler eine Lehrerin, die es gewagt hatte, einer Schulversagerin ein Ungenügend zu geben, indem sie ihr mit einem Laserpointer ins Gesicht strahlten. Als diese Scherze an die Öffentlichkeit kamen, wurde die Schülerin, die von den anderen »gerächt« worden war, der Schule verwiesen. Zum Erstaunen vieler setzten »seriöse« Medien die Schule jedoch unter Druck, den Schulverweis wieder zurückzunehmen.

Und wie ging man im Mai 2009 mit einem – laut Schulinspektion »potenziell auffälligen« – 13-Jährigen um, nachdem dieser Schüler der dritten Hauptschulklasse im österreichischen Obertrum bei einer Klassendiskussion seine Lehrerin plötzlich derart körperlich attackierte, dass sie die Polizei rufen musste? Der Knabe wurde für vier Wochen von der Schule suspendiert, wonach ihm im Unterricht ein Lehrer oder Sozialarbeiter begleitend zur Seite stehen sollte.

Finden Sie, dass Sanktionen gegen gewalttätige Schüler – beispielsweise ein Schulverweis – eine Rückkehr in düstere Zeiten bedeuten würde? Fragen Sie sich ebenso wie viele Leserbriefschreiber, wieso Jugendgangs nicht sofort hinter Gitter kommen? Stattdessen gab es einen allgemeinen Aufschrei in Politik und Medien, als im Juli 2007 ein österreichischer Politiker anregte, der hemmungslosen Gewalt an den Schulen durch Ordnung und Disziplin zu begegnen.

Natürlich gibt es in Österreich konkrete Maßnahmen gegen die Jugend- und Schulgewalt. Am 28. November 2008 fand der laut Medien »größte Anti-Gewalt-Gipfel, den es je gab« im Siemens Forum in Wien statt. 600 Polizeibeamte, Schulaufsichtsbeamte, Psychologen, Landesschulräte, Sozialarbeiter, Lehrervertreter und andere Experten aus aller Herren Länder nahmen sich des Problems an. Besonders stolz wurde vermeldet, sogar ein anerkannter Star-Aggressionsforscher und Kriminologe mit einem Lehrstuhl in Cambridge konnte als Vortragender gewonnen werden. Besonders erfolgreich scheint die Groß-Veranstaltung nicht gewesen zu sein, da hinterher nicht viel in den Medien verkündet wurde. Lesen konnte man hingegen im Frühjahr 2009, dass Lehrer in Wiener Schulen in den Schultaschen immer öfter verbotene Waffen wie Schlagringe oder Elektroschocker entdeckten – natürlich nur, wenn sie sich überhaupt trauten, Schultaschenkontrollen durchzuführen.

Anfang 2009 ging ebenfalls durch die Medien, zwei Drittel der österreichischen Pädagogen seien Burnout-gefährdet, wie eine Umfrage unter 860 Pflichtschullehrern in Wien ergeben hat. Eine der Ursachen sind

Schüler, die sich »*in Sachen Lärm locker mit startenden Düsenjets messen können*«. Kommentar eines Vertreters der »Gewerkschaft öffentlicher Dienst«:
»*Kinder, die in den Klassen sitzen und kein Deutsch verstehen, machen natürlich Lärm.*« Weitere Ursachen sind laut Experten zunehmende Respektlo-
sigkeit und mangelnde Disziplin.

Diesbezüglichen Lokalkolorit bietet das Interview, das eine junge Ma-
thematiklehrerin im März 2009 einer Zeitung gegeben hat. Hier einige
Auszüge: »*Was is, Alte, hast ein Problem?*«, diesen Satz hören die Mathe-
matiklehrerin und ihre Kollegen pro Tag öfter als das korrekte Ergebnis
einer Schlussrechnung. Anstatt Brüche in Kommazahlen umzuwandeln, modeln einige ihrer Schüler lieber Plastikflaschen in Wurfgeschos-
se um. Dazu aus dem Tagebuch der Lehrerin: »*Plastikflaschen fliegen mir
um die Ohren.*«

Wer meint, es gäbe eigentlich keinen sachlichen Grund dafür, dass
manches aus meinen Jugendtagen den Bach herunter gegangen ist, wird
als hoffnungsloser Nostalgiker mit dem (logisch nicht zu begründenden)
Statement abgefertigt: »Das ist eben der Fortschritt!« Eltern beklagen völ-
liges Ignorieren von kultiviertem Verhalten. Selbiges wird als dekadent
und elitär betrachtet. Damit ist nur harmlose Höflichkeit gemeint wie zu
grüßen, während des Unterrichts nicht zu essen und zu trinken, nicht zu
rülpsen, keine ordinären Äußerungen zu machen, Türen aufzuhalten etc.
Wenn diese Entwicklung also unvermeidlich, ja sogar »der Fortschritt« ist,
dann ist es kein Wunder, dass konsequent weitere Fortschritte zuerst propagiert und dann eingeführt werden.

Was man früher als Kindererziehung praktizierte, ist heute im öffentlichen (nicht privaten) Konsens »tot und out«. Wer so verwegen ist, seine
Kinder zu maßregeln, auch wenn sie es verdient hätten, kann vor dem
Kadi landen. Und wer noch nicht völlig fortschrittskonform ist, für den
haben »die da oben« ein weiteres »Erziehungsinstrument« im Köcher …

Die Korrektheits-Keule

Der frühere sowjetische Regimekritiker Wladimir Bukowski hat die verhängnisvolle Herkunft der »politischen Korrektheit« einmal so beschrieben: »*Die Ideologie der Bolschewisten ist gescheitert, aber schon nimmt eine neue Art von Utopisten deren Platz ein, die politisch Korrekten. Sie übernehmen die Extremposition im politischen Spektrum, die bisher von den Bolschewisten besetzt war. Die politisch Korrekten gehen genau gleich vor wie früher die Kommunisten. Sie steuern die Linke – Sozialisten und Sozialdemokraten – und setzen so ihr Programm durch. Sie sind in der Tat eine große Bedrohung für unsere Demokratien und unsere Grundrechte. Unglücklicherweise besitzt unsere heutige Welt keine Kraft mehr. Als die Sowjetunion noch existierte, war die Bedrohung sichtbar. Und diese Bedrohung mobilisierte Widerstandskräfte in den westlichen Gesellschaften. Heute gibt es keinen Widerstand. Es ist fast wie bei Aids, wir haben kein Abwehrsystem mehr. Die Menschen sind apathisch. Sie haben alle Hoffnung aufgegeben und schauen solchen Eingriffen in ihre Grundrechte verzweifelt zu. Sie nehmen die ›political correctness‹ nicht als eine schwere Bedrohung wahr. Es ist eine vordringliche Aufgabe, die ›political correctness‹ als eine schwere Bedrohung unserer Freiheit zu entlarven und Kräfte dagegen zu mobilisieren.*«

Diese Aussage ist ein paar Jahre her. Mittlerweile sehen besorgte Stimmen sie durch die Praxis bestätigt. Während in den 1990er-Jahren noch stolz die britische Flagge am Heck der Maschinen von »British Airways« weithin sichtbar war, prangt heute dort ein rot-weiß-blauer Streifen, der auch die Website der Fluglinie ziert. Nirgendwo gibt es auf der Außenhaut der Flugzeuge auch nur noch eine winzige Landesflagge. Der ehemals so stolze Union Jack, der jahrhundertelang über zwei Dritteln der Welt geweht hatte, hat abgedankt, und das freiwillig. Der Grund: Moslems hatten in der britischen Flagge ein Kreuz entdeckt. Also lackierte man alle Flugzeuge neu, um der politischen Korrektheit Genüge zu tun. Ihr war aber offenbar nicht Genüge getan, wie sich im Frühjahr 2008 herausstellte.

Es ist nämlich so, dass viele Passagiere in Richtung Indien fliegen. Dort und in den Nachbarländern leben zahlreiche Angehörige der Glaubensgemeinschaft der Hindus. Bekanntlicherweise sind Rinder für gläubige Hindus heilige Tiere. Sie zu töten ist daher ein Sakrileg, das einem Mord gleichkommt. Spät, aber doch, hat man bei der britischen Fluglinie erkannt, dass das Servieren von Rindfleisch an Bord zutiefst unkorrekt ist. Und man hat Beef sofort aus dem Speiseplan gestrichen.

Sarkastische Zeitgenossen fühlen sich von solchen Vorgehensweisen gelegentlich zu Kommentaren eingeladen. So weisen korrekte Stimmen die

Europäer in ihrer Gesamtheit vorsorglich konsequent darauf hin, dass in ihren Ländern Angehörige der Religionsgemeinschaft der Sikhs schwer diskriminiert werden. Da Sikhs aus religiösen Gründen einen Turban tragen müssen, ist die in Europa gültige Helmpflicht für Motorradfahrer eine klare Diskriminierung.

Hauptziel engagierter Anti-Diskriminierer ist und bleibt aber die verpönte Geschlechterrolle. Schlimm genug, dass es Männlein und Weiblein gibt, aber unterscheiden sollen sie sich auch noch – da muss eingeschritten werden.

Möglicherweise wird Ihnen bald schon während der Werbeblöcke im Fernsehen – sofern Sie nicht die Toilette aufsuchen oder die paar Minuten anderswie nutzen – auffallen, dass kochende, die Küche putzende, Wäsche waschende oder bügelnde Frauen fehlen. Männer in schnellen Autos düsen ohnedies kaum mehr durch die Werbespots, sondern sind von Powerfrauen im Managerlook und Kinder tätschelnden Papas verdrängt worden.

Das ist kein Zufall, sondern EU-Werk. Im Herbst 2008 stimmte die Mehrheit der Abgeordneten im Europäischen Parlament für den Antrag einer schwedischen Abgeordneten und stellvertretenden Vorsitzenden der Fraktion der Vereinigten Linken/Nordische Grüne, der die Überwachung der Werbung zwecks Beseitigung der traditionellen Geschlechterrollen zum Inhalt und Ziel hat. Grund dafür, schärfer vorzugehen, ist das im Antrag in Berichtform festgehaltene Erschrecken darüber, dass die Ungleichheit der Geschlechter trotz mehrerer gut dotierter Gemeinschaftsprogramme zur Förderung der Gleichstellung der Geschlechter immer noch weit verbreitet ist.

Daher müsse schon den Kleinkindern unmissverständlich eingebläut werden, dass es, von ein paar unerheblichen Äußerlichkeiten abgesehen, keine wirklichen Unterschiede zwischen Männlein und Weiblein gibt. Den Mitgliedsstaaten wird somit aufgetragen, nicht nur umgehend öffentliche Stellen einzurichten, bei denen man sich über klischeehafte Werbung beschweren kann, sondern die Ziele des Berichtes bindend in die Rechtsordnung aufzunehmen. Um dieses Diktat auch der Werbewirtschaft schmackhaft zu machen, obliegt es den Mitgliedstaaten, Werbungen mit Preisen zu bedenken, in denen den Geschlechterstereotypen am effektivsten der Garaus gemacht wird. Vorurteilen aller Art muss natürlich auch der Garaus gemacht werden, und zwar so früh wie möglich.

Kaum aus den Windeln – und schon Rassist!

»Im 20. Jahrhundert werden
in der Gesellschaft jene die eigentliche Macht
ausüben, die fähig sind, ihre Sprachregelung
in der Gesellschaft durchzusetzen.«

Friedrich Nietzsche, 1844–1900

Nein, es war kein makaberer »englischer Humor«, sondern bitterer Ernst, als ein britischer Richter ernsthaft forderte, die Scharia ins Strafrecht zu integrieren. Man erinnere sich des niederländischen Justizministers, der 2007 laut Zeitungsmeldungen offen verkündet haben soll, die Scharia könnte zum neuen Grundgesetz Hollands werden, sobald zwei Drittel aller Holländer Muslime geworden seien. Vielleicht, so Zyniker, fordert demnächst ein Pädagoge Peitschenhiebe für uneinsichtige Kleinkinder, denen orientalisches Essen zum Halse raushängt …

In der Tat wurde im Juli 2008 kundgetan, die Behörden Großbritanniens wollen mit einem 366-seitigen Maßnahmenkatalog Rassismus bei Kleinkindern bekämpfen. Bereits auf Dreijährige sei volles Augenmerk zu richten, heißt es in dem Papier.

Die britische Kinderschutzbehörde »The National Children's Bureau« (NCB) hat einen Maßnahmenkatalog entwickelt, um »*Rassismus bei Kleinkindern*« zu bekämpfen, berichtete »Spiegel Online« im Juli 2008. Schon eine vermeintlich harmlose Äußerung könne Anzeichen für eine potenziell rassistische Einstellung sein, ist sich das NCB sicher. Gerade Kinder im Vorschulalter würden bei unbedachten Äußerungen und im Umgang mit Gleichaltrigen verraten, wes (rassistischen) Geistes sie oder ihr Elternhaus sind. Reagiere ein dreijähriges Kind mit »Igitt« oder »Bäh«, wenn ihm fremdartiges, scharf gewürztes Essen vorgesetzt werde, könne dies durchaus als rassistisch geprägter Vorfall gewertet werden, heißt es in dem Papier.

Daher sei »besondere Wachsamkeit« geboten. Erzieher sollten sofort reagieren und bedenkliche Äußerungen verurteilen. Die Kindergärten seien angehalten, »so viele Zwischenfälle wie nur möglich« umgehend den Behörden zu melden. Je mehr Meldungen bei den Behörden eingehen, desto besser. Auf keinen Fall solle man sich mit dem Anzeigen zurückhalten! Es wäre völlig falsch zu denken, dass durch ein solches Denunziantentum für den Kindergarten ein Nachteil entstehen könnte. Ganz im Gegenteil, das zeige nur aktive Mitarbeit und die sei immer positiv zu bewerten und beweise die richtige Einstellung. Nicht nur Paranoiker sprechen von einem Aufruf zum Verrat und fragen, auf welche Gesellschaft wir zusteuern, wenn Erstklässler angezeigt werden – nicht selten von anderen Kindern – und ein Vorstrafenregister wegen »Fremdenfeindlichkeit«, »Rassismus«, vielleicht sogar »Antisemitismus« aus ihrer Kindergartenzeit mitbringen! Manche fassen es kürzer: Orwell würde vor Neid erblassen, gegen unsere unmittelbare Zukunft dürfte sein »1984« ein Hort der freien Meinung und Willensbildung gewesen sein, allein schon wegen der technischen Mittel, die heute zum Einsatz kommen.

Wer meint, das eben Geschilderte ließe sich nicht überbieten, der irrt, wenn man Meldungen aus Österreich vom Oktober 2008 glauben will. In Lehrerkreisen wie auch im Internet kursierte eine Information über eine Aktion kreativer Korrektheit, die wohl kaum zu überbieten ist (manche sprechen unverhohlen von vorauseilender Unterwerfung): Klassenvorstände in Linzer Schulen sollen die Schüler angewiesen haben, den in Österreich üblichen Gruß »Grüß Gott« fortan zu unterlassen, da sich muslimische Kinder dadurch beleidigt fühlen könnten. Aufgrund einer gigantischen Protestwelle wurde von offizieller Seite heftig dementiert und das Gerücht als Erfindung katholisch-fundamentalistischer Kreise deklariert. Sei es wie es sei, nicht wenige finden allein die Tatsache, dass es überhaupt möglich ist, ein solches Gerücht in die Welt zu setzen und auf breitester Basis Glauben dafür zu finden, bezeichnend genug für das Ausmaß heute praktizierter politischer Korrektheit und der fieberhaften Anti-Diskriminierung auf allen nur denkbaren, und manchmal kaum denkbaren Ebenen ...

Von der Anti-Diskriminierung zum »Gender-Diktat«

Wie würde Ihnen folgende gesetzliche Regelung gefallen? Alle Firmen, aber auch Privatpersonen werden gesetzlich dazu angehalten, bei *jedem* Geschäft peinlich genau darauf zu achten, alle »Rassen«, pardon: Ethnien, nach ihrem jeweiligen Anteil an der Bevölkerung zu berücksichtigen. Im Klartext: Wer zweimal hintereinander sein Auto in einer »weißen« Werkstätte warten lässt, ist fällig. Selbst das harmlose Bier mit einem Kumpel nach der Arbeit kann strafbar sein, sofern man es bei einem Wirt mit weißer Hautfarbe einnimmt und nicht mittels Belegen beweisen kann, auch bei einem Gastwirt mexikanischer, chinesischer, indischer und natürlich afroamerikanischer Provenienz selbiges konsumiert zu haben.

Da in den USA, und von diesem Hort politischer Korrektheit ist hier die Rede, manche Berufssparten überwiegend »weiß« sind, beispielsweise die selbstständigen Truck-Fahrer, werden hohe Strafzahlungen für Firmen fällig, die diesen öfter Aufträge geben. Diese Regelung führt logischerweise sowohl die als Unternehmer tätigen LKW-Fahrer als auch ihre Auftraggeber, die sie nicht beschäftigen dürfen, in den Ruin.

Das ist doch wirklich *zu* absurd, werden Sie jetzt wohl denken. So etwas kann es wohl nicht einmal in den Vereinigten Staaten geben, auch wenn von dort ähnliche Töne bereits nach der Wahl von Barack Obama zu vernehmen waren.

Das geschilderte Szenario ist allerdings einmal in einem Seminar diskutiert worden und in der Tat Phantasie, möglicherweise aber Zukunftsmusik. Und wenn schon. Selbst wenn die Amerikaner sich tatsächlich einer solchen Regelung unterwerfen, bei uns in Europa ist das undenkbar. Wirklich?

Vielleicht erinnern wir uns kurz der diversen Anti-Diskriminierungs-Regelungen, die den Europäern von der EU aufgezwungen oder von manchen nationalen Parlamenten in sogar noch drastischeren Gesetzen umgesetzt wurden. Gesetze, die beispielsweise die Vermietungen von Wohnungen und die Einstellungen von Personal auf Rassismus abklopfen. Wehe dem Vermieter, der einen Wohnungsbewerber abweist, weil er ihm schlicht und einfach nicht zu Gesicht steht, warum auch immer. Auch bei der Aufnahme von Mitarbeitern geht es schon lange nicht mehr darum, denjenigen anzustellen, der einem sympathischer ist als ein anderer. Oh nein, eine solche Vergabe des persönlichen Eigentums (Wohnung oder Geld) muss begründet und gerechtfertigt werden, sonst klagt der abgewiesene Nicht-Mieter oder der abschlägig beschiedene Jobsuchende, und das kann ins Geld gehen. Dabei dachte man doch, man könne mit dem, was einem gehört, verfahren wie man will.

Regelrecht verräterisch erscheint manchen die EU-Anti-Diskriminierungs-Regelung hinsichtlich des Besuchs beim Friseur. Kein Witz: Um Geschlechterdiskriminierung zu vermeiden, muss für die Bearbeitung der weiblichen oder männlichen Kopfzier derselbe Betrag in Rechnung gestellt werden und darf lediglich hinsichtlich der Länge der Haarpracht differenzieren. Wer schon jemals beim Friseur war, und das waren wir wohl alle, weiß wohl, welche wundervollen Kreationen das weibliche Haupt oft zieren, während Männer sich oft einen simplen Kurzhaarschnitt »Marke schnipp, schnapp« verpassen lassen. Abgesehen davon haben solche Regelungen wohl kaum etwas mit dem freien Unternehmertum zu tun, das uns immer gepredigt wird.

Besonders misstrauische Zeitgenossen orten im letzteren Fall weniger ein besonders groteskes Beispiel für Anti-Diskriminierungs- und Korrektheitsexzesse als eine weitere Stufe der gezielten Abschaffung der Geschlechter. Nicht deren Gleichstellung, wohlgemerkt, sondern deren Abschaffung …

»MenschInnen« auf dem Vormarsch

Was halten Sie von diesen Statements? »*Es wird alles gemacht, damit die Familie nicht mehr zusammen bleibt. Die Frauen sollen arbeiten und immer mehr Menschen bleiben alleinstehend. Kinder werden als Babys bereits von der elterlichen Erziehung entfernt und politisch korrekt indoktriniert. Den jungen Mädchen wird als Vorbild nicht mehr die Familie und die Erziehung der Kinder vorgegeben, sondern sie sollen Leistung erbringen und eine ›Karriere‹ verfolgen. Mädchen wird erzählt, sie müssen genau so sein wie Jungs, und umgekehrt. Man will den geschlechtslosen Menschen, das Neutrum erzeugen. Frauen sollen maskuline Mode tragen, wie Hosen, und Männer sich immer femininer geben. Stichwort Transsexuelle.*

Um die Weltgemeinschaft zu vereinigen, werden Sportarten gefördert, die den Menschen das Gefühl gibt, sie sind ›Weltbürger‹, wie Fußball, Hockey, Volleyball. Diese sollen auch von beiden Geschlechtern gespielt werden können. Reine Männersportarten wie Rugby oder American Football sollen verschwinden.«

Nun, das wird Ihnen ziemlich bekannt vorkommen, sodass Sie diese Sätze einem, na, sagen wir »Konservativen« unserer Tage zuschreiben dürften.

Tatsächlich stammen sie aus dem Vortrag, den der im Vorwort erwähnte Dr. Richard Day im Jahr 1969 gehalten hat. Einer seiner damaligen Hauptpunkte betraf die Vernichtung der Geschlechter, nicht nur ihrer »Rollen.« Damit sind wir schlagartig im Hier und Jetzt.

Zweifellos haben Sie den exotischen Begriff »Gender Mainstreaming« (GM) schon einmal gehört, dessen Konzept der Amsterdamer Vertrag von 1997 zum offiziellen Ziel der EU-Politik erhoben hat. Damit bekommt der sprichwörtliche Geschlechterkampf für Misstrauische eine neue Bedeutung. Für sie droht sich ein Kriegsschauplatz unbemerkt in unseren Heimen zu entfalten, weil die meisten nicht realisiert haben dürfen, dass es nicht länger heißt, »Krieg *der* Geschlechter«, sondern »Krieg *gegen* die Geschlechter.«

Möglicherweise wissen Sie, wie viele andere, nicht ganz genau, was GM eigentlich bedeutet, weil eine korrekte Übersetzung sehr diffizile Englischkenntnisse erfordert, allein schon, um sich klar zu sein, dass das biologische Geschlecht auf Englisch »Sex« heißt, während man »Gender« noch am ehesten mit »sozialem oder kulturellem Geschlecht« übersetzen könnte.

Offiziell wird der Begriff GM mit »Gleichstellung« übersetzt. Die von mir gerne zitierten misstrauischen Stimmen schlagen als Übersetzung allerdings »Geschlechtergleichschaltung« vor und begründen dies auch: Sie meinen, es sei ein fataler Irrtum zu glauben, es ginge nur darum, die Gleichstellung der Geschlechter auf allen gesellschaftlichen Ebenen durchzusetzen. Ihrer Ansicht nach hat GM mit klassischer Frauenpolitik nicht wirklich etwas zu tun.

Wie stark GM bereits in unserem Alltag verankert ist, zeigt sich an einem harmlosen Nebenaspekt, an der Verweiblichung von Piktogrammen und Verkehrsschildern, die in Österreich sogar bei eingeschworenen »FrauenrechtlerInnen« Kopfschütteln hervorgerufen hat, nicht zuletzt, weil sie meinen, hier würde abgelenkt und schöngefärbt. Es scheint ja tatsächlich fraglich, ob der Frauengleichstellung ein großer Dienst erwiesen wird, wenn beispielsweise auf dem Schild »Achtung, Baustelle« nicht länger eine unverwechselbar männliche Silhouette die Schaufel schwingt, sondern eine solche mit Rock und Stöckelschuhen. Ernste Auswirkungen hingegen hat GM in den öffentlichen Schulen und Kindergärten in Österreich.

So wurde im Jahr 1999 mit »Fun & Care« der erste »geschlechtssensible Kindergarten« Wiens durch die damalige Frauenstadträtin eröffnet. Mädchen werden angeleitet, »aggressiv-männliches« Verhalten zu trainieren, beispielsweise andere Kinder vom Platz zu verdrängen oder ihnen Spielzeug wegzunehmen, zu schreien und zuzuschlagen. Buben erhalten Kosmetikkörbe und werden drauf hingetrimmt, sich zu schminken, Prinzessinnenkleider anzuziehen, sich die Nägel zu lackieren und Ähnliches einzuüben, was in früheren Zeiten als »typisch weiblich« galt. Kritiker argumentieren dazu zynisch, aber logisch: »Um Ungleichheit aufzuheben, wird ungleich behandelt, um Diskriminierung zu vermeiden, wird diskriminiert.«

Nichtsdestotrotz werden diese Erziehungsmaßnahmen von »Gender-ExpertInnen« als »Geschlechterverwirrung zur notwendigen Dekonstruktion der Geschlechter« verteidigt. Schon wird gefordert, dass eine bloße Willenserklärung ausreicht, um juristisch von einem Geschlecht in das andere zu wechseln, für welchen Übertritt bislang eine vorherige Hormonbehandlung oder Operation Bedingung war.

Die Idee zu GM geht auf die These der US-amerikanischen Professorin Judith Butler zurück, es gäbe Kategorien wie »männlich« oder »weiblich« überhaupt nicht, sondern sie wären vielmehr »konstruiert«. Die Einteilung von Neugeborenen in zwei Geschlechter sei daher rein willkürlich. Es könnten ebenso gut drei, fünf oder 50 sein. Wenn das Geschlecht ein Lernprogramm ist, kann und muss eine Umprogrammierung stattfinden, um den »neuen Menschen« zu schaffen, den Anhänger der One World immer unverhohlener propagieren.

Kritiker vertreten die Ansicht, dass die Gender-Ideologie erst im – vordergründig seltsam anmutenden – Bündnis mit der materiellen Macht des Kapitals den Durchbruch geschafft hat. Die nicht von familiären Verpflichtungen für die Kinder abgelenkte Frau stellt die vollkommen verfügbare Arbeitskraft dar und damit eine schon lange anvisierte zusätzliche Humanressource im »freien Wettbewerb«. Neben Marx und Engels, die die Frau gleich dem Manne in den Arbeitsprozess eingliedern wollten und die Kindererziehung zwecks Indoktrinierung dem Staat am besten gleich nach der Geburt übertragen wollten, zählt Simone de Beauvoir zu den VordenkerInnen des GM. Eine ihrer Aussagen lautete: »*Mutterschaft ist heute eine wahre Sklaverei.*« Ein Credo, das heute zum gesellschaftlichen Prinzip geworden ist und in Form von immer weniger Kindern bei den »einheimischen SelbstverwirklicherInnen« nachhaltig Wirkung zeigt.

Den in dieser Richtung erkennbaren Umbau der Gesellschaft zur Abschaffung der klassischen Familie in Richtung »*Nutztierwerdung des Bürgers*« habe ich in meinen Büchern »Mythos Informationsgesellschaft. Was wir aus den Medien nicht erfahren« und »Gnadenlose Macht. Steht die ganze Welt auf dem Spiel?« ausführlich diskutiert. Auch die verheerenden Auswirkungen des dauernd forcierten Kinderkrippen(un)wesens zeige ich dort auf.

Nun bekommt für die Kritiker auch die Resolution des EU-Parlaments von 2008 gegen »sexistische Beleidigungen und entwürdigende Bilder«, nach welcher Hausfrauen aus der TV-Werbung verbannt werden müssen, einen hintergründigen Sinn, der da lautet: Es muss endlich Schluss damit sein, dass Frauen und Männer als zwei unterschiedliche Gruppen von Menschen wahrgenommen werden. Selbst Bilder von der Hirschbrunft seien auf Empfehlung einer mit öffentlichen Geldern finanzierten Studie aus den Werbebroschüren zu streichen, da diese nur stereotype Geschlechterrollen befördern. Welcher Tier- und Naturfreund hätte das gedacht?

Wie schon angeklungen, betrachten manche das GM-Konzept als Symbiose von Kapitalismus und neomarxistischer Ideologie, das darauf abzielt, einen neuen, geschlechtslosen Menschen zu schaffen. GM will nicht die Lage des Menschen ändern, sondern den Menschen selbst. Grundlage ist ein behavioristisches Menschenbild, das jeglichen biologisch vorgegebenen Unterschied zwischen den Menschen zu leugnen bestrebt ist und auf lange Sicht den Identitätsbegriff selbst liquidiert.

Viele kritische Naturen sind heute der festen Überzeugung: Nicht ein *anderer* Junge ist schlussendlich das Ziel, sondern *gar kein* Junge. Er wird zum verweichlichten Zwitter, ein weinerliches Bündel Mensch, das nicht weiß, wo vorne und hinten ist. Nicht von ungefähr nimmt die Zahl zeugungsfähiger gesunder Spermien bei den Männern erwiesenermaßen ab. Aber auch dem weiblichen Geschlecht soll dieses sowohl durch gesetzliche Maßnahmen wie auch und ganz besonders durch mediale Gehirnwäsche ausgetrieben werden. In den Medien werden Karrierefrauen hochgejubelt, die ihre Kinder von Leihmüttern austragen lassen, weil sie für diesen »lästigen Biologismus« keine Zeit oder keine Lust haben. Lesben berichten in Talkshows unter dem Beifall der anwesenden Claqueure, dass sie sich künstlich besamen lassen, um nur ja keinen Mann für den unappetitlichen Fortpflanzungsvorgang zu benötigen.

Im Klartext: Die Gesellschaft soll nur noch aus geschlechtslosen Einzelgängern bestehen. Das Ideal ist die von allen Bindungen freie, geschlechtslose Arbeitsmaschine und damit die vollkommene Nutzung der derzeit noch »brachliegenden« weiblichen Arbeitskraft. Unter diesem Aspekt halten viele die im März 2009 in den Medien mit leichtem Spott berichtete EU-Initiative zur Abschaffung geschlechtsspezifischer Anreden nicht für eine weitere Narretei von Bürokraten außer Rand und Band, sondern für einen bewussten Schritt zur Liquidierung der Geschlechter. Sie halten das für übertrieben? Urteilen Sie selbst: In einem Merkblatt für EU-Parlamentarier und Dolmetscher heißt es, europäische Politiker müssen es vermeiden, auf den Familienstand einer Frau hinzuweisen. Das gilt nicht nur für das deutsche »Frau« oder das mittlerweile ohnedies verpönte »Fräulein«, sondern auch für das französische »Madame« und »Mademoiselle« wie auch das italienische »Signora« und »Signorina«. All diese Ausdrücke seien »sexistisch«, befindet das EU-Parlament, und dürften nicht mehr verwendet werden. Männer sollen überhaupt nicht mehr erwähnt werden, indem das EU-Parlament bekannte Begriffe durch neue Bezeichnungen geschlechtsneutral umformt: »Fahrer« (nunmehr fahrendes Personal), »Polizist« (nunmehr Polizeikraft), »Lehrer« (nunmehr Lehrkraft), Staatsmann« (nunmehr Staatsperson). Am korrekten Neubau von »Feuerwehrmann« oder »Sportsmann« soll noch gefeilt werden. Wie man vernehmen kann, soll eine EU-Kommission zwei Jahre an dieser Regelung gebrütet haben. Wenig verwunderlich, dass durchaus seriöse Kommentatoren, beispielsweise ein Arzt, der in der »Kronenzeitung« eine regelmäßige Kolumne hat, mit hilfreichen Ratschlägen beispringen. Er schlägt vor, die bekannte Heilpflanze Frauenmantel in Personenmantel umzutaufen und um der Ausgewogenheit willen der Gebärmutter den Gebärvater gegenüberzustellen.

Die Kommentatoren fragen: Wer sind die Propagandisten des GM? Wie konnte es zu der Rechtsstellung des GM kommen? Gibt es einen Zusammenhang zwischen GM und Neoliberalismus? Welche konkreten Auswirkungen hat GM auf das tägliche Leben, insbesondere in der Verwaltung und im Erziehungsbereich? Die Antworten sind beunruhigend, wenn man erkennt, wie sehr GM bereits das gesamte westliche Leben durchdringt, besonders so gut wie alle bürokratischen Strukturen.

Vergegenwärtigt man sich die Macht und das Kapital, die offenbar hinter GM stehen, ist für manche klar, was *wirklich* gespielt wird. In Zeiten, da ein Lehrstuhl nach dem anderen geschlossen wird, steht für GM-Lehrstühle so gut wie jede Summe zur Verfügung. Kein Wunder, dass sie wie Pilze aus dem Boden schießen. Um eine feministische Raumplanung für InnenarchitektInnen zu ermöglichen, werden beispielsweise in Deutschland Studien wie »Die geschlechterspezifische Wirkung von Pflanzen bei Innenraumbegrünung« anstandslos finanziert, während bei der Forschung und Ausbildung hinten und vorne gespart wird, was den österreichischen Hochschulen im Spätherbst 2008 im internationalen Ranking den blamablen vorletzten Rang eingetragen hat. Das deutsche Bundesumweltministerium zahlte 180 000 Euro für die Studie »Gender Greenstreaming«, zu deren Ergebnissen die Erkenntnis gehört, dass es geschlechterpolitisch sinnvoll wäre, Motorsägenkurse für Frauen einzuführen.

Österreich lässt sich GM-mäßig nicht lumpen, wie ein einziges Beispiel, stellvertretend für zahllose weitere, demonstriert: So sollen rund 70 000 Euro für die »Sensibilisierung von Lehrerinnen für Gender-Fragen« veranschlagt worden sein.

Unangepasste Fachleute sprechen es klar und deutlich aus: Der Versuch, durch Zwang die menschliche Natur umzubilden, ist ein Relikt zweier an sich feindlicher, im Grundkonzept aber spiegelgleicher gescheiterter totalitärer Regime des 20. Jahrhunderts und findet mit dem Gender-Mainstreaming-Extremismus seinen Fortläufer, der unmissverständlich auf den Einheitsmenschen in einer Einheitsgesellschaft abzielt.

In die gleiche Kerbe schlägt für viele der »Bericht zur Lage der Grundrechte in der Europäischen Union 2004 bis 2008«, in dem neben der Abschaffung des Begriffs »illegale Einwanderer« auch gefordert wird, jene EU-Staaten, die die Ehe oder eingetragene Partnerschaften für Homosexuelle noch nicht eingeführt haben, sollten dazu gezwungen werden (womit natürlich nichts gegen solche Partnerschaften an sich gesagt werden soll).

Die von kritischen Geistern präsentierte Gleichung könnte simpler nicht sein: GM bedeutet vehementen Druck auf die sozusagen ursprüngliche Bevölkerung, weniger Kinder zu haben, das wiederum bedeutet verstärkten Zuzug zum Ausgleich des Arbeitskräfteschwundes, was im Endeffekt in einen Bevölkerungsaustausch oder zumindest in gründliche Durchmischung mündet. Mit anderen Worten: In »One World«, die für düstere Prognostiker realiter ein »One Slum« sein wird, auf den jedefrau/jedermann (so lange es diesen Begriff noch gibt) seit langem auf breiter Front eingestimmt wird.

In Vorbereitung auf das Endspiel

*»Die Freiheit der Presse im Westen,
wobei die viel besser ist als anderswo,
ist letztlich die Freiheit von 200 reichen
Leuten, ihre Meinung zu veröffentlichen.«*

Peter Scholl-Latour

Schon vor Jahren brachte der 1943 geborene Ökonom, Publizist sowie Gründer und Vorsitzende der »Foundation on Economic Trends« (FOET), Jeremy Rifkin, zum Ausdruck, die großen Konzerne wären die globalen Kontrolleure des Zugangs zum gesamten Spektrum kultureller Erfahrungen, des Tourismus, der Themenparks und Unterhaltungszentren, des Gesundheitsgeschäfts, von Mode und Kochkunst, Sport und Spielen, von Musik und Film und Fernsehen, von Buchverlagen und Zeitschriften. Kurz gefasst: Sie sind die Herrscher der Kommunikation und damit der Information. Paul Watzlawick wusste es schon vor Jahrzehnten: Kommunikation ist Wirklichkeit.

Dadurch, dass die Mächtigen die Kommunikationskanäle kontrollieren, und dadurch, dass sie die Inhalte formen, die gefilmt, gesendet oder ins Internet platziert werden, gestalten sie die Erfahrungen von Menschen überall auf der Welt. Laut Medienexperten ist diese überwältigende Kontrolle menschlicher Kommunikation beispiellos in der Geschichte. In unserem Vorbildland USA ist sie schon lange manifest. Andernfalls wären Eingriffe wie dieser wohl kaum möglich: In dem US-Fernsehspiel »Das Urteil von Nürnberg« soll das Wort »Gas« auf Anweisung herausgeschnitten worden sein. Als Grund dafür heißt es, die TV-Produktion sei von der »American Gas Company« gesponsert worden.

In skandinavischen Ländern gibt es ein Gesetz, das vorschreibt, bei großen anstehenden Entscheidungen, wie beispielsweise bei der Abstimmung über den EU-Beitritt in Österreich 1994, müsse Befürwortern und Gegnern etwa gleich viel Geld zur Verfügung gestellt werden, damit nicht automatisch die Propagandawalze der Geldmacht siegt. Ein solches Gesetz müsste es eigentlich in jeder Demokratie geben, was aber nicht der Fall ist. Das beweist die völlig einseitige österreichische Mega-EU-Eintrittskampagne schlagend, deren dokumentierte schamlose Lügen heute noch von Leserbriefschreibern erfolglos angeprangert werden: Schilling und Anonymität des Sparbuchs bleiben, die Neutralität auch, Entscheidungen fallen selbstbestimmend auf der untersten nationalen Ebene usw.

Was soll's? Dass wir schon lange nicht mehr Herr im österreichischen Haus sind, wird kaum noch jemand bezweifeln. Die Frage ist: Sind wir es noch im eigenen Garten, Hinterhof oder vor unserer ganz persönlichen Wohnungstüre? Besonders vor unserer Wohnungstüre.

Die Rede ist von der aktuellen Transitproblematik und von anderen Peinlichkeiten im Europa des freien Warenverkehrs und des propagierten freien Unternehmertums. Wie öffentlich lautstark, aber anscheinend nicht sehr effektiv beklagt wird, könnte die uns oktroyierte Transitlawine zu gesundheitlichen Schäden wie auch zum Verlust von Arbeitsplätzen führen. Zeitungsberichte vermelden schon jetzt einen signifikanten Anstieg von Atemwegserkrankungen in den betroffenen Gebieten. Weitere erhebliche Gesundheitsschäden werden befürchtet, wenn immer mehr frisch drauflos »LKW-verkehrt« wird. Die vielleicht nicht ganz auf dem Höchststand der LKW-Technik befindlichen Ost-Brummer nach der EU-Erweiterung sind hierbei noch gar nicht mitgerechnet. Während Österreich gegen durch unser Land dahindonnernde Fremdlinge offenbar nichts unternehmen kann, dürfen die eigenen Bürger die Härte der Gesetze auskosten, beispielsweise durch das Verbot von Betriebsansiedlungen, da allein der Verkehr die zulässigen Schadstoffemissionsobergrenzen partiell bereits überschreitet.

Verblüffend, so meinen manche Kommentatoren und Leserbriefschreiber, was man sich alles gefallen lassen muss, wenn man nicht bereit ist, in Brüssel ein legitimes und von anderen oftmals verwendetes Rechtsmittel (Veto) einzusetzen, um in Europa nicht »isoliert« dazustehen. Andere äußern Zweifel, ob es überhaupt einen Sinn hat, zu verhandeln, wenn der Verhandlungspartner von vornherein weiß, dass Österreich auf sein Veto auf jeden Fall verzichtet.

Transitgegner fordern, unsere EU-Beiträge nicht zu bezahlen, wenn die Stickoxide aus dem LKW-Transit nicht reduziert werden, und das dürfte einer Mehrzahl der Österreicher aus dem Herzen sprechen. Wirkung dürfte es allerdings keine haben. So schaut's aus mit dem viel beschworenen »Mitbestimmen, wenn wir dabei sind«, kann man vernehmen.

Nicht der Terror des Transitverkehrs, der den Menschen den Schlaf, die Gesundheit und den Lebensraum nimmt, ist also von Übel, sondern diejenigen Bürger, die sich für das Leben einsetzen oder unverpestete Luft atmen wollen. Nicht der Verkauf von Werten, die mit Steuermitteln geschaffen wurden bzw. Teil des Landes sind, ist von Übel, sondern es sind diejenigen, die meinen, all das wäre nicht Eigentum der Politik und dürfe daher nicht verhökert werden. Wer sich alles wegnehmen lässt, wird gelobt, als kooperativ und aufgeschlossen gepriesen. Wer sich solchen Aktivitäten hingegen entgegenstellt, wird von Medien und Eliten sogleich als Fortschrittsgegner, asoziales Element, wenn nicht gar Anarchist apostrophiert. Also vielleicht auch Sie, wenn Sie auf frei zugänglichem Wasser und auf Sozialleistungen bestehen, das Pech haben, an einer Transitroute zu leben, den von Tierschutzorganisationen angeprangerten Horror von Legebatterien und das Leid tagelang ohne Wasser transportierter Tiere nicht ertragen wollen, Tierfabriken zum Kotzen finden oder Volksvermögen gerne im Besitz der Bevölkerung wüssten.

Seit es immer mehr Zeitgenossen aufdämmert, dass die ureigenste Aufgabe des Staates nicht das Schließen von »Ergebnislücken« sondern das Schließen von Versorgungslücken ist, scheint die Verketzerung der Globalisierungskritiker begonnen zu haben. Ein Mitbegründer von ATTAC ging in einem Referat auf die Versuche ein, unliebsame Bewegungen anzuschwärzen. Er sagte unter anderem:»*Dieser Kongress ist die Antwort auf die Versuche, ATTAC zu kriminalisieren, indem man uns kleine gewalttätige Gruppen unterschiebt, ja vielleicht dafür engagiert. Aber wir haben mit Gewalt nichts zu tun ... Seit dem 11.9. versuchen einige Pseudointellektuelle uns als anti-modernistisch, ›anti-globalistisch‹ etc. weil ›anti-amerikanistisch‹ darzustellen, und uns deshalb als pro-terroristisch zu bezeichnen. Welch abstruse Argumentation! Denn in Seattle z.B. waren es mehrheitlich US-amerikanische Gruppierungen, neben französischen u.a., die gegen die WTO-Tagung aufgetreten sind. Es ist absurd, was derzeit alles der Komplizenschaft mit dem Terrorismus gezieen wird ...*«* Mittlerweile muss sich ATTAC sogar mit dem Vorwurf auseinandersetzen, von Rechten unterwandert zu sein, was besonders bizarr ist, da diese engagierte Organisation wohl eher dem linken Spektrum zuzurechnen sein dürfte.

Die Ankündigung, EU-Transitwege auch mit Gewalt freizuhalten, zeigt für viele bereits eine Verschiebung vom *Menschenrecht* zum *Konzernrecht*. Wenn diese Entwicklung anhält, wie stark befürchtet wird, könnten Zeitgenossen, die sich aktiv für eine gesunde Zukunft ihrer Familien, für Sozialleistungen, für lokale Unternehmen mit einer Wertschöpfung im eigenen Lande und/oder für eine intakte und lebenswerte Umwelt einsetzen, schnell in den Verdacht geraten, üble Nationalisten, oder – schlimmer noch – Sympathisanten des Terrors zu sein.

Bei einem der Vorträge, die ich vor der Ratifizierung des unsäglichen EU-Reformvertrags besucht habe – jenes Vertrags, den die Iren im Juni 2008 abgelehnt haben und der laut kritischen Fachleuten die getarnte Neuauflage der von den Franzosen und Niederländern 2005 vehement verneinten EU-Verfassung ist –, hat der Vortragende einen originellen Einstieg gewählt, der es verdient, Ihnen, liebe Leserin, lieber Leser, nahegebracht zu werden.

Wie der Redner damals seine Zuhörer, frage ich Sie, wie man eine Staatsform nennt, in der das Folgende an der Tagesordnung ist:

- Mitbestimmung des Volkes findet nicht statt.
- Die Medien betreiben reine Hofberichterstattung – gleichgeschaltet und einheitlich ausgerichtet.
- Die Meinungsfreiheit ist eingeschränkt.
- Unliebsame Ansichten führen ins Gefängnis.
- Das Recht am persönlichen Eigentum ist reglementiert.
- Gleiches Recht für alle wird in Frage gestellt.
- Die herrschende Kamarilla kann nicht abgewählt werden.

Wenig verblüffend riefen die Zuhörer: »Diktatur!« Ich nehme an, auch Sie denken das. Doch Sie irren. Ebenso wie die Zuhörer, mich eingeschlossen. Der Referent meinte weder Burma oder China noch afrikanische Bananenrepubliken oder Russland. Die Länder, auf die sich seine Fragen bezogen, sind Deutschland und Österreich. Das erfordert nähere Erläuterung, die auch gegeben wurde:

- *Mitbestimmung* Null: z. B. keine Volksbefragungen zum Reformvertrag.
- *Meinungsfreiheit.* Wir alle wissen, für welche Meinungsäußerungen man in Deutschland und Österreich ins Gefängnis wandern kann. Um Missverständnisse zu vermeiden, distanzierte sich der Referent ebenso angewidert, wie ich das an dieser Stelle und auch sonst immer tue, von besagten Meinungen, wies aber dennoch auf die Voltaire (1694–1778) zugeschriebene Aussage hin: »*Du bist anderer Meinung als ich, aber ich werde Dein Recht, sie zu äußern, bis in den Tod verteidigen.*«
- *Persönliches Eigentum* eingeschränkt: Anti-Diskriminierungen sind kalte Enteignung, wenn man *sein eigenes* Geld/seine Wohnung nicht dem verweigern *darf*, der einem aus welchem Grund auch immer nicht zu Gesicht steht. Es ist doch immer noch das eigene Geld, oder etwa nicht?

Für manche nicht, und sie führen ein Beispiel aus dem Februar 2008 an: Im Zuge eines Einstellungsgesprächs bei einer Kurbad AG im österreichischen Burgenland wurde einer jungen Kurärztin muslimischen Glaubens gesagt, sie müsse wie alle anderen in der für Ärzte vorgesehenen Dienstkleidung arbeiten. Diese sieht unter anderem aus Gründen der Hygiene kein Kopftuch vor. Die Betreffende wollte das Kopftuch für diese Art der Tätigkeit nicht ablegen. Sie hat den Job daher nicht bekommen und wegen Diskriminierung geklagt. Daraufhin zahlte ihr die Kurbad AG vor der ersten Verhandlung freiwillig zwei Monatsgehälter als Schadenersatz, zusammen 4500 Euro, um den Prozess zu vermeiden und erklärte, man habe niemanden diskriminieren wollen. Die Summe soll die bislang höchste Entschädigung für eine »Einstellungsdiskriminierung« in Österreich darstellen.

Manche Christen stellen sich gegen die ihrer Meinung nach immer hemmungsloseren Anti-Diskriminierungsorgien, indem sie Matthäus 20, 1–16a zitieren, die »Arbeit am Weinberg«. In einem Gleichnis erklärt Jesus seinen Jüngern, dass es unrecht sei, sich über ungleiche Entlohnung zu beschweren, mit diesen Worten, die er den Besitzer eines Weinberges sagen lässt: *»Nimm dein Geld und geh! Ich will dem letzten ebensoviel geben wie dir. Darf ich mit dem, was mir gehört, nicht tun, was ich will?«* Wenn es nach heutigen Regeln gegangen wäre, wäre der Weinbergbesitzer vor Gericht gelandet und Jesus hätte Schwierigkeiten bekommen, weil er diesem Recht gab.

- *Gleiches Recht* in Frage gestellt: In Österreich hat die verteufelte FPÖ im Frühjahr 2008 eine »Versicherung gegen Inländerdiskriminierung« angeleiert. Sie soll die Chancenungleichheit vor Gericht bei zivilrechtlichen Prozessen zwischen In- und Ausländern für erstere verbessern. Es soll nämlich vorkommen, dass bei Mietrechtsprozessen ausländische Mieter einen Anwalt durch einen mit öffentlichen Geldern gesponserten Anti-Rassismus-Verein zur Verfügung gestellt bekommen. Der heimische Vermieter hingegen muss seinen Anwalt selbst bezahlen, um zu beweisen, dass er einen ausländischen Wohnungsbewerber nicht diskriminieren wollte (einfach dem die Wohnung zu geben, der einem sympathisch ist, kann nämlich bereits zu größten Problemen führen, auch wenn uneinsichtige Bürger meinen, das sei jedermanns persönliches Recht …).
- *Herrschende Clique:* Fällt Ihnen auch auf, dass man wählen kann, wen man will, man bekommt immer die identische Politik (Globalisierung, Wirtschaftsdominanz, Amerikanisierung, Auslagerungen, Privatisierungen, Deregulierung etc.). Der Referent verwies auf die Aussage des österreichisch-britischen Philosophen Karl Popper: *»Demokratie besteht nicht in der Möglichkeit zu wählen [das durfte man für den Obersten Sowjet auch], sondern darin, eine regierende Garnitur friedlich zu entfernen.«*

Nach dieser Einleitung, die bereits für gehörige Unruhe gesorgt hatte, wies der Referent darauf hin, dass diese »demokratischen Zustände« mit dem Fortschreiten der EU-Integration, sprich der Übertragung von so gut wie allem und jedem nach Brüssel, noch weiter zunehmen würden. Sein Fazit: Es herrscht Krieg gegen die (eigenen) Völker, diese wissen es nur nicht. Einige der Vorgänge, die ich darlege, sind zum Zeitpunkt der Verfassung dieses Buches noch im Fluss. Manche werden sogar gestoppt oder (zumindest zeitweilig) zurückgenommen, die generelle Richtung ist aber vielen dennoch klar.

Ein Schweizer Bürger, der zur EU befragt wurde, sagte: *»Wenn die EU der EU beitreten wollte, dann müsste die EU das ablehnen, weil die EU nicht die demokratischen Beitragskriterien erfüllt, die von Beitrittskandidaten erfüllt wer-*

den müssen.« Und – wer hätte das gedacht? – in der größten österreichischen Tageszeitung »Kronenzeitung«, die auf die Bevölkerungszahl meines Landes gerechnet die größte Tageszeitung der Welt ist, fand sich im Herbst 2008 ein Artikel mit der Überschrift *»Was ist vom Zeitalter der Demokratie geblieben?«*, in dem zu lesen ist: *»Es deutet alles darauf hin, dass Demokratie nur auf nationaler Ebene, wenn überhaupt noch, funktioniert. Versucht man sie auf einem übernationalen Niveau einzuführen, um übergreifende Probleme der Welt zu lösen, klappt es nicht. Die sicher nicht demokratische EU ist dafür das beste Beispiel.«*

In seinem 2008 in deutschen Landen erschienenen Buch »Der Kalte Krieg des Kreml« warnt der Engländer Edward Lucas vor einem Russland, in dem Rechtsstaatlichkeit, Gewaltenteilung, unabhängige Medien und freie Wahlen zugunsten der Staats- und Wirtschaftsmacht nur noch als symbolische Feigenblätter vorhanden sind. Ich habe mir den Spaß erlaubt, Zeitgenossen zu fragen, welche Region der Erde sie mit diesen Defiziten assoziieren. Russland hat keiner genannt, sondern – Sie ahnten es vielleicht schon – die EU, manche auch die USA. Dabei täte man den USA trotz aller Beschneidungen der Bürgerrechte unrecht, denn die einzelnen US-Bundesstaaten haben weit mehr Selbstständigkeit von Washington als die »nationalen« EU-Staaten von Brüssel. Jeder US-Gouverneur, der Teile der Autonomie seines Bundesstaates an Washington abtreten wollte, würde sofort aus dem Amt gejagt, zuvor aber nach altem Brauch geteert und gefedert werden.

Ähnlich Catos »Ceterum censeo ...« werden manche nicht müde, immer wenn von der friedenserhaltenden Wirkung des vereinigten Europa die Rede ist, darauf hinzuweisen, dass das eine Lüge ist. Weder die Montanunion noch die EWG, noch die EG und schon gar nicht der heutige EU-Moloch waren jemals ein Friedensprojekt. Nicht diese Zusammenschlüsse haben nach 1945 einen Krieg in Europa verhindert, sondern schlicht und einfach die Tatsache, dass die »Alte Welt« in zwei klar definierte Einflusssphären geteilt war, in denen die jeweiligen Kolonialmächte USA und UdSSR – unangefochten von der jeweils anderen Seite – freie Hand hatten. Dieses Faktum ist 2008 anlässlich der Erinnerungen an den Prager Frühling von 1968 mehrmals offen angesprochen worden.

Mit anderen Worten: Bis zum Zerbröseln der Sowjetunion hätte es keinen europäischen Krieg gegeben, weil beide Kolonialmächte diesen nicht erlaubt hätten. Die einzigen, die sehr wohl in Europa Krieg hätten führen können, und auch dazu bereit waren, waren bis 1989 die USA und die UdSSR, nach deren Zerfall derartige Pläne offenbar wurden (auch solche der Amerikaner sind aufgeflogen). Als sich mit der Sowjetunion das Ge-

gengewicht zur USA verabschiedete, gab es umgehend wieder Kriege in Europa – vom Balkan in den 1990ern bis zum Kaukasuskrieg von 2008 …

Ein schönes Beispiel für Desinformation in EU-Diensten konnte man in Österreich im März/April 2008 im Zusammenhang mit den Demonstrationen gegen die Ratifizierung des EU-Vertrages bzw. für eine Volksabstimmung darüber erleben. Für manche ein veritables Lehrstück medialer Manipulation aus Gründen der Staatsräson.

Die erste Demo (3000 Menschen im strömenden Regen) wurde von offiziellen Berichterstattungsorganen glatt totgeschwiegen. Da hoffte man offensichtlich noch, dass sich »so etwas« in Österreich nicht so bald wiederholen würde. Beim nächsten Mal war das Wetter besser und es demonstrierten rund 10 000. Also musste man sich etwas zur Relativierung einfallen lassen. In der Bibel steht: »*Wer suchet, der findet.*« In der Tat: Am Rande dieser Großveranstaltung demonstrierten einige offenkundig »Rechte.« Auf dieses Häuflein von maximal ein paar Dutzend Personen stürzten sich die Top-Journalisten. Wie es dann medial herüberkam, war diese rechte Randgruppe das eigentlich treibende Element hinter dieser Veranstaltung. Damit war für die meisten Medienkonsumenten klar: Wer gegen die EU ist, kann nur ein ewig Gestriger sein. Denn mit der EU sind Fortschritt und Zukunft. Dessen ungeachtet gibt es immer mehr kritische Naturen, die sich diesem Credo nicht anschließen.

Für sie ist Brüssel eine Exekutive und ein Erfüllungsgehilfe der USA, ausgestattet mit außerordentlichen Machtmitteln wie Medien, Werbung, Bildungs- und Kulturpolitik, Arbeitsmarktpolitik und Ernährungsplanung. Manche bezeichnen die EU offen als eine – wenn auch wichtige – amerikanische Besatzungszone auf der Erde; als Instrument einer weltumspannenden Clique mit dem Sitz in der Wall Street zur ethnisch-kulturellen Auflösung Europas durch Planungsbürokratie, durch immer totaler werdende Gesetzgebungskompetenz, Durchgriffsrecht auf allen Ebenen, totale Kontrolle und Machtübertragung an multinationale Konzerne. Völker sind obsolet. An ihre Stelle tritt der kontinentale Supermarktbesucher. Wie beklagt wird, hat Europa den Wandel des »Kultur«-Raums zur wirtschaftlichen Zone fast schon vollzogen, in der die Völker schrittweise normiert werden.

Nach diesem Streifzug durch unser mehr oder weniger unmittelbares Umfeld wollen wir uns der globalen Perspektive zuwenden, scheint doch so gut wie jede lokale Entscheidung nichts anderes zu sein als ein weiterer Schritt zur Machtentfaltung über den gesamten Globus. Und wo diese Macht ihren Sitz hat, haben warnende Stimmen ja bereits mehr als nur angedeutet …

Teil VI

Die globale Front

Die nordamerikanische Ausdehnung

>*»An der Nahtstelle von Wirtschaft und Politik ist es*
>*völlig normal, sich auf Kosten anderer auszubreiten –*
>*mit immer neuen Intrigen und Spielchen!«*
>
>Milton Friedman (1912–2006), amerikanischer
>Wirtschaftswissenschaftler und Nobelpreisträger)

»Nova Atlantis« oder neues Rom?

Für besonders misstrauische Beobachter ist die Einsackung der Welt bereits seit Jahrhunderten im Gang. Damals hätten die schon sehr lange existenten Hintergrundmächte erkannt, dass Monarchen und andere autokratische Herrscher ihnen ihre Länder nicht freiwillig übereignen würden. Daher haben sie, die Mächtigen, sich eine unangreifbare Machtbasis gezimmert: die USA.

Bei einer Rede im englischen Parlament erklärte Sir Francis Bacon, Viscount of St. Albans, sein 1626 erschienenes Buch »Nova Atlantis« (Das neue Atlantis) wäre die Vorlage für die Schaffung einer neuen Welt in Amerika. Die im Jahr 1606 erfolgte Gründung der »Virginia Company« und die darauf folgende Besiedelung von Virginia, der ersten Kolonie in der »Neuen Welt«, wäre für ihn sowohl ein politischer als auch ein spiritueller Akt.

Dass die USA eindeutig als »neues Rom« geplant und angelegt waren, ist heute für viele allein durch Begriffe wie »Capitol« oder »Senat« evident, verbunden mit dem weltweit einmaligen System von Wahlmännern, um sicherzustellen, dass auch immer der »Richtige« Präsident (Imperator?) wird. Nachdem die im wahrsten Wortsinn US-»Wahlschlacht« des November 2008 den ersten Nichtweißen der amerikanischen Geschichte ins Weiße Haus einziehen ließ, überschlugen sich euphorische Jubelrufe, und zwar auch in »Good Old Europe«, das nach Obamas eigenen Worten im Sinne der neuerwachten transatlantischen Freundschaft mehr Truppen in die von den USA attackierten Länder senden soll. Weniger laut sind düstere Prognosen zu vernehmen.

Webster Griffin Tarpley, der in den USA vor der Wahl mit Veröffentlichungen über den Kandidaten Obama Aufsehen erregt hat, ist wie auch andere darüber irritiert, dass der jetzige Präsident in seiner Studienzeit in den 1980er-Jahren an der Columbia University ein gutes Verhältnis zu einem Professor und Präsidentenberater gehabt haben soll, der bis heute als unverbesserlicher Kriegstreiber und Russenhasser gilt. Es ist der gebürtige Pole Zbigniew Brzezinski, der heute Obamas außenpolitischer Berater ist. Derselbe Brzezinski, der als nationaler Sicherheitsberater Jimmy Carters in den 80er-Jahren islamische Extremisten (Taliban) in Afghanistan massiv militärisch und finanziell förderte, um die Sowjetunion zu destabilisieren. Zu den Unterstützten gehörte damals auch Osama bin Laden.

Aus diesen und anderen Gründen mutmaßen manche, Obama würde den Konflikt vermutlich weg vom Iran und Irak in Richtung Russland und China verlagern, was viel gefährlicher sei. Auch wenn Obama nicht, wie gelegentlich geäußert, die perfekte Verkörperung von »Teddy Roosevelts« berühmtem Spruch »*Speak softly and carry a big stick*« ist, so wird ihm selbst bei den edelsten Motiven aus nackten Sachzwängen heraus gar nichts anderes übrig bleiben, als die jahrzehntelang praktizierte Gewaltpolitik von »God's Own Country« weiterzuführen.

Lassen wir uns überraschen, wie die strahlende Lichtgestalt Obama, die mit den bizarrsten Vorschuss-Lobhudeleien bedacht wurde (beispielsweise in einer Zeitung als »Herzensfänger mit Atomkoffer«), mit den titanischen Herausforderungen eines Landes fertig wird, dessen Infrastruktur sich auflöst und das schlichtweg bankrott ist, auch wenn die unterwürfigen Westmedien das leugnen.

Beispielsweise sollen Experten zu der Auffassung gelangt sein, zwei von drei der etwa 600 000 Autobahnbrücken und Überführungen würden so schwere Mängel aufweisen, dass sie praktisch vor dem Einsturz stünden. Gelegentlich stürzen tatsächlich welche ein. Schon im Jahr 1993 soll eine Studie Präsident Bill Clinton beim Antritt seiner ersten Amtsperiode mit der peinlichen Aussicht konfrontiert haben, allein für die dringend notwendigen Arbeiten an den desolaten amerikanischen Brücken eine derart astronomische Summe aufbringen zu müssen, dass man das unlösbare Problem nicht weiter diskutierte. Schlimmer als bei den Brücken sind angeblich die Sicherheitsverhältnisse auf den US-Eisenbahnstrecken, deren Gleiskörper als so ausgefahren gelten, dass Güter- und Personenzüge ihre Geschwindigkeit streckenweise auf Fahrradtempo reduzieren müssen. Was aus der geplanten und ambitioniert angestrebten umfassenden Gesundheitsversorgung der Clinton-Administration geworden ist, die Obama unter wesentlich schlechteren Ausgangsbedingungen ebenfalls in Angriff nehmen will, weiß man.

Umso erstaunlicher erscheint es manchen, unter den größten Unterstützern des »Kandidaten des Wechsels« just *die* wirtschaftlichen Kräfte zu entdecken, die für den desaströsen Zustand der US-Ökonomie verantwortlich sind. Ausgerechnet die Schwergewichte unter den Finanzinstituten der Wall Street, in denen man kaum farbige Mitarbeiter findet, sollen es gewesen sein, die alles daran gesetzt haben, einen »Schwarzen Mann« ins Weiße Haus zu bugsieren. Sieben von Obamas 14 wichtigsten Spendern sollen gerade Wall-Street-Finanzinstitute sein, die heute nicht im allerbesten Licht dastehen. Hinzu sollen sich noch ein Hedgefonds sowie sechs einflussreiche, auf Wirtschaftslobbyismus spezialisierte Anwaltskanzleien gesellt haben.

Für nüchterne Analysten ist Obama nicht anderes als ein Clinton mit etwas dunklerem Teint. Auch von Clinton erwartete man nach Bush senior einen neuen Aufbruch. Der gute Bill hatte aber nichts Eiligeres zu tun, als nach einer massiven Lügenpropaganda einen Bomben-Krieg gegen Serbien vom Zaun zu brechen, um das Land »für die Privatisierung zu öffnen« und »in die westliche Gemeinschaft zu führen.« Obama wird vielleicht im Laufe der Regierungsjahre ein paar US-Soldaten aus dem Irak abziehen, aber auch nur, um sie – wie bereits angekündigt – nach Afghanistan zu schicken oder um sonst wo einen neuen Krieg gegen den sogenannten »Terrorismus« anzufangen. Und wie seine neue »Partnerschaft« mit der »Alten Welt« aussieht, wissen wir seit seiner Berlin-Rede im Juli 2008: Mehr europäische Soldaten für US-Kriege, speziell deutsche Truppen nach Afghanistan.

Eines ist unleugbar: Sofort nachdem aus einem zusammengewürfelten Haufen von Bundesstaaten eine globale Macht geworden war, haben geheime oder weniger geheime Eliten der USA damit begonnen, anderen Ländern die Demokratie aufzuzwingen oder unter dem Mäntelchen der Menschenrechte missliebigen Staatsformen ein Ende zu machen.

Bei näherer Betrachtung entpuppen sich diese moralischen Kreuzzüge allerdings nicht selten als handfeste Interessensvertretung in eigener Sache. Das geht schon so seit dem amerikanischen Bürgerkrieg, bei dem die Sklavenbefreiung ein reiner Vorwand, der wahre Grund hingegen die Aufrechterhaltung der enormen Zahlungen des Südens an den Norden war, über den Ersten Weltkrieg bis zu den Golfkriegen von 1991 und 2003, dem

Kosovo-Krieg von 1999 oder Afghanistan 2001 – kommende moralische Gewaltaktionen klarerweise noch nicht eingerechnet.

Gelegentlich werden wahre Kriegsgründe ohne verlogenen Schwulst sogar von amerikanischer Seite offiziell zugegeben. Ein Kongress-Komitee unter Vorsitz von Senator Gerald P. Nye führte 1934 eine gründliche Untersuchung der Munitions- und Rüstungsindustrie durch. Das Ergebnis dieser in den USA berühmt gewordenen »Munitions and Armament Investigation« lässt sich für die Zeit des Ersten Weltkrieges in einem einzigen peinlichen Enthüllungssatz zusammenfassen: »*Hauptverantwortlich für den Entschluss der USA, 1917 den Krieg zu erklären, waren die Rüstungsindustrie und die Hochfinanz, weil ihre unmittelbaren Interessen und Profite sich in einem entscheidenden Ausmaß mit der britischen und französischen Hochfinanz verflochten.*« Präsident Woodrow Wilson hatte diesen Sachverhalt bereits am 5. September 1919 in einer Rede offen angesprochen, indem er sagte: »*Gibt es einen Mann oder eine Frau, ja lasst mich sagen, gibt es ein Kind, das nicht weiß, dass der Samen des Krieges in der modernen Welt der industrielle und wirtschaftliche Wettbewerb zwischen den Nationen ist? Dieser Krieg war ein Industrie- und Handelskrieg. Es war kein politischer Krieg.*« Vier Tage später wurde er noch deutlicher: »*Die deutschen Bankiers, die deutschen Kaufleute und die deutschen Industriellen wollten diesen Krieg nicht. Sie waren ohne ihn auf dem besten Weg, die Welt zu erobern, und wussten, dass er ihre Pläne verderben würde.*«

Während einer Sitzung des Ausschusses für Auswärtige Angelegenheiten (66. Kongress) stellte Senator McCumber folgende Frage: »*Präsident Wilson, glauben Sie, dass, wenn Deutschland keine Kriegshandlungen begangen hätte, die wir als feindlich betrachten konnten, wir dann trotzdem in diesen Krieg gezogen wären?*« Präsident Wilson antwortete: »*Ich glaube es.*« Daraufhin setzte der Senator nach: »*Sie sind also der Meinung, dass wir* auf jeden Fall *in den Krieg gezogen wären?*« Präsident Wilson: »*Jawohl.*«

Der Eintritt der USA in das erste Großgemetzel des zwanzigsten Jahrhunderts musste also schlicht und einfach deshalb erfolgen, so zu lesen in dem Buch »Seemachtpolitik im 20. Jahrhundert«, weil die intensive Zusammenarbeit der amerikanischen und englischen Banken dazu geführt hatte, dass nur Anleihen von Ententeländern aufgelegt und begünstigt wurden, die der Mittelmächte jedoch einem Boykott ausgesetzt waren. Anfang 1917 war das Netz der internationalen Finanzverflechtungen dermaßen überspannt, dass es unweigerlich zerreißen musste, wenn die Mittelmächte im Krieg *nicht* unterlagen. Und ihre Niederlage konnte nur durch den Kriegseintritt der Vereinigten Staaten bewirkt werden.

Nach dieser Ladung an Desillusionierung jenseits von moralinsaurem Geschwafel möchte ich mir einen unorthodoxen Einschub zum Thema Demokratie und deren Verbreitung erlauben.

Demokratiekritik aus der Tiefe

Man möge mir verzeihen, dass ich mich auf ein anderes Buch von mir beziehe, und zwar auf »Geheimsache Zukunft. Von Atlantis zur hohlen Erde«, aber ich selbst bin bei einer Diskussion über die USA und ihre »demokratischen Kreuzzüge« auf eine Passage meines Buches angesprochen worden, die meiner Meinung nach eine auszugsweise Wiedergabe als Denkanstoß verdient. Genauer gesagt, bezieht sich die Passage meines Buches auf eine solche in einer weit älteren Publikation – aber urteilen Sie selbst.

Worum es geht, ist das Werk von Lord Edward George Earl Bulwer-Lytton (1803–1873), »Vril oder Eine Menschheit der Zukunft/The Coming Race« aus dem Jahr 1871. Das Buch erzählt von der unterirdischen Superzivilisation der »Vrilya«, die mithilfe der kosmischen Urkraft »Vril« in Frieden prosperiert und sich geistigen Höhenflügen hingibt.

Lyttons namentlich nicht genannter Romanheld und Ich-Erzähler ist ein Amerikaner, der durch einen Minenschacht in das unterirdische Reich der »Vrilya« vordringt, wo er freundlich aufgenommen wird.

In einer Episode des Buches schildert der Protagonist den Bewohnern des unterirdischen Reiches die zivilisatorischen Errungenschaften der Oberflächenbewohner in leuchtenden Farben, wobei er allerdings auf wenig Begeisterung stößt: »*Voll Ärger sah ich an den Gesichtern meiner Zuhörer, dass meine Lobeshymne nicht den günstigen Eindruck machte, den ich erwartet hatte, so dass ich beschloss, die Farben meiner Schilderung noch etwas deutlicher aufzutragen. Ich erging mich nunmehr in einer Beschreibung unserer so durch und durch demokratischen Einrichtungen im Staate, erzählte, wie das ruhige Glück aller Mitmenschen durch das Herrschen der politischen Parteien von vornherein gesichert sei; vor allem, wie bei uns für die Ausübung der Macht und den Genuss von Ehren ausgerechnet die an erarbeitetem Besitz, Charakter und Erziehung niedrigsten Bürger bevorzugt würden; wie überhaupt das in der Demokratie aufblühende politische Parteileben die segensvollsten Harmonien im Staatswesen hervorrufe.*

Glücklicherweise fielen mir während des Sprechens sogar noch Zitate aus einer unlängst gehörten Rede über den läuternden Einfluss der amerikanischen Demokratie und ihre zukünftige Ausbreitung über die ganze Welt ein; eine vorzügliche Rede, die einer unserer besten Senatoren gehalten hatte (für dessen Eintreten ins Parlament eine einflussreiche Industriegesellschaft allerdings eben erst zwanzigtausend Dollar gezahlt hatte). Ich zitierte schließlich die herrlichen Prophezeiungen dieses überaus beredten Demokraten von der glänzenden Zukunft, die der ganzen Menschheit beschieden sein würde, wenn erst einmal die Flagge der Freiheit über den ganzen Kontinent wehen und 200 Millionen intelligenter Weltbürger, die von Kindheit auf an den freien Gebrauch von Schusswaffen gewöhnt sind, diese glorreichen Staatsideen einer zitternden Menschheit darbringen würden!«

Das klingt vielleicht irgendwie bekannt, muss aber nichts auf sich haben. Ebenso wenig wie die folgenden Worte, die Zee, die Tochter des »Obersten Verwalters des künstlichen Lichts im Staate« und Professorin an der »Akademie der Gelehrten« an anderer Stelle zu ihrem Gast aus der Oberwelt sagt: »*Sie sehen, wie gänzlich sich unsere Zustände unterscheiden von denjenigen der doch recht unzivilisierten Nationen, von denen Sie kommen. Es muss bei Ihnen ja notwendig zu einer systematischen Fortdauer ewiger Sorgen, Ängste und leidenschaftlicher Kämpfe ausarten, die mit der Zeit statt besser nur schlimmer, bedrohlicher anwachsen. Bei uns gibt es ein Volk, das zwar an Zivilisation unter den Vrilya steht jedoch unter den wilden Barbaren das mächtigste ist und seine Regierungsform für die beste politische Errungenschaft menschlicher Weisheit hält, die von den anderen Nationen unbedingt nachgeahmt werden müsse. Diese Staatsform nennt man ›Koom-Posh‹, es ist die Regierungsform der Unwissenden, nach dem kindlichen Prinzipe gedacht, dass im Staate die Mehrheit regieren müsse. Diese Staatsidee sieht das Heil darin, dass eine jede Partei um die Mehrheit wetteifert, was natürlich nur zu einem Dauerzustand übelster Leidenschaft führt – Kampf um den Vorrang an Macht, um Erlangung der Staatsgelder oder um Volksgunst und andere Dinge von solcher Art. Es ist scheußlich zu sehen, wie bei dieser Staatsform die Rivalität der Parteien dahin führt, dass der eine den anderen beschimpft, verleumdet, betrügt, und wie sich selbst noch die besten und harmlosesten dieser Parteimenschen gegenseitig ohne Gewissensbisse oder Scham niederkämpfen.*

Vor einigen Jahren besuchte ich ein derartiges Volk, aber ihr Elend und ihre Würdelosigkeit wurde mir nur noch widerlicher dadurch, dass sie ständig davon redeten, wie herrlich weit sie es doch gebracht hätten und sich mit phrasenhaftem Wortschwall als eine glorreiche Nation gegenüber den anderen Völkern betitelten. Und leider gibt es keinerlei Hoffnung, dieses Volk, das übrigens recht dem Ihrigen gleicht, je zu bessern, da die ganze Psychologie dieser Menschen in solcher Richtung sich abwärts entwickelt.

Eine ihrer Begierden besteht beispielsweise darin, ihr Gebiet um jeden Preis zu vergrößern, was ja mit der fundamentalen Wahrheit in Widerspruch steht, dass jede Gemeinschaft nur bis zu einem organisch gegebenen Höchstmaß an Umfang noch lebensfähig ist. Und je mehr sie ein Staatssystem ausbauen, in dem einzelne Demagogen sich nur durch hitzige Kämpfe und geschwollene Worte an der Spitze von Millionenmassen erhalten, desto mehr brüsten sie sich …«

Von Lyttons visionärer Erzählung zurück zur nackten Wirklichkeit. Tatsache ist, dass sich die Machtbasis der USA seit ihrer Gründung durch die Unabhängigkeitserklärung vom 4. Juli 1776 drastisch erweitert hat, ebenso wie die zur Durchsetzung globaler Hegemonie vorgesehenen Instrumente. Eines davon wollen wir unter die Lupe nehmen, weil es den meisten Europäern unbekannt ist und jenen, die davon wissen, für die »Alte Welt« nicht relevant scheint. Beiden wird geraten aufzuwachen.

Krake »Northern Command« der USA

> *»Noch niemals hat ein solches*
> *Ungleichgewicht von Macht existiert.«*
>
> Paul Kennedy, Journalist und Autor, u. a.
> »Aufstieg und Fall der großen Mächte«

Das »NorthCom« wurde im April 2002 im Zusammenhang mit dem »vorbeugenden Krieg gegen den Terrorismus« eingerichtet. Es ist die Verwirklichung des Konzeptes eines »Homeland Defense Command« (Kommando Innere Verteidigung), das schon Anfang 1999 von Clintons Verteidigungsminister William Cohen »für den Fall eines terroristischen Angriffs auf amerikanischem Boden« ins Auge gefasst worden war. Nach dem 11. September 2001 konnte man das Konzept dann aus der Schublade nehmen und umsetzen.

Stationiert ist das »NorthCom« auf der Luftwaffenbasis Peterson in Colorado. Die Rolle des »Northern Command«, wie sie in der »Joint Doctrine for Homeland Security« (J-P 26, Gemeinsame Doktrin für Homeland Security) definiert ist, bildet eine Vorlage dafür, wie die Verteidigung des Landesinneren zu erfolgen hat.

Seit seiner Gründung hat das »NorthCom« Kapazitäten in den Bereichen des Inlandgeheimdienstes und der Polizeigewalt aufgebaut. Es steht in ständiger Verbindung mit dem »Department of Homeland Security« und dem Justizministerium. In seinem Hauptquartier in Colorado sind mehrere Hundert FBI- und CIA-Agenten stationiert. Dank eines ausgebauten Kommunikationssystems hält es ständigen Kontakt mit Stadtverwaltungen und zivilen Polizei- und Strafvollzugsbehörden im ganzen Land. Wenig beachtet, hat die CIA – von der eine Einheit vom »North-Com« aus operiert – ihren Auftrag auf Aufgaben des »Inlandgeheimdienstes« ausgedehnt.

Für Kritiker bedeutet das »NorthCom« die De-facto-Aufhebung des »Posse Comitatus Act«, der seit 1878 untersagt, dass das Militär für polizeiliche Aufgaben im Inland eingesetzt wird. Für sie entfaltet sich in Wirklichkeit das Szenario einer Übernahme Amerikas durch das Militär, wobei das »Northern Command« die zentrale militärische Einheit, sozusagen das Herzstück, bildet. Aktiviert würde die Kommandostruktur von »NorthCom« im Falle eines Code-Red-Terror-Alarms. Was ein Code-Red-Alarm alles mit sich bringt, wird allerdings selten ernsthaft diskutiert.

»Patriot, sei wachsam – der Feind ist überall!«

Dazu muss man sich den Entwurf »H. R. 1955« zu Gemüte führen. Er steht für »Violent Radicalization and Homegrown Terrorism Prevention Act of 2007« (Gewaltsame Radikalisierung und Innerstaatliches Terrorismus-Verhütungs-Gesetz von 2007). Seine Formulierung lässt George Orwells »Neusprech« aus »1984« glasklar erscheinen. Danach wäre es der amerikanischen Regierung gestattet, jeden zu verhaften oder anderweitig zum Schweigen zu bringen, den sie des »innerstaatlichen Terrorismus oder *anderer Vergehen*« für schuldig hält. Der letztere Teil über die *anderen Vergehen* ist eine Klausel, durch die jede ernsthafte Gegnerschaft gegen die Politik der US-Regierung wie ein Verbrechen behandelt werden kann, einschließlich des Beharrens auf das Recht der Freien Rede.

Der Entwurf ist geschickterweise so formuliert, dass er die Furcht vor einer Wiederholung des Terrorangriffs vom 11. September aufgreift und zugleich den Weg für eine tiefgreifende Verweigerung verfassungsmäßiger Rechte des amerikanischen Normalbürgers ebnet. So heißt es beispielsweise: »*Ideologisch-basierte Gewalt bedeutet die Anwendung oder geplante oder angedrohte Anwendung von Gewalt oder Gewaltanwendung einer Gruppe oder von Einzelpersonen zur Förderung der politischen, religiösen oder sozialen Überzeugungen der Gruppe oder deren Einzelpersonen.*«
Nun kann »geplante oder angedrohte Anwendung von Gewalt« vieles sein. Zudem wurde das Wort »Gewalt« undefiniert gelassen. Es könnte angewendet werden, um politische Kampagnen gegen mögliche Angriffe auf den Iran zu diffamieren, friedliche Straßendemonstrationen unter Strafe zu stellen oder auch, um Sitzstreiks vor einer Bio- oder sonstige Waffen produzierenden Fabrik zu verhindern. Selbst E-Mail-Kampagnen, die die Internet-Server der Regierung überlasten, könnten als Gewaltaktionen firmieren.

Was nun den »Innerstaatlichen Terrorismus« mit dem Unterbegriff »Einschüchterung oder Nötigung der Vereinigten Staaten, der Zivilbevölkerung derselben oder von Teilen davon ...« betrifft, fragen sich manche angesichts solcher schwammigen Formulierungen, welche Handlungen eine »Einschüchterung der Zivilbevölkerung« darstellen. Würde ein Anti-Kriegs-Marsch auf Washington, wie er unter Dr. Martin Luther King während des Vietnam-Krieges stattfand, die Zivilbevölkerung einschüchtern?
Ein Code-Red-Alarm würde unter solchen Auspizien der Reihe nach das »Civil Homeland Emergency Response System« (Nationales-Notfall-Reaktionssystem) in Gang setzen, zu dem die »Ready.Gov«-Instruktionen des Ministeriums für Homeland Security, das »Bürgerkorps« und nicht zuletzt

das »USA on Watch«- und das »Neighborhood Watch«-Programm (Nachbarschafts-Überwachungs-Programm) des Justizministeriums gehören. Besagtes Ministerium ist seit dem 11. September 2001 neu beauftragt, in ganz Amerika »verdächtige Aktivitäten in der Nachbarschaft zu identifizieren und zu melden«.

Als Teil des Homeland-Security-Strategiekonzepts setzte das US-Justizministerium seit Anfang 2002 auf Tipps freiwilliger Informanten. Gedacht war bei der Operation »Terrorism Information and Prevention System« (TIPS) vor allem an Briefträger, LKW- und Busfahrer, Mitarbeiter von Versorgungseinrichtungen und Zustelldiensten, deren Funktion ihnen Einblicke in private Wohnungen, Geschäftsaktivitäten sowie den Güter- und Personenverkehr verschafft. Diese Informanten sollen Verdächtige und Verdächtiges an eine zentrale Hotline-Nummer melden, wo Mitarbeiter den Fall an die jeweils zuständige Ermittlungsbehörde weiterleiten.

Besorgte, die seit dem 11. September 2001 befürchten, dass die bürgerlichen Freiheiten rapide den Bach heruntergehen, sind mittlerweile der Meinung, dass gegenseitiges Beschnüffeln zwar immer mehr an der Tagesordnung, im Grunde aber gar nicht notwendig ist. Der Amerikaner von heute weiß, dass es ihm im Krieg gegen den Terrorismus schlecht bekommen würde, auch nur die kleinste Information zurückzuhalten. Als charakteristisches Beispiel sei nur ein Statement in einer Mailingliste der heftig, aber mit abnehmendem Erfolg für die Bürgerrechte kämpfenden »American Civil Liberties Union« (ACLU) von 2004 angeführt. Ein Mann erklärte dort: *»Mein Apotheker sagt, er würde jederzeit, ohne Gerichtsbeschluss oder irgendetwas, sämtliche Daten herausgeben. Er sagt, wenn er es nicht tut, würde er befürchten, dass die Polizei beim nächsten Einbruch bei ihm nicht mehr zur Stelle ist.«*

Informationsübermittlung ist Bürgerpflicht!

Die zunehmende Zusammenarbeit von Big Brother mit den privaten Sicherheitsdiensten beschäftigt die eben genannte Bürgerrechtsorganisation seit geraumer Zeit. Bereits im Jahr 2004 beschreibt ein ACLU-Bericht, wie die US-Regierung Firmen und Einzelpersonen rekrutiert, um eine Überwachungsgesellschaft zu etablieren. Die Organisation warnt in einer Analogie zum »militärisch-industriellen Komplex« vor der Entstehung eines »überwachungsindustriellen Komplexes«.

Der Bericht gliedert sich in vier Rubriken: Rekrutierung von Einzelpersonen, Rekrutierung von Firmen, Nutzung von riesigen Mengen privater und öffentlicher Daten und Lobbyismus, der sich für den Ausbau der Überwachung einsetzt. »*Der amerikanische Sicherheitssektor*«, so der ACLU-Direktor, »*dringt immer tiefer in unser Privatleben ein, indem er die Privatwirtschaft dazu bringt, ihn über die Aktivitäten der Einzelnen zu informieren.*«

Der Bericht macht deutlich, wie eng die Verflechtungen zwischen Wirtschaft und Regierung in einem von Angst geprägten Land sind und inwieweit man sich spätestens seit dem 11. September 2001 von Datenschutz und Respektierung der Privatsphäre entfernt hat. Das amerikanische »National Memorial Institute for the Prevention of Terrorism« bietet dem hilfreichen Anti-Terrorismus-Kämpfer gleich 40 verschiedene Programme zur Auswahl.

Das bereits erwähnte TIPS wurde zwar nach massiven Protesten eingestellt, seine Fortführung findet sich jedoch nicht nur in »Highway Watch« und den übrigen Watch-Programmen wie »River Watch« oder »Real Estate Watch«, sondern auch in den »Cat Eyes«. Die im ersten Moment an Zoologie erinnernde Abkürzung »Cat Eyes« steht für »Community Anti Terrorism Training Institute« und ist hierarchisch aufgebaut: Den »Block Watchern« folgen die »Block Captains« und die »Neighborhood Coordinators«. Nicht wenigen fällt hier sofort der Begriff »Blockwart« aus einem düsteren Kapitel der deutschen Geschichte ein.

Die Bereitschaft von Firmen, Daten freiwillig herauszugeben, trägt maßgeblich zum Aufbau der Überwachungsnetzwerke bei. Ob Fluggesellschaften oder Büchereien (um nur zwei Beispiele zu nennen) – allzu schnell werden sensible Daten freundlich lächelnd überreicht, ohne nach gesetzlicher Legitimation oder einem richterlichen Beschluss zu fragen. Der Datenschutz des Kunden bleibt dabei ebenso auf der Strecke wie das Vertrauen in die Firmen und deren Einsatz für den Kunden. Nicht einmal eine Benachrichtigung der Betroffenen wird erwogen, im Gegenteil, oftmals geschehen diese Datendeals weitgehend unbemerkt und werden dann eher zufällig aufgedeckt. Die Daten sind dann schon lange in die diversen »Data Mining«-Programme eingeflossen.

Privatkrieger als Datensammler

Für Kritiker befinden sich die USA – und zunehmend auch die europäischen Länder – auf dem Weg zum völligen Überwachungsstaat. Die privaten Sicherheitsfirmen sind für sie ein wesentliches Element bei dieser Entwicklung.
Der Meinung ist unter anderem einer der führenden Menschenrechtler der Vereinigten Staaten, ein Anwalt, Buchautor, Universitätsprofessor und Inhaber des mit 100 000 Dollar dotierten »Nation/Puffin«-Preises für seinen lebenslangen Einsatz für soziale Gerechtigkeit. Er leitet das »Center for Constitutional Rights« in New York, das eine Sicherheitsfirma im Namen der Angehörigen der 17 Iraker, die am 16. September 2007 in Bagdad erschossen wurden, wegen mutmaßlicher Kriegsverbrechen verklagt.

In einem Interview sagte er unter anderem: »*Die Sicherheitsfirmen sind uns vor allem als Privatpolizisten und Schutztruppen aufgefallen. Besonders offensichtlich wurde das nach der Verwüstung von New Orleans durch Hurrikan Katrina [mehr zu den seltsamen Vorgängen nach der Hurrikan-Katastrophe in meinem Buch ›Gnadenlose Macht‹]. Normalerweise werden Polizeitruppen oder Einheiten der örtlichen Nationalgarde in ein Krisengebiet geschickt, um Plünderungen und Verbrechen zu verhindern. Das Heimatschutzministerium, das für die innere Sicherheit zuständig ist, entschied anders: Es hat private Sicherheitsfirmen mit der heiklen Aufgabe betreut. Zudem hat es eine Firma mit übler Reputation wegen übermäßiger Gewaltanwendung eingestellt …*«

Auf die Frage, ob private Sicherheitsfirmen auch als Datensammler und Überwacher tätig sind, antwortete er: »*Ich kann nachts nicht schlafen, wenn ich an die massive Überwachung eines großen Teils unserer Bevölkerung denke – und daran, dass wir nichts über die Informationen herauskriegen, die gegen uns benutzt werden können. Wenn es aber zu Massendemonstrationen gegen den Krieg im Irak oder etwas Ähnlichem kommt, dann könnten private Sicherheitsleute und Polizisten, die von ihnen ausgebildet wurden, vielen Menschen in unserem Land ernsthaft schaden … Das Problem ist: Private Überwacher müssen keine Rechenschaft über ihre Arbeit ablegen. Bei der Polizei und beim FBI ist das anders. Da kann ich nachfragen, ob sie Daten und Informationen über mich gesammelt haben. Sie sind laut ›Freedom of Information Law‹, dem Informationsfreiheitsgesetz, dazu verpflichtet, mir Auskunft zu geben. Eine private Firma braucht das nicht zu tun. Es gibt kein Gesetz, das sie dazu zwingt, mir die Unterlagen über mich zu geben. Sie wirft meinen Antrag einfach in den Papierkorb. Wenn das FBI mir meine Unterlagen nicht geben will, kann ich einen Richter um Hilfe bitten. Bei einer Privatfirma geht das nicht.*«

Die Frage nach den von ihm befürchteten Auswirkungen beantwortete er so: »*Nehmen wir an, ich bin Aktivist in einer Antikriegsgruppe. Diese Aktivität ist vor der Einmischung des Staates geschützt. Ist sie vor der Einmischung privater Sicherheitsfirmen geschützt? Nein, das ist sie nicht. Eine private Sicherheitsfirma könnte sich vornehmen, alle Antikriegsprotestler der USA zu erfassen. Und wer weiß, vielleicht gibt sie die Daten weiter an den Staat. Wie sollen wir das herausbekommen? Es gibt kein Gesetz, auf das wir uns berufen können. Das Grundgesetz hat weite Maschen, durch die Privatfirmen schlüpfen können.*«

Dafür, dass sich die bezüglich ihrer individuellen Rechte extrem heiklen US-Bürger den Angriff auf ihre Grundrechte einfach gefallen lassen, hatte er folgende Erklärung: »*Die Regierung und die Unternehmen können sich das erlauben, weil die Menschen seit dem 11. September Angst vor dem Terror haben. Sie glauben, dass sie jetzt sicherer sind, weil es diese privaten Sicherheitsfirmen gibt ... Was in den Vereinigten Staaten – und zunehmend auch in Europa – geschieht, ist die Privatisierung vieler Aspekte unseres Lebens. Sie sehen: Sogar die Polizei und die Überwachung werden privatisiert. Das ist gefährlich. Was passiert mit der öffentlichen Verantwortung, wenn etwas privatisiert wird? Was ist mit dem Gesetzgeber, der Gesetze verabschiedet und überwacht? Was ist mit den Polizisten, die von privaten Sicherheitsleuten ausgebildet werden, die – geht man vom Gewaltmonopol des Staates aus – im Grunde genommen zwielichtige Gestalten sind?*«

Nach diesem kleinen, aber lehrreichen Exkurs in den Bereich der Überwachungsorgien, die sich (nicht nur) in den USA entfalten, wieder zurück zum »NorthCom« und seinem beeindruckenden Machtspektrum.

Jederzeit zuschlagen – daheim und jenseits der Grenze!

Im Einklang mit den Bestimmungen des »Defense Authorization Act« (DAA, Verteidigungs-Ermächtigungsgesetz) von 1999 benötigt das »North-Com« nämlich weder einen Terroralarm noch einen Angriff oder eine kriegsähnliche Situation, nicht einmal innere Unruhen welcher Art auch immer, um in die zivilen Angelegenheiten des eigenen Landes einzugreifen. Sogar im Falle eines vorgetäuschten Terror-Alarms, der auf erfundenen Geheimdienstinformationen beruht, könnte diese Machtübernahme und Militarisierung ziviler Institutionen eingeleitet werden. Und selbst wenn den höheren Offizieren bekannt wäre, dass es sich um einen erfundenen »äußeren Feind« handelt und ihnen die entsprechenden Dokumente dazu vorlägen, würde der militärische Staatsstreich aufgrund detaillierter Befehlsvorgaben im Bereich von Militär und Sicherheit fast sofort in Gang gesetzt.

Im Falle eines nationalen Notstands würde das »Northern Command« seine Truppen in der Luft, zu Lande und zur See einsetzen. Verschiedene Aufgaben der Zivilregierung würden dem Hauptquartier des »NorthCom« übertragen, das bereits über Strukturen verfügt, die es in die Lage versetzen, zivile Einrichtungen zu leiten und zu beaufsichtigen. Der Kommandoauftrag von »NorthCom« umfasst eine Reihe an sich nicht militärischer Aufgaben mit militärischen Mitteln, darunter Krisenmanagement und Unterstützung der zivilen Kräfte im Innern, wie da sind: Bundes-, Staats- und Gemeindebehörden. Alles natürlich ausgehend vom Fall eines Terrorangriffs.

Das »Center for Law and Military Operations« (Zentrum für Recht und Militäroperationen) mit Sitz in Charlottesville, Virginia, hat unter dem Titel »Domestic Operational Law for Judge Advocates« (Vorschriften über militärische Einsätze im Inland für Militäranwälte) ein Handbuch publiziert, in dem das Militär auf Polizeiaufgaben vorbereitet wird. Das Handbuch, so die Kritiker, »versucht, die alle Bereiche durchdringende Einflussnahme des Pentagon von einem juristischen Standpunkt aus zu zementieren«.

Zusammengenommen überträgt die herrschende Gesetzgebung dem Militär umfassende Rechte, in jedweder »Notfallsituation« aktiv zu werden, und das in der Praxis ohne vorherige Zustimmung des Oberbefehlshabers, der immerhin der US-Präsident ist. Haupt-Rechtfertigung für diesen Blankoscheck zum Zuschlagen, wo immer man es braucht, war von Anfang an – wie könnte es anders sein – der »Krieg gegen den Terrorismus«.

Der Unterdrückungswolf im Sicherheitspelz

>*»Wer die Freiheit für die Sicherheit eintauscht, ist zu recht ein Sklave.«*

Sokrates, 470–399 v. Chr.

>*»Wer Freiheit aufgibt, um Sicherheit zu gewinnen, wird am Ende beides verlieren.«*

Benjamin Franklin, 1706–1790; einer der Gründerväter der Vereinigten Staaten

Wie verbreitet wird, würde laut dem ehemaligen US-»CentCom-Commander« General Tommy Franks ein terroristischer Anschlag auf amerikanischem Boden von der Art und dem Umfang wie der vom 11. September zur Aufhebung der Verfassung und Einführung des Kriegsrechts in Amerika führen. Der General, unter dessen Führung die Irak-Invasion von 2003 stattfand und der aktiv mit der militärischen und geheimdienstlichen Planung auf höchster Ebene verbunden ist, deutete ein »Ereignis vom Typ Pearl Harbor« an, das man dazu benutzen könnte, die amerikanische Öffentlichkeit im wahrsten Wortsinn »mit einem Schlag« von der Notwendigkeit von Militärregierung und Polizeistaat zu überzeugen. Die darauf folgende Krise und soziale Unruhe würde eine weitreichende Umstrukturierung in den amerikanischen politischen und sozialen Institutionen erleichtern. Diese Stellungnahme ist nicht die persönliche Meinung des Generals, sondern deckt sich mit der vorherrschenden Sichtweise im Pentagon und im »Homeland Security Department« (Ministerium für Innere Sicherheit), wie sich die Ereignisse in einem nationalen Notstand wahrscheinlich entwickeln werden. »Die Militarisierung unseres Landes ist zu einer tatsächlichen operativen Möglichkeit geworden«, soll mittlerweile eine stehende Redewendung unter den Mitgliedern des militärischen und geheimdienstlichen Establishments sein.

Besorgte Stimmen, die schon lange der Meinung sind, dass der Krieg gegen den Terrorismus als Tarnung für den Krieg gegen abweichende Meinungen herhalten muss, sind überzeugt, dadurch würden sich »Eliten« mit einer gesetzlichen Rechtfertigung für den Kampf gegen das amerikanische Volk rüsten, speziell gegen jene, die sich der »New-World-Agenda» widersetzen.

Wer meint, es wäre die ureigenste Angelegenheit der Amerikaner, ob sie ohne Widerstand oder wenigstens Proteste die Vorbereitung und Fast-schon-Errichtung einer US-Militärdiktatur zulassen wollen, der irrt. Zumindest in Kanada und Mexiko herrscht bezüglich des »NorthCom« leichte Unruhe, natürlich nicht bei den »Eliten«.

Bei der Schaffung des »NorthCom« im April 2002 kündigte US-Verteidigungsminister Rumsfeld nämlich an, dessen Zuständigkeit werde sich über das ganze »nordamerikanische Einflussgebiet« erstrecken. Also über ein Riesengebiet von Mexiko bis Alaska sowie die an die mexikanischen, US-amerikanischen und kanadischen Küsten angrenzenden Gewässer im Atlantik und Pazifik bis 500 Meilen ins Meer hinaus und in die kanadische Arktis. Nach Abschluss anfangs zäh verlaufender Übereinkommen mit den Regierungen von Kanada und Mexiko kann das »Northern Command« von Kanada (bis zu dessen nördlichen Territorien) über Mexiko bis in Teile der Karibik eingreifen und seine Streitkräfte und Waffen zu Land, in der Luft und zur See zum Einsatz bringen.

Gemäß dem sogenannten »Civil Assistance Plan« (CAP) soll das »NorthCom« zivilen Regierungsorganen wie Stadtverwaltungen sowohl in den USA als auch in Kanada beistehen. Militärische Befehlshaber würden »zivilen Behörden militärische Unterstützung zur Verfügung stellen«. Oder anders gesagt, es (das »NorthCom«) würde »nationalen Anfragen nach Militär im Falle einer Bedrohung, eines Angriffs oder eines zivilen Notstandes in den USA oder Kanada« entsprechen. Im Falle eines Code-Red-Alarmes könnten diese »Anfragen« (beispielsweise einer kanadischen Stadtverwaltung) zum Einsatz von US-Truppen oder Spezialeinheiten innerhalb des kanadischen Territoriums führen. Diese Initiativen legten für kritische Beobachter den Schluss nahe, dass die Bush-Administration den »Krieg gegen den Terrorismus« als Vorwand benützt hat, um eine militärische, aber auch politische Kontrolle über Kanada und Mexiko zu etablieren, die von der Nachfolgeadministration nicht zurückgenommen wurde.

Bestätigt sehen sich die Kritiker unter anderem davon, dass auch der »Friedenspräsident« Obama von dieser Linie nicht abzuweichen scheint. Immerhin sprach er nur sechs Wochen nach seinem Amtsantritt bereits von der Möglichkeit einer amerikanischen Militärintervention in Mexiko. Aufhänger war diesmal der in Mexiko wütende »Drogenkrieg« mit Tausenden Opfern und einer dadurch offenbar völlig überforderten Staatsgewalt. Hand in Hand mit Obamas Ankündigung gab es zahlreiche Berichte in der US-Presse, in denen Mexiko als potenziell »gescheitertes Land« und zunehmende Bedrohung für die nationale Sicherheit der USA dargestellt wurde.

Damit man im In- und nahen Ausland hart und entschieden durchgreifen kann, bedarf es wie geölt funktionierender Kommandostrukturen auf *allen* Ebenen. Hohe wie auch mittlere Beamte oder Militärs, aber auch zivile Handlungsträger dürfen keinen Moment daran zweifeln, dass alles rechtens ist, was ihnen befohlen wird, auch wenn es bisher nicht rechtens war. Das erfordert eine »innere Umerziehung«.

Loyalität ohne Wenn und Aber

Gnadenlos patriotisch durch »TOPOFF«-Übungen

Schon seit Jahren werden Vorbereitungen für das Kriegsrecht immer wieder in Form von breit angelegten antiterroristischen Übungen durchgeführt. Kurz nach der Invasion im Irak im Mai 2003 orchestrierte das »Department for Homeland Security« eine große Übung mit der Bezeichnung »Top Officials Exercise 2« (TOPOFF 2). Sie basierte auf der Annahme eines Code-Red-Alarms mit einem simulierten terroristischen Angriff und wurde als »die größte und umfassendste Terrorabwehr- und Homeland-Security-Übung, die je in den USA durchgeführt wurde«, bezeichnet.

Die »nationale Reaktionsfähigkeit« in TOPOFF 2 wurde im Stil einer militärischen Übung von Bundes-, Staats- und Gemeindebehörden organisiert und bezog kanadische Teilnehmer mit ein. Das Szenario für die Übung beschrieb eine fiktive, ausländische Terroristenorganisation, die eine simulierte »Radiological Dispersal Device« (RDD, radiologische Streubombe, auch »schmutzige Bombe« genannt) in Seattle detonieren ließ und die Lungenpest in verschiedenen U-Bahn-Stationen in Chicago freisetzte. Vor der Übung wurden auch Planspiele des Geheimdienstes, eine Cyber-Attacke und Terrordrohungen gegen die unterschiedlichsten Einrichtungen durchexerziert. TOPOFF 2 lief unter militärischen Bedingungen ab: Man bewertete, wie Verantwortliche, Führungskräfte und Behörden auf die Anwendung von Massenvernichtungswaffen in jeweils zwei amerikanischen Städten – Seattle/Washington und Chicago/Illinois – reagieren würden.

Zwei Jahre später, im April 2005, führte das »Department for Homeland Security« eine größere und umfassendere Anti-Terror-Übung mit dem Namen TOPOFF 3 durch, die mehr als 10 000 Spitzenbeamte aus 275 Regierungs- und Privatorganisationen in wichtigen Entscheidungspositionen (Bundes- und Staatsbeamte, Ordnungskräfte, Feuerwehr, Krankenhäuser usw.) einbezog, die im Ernstfall zum Handeln aufgerufen werden. Diese Personen wurden zusätzlich beauftragt, ihre Mitarbeiter und Kollegen sowie jene, die unter ihrer direkten Aufsicht arbeiten, zu sensibilisieren. Der Prozess der Konsensbildung erreicht so Zigtausende von Menschen in wichtigen Positionen.

Es geht nicht um eine Propagandastrategie, die sich an die breite amerikanische Öffentlichkeit wendet. Diese weiß seit 9/11 und den dauernden Terroralarmen sowie den regelmäßig »im letzten Moment verhinderten Anschlägen« ohnedies: »Der Feind ist überall und ›es‹ kann jederzeit passieren.« Die Natur der Feinde und die Schrecken der Angriffe, die über

Nervengas und Milzbrand bis zur Atomexplosion vor der Haustüre reichen, sind allgegenwärtiges Gesprächsthema.

Sowohl Kanada als auch England nahmen am TOPOFF-3-Drill teil, der als »Mehrfachstrategie zur Verbesserung der nordamerikanischen Sicherheit« beschrieben wurde. England nannte seine Übung »Atlantic Blue«, während Kanada seinen Teil als »Triple Play« bezeichnete.

Mit TOPOFF 3 wurde das System auf den Prüfstand gestellt wie nie zuvor. Dazu einer der Verantwortlichen: *»Wir wollten die ganze Bandbreite unserer Ereignis-Bewältigungs-Prozesse und -Abläufe testen, die sich von der Prävention über den Geheimdienst und die Nachrichtenübermittlung bis hin zu den eher klassischen und traditionellen Reaktions- und Rettungsmaßnahmen erstreckten ...«* Das erklärte Ziel der »TOPOFF 3-Full Scale Exercise« (»Vollbereichstruppenübung«) war, *»Amerika auf das Schlimmste vorzubereiten«*.

Kritiker sehen das Ziel solcher und anderer Antiterroristen-Drills allerdings nicht in der angegebenen »Verteidigung der USA gegen islamische Terroristen«, sondern darin, unter den Spitzenbeamten der Bundes-, Staats- und Gemeindebehörden, aber auch innerhalb der Geschäftswelt und in öffentlichen Einrichtungen wie Krankenhäusern, Schulen usw. den allgemeinen Konsens herzustellen, dass »die Bedrohung real ist«. Die simulierten Daten, die verschiedenen Kategorien von Tätern, die unterschiedlichen Typen heimtückischer Waffen, die man bei diesen Übungen präsentiert, sind ihrer Ansicht nach Teil einer punktgenau gezielten Beeinflussungskampagne.

Allen, die irgendetwas zu entscheiden oder anzuordnen haben, soll klar gemacht werden: Die Verschwörer sitzen nicht nur in einer Höhle in Afghanistan, sondern im eigenen Land. Es sind die »inneren radikalen Gruppen«, die »unzufriedenen Arbeitnehmer«, die Arbeitslosen, die unpatriotischen Intellektuellen, die auf ihre Rechte pochende Landbevölkerung, die Störenfriede, die dauernd von der Verfassung und von den Freiheitsrechten faseln – bei genauer Betrachtung also so gut wie jeder.

Die Szenarios besagter Drills sind von Think-Tanks durchdacht. Sie kreieren ein sorgfältig konzipiertes »Modell der Wirklichkeit«, das mit seiner Beschreibung von permanenten Bedrohungen und allgegenwärtigen Verschwörern die reale Welt verdrängt oder zumindest stark überlappt. So wird auf allen Ebenen des Beamtenapparates, der militärischen und zivilen Strukturen ein patriotisches Feuer am Köcheln gehalten, das gerade jene, die besten Willens sind, im Ernstfall mit größter Härte und voll gutem Gewissen agieren lässt. Sei es in fernen Ländern oder in den USA selbst.

Totale Militarisierung als Rechtsprinzip

Der bereits erwähnte »Posse Comitatus Act«, der im Gefolge des amerikanischen Bürgerkrieges beschlossen wurde, hindert das Militär theoretisch daran, sich in Polizeiaufgaben und gerichtliche Arbeitsbereiche einzumischen. Dieses Gesetz ist eine wesentliche Grundlage für die Arbeit einer verfassungsmäßigen Regierung. Obwohl es auf dem Papier noch in Kraft ist, vermag es schon lange nicht mehr die Militarisierung ziviler Institutionen in der Praxis zu verhindern.

1996 wurde ein Gesetz erlassen, das es dem Militär gestattet, im Falle eines nationalen Notstands (beispielsweise eines terroristischen Angriffs) zu intervenieren. Diese gesetzlichen Befugnisse wurden 1999 durch Clintons bereits erwähnten »Defense Authorization Act« (DAA) erweitert, das eine Ausnahme zum »Posse Comitatus Act« festschrieb. Damit wurden die umstrittenen gesetzlichen Maßnahmen weiter ausgebaut, die der Kongress 1996 angenommen hatte. Seither ist es dem Militär gestattet, sich in zivile Angelegenheiten einzumischen, gleichgültig, ob ein Notfall vorliegt oder nicht.

Sowohl die aus der Clinton-Ära übernommene Gesetzgebung als auch die nach dem 11. September 2001 erlassenen »Patriot Acts I und II« vermischen die Aufgaben von ziviler Verwaltung und Militär. Sie erlauben dem Militär, in gerichtliche Funktionen und Vollzugsaufgaben einzugreifen, selbst wenn keine Notfallsituation vorliegt. Militärangehörige sollen auch mit der Unterstützung von Zoll-, Grenzschutz- und Einbürgerungsbehörden betraut werden können. Da vorgesehen ist, das Militär für die Kosten seines Eingreifens zu entschädigen, erwarten die Kritiker, dass die Zahl der militärischen Hilfeleistungen zunehmen dürfte.

Obwohl das 1999 beschlossene DAA den »Posse Comitatus Act« im Grunde außer Kraft setzt, hat dies weder das Pentagon noch das »Department of Homeland Security« davon abgehalten, den Kongress dahingehend zu bearbeiten, das Gesetz von 1878 vollständig aufzuheben. Nach Ansicht von Kritikern ist die fortschreitende Militarisierung der zivilen Gerichtsbarkeit und der Polizeibehörden ein gemeinsames Projekt von Demokraten und Republikanern. Einen Beweis sehen sie in dem Umstand, dass der demokratische Senator Joseph Biden, ehemaliger Präsident des mächtigen außenpolitischen Ausschusses des Senats und seit 2009 Vizepräsident von Obama, seit den 1990er-Jahren in Absprache mit seinen republikanischen Amtskollegen einen Kampf für die völlige Aufhebung des »Posse Comitatus Act« führt. Andere Gesetze mit gleicher Stoßrichtung gibt es bereits.

Die Gesetze, die von der Bush-Administration unter dem Namen »Patriot Act I« (von 2001) und »Patriot Act II« (von 2003)« erlassen wurden, schaffen bis ins kleinste Detail Voraussetzungen für die Militarisierung ziviler Institutionen wie auch von Polizei und Gerichtsbarkeit.

»Patriot Act I« wird als »*Gesetz zur Bereitstellung angemessener Mittel zur Eindämmung und Zerschlagung des Terrorismus*« bezeichnet und »Patriot Act II« als »*Gesetz zur Verstärkung der Inneren Sicherheit von 2003*«. »Patriot Act II« erweitert die Befugnisse zur Überwachung und Aufstandsbekämpfung erheblich, indem es der Regierung den Zugriff auf private Bankkonten und Kreditkarten-Abrechnungen, auf Informationen auf privaten Computern, das Anzapfen von Telefonleitungen usw. ermöglicht.

Selbst unter einer funktionierenden Zivilregierung haben durch die »Patriot Acts« schon verschiedene Charakteristika des Kriegsrechts Einzug gehalten. Bis zu welchem Ausmaß sie angewendet werden, steht im Belieben der Militärführung.

Für die schärfsten Kritiker dieser und verwandter Gesetze handelt es sich bei diesen um nicht mehr und nicht weniger als um eine Kriegserklärung an Amerika. Die »Patriot Acts« repräsentieren für sie ein alles durchdringendes Zusammenspiel der Polizei, der Geheimdienste und des Militärs. Sie erweitern, zentralisieren und kombinieren die Überwachungs-, Festnahme- und Schikanemöglichkeiten des Polizei- und Geheimdienstapparates. Geheimdienste und der gesamte ganze Exekutivapparat werden mit gewaltigen gesetzmäßigen Machtbefugnissen ausgestattet und mit Geldmitteln überhäuft, um Andersdenkenden auf den Pelz zu rücken, die zu potenziellen Terroristen und Revoluzzern umdefiniert werden.

Kurz gefasst: Eine Aufhebung des »Posse Comitatus Act« im Zusammenwirken mit den »Patriot Acts« und vergleichbaren Gesetzeswerken soll ein System inneramerikanischer und *globaler* »Aufstandsbekämpfung« unter der Führung des Pentagon in Kraft setzen.

Weltregierung mit Hindernissen

Wer meint, nur die europäischen Nationen sollen im Interesse der USA aufgelöst und zu einem kontrollierbaren, wenn auch nicht homogenen Block verschmolzen werden, der denkt zu kurz. Eben dieses Schicksal soll – von der Öffentlichkeit völlig unbemerkt, da sich die Medien darüber ausschweigen – auch dem amerikanischen Kontinent zugedacht sein, auf dass schlussendlich eine Weltregierung entstehe. Der nach der EU vorgesehene amerikanische Schritt in diese Richtung lautet »Nordamerikanische Union«. Wann immer etwas darüber ruchbar wird, erklären es Medien und »Eliten« zur Verschwörungstheorie und bestreiten es auf das Heftigste.

Kennen Sie den »Amero«? Nein? Sie werden ihn ebenso kennenlernen wie die nichtsahnenden US-Bürger, die an den Dollar glauben. »Amero« ist die Bezeichnung für die Währung einer hypothetischen künftigen nordamerikanischen Währungsunion (»North American currency union«). Er beruht auf dem kolportierten Konzept, die Regierungen der Staaten Kanada, USA und Mexiko würden unbemerkt von der Öffentlichkeit die Errichtung einer supranationalen Organisation mit einer gemeinsamen Währung und weitreichenden Kompetenzen ähnlich der Europäischen Union planen. Ziel sei die formelle Verschmelzung von USA, Kanada und Mexiko.

Ruchbar geworden sind diese Geheimpläne zur Zusammenlegung von USA, Mexiko und Kanada zu einem einzigen Politik-, Wirtschafts- und Sicherheits-Block namens »North American Union« durch Internetveröffentlichungen. Die Pläne sollen auf sieben geheimen Sitzungen basieren, an denen zwischen 21 und 45 hochrangige Politiker, Wirtschaftstycoons, Gewerkschaftsführer und Akademiker aus allen drei Ländern teilgenommen haben und die vom »Center for Strategic & International Studies« (CSIS) mit Sitz in Washington durchgeführt wurden. Diese Gruppe hat eine entscheidende Rolle bei der Verabschiedung des nordamerikanischen Freihandelsabkommens (NAFTA) im Jahr 1994 gespielt. Der nun von ihr herausgegebene Bericht, oder Plan, soll den Titel »Projekt Nordamerikanische Zukunft 2025« tragen. Der Plan sieht vor, die drei Länder zu einem Machtblock nach dem Muster der Europäischen Union zu vereinheitlichen. Dokumente über die sogenannte »Sicherheits- und Wohlstandspartnerschaft« (SPP), deren Veröffentlichung unter Berufung auf das Informationsfreiheitsgesetz, den »Freedom Of Information Act« (FOIA) eingefordert wurde, zeigen, dass unter diesem Programm bereits weite Teile des US-amerikanischen Verwaltungsrechts heimlich umgeschrieben werden, um es mit dem Verwaltungsrecht in Kanada und Mexiko zu harmonisieren – ein Prozedere, das in der EU gang und gäbe ist.

Die Dokumente enthalten Verweise auf über 13 verschiedene Arbeitsgruppen, deren Teilnehmer aus den meisten Bereichen des Verwaltungsrechts stammen, darunter das US-Außenministerium, das Heimatschutzministerium, das Handelsministerium, das Finanzministerium, der Agrikulturbereich, das Transportwesen, die Bereiche Energie, Gesundheit, Soziales sowie das Büro für Handelsvertretung.

Im Gegensatz zu »Good Old Europe«, wo so gut wie alle Eliten und Meinungsmacher im Gleichschritt in Richtung »Vereinigte Staaten von Europa« marschieren, regt sich in den USA Widerstand gegen den projektierten Superstaat. So haben 18 US-Bundesstaaten Resolutionen eingebracht, die ihre Repräsentanten auf Bundesebene dazu auffordern, die Arbeiten an der nordamerikanischen Union einzustellen, da diese Blockbildung nicht mit der amerikanischen Souveränität vereinbar ist. 2009 hatten drei von diesen Bundesstaaten diese Resolutionen bereits verabschiedet. 22 US-Kongressabgeordnete, darunter alle drei republikanischen Kongressabgeordneten, die sich 2008 um das Amt des US-Präsidenten beworben haben, sind als Co-Sponsoren für den Vorschlag »House Concurrent Resolution 40« (HCR 40) eingetragen, der die Exekutive Anfang 2007 dazu aufforderte, sämtliche Arbeiten an der nordamerikanischen Union und dem nordamerikanischen Freihandelsabkommen einzustellen, einschließlich des geplanten Superautobahnsystems von der Westküste von Mexiko durch die USA nach Kanada.

Insider sind allerdings der Meinung, dass dieser Widerstand die Bildung des amerikanischen Megablocks ebenso wenig wird bremsen können, wie die wenigen Gegenstimmen die Schaffung und das immer weitere Wuchern des EU-Monsters hatten verhindern können. Das ändert allerdings nichts daran, dass trotzdem nicht alles so läuft, wie die Planer es vorgesehen haben dürften.

Parallel zur Schaffung des besagten amerikanischen Megablocks haben die zwei Jahrhunderte lang unter fester Kontrolle befindlichen südamerikanischen Staaten nicht nur begonnen, ihre US-Marionettenregierungen abzuschütteln, sondern driften auch ins Lager der Gegner. Manche Analysten meinen, dass die US-Eliten sich klar sind, dass ihr »Hinterhof« nicht länger zu halten ist. Nicht zuletzt, weil der amerikanische »Gottseibeiuns« Präsident Hugo Chávez von Venezuela aufgrund der Volksabstimmung vom Februar 2009 unbegrenzt oft für das Präsidentenamt kandidieren darf, nachdem er zuvor zwei vom CIA geförderte Putschversuche mit heiler Haut überstanden hatte. Dieser Mann, der es gewagt hat, zu erklären, das Öl seines Landes hätte den Bewohnern Venezuelas zugutezukommen, und der der Provokation durch Erhöhung der Sozialleistungen die Krone aufgesetzt hat, wird in der medialen Präsentation zwar noch nicht offiziell zum »internationalen Terroristen« erklärt, zum »Störenfried der Staatengemeinschaft« oder »internationalen Outsider« ist er aber jetzt schon mutiert. Am Ruder ist er trotzdem und vertritt aller Missbilligung durch die internationale Staatengemeinde zum Trotz stur die Interessen seines Volkes.

All das dürfte Grund und Anlass sein, den »Demokratieexport« in all jene Länder zu forcieren, deren Entscheidungsträger dafür zugänglich oder am besten gleich »Made in USA« sind, wie beispielsweise der von manchen so genannte »Despoten-Präsident« Georgiens, Michail Saakaschwili, der im irrigen Vertrauen auf westliche Militärunterstützung im August 2008 den Kaukasus-Krieg vom Zaun brach. Ein kurzer Blick auf seine »Verbündeten« hätte ihn vor dieser Aktion eines Besseren belehren können.

Aufs falsche Pferd gesetzt

Der Absolvent einer US-Hochschule Saakaschwili, der dem US-Außenministerium, Pentagonkreisen, amerikanischen Geheimdiensten, politisch gesteuerten NGOs und gewissen Stiftungen nahestehen soll, hatte sich beim Überraschungsangriff seiner vom amerikanischen und israelischen Militär ausgebildeten Streitkräfte auf die »abtrünnigen Regionen« Südossetien und Abchasien am 8. August 2008 offensichtlich doppelt verkalkuliert. Erstens einmal rechnete er offenbar mit einer handfesten (eventuell sogar militärischen) Unterstützung durch seinen großen Förderer USA – eine fatale Fehleinschätzung, die schon 1991 die Kurden im Irak bitter bereuen sollten, als sie sich von Amerika in den Aufstand gegen Saddam Hussein hetzen ließen und von diesem zu Tausenden unter den Augen ihrer »US-Freunde« niedergemetzelt wurden, als die alliierten Truppen vor Bagdad innehielten.

Erwähnenswert erscheinen mir einige kernige Kommentare im Internet, in denen die total einseitig ausgerichteten öffentlichen Medien kritisiert wurden, die wie Sprecher des Pentagon die US-Forderung auf Rückzug der russischen Truppen und die Wiederherstellung der territorialen Integrität nachbeteten, und in denen frank und frei gesagt wurde: »Russland hätte weit mehr Recht, Georgien zu besetzen und dessen Präsidenten aufzuhängen, weil dieser eine Aggression gestartet hatte, als die USA das Recht hatten, den Irak zu überfallen und dessen Präsidenten aufzuhängen.« Vom Irak ging nämlich keinerlei Aggression in Richtung USA aus (im Gegenteil: Islamistische Fundamentalisten landeten bei Saddam im Kerker oder im Grab) und Saddam selbst war lange Zeit ein umhätscheltes Liebkind des Westens.

Wer die immer wieder beklagte Einseitigkeit der »seriösen« Medien bezweifelt, der frage sich selbst, ob er jemals im Zuge der Dauerforderungen nach der Wiederherstellung der territorialen Integrität von Georgien auch nur *ein einziges Mal* vernommen hat, dass eigentlich auch die territoriale Integrität des Irak wiederherzustellen sei, die 2003 völkerrechtswidrig mit Feuer und Schwert unter Inkaufnahme zahlloser ziviler Opfer von den USA beendet wurde? Mir ist niemand bekannt, der sich an eine solche Aussage im Zuge der öffentlichen Erregung erinnert.

In Erinnerung ist mir hingegen eine Diskussion auf dem TV-Kanal »arte«, in der ein Historiker erklärte, es gebe im zwischenstaatlichen Bereich zwei grundlegende Prinzipien: Das der nationalen/territorialen Integrität, welches verhindern soll, dass jedermann sich abspaltet und Chaos herrscht, und das der Selbstbestimmung der Völker, welches formuliert, jede Bevölkerung habe das Recht, sozusagen unter sich sein zu wollen. Besagter Historiker prangerte an, die Großmächte würden sich jeweils das ihren Interessen dienende Prinzip aussuchen.

Die USA demonstriert dies in Permanenz. Daher wies Russland völlig richtig darauf hin, was für den total lebensunfähigen Kosovo gelte, den der Westen aus dem heftig widerstrebenden Serbien herausgebrochen und anerkannt hatte, hätte auch für den Wunsch der Osseten und Abchasen, sich aus Georgien zu verabschieden, zu gelten. Was wäre wohl die Reaktion gewesen, wenn Serbien wie Georgien im Kosovo eingefallen wäre, um seine »territoriale Integrität« zu bewahren? Damit sind wir wieder im Kaukasus vom August 2008.

Der zweite Denkfehler des »Anti-Korruptionisten« Saakaschwili, der nach seiner Inthronisierung mehrere Familienmitglieder mit einträglichen Regierungsposten bedacht haben soll, bestand anscheinend darin, die angestrebte NATO-Mitgliedschaft Georgiens als Sicherheitsgarant für russisches Stillhalten zu betrachten, wobei er nicht bedacht haben dürfte, dass nicht alle NATO-Staaten Georgien in diesem Militärbündnis haben wollen. Manche vermuten, dass Saakaschwili sich durch die Anwesenheit von über 1000 Militärberatern in Georgien sowie von amerikanischen Militärmanövern in seinem Land zu seinem Militärabenteuer ermuntert gesehen haben könnte. Schließlich begann das militärische Engagement der USA in Vietnam auch mit der Anwesenheit von Beratern in Südvietnam.

Nach dem Kaukasus-Flop vom Spätsommer 2008 machte Washington enormen Druck bei den EU-Mitgliedsstaaten, besonders auf Deutschland und Frankreich, im kommenden Dezember der Aufnahme von Georgien und der Ukraine in die NATO zuzustimmen, worauf die deutsche Kanzlerin erklärte, Georgien stünde jederzeit die Türe zur NATO offen. Gerade von dieser Seite eine kühne Aussage, müssen doch Länder wie Deutschland oder Frankreich mit Recht befürchten, aufgrund der NATO-Beistandsautomatik (NATO-Vertrag Artikel 5), die den Angriff auf *ein* NATO-Land mit dem Angriff auf *alle* NATO-Länder gleichsetzt, in Kriege hineingezogen zu werden. Wäre Georgien im August 2008 NATO-Mitglied gewesen, hätten sich deutsche, französische oder andere NATO-Truppen unversehens in der Situation befunden, für ein NATO-Land Georgien gegen Russland kämpfen zu müssen.

Besonders für Deutschland eine peinliche Vorstellung aufgrund der (nicht bewältigten) Vergangenheit. Von der militärischen Unmöglichkeit einer solchen Begegnung ganz abgesehen, hat Deutschland doch kaum genug Kräfte, um »Deutschland am Hindukusch zu verteidigen«. Zu diesem eigenartigen Dogma, das immer mehr Zeitgenossen schlichtweg als absurd betrachten, äußern sich mittlerweile unangepasste Historiker. Sie sagen: »Schon Brecht hat gewusst: Wenn man einen Krieg verliert, wird man automatisch zum Hilfsvolk und muss für den Sieger kämpfen. Genau das tun die Deutschen seit 1945 für die USA. So einfach ist das.« Dass man dabei die Sünden der Sieger ausbaden muss, beweist wohl besagte »Verteidigung Deutschlands am Hindukusch«. Für viele ist das nichts anderes als eine Erfüllungsgehilfenschaft für die USA, die Anfang 2009 heftige Drohungen von Terrororganisationen bewirkt hat. Diese »versprechen«, auch in Deutschland Terroranschläge zu verüben, da die Bundeswehr im Dienste des »großen Satans« USA in Afghanistan tätig ist. Eine effektivere Verteidigung der Heimat ist vorstellbar.

Obgleich für jeden sachlich Denkenden ersichtlich ist, was man sich mit den »westlichen Werten« einhandeln kann, arbeiten westliche Dienste, primär jene der USA, nach wie vor eifrig daran, Oppositionen zu stärken, um missliebe Länder durch Subversion zu schwächen und »in den Westen zu holen«. Die Erfolgsquote dieser Wühlarbeit scheint aber auch nicht mehr so glänzend zu sein, wie ehedem …

Die Selbstbefreiungs-Masche

Zuvor eine kleine Definition: Was ist ein Aufständischer oder auch Freiheitskämpfer? Betrachtet man die heute gängigen Darstellungen, wird klar, dass es zwei Sorten dieses Typus gibt: Zuerst einmal die *ruchlosen Rebellen* respektive »Insurgenten«, welchen angestaubten Ausdruck man anscheinend extra aus der Mottenkiste geholt hat, um jene zu bezeichnen, die sich in Afghanistan oder im Irak einer fremden Besatzungsmacht entgegensetzen. Und wenn man sich in jenen Ländern gegenseitig in die Luft sprengt, handelt es sich dabei auch nicht um eine Rebellion, sondern um einen Bürgerkrieg, der ohne den Einmarsch ausländischer Invasionstruppen nicht stattfinden würde.

Betrachter von Wildwestfilmen wissen es längst: Die Indianer befanden sich auf dem eigenen Kontinent ebenfalls dauernd im Aufstand. Zyniker meinen, auch Andreas Hofer könnte der Stempel »Insurgent« verpasst werden, doch zum Glück für den Ruf des Tiroler Freiheitshelden spielt er im medialen Ränkespiel keine Rolle.

Damit wären wir bei Typus zwei: Der *gute Selbstbefreier*. Woran erkennt man einen solchen Revolutionär? Ganz einfach: Er wird vom Westen unterstützt, nicht selten erst ins Leben gerufen und medial bejubelt, wann immer es möglich ist.

Kreative Revolutionen

Was gab es in den letzten Jahrzehnten nicht schon alles für Revolutionen, und was hatten die für klingende Namen:

- Die »Singende Revolution« in Estland 1987 bis 1991 und in Litauen 1989 bis 1991
- Die »Rosenrevolution« in Georgien 2003
- Die »Orangene Revolution« in der Ukraine 2004
- Die »Tulpenrevolution« in Kirgisien 2005
- Die »Zedernrevolution« im Libanon 2005

Wer meint, die jeweiligen Revolutionsbezeichnungen würden ihn irgendwie an die von PR-Agenturen ausgebrüteten Codenamen erinnern, mit denen die USA ihre jeweiligen Gewaltaktionen zu betiteln pflegen – beispielsweise »Enduring Freedom«, unter welchem Slogan nach 9/11 der ewige Kampf gegen den Terrorismus in Afghanistan, am Horn von Afrika, auf den Philippinen und in Afrika südlich der Sahara aufgenommen wurde (die ursprüngliche Bezeichnung »Operation Infinite Justice« wurde dann doch nicht verwendet) – der irrt nach Ansicht von Kommunikationsfachleuten nicht. Auch die genannten Revolutionen wurden, so scheint es, nach dem emotionalen Wert benannt. Die »Orangene Revolution« in der Ukraine möchte ich herausgreifen, denn sie ist für viele in doppelter Hinsicht ein Lehrbeispiel: Zuerst einmal dafür, wie man Sympathie für einen Wunschkandidaten erzeugt, und zum zweiten, wie es dann in einem solcherart befreiten Land weitergehen kann.

Nach diversen, Ihnen sicher bekannten Turbulenzen präsentierte sich die Ukraine Anfang 2009 als so gut wie bankrott, die Hände Hilfe suchend in Richtung EU ausgestreckt. Dass sich im Lande selbst ein nicht unbeträchtlicher Teil der Bevölkerung nach den geordneten Zuständen in der UdSSR zurücksehnt, versteht sich fast von selbst (ähnliche Sehnsüchte in anderen Ex-Sowjetrepubliken habe ich ja bereits erwähnt).

Was nun den Aufbau eines US-Wunschkandidaten betrifft, so habe ich in »Mythos Informationsgesellschaft. Was wir aus den Medien *nicht* erfahren« ausführlich dargelegt, mit welchen Winkelzügen Viktor Juschtschenko zum Opfer eines Giftanschlages stilisiert worden sein soll, was nach Meinungsforschern nicht unerheblich zu seinem späteren Wahlsieg beigetragen hat. Für Otto Normalverbraucher sind diese Behauptungen nicht nachprüfbar. Fakt ist nur, dass eine Wiener Zeitung ausführlich darüber berichtet hat (ob auch noch andere, entzieht sich meiner Kenntnis). Und nun scheint eine weitere Revolution mit blumigem Namen, die »Rote Revolution« in Tibet, in Gang zu kommen.

Den Drachen weichklopfen

Seit Anfang 2008 scheint China an der Reihe zu sein, nachdem 1989 die vom Westen unterstützte Demokratiebewegung am Tiananmen-Platz (»Platz des Himmlischen Friedens«) im wahrsten Wortsinn niedergewalzt worden ist. Um nicht extremem Zynismus gezeihen zu werden, erkläre ich mein echtes Mitgefühl für alle jene, die meisten davon Studenten, die am 3. und 4. Juni 1989 auf diesem Platz auf mehr als bestialische Weise ums Leben gekommen sind, weil sie aufrichtig an das geglaubt haben, was ihnen über Freiheit, Gerechtigkeit, Selbstbestimmung und Demokratie eingeflüstert wurde. Kalte Analytiker bewerten die Vorgänge nüchtern. Für sie sind diese Toten (300 nach offizieller chinesischer Angabe; Menschenrechtsorganisationen sprechen von der zehnfachen Zahl) bedauernswerte Opfer, aber nichtsdestotrotz eine kleine Zahl, gemessen an der wahrscheinlichen Opferzahl, die eine »demokratische Revolution« in China nach sich ziehen würde. Hinzu käme eine verheerende Bevölkerungsexplosion, weil die rigide und ohnedies nicht voll greifende Ein-Kind-Politik als »nicht demokratisch« ein Ende fände.

Dessen ungeachtet wurde im Juni 2009 weltweit mit großem Medienaufwand des Massakers gedacht, es wurden Entsetzen und Entrüstung geäußert und China wurde nach Strich und Faden verurteilt. In dem Zusammenhang habe ich nicht nur einmal von Zeitgenossen, die der medialen Gehirnwäsche trotzen, zu hören bekommen, diese Heuchelei würde ihnen den Magen umdrehen. Jahrestage gäbe es nämlich genug, um beispielsweise der geschätzten einen Million Iraker zu gedenken, die Bushs Kreuzzug bislang zum Opfer gefallen sein sollen (die kolportieren rund zwei Millionen zivilen Opfer der Sanktionen zwischen 1991 und 2003 gar nicht mitgerechnet), oder der geschätzten zwei bis drei Millionen einheimischen Opfer des Vietnam-Krieges. Die genannten Zahlen sind natürlich nicht exakt, da es unterschiedliche Quellen gibt. Die *Größenordnung*, in der die Opferzahlen jener Macht angesiedelt sind, die sich als Moralapostel aufspielt, andere als Schurkenstaaten einstuft und die von der »westlichen Wertegemeinschaft« für ihre bluttriefende Gewaltpolitik niemals auch nur den leisesten *offiziellen* Tadel erhält, dürfte dennoch klar erkennbar sein.

Damals wie heute alterieren sich westliche Medien und Politiker über Menschenrechtsverletzungen im Reich der Mitte. Als die neue US-Außenministerin Hillary Clinton im Februar 2009 China besuchte, wurde ihr angekreidet, dort nur über die Wirtschaftskrise und nicht über die Menschenrechte gesprochen zu haben. Einige Kommentatoren meinten, die stolzen Chinesen hätten sich derartige Einmischungen ohnedies verbeten. Manche gingen sogar so weit, zu vermuten, der guten Hillary wären als Antwort die Kriegsverbrechen und laufenden Menschenrechtsverletzungen der USA unter die Nase gerieben worden (Korea, Guatemala, Vietnam, Kambodscha, Panama, Afghanistan und Irak, die immer noch aktiven Foltergefängnisse usw., von den hoch-offiziell massakrierten Zigmillionen Indianern gar nicht zu reden). Seltsamerweise werden die USA weder als Schurkenstaat deklariert, dessen Kriterien sie voll erfüllen, noch international geächtet, wie es sich gehören würde. Ja, ja, wenn zwei dasselbe tun …

Selbstverständlich ist es natürlich auch übel, was China seit mehr als einem halben Jahrhundert in Tibet aufführt. Dessen ungeachtet ist es nicht uninteressant, was uns durch die Mainstream-Medien im März 2008 im Vorfeld der in China stattfindenden Olympiade aufgetischt wurde. Damals kam es in Lhasa, der Hauptstadt von Tibet zu Unruhen. Einige wenige Nachrichtenagenturen berichteten, laut Augenzeugen hätten Demonstranten vor dem Jokhang-Tempel Polizei- und Feuerwehrwagen angegriffen, umgestürzt und in Brand gesteckt. Feuerwehrleute und Polizisten seien verprügel worden. Die Demonstranten hätten die chinesische Flagge auf dem Platz vor dem Tempel eingeholt und mit Füßen auf ihr herumgetrampelt. Mehrere Geschäfte seien in der Altstadt um den Jokhang-Tempel in Flammen aufgegangen. Zu den Todesopfern zählten zwei Hotelangestellte und zwei Händler. Ein chinesischer Händler aus Lhasa sagte am Telefon, Leute hätten buddhistische Mönche gesehen, die Chinesen mit Messern angriffen. Die Demonstranten hatten verschiedenen Berichten zufolge chinesische Geschäfte zerstört und Autos in Brand gesteckt. Amtlichen chinesischen Angaben zufolge gab es 160 Brände in Lhasa, davon 45 Großfeuer. Das Staatsfernsehen zeigte Bilder, auf denen große Gruppen von Demonstranten zu sehen waren, die Geschäfte überfielen, plünderten und in Brand steckten. Nach amtlichen Angaben seien in der tibetischen Hauptstadt 241 Polizisten verletzt worden, davon 23 schwer, sowie 382 Zivilisten, davon 58 schwer. Die Unruhestifter hätten 908 Geschäfte angegriffen und geplündert, 84 Autos angezündet sowie auch in sieben Schulen, fünf Krankenhäusern und 120 Wohnungen Feuer gelegt.

Im Großteil der Medien stellte sich die Situation ganz anders dar: Dort waren es die chinesischen Sicherheitskräfte, die Tod und Verderben über die Tibeter brachten. Das Material für diese Darstellungen soll die tibetische Exilregierung und der, wie es heißt, von der US-Regierung finanzierte Sender »Radio Free Asia« geliefert haben. »*100 Tote und kein Ende*«, lautete einer der Aufmacher. Besonders eingängig fanden Medienanalysten die Schlagzeile »*Das ist Verrat an Olympia!*« Fast schon logisch die medial unterstützte Aufforderung: »*Stoppt China! – Nach blutigen Militär-Einsätzen in Tibet fordert EU-Präsident den Olympia-Boykott.*«

Ein Bericht über die olympische Zeremonie las sich am 25. März 2008 so: »*Was für ein Auftakt: Pekings Olympia-Chef Liu Qi war bei der Entfachung des olympischen Feuers mit seiner Rede noch nicht am Ende, da schafften es Aktivisten von ›Reporter ohne Grenzen‹ trotz großer Sicherheitsvorkehrungen auf die Bühne. Einem von ihnen gelang es gar, ein Spruchband mit der Aufschrift ›Boykottiert das Land, das die Menschenrechte mit Füßen tritt‹ zu entrollen. Die Fackel brannte, und der Lauf vom griechischen Olympia nach Peking konnte beginnen – und mit ihm hoffentlich auch ein langer und quälender Spießrutenlauf für die chinesische Regierung.*«

Das Auftreten von »Reporter ohne Grenzen« hat manche dazu veranlasst, sich mit ihnen näher zu befassen. Einige Rechercheure wollen dabei auf eine Vorfeld-Organisation der US-amerikanischen Außenpolitik namens »National Endowment for Democracy« (NED) gestoßen sein, von der auch »Reporter ohne Grenzen« Gelder erhalten haben sollen. Die unter Präsident Reagan im Jahr 1983 gegründete NED ist international tätig und soll zu über 90 Prozent aus dem Staatshaushalt der USA finanziert werden. Eine bekannte New Yorker Werbeagentur, die Weltkonzerne zu ihren Klienten zählt, soll angeblich Kommunikationskampagnen für »Reporter ohne Grenzen« ohne Bezahlung organisieren. Manche Kunden der Agentur – zu denen auch die US-Armee gehören soll – scheinen mit den außenpolitischen Interessen der USA verflochten zu sein.

Altes Spiel – neue Spieler

Eine treffende Einschätzung dieses medialen Feuerwerks lieferte ein israelischer Autor, langjähriger Knesset-Abgeordneter und Friedensaktivist. Er schrieb am 5. April 2008, es sei kein Zufall, dass die Unruhen in Tibet am Vorabend der Olympischen Spiele stattfanden. Das sei für ihn in Ordnung: »*Ein für seine Freiheit kämpfendes Volk hat das Recht, jede Gelegenheit zu nutzen, die sich ergibt, um seinen Kampf zu fördern. Ich unterstütze die Tibeter, obwohl mir bewusst ist, dass die Amerikaner diesen Kampf für ihre eigenen Zwecke ausnützen. Klar, die CIA hat den Aufstand geplant und organisiert, und die amerikanischen Medien führen die weltweite Kampagne. Sie ist ein Teil des verborgenen Kampfes zwischen den USA, der herrschenden Supermacht, und China, der aufstrebenden Supermacht – eine neue Version des ›Großen Spiels‹, das im 19. Jahrhundert in Zentralasien zwischen Großbritannien und Russland gespielt wurde. Tibet ist nur eine Karte in diesem Spiel. Ich bin sogar bereit, die Tatsache zu ignorieren, dass die sanften Tibeter ein mörderisches Pogrom gegen unschuldige Chinesen ausführten, Frauen und Männer töteten und Häuser und Läden anzündeten. Solche abscheulichen Exzesse geschehen während eines Befreiungskampfes. Nein, was mich wirklich stört, ist die Heuchelei der Weltmedien. Sie stürmen und brausen über Tibet. In Tausenden von Kommentaren und Talkshows häufen sie Verfluchungen und Beschimpfungen über das bösartige China. Es sieht so aus, als seien die Tibeter das einzige Volk auf Erden, dem das Recht auf Unabhängigkeit mit brutaler Gewalt verweigert wird – wenn nur Peking seine schmutzigen Hände von den safrangelben Gewändern der Mönche wegnähme, dann wäre in dieser Welt alles in Ordnung.*

Zum Abschluss sei erinnert an das Planspiel des US-Sicherheitsstrategen Zbigniew Brzezinski, ›The Grand Chessboard – Das große Schachbrett‹, zu dem er ausführt: ›Eurasien ist mithin das Schachbrett, auf dem der Kampf um globale Vorherrschaft auch in Zukunft ausgetragen wird. Amerika ist heute die einzige Supermacht auf der Welt, und Eurasien ist der zentrale Schauplatz. Von daher wird die Frage, wie die Macht auf dem eurasischen Kontinent verteilt wird, für die globale Vormachtstellung und das historische Vermächtnis Amerikas von entscheidender Bedeutung sein.‹ Das Aktionsfeld Tibet ist – daran dürfte kein

Zweifel bestehen – ein Feld des großen Schachbretts. Und es ist die Rolle der PR-Kampagnen und der Medien, das nicht deutlich werden zu lassen.«

Sie werden sich wahrscheinlich wieder einmal fragen, worum es hier im Rahmen des »Großen Spiels« letztendlich geht. Auch darauf haben Aufdecker eine Antwort: Bekanntlich strebt Washington seit längerer Zeit danach, die Energieversorgung der chinesischen Wirtschaft zu kontrollieren. Die wichtigsten chinesischen Öl-Verträge laufen unter direkter Überwachung durch das US-Außenministerium über amerikanische Joint Ventures. Das System funktioniert dank der »verlässlichen« Korruption der chinesischen Verhandlungspartner. Washington garantiert ihnen Vergütungen für Gegengeschäfte und sie verpflichten sich ihrerseits, ihre Guthaben in US-Schatzbriefen anzulegen. Auf lange Sicht beabsichtigt Washington, auch die Pipelines zu kontrollieren sowie die Schiffsrouten, die von den Öl- und Gastankern benutzt werden.

Großereignisse wie Olympia sind ein ideales Umfeld für Propagandafeldzüge, Agitationen und geheime Aktionen – aber auch Naturereignisse können sich dafür anbieten:

Doppelgesichtige »Safran-Revolution«

Als der Zyklon »Nargis« im Mai 2008 Myanmar (das ehemalige Burma) heimsuchte, tönten die Amerika-hörigen Medien, die Burmanen hätten sich abermals erhoben, um sich von einer Militärdiktatur zu befreien, die das Land seit Jahren isolierte und die Bevölkerung in Not und Elend hielt. Besonders angeprangert wurde die Ablehnung, ausländische Hilfsorganisationen ins Land zu lassen. Zarte Bedenken, dass bei humanitären Aktionen in »missliebigen Ländern« auch meist die CIA mitkommt, wurden in den Wind geschlagen. Einhellig rief man nach Sanktionen aller Art, um auch gleich der vor sich hin wabernden »Safran-Revolution« endlich zum Durchbruch zu verhelfen, die ein halbes Jahr zuvor niedergeschlagen worden war. Kritischen Beobachtern war schon damals der Begriff »Safran-Revolution« als genau das erschienen, was er war: ein *Slogan* in Anlehnung an die Farbe der Gewänder der buddhistischen Mönche.

Ein Faktum wurde zwar erwähnt, wenn auch nur sehr am Rande: Die »Safran-Revolution« war nicht ausgebrochen, um die Diktatur zu stürzen, sondern als Reaktion auf die Verdoppelung des Benzinpreises und aufgrund von Maßnahmen gegen buddhistische Mönche, die eine Theokratie errichten wollen, einen Gottesstaat, wenn auch völlig anderer Natur als im islamischen Bereich. Eine Demokratie, wie wir sie verstehen, war und ist nicht das Ziel der aufbegehrenden Mönche. Dessen ungeachtet, ist ihre »Befreiungsbewegung« aus dem Hintergrund von Washington vorbereitet worden und sie wird weiter unterstützt, um das Land für die Investitionen amerikanischer multinationaler Konzerne zu öffnen.

Die Presse hingegen wiederholt gebetsmühlenartig, die Junta würde militärisch und ökonomisch hauptsächlich von China unterstützt, ein wenig auch von Russland. Das sind die beiden Länder, die sich im Januar 2008 einer Verurteilung und wirtschaftlichen Sanktionen gegen Myanmar durch den Sicherheitsrat der UNO entgegengestellt hatten. Ökonomische und politische Stützen der Junta sind China und Russland aber ebenso wenig wie Südafrika, das damals auch im UNO-Sicherheitsrat mit »Nein« gestimmt hat. Die bei weitem wichtigste ökonomische Unterstützung der Militärjunta kommt hingegen aus Japan, einem Satellitenstaat des US-Imperiums. Trotz dieser Tatsache wird in den europäischen Medien keineswegs ein Bruch der Wirtschaftsbeziehungen zwischen Tokio und Rangun gefordert.

Wie bereits erwähnt, ist es Washington ein wichtiges Anliegen, die Pipelines sowie die Schiffsrouten zu kontrollieren, die von den Öl- und Gastankern benutzt werden. Nun hatte es die burmesische Junta geschafft, sich den Chinesen anzudienen. Einmal, indem sie auf ihrem Gebiet eine 1250 Kilometer lange Pipeline gebaut hat, die den Golf von Bengalen vom Hafen Sittwe aus mit Kumning in der chinesischen Provinz Yunnan verbindet, und andererseits durch die Einrichtung von elektronischen Überwachungsstationen, mit denen die an ihren Küsten vorbeiführenden Schiffswege kontrolliert werden. Zu diesem Zweck hat Peking Myanmar Überwachungs- und Abfangmaterial für 1,5 Milliarden Dollar für Radar und Patrouillen der Klasse Hainan geliefert. Erst seit diesem Abkommen »sorgen« sich die Amerikaner um die Lage der Burmesen. Kein Wunder, weigert sich China doch beharrlich, die Spielregeln des anglo-amerikanischen Neokolonialismus einzuhalten. China fragt nicht den IWF oder die Weltbank um Rat, bevor es sich wo immer auf der Welt engagiert – und schon gar nicht Washington.

Damit verlassen wir die Hintergrundebene – mit den auf unterschiedlichsten Stufen mehr oder weniger katzenpfötig und mit sinkendem Erfolg ablaufenden Subversionen – und begeben uns auf die Ebene, auf der es offen zur Sache geht. Bei der von manchen für unvermeidlich gehaltenen End-Totalkonfrontation geht es um nicht mehr und nicht weniger als um die Weltherrschaft – und um die Schaffung eines zuvor allerdings verwüsteten Globalmarktes.

Teil VII

Die Hot-War-Front

»Kampf der Götter«

> *»Im Hauptabendprogramm gewinnen die*
> *Guten. In der Tagesschau die Bösen.«*

Sponti-Spruch

Pragmatik der Hölle

Sicher haben Sie sich angesichts der unentwegten Kriege in der menschlichen Geschichte schon einmal gefragt, wieso es den »Eliten« leicht fällt, das Volk in einen Krieg zu hetzen, obwohl der Einzelne dabei wenig gewinnen kann. Bestenfalls kommt er mit heiler Haut davon. Doch es ist ganz einfach: Man braucht selbst in Demokratien nichts weiter zu tun, als dem Stimmbürger zu sagen, das Land sei gefährdet, und etwaige Pazifisten als Anti-Patrioten, besser noch als Verräter, abzustempeln. Wenn das Land nicht wirklich angegriffen wird, hilft man dieser Vorstellung durch einen passenden Anlass nach (vom Sender Gleiwitz über Pearl Harbor bis zum 11. September). Das funktioniert immer.

An diesem bewährten System ändert auch die für jeden Denker erkennbare Tatsache nichts, dass Kriege in letzter Zeit unverhohlen um Macht und Märkte, den Zugriff auf Ressourcen oder die Akzeptanz des Dollars geführt werden, auch wenn unentwegt von Menschenrechten, Humanität, Demokratie oder sonstigen hehren Werten die Rede ist, die verteidigt oder eingeführt werden sollen. Würde es tatsächlich um Humanität gehen, hätte die internationale Staaten- oder die westliche Wertegemeinschaft bei den Völkermorden in Ruanda oder im Sudan ebenso wie bei der Unterdrückung der Kurden einschreiten müssen. Das hat sie aber nicht getan.

Im Irak und im Kosovo ist sie hingegen plötzlich von menschlichem Mitgefühl ergriffen worden und hat interveniert, wenn auch mit Hunderttausenden Toten im Irak, wo die Bevölkerung sich mittlerweile nostalgisch an die paradiesischen Zustände unter Saddam Hussein zurücksehnt. Die Friedenstaube hochhaltend wateten die »Befreier« durch Meere von Blut, wobei sie aber primär an die Befreiung von Ölvorkommen oder an Vergleichbares denken. Millionen von Menschen würden ohne »humanitäre Militäraktionen« heute noch leben.

»Nichts fürchten Waffenhändler mehr als den Frieden«, heißt es in dem fulminanten Anti-Kriegsfilm »Lord of War«, in dem Nicholas Cage einen Waffenhändler verkörpert, der angesichts der Tatsache, dass jeder zwölfte Erdenbürger bewaffnet ist, nur eine Sorge hat: *»Wie bewaffnen wir die anderen elf?«* Es gibt aber nicht nur Waffenhändler, sondern primär natürlich die waffenproduzierenden Länder, unter denen sich nicht wenige Demokratien befinden. An führender Stelle die USA, die ihre Waffen – vom 22er-Revolver bis zum Großgeschütz oder Kampfbomber – liebend gerne an bluttriefende Diktaturen verkaufen.

Die hoch gelobte »unsichtbare Hand des Marktes«, der wir mittlerweile staatliche Versorgungseinrichtungen wie Post oder Bahn, die Krankenversorgung und unsere Renten zu opfern haben, erweist sich im Zusammenhang mit dem Rüstungsgeschäft als die Hand eines zig-millionenfachen Massenmörders. Kritische Analytiker betrachten den Waffenhandel nur als Spezialfall einer profitorientierten Globalisierung und orten im (Raubtier-)Kapitalismus selbst die Wurzel allen Übels. Wie sagte schon der französische Sozialist Jean Jaurès, der 1914, am Vorabend des Ersten Weltkrieges, ermordet wurde: *»Der Kapitalismus trägt den Krieg in sich wie die Wolke den Regen.«* Dazu passt ein Zitat von Ernst Winkler aus der Zeit wenige Jahre nach dem Zweiten Weltkrieg: *»Der Krieg ist die großzügigste und wirkungsvollste Reinigungskrise zur Beseitigung der Überinvestition, die es gibt. Er eröffnet gewaltige Möglichkeiten neuer zusätzlicher Kapitalinvestitionen und sorgt für gründlichen Verbrauch und Verschleiß der angesammelten Vorräte an Waren und Kapitalien. So ist der Krieg das beste Mittel, um die endgültige Katastrophe des ganzen kapitalistischen Wirtschaftssystems immer wieder hinauszuschieben.«*

Nicht gleichgeschaltete Wirtschaftsfachleute legen klar: Mit der Rüstung wird nicht nur das Kapital bedient, sondern auch gebunden, also vom Markt genommen. Würde man das in Raketen, Panzer, Flugzeuge, Gewehre, Schiffe, Munition und anderes Kriegsgerät investierte Kapital in den zivilen Sektor einfließen lassen, wäre das Angebot an zivilen Gütern und Leistungen auf den Märkten exorbitant größer. Man sollte meinen, das könnte den Investoren egal sein, doch man irrt. Ein ungleich größeres Angebot an Wohnungen, Konsumgütern etc. würde auf die Kapitalrendite drücken und den Zins verringern, in letzter Konsequenz auf Null. Alles klar?

Wie es scheint, ein echter Teufelskreis, für den nur extreme Zyniker eine »Lösung« parat haben, die fatal an den »Gordischen Knoten« erinnert: Wer für den Frieden ist, muss alle Kriegstreiber umbringen. So radikal wollen wir natürlich nicht sein, auch wenn der schlichte Staatsbürger vor jedem Krieg stufenweise weichgeklopft wird.

Zuerst gibt es Steuererhöhungen, gefolgt von Arbeitsplatzverlust, Kaufkraftverlust, Firmenpleiten, Jugendarbeitslosigkeit, Geldentwertung, steigender Kriminalität und so manch anderem, das uns mittlerweile wohl vertraut, nicht aber angenehm ist. Sparpakete vernichten gezielt Arbeitsplätze, Steuern geben den noch vorhandenen »Werktätigen« den Rest.

Man verzeihe mir die antiquiert-sozialistische Diktion, aber speziell Steuern sind, wie das Wort an sich schon verrät, ein ideales Steuerungsmittel, um Hinz und Kunz in eine beliebige Richtung zu »steuern«. Zudem lassen sich durch die Steuerpolitik jene fördern, die man braucht, und die anderen unten halten. Die EU ist für Kritiker ein Musterbeispiel für gezielte Förderung durch Unterstützung auf der einen, sowie Ausbeutung und Unterdrückung auf der anderen Seite. Ihrer »unkorrekten« Meinung nach zeitigen die »Agrarreformen« der letzten Jahrzehnte im Sinne der »Deregulierung« und »Freisetzung der Marktkräfte« mittlerweile die politisch angestrebten Erfolge: Die Nahrung wird knapp, die Preise steigen, zwar nicht für die Bauern, wohl aber für die internationalen Nahrungsmittelkonzerne.

Vor nicht allzu langer Zeit warnte die Direktorin des Welternährungs-Programms der Vereinten Nationen davor, dass die Nahrungsmittelpreise und die Anforderungen an die Nahrungsmittelhilfe gewaltig ansteigen würden – und zwar nicht nur in der Dritten Welt: »*Wir erfahren eine neue Form des Hungers, wir erleben mehr Hunger in den Städten als je zuvor. Oft sehen wir die Nahrungsmittel in den Regalen und davor Menschen, die sie sich nicht leisten können.*«

Wenn also jedermann um sein Auskommen bangt und gehörig Angst vor der Zukunft hat, ist er bereit, sich auf Schritt und Tritt überwachen zu lassen, und er lechzt gleichzeitig danach, jemanden für sein eigenes Ungemach an den Kragen zu gehen. Der Gegner wird ihm »von oben« präsentiert, wie man es gerade braucht.

»Wer oder was gut oder böse ist, bestimmen wir!«

Einen Tag vor dem »Überfall auf den Sender Gleiwitz« am 31.8.1939 durch »Polen« (in Wirklichkeit verkleidete SS-Männer), dem Auslöser für den Krieg, soll Hitler gesagt haben: »*Die Auslösung des Konfliktes wird durch die geeignete Propaganda erfolgen. Die Glaubwürdigkeit ist dabei gleichgültig, im Sieg liegt das Recht.*« Die Geschichte vorher und nachher scheint ihm Recht zu geben.

Man kennt den Umgang, den die westlichen Demokratien (primär die USA) mit Diktatoren wie Saddam Hussein, Batista, Noriega, Bokassa, Idi Amin, Mugabe usw. oder mit Fanatikern wie Osama bin Laden pflegen: Zuerst sind sie als Beelzebub im Kampf gegen Dritte nützlich, dann, wenn sie aus dem Ruder laufen, werden sie zu Teufeln gemacht und wie beispielsweise Saddam Hussein liquidiert.

Selbst Hitler war in England und in den USA eine gewisse Zeit lang wohlgelitten. Es gab Geldspritzen, Göring überreichte Henry Ford am 30. Juli 1938 das »Großkreuz des deutschen Adlerordens«, und 1940 durfte der Vizepräsident von General Motors, James D. Mooney, das Kreuz 1. Klasse des Ordens in Empfang nehmen. Adolf Hitler hatte diese Auszeichnung am 1. Mai 1937 gestiftet. Sie wurde ausschließlich an Ausländer verliehen, die sich um das Deutsche Reich verdient gemacht hatten.

Am 15. März 2002 erschien in der »International Herald Tribune« eine Karikatur, die Präsident Bush bei einer Pressekonferenz zeigt, wobei er Folgendes sagt: »*Ein Land, das die internationalen Gesetze missachtet, Verträge ignoriert und den Gebrauch von Atomwaffen androht, ist ein Schurkenstaat ... ausgenommen es wären die USA.*«

Und eben dieser Präsident, in dessen Land neben den oben genannten Verfehlungen Hinrichtungen an der Tagesordnung sind, dessen Oberstes Gericht die Folter legalisiert hat und dessen Büttel jedermann ohne Anklage auf unbestimmte Zeit in einem Kerker verschwinden lassen kann, in dem totale Überwachung und Meinungsterror herrscht, hat sich nicht entblödet, China und Russland in Sachen Menschenrechte, Meinungsfreiheit, Demokratie etc. immer wieder abzumahnen. Eine »Chuzpe« sondergleichen, die von den offenbar gleichgeschalteten westlichen Medien nicht nur nicht angeprangert, sondern sogar mitgesungen wird, wenn auch gelegentlich mit kleinen Ausrutschern.

So konnte man im österreichischen Weltjournal im September 2008 einen Vietnam-Veteranen vernehmen, der Erstaunliches aussprach: »*Als Terroristen am 11. September 2001 3000 Amerikaner getötet haben, hat Präsident Busch sie als ›die Bösen‹ bezeichnet. Wir haben drei Millionen Vietnamesen getötet [das Land verwüstet und bis heute durch Agent Orange/Dioxin genetisch ge-*

schädigte Schwerbehinderte produziert; Anmerkung des Autors], trotzdem sind wir ›*die Guten*‹.« Das konnte der hochanständige Amerikaner, der seit Jahren in Vietnam den Opfern der US-Aggression hilft, nicht verstehen, die »hochanständigen« Medien in der Regel offenbar schon.

Dass ein krasser Unterschied zwischen jeweils hehren Kriegszielen und der schnöden Wirklichkeit besteht, ist schon am Ende des Zweiten Weltkriegs Teilen der amerikanischen Armee aufgefallen, und zwar den schwarzen Regimentern, bei denen sich leichte Zweifel darüber bemerkbar machten, ob die Vereinigten Staaten wirklich nur im Sinn hatten, das Dritte Reich wegen seines monströsen Rassismus zu erledigen.

Die US-Army führte den Zweiten Weltkrieg nämlich »segregated«, also in rassisch getrennten Einheiten. Die schwarzen Soldaten wussten sehr genau, dass sie nicht nur oft in die gefährlichsten und verlustreichsten Operationen geschickt wurden, sondern auch Krieger zweiter Klasse waren. Da sich diese unverhüllte rassische Diskriminierung mit dem Kriegsziel, das rassistische Regime der Nazis zu vernichten, nicht unter einen Hut bringen ließ, musste die Rassentrennung in der Armee 1947 aufgegeben werden. Die bürgerliche Rassentrennung sollte noch mehr als zehn Jahre halten und konnte nur unter großen Turbulenzen mit fast schon bürgerkriegsähnlichem Charakter abgeschafft werden.

Nicht nur wegen dieses Widerspruchs haben manche Historiker die Frage aufgeworfen, ob die Vernichtung des menschenverachtenden NS-Regimes der politische Zweck dieses Krieges gewesen war – oder nicht lediglich eine Folgeerscheinung. Wäre es der amerikanischen Regierung um die Abschaffung des Faschismus gegangen, so hätte sie dem Dritten Reich sehr bald nach der Machtergreifung von 1933 den politischen Krieg erklären müssen. Wohlgemerkt: den politischen, den diplomatischen und auch den ökonomischen Krieg, nicht den mit Waffen. Schon mit dem Ermächtigungsgesetz nach dem Reichstagsbrand, der Einführung der Rassengesetze und der Errichtung der ersten Anhaltelager, hatte das neue Regime seinen wahren Charakter ganz offen gezeigt. Parteienverbot, Austritt aus dem Völkerbund und Aufrüstung folgten rasch. Die amerikanische Öffentlichkeit – und noch mehr die Regierung – war über die Mord- und Entrechtungspolitik der Nazis informiert, nicht zuletzt über die Diskriminierung, Verfolgung und Enteignung der jüdischen Mitbürger. Aber diplomatische oder gar regierungsamtliche Proteste blieben aus. Noch in der Ausgabe vom 2. Januar 1939 zierte Adolf Hitler das Titelbild des amerikanischen »Time Magazine« als »Mann des Jahres«. Heinrich Himmler blickt gleich zweimal vom Titelbild: am 24. April 1939 und am 11. Oktober 1943.

Manche Historiker orten einen der Gründe für die damalige westliche Toleranz im latenten Antisemitismus, den man in Medien dieser Zeit finden

192

kann. Ein anderer, strategisch wichtiger Grund könnte die nicht ganz falsche Erwartung gewesen sein, das Dritte Reich werde die Gefahr des Kommunismus in Europa bannen und seine kriegerischen Energien nach Osten wenden. Wenig bekannt, weil seither dezent verschwiegen, ist der Umstand, dass die USA der einzige große Staat war, der nach der Eroberung Frankreichs durch deutsche Truppen 1940 das von den Siegern etablierte (rassistisch-antikommunistische) Nazi-Satellitenregime von Vichy diplomatisch anerkannte.

Wohl begann die amerikanische Regierung nach dem Fall Frankreichs, England (völkerrechtswidrig) massiv militärisch zu unterstützen, aber noch Anfang 1940 hatte Präsident Roosevelt – nicht zuletzt wegen des sowjetischen Angriffskriegs gegen Finnland – über eine »breite antisowjetische Front« nachgedacht, welcher nicht nur alle westlichen Demokratien, sondern auch die Achsenmächte Deutschland und Italien angehören sollten. Für ihn war das Nazi-Regime nicht von Beginn an jenes »auszugrenzende absolute Böse«, das es später angeblich in den Augen der US-Führung immerdar gewesen sein soll.

Einige Historiker meinen, nach dem deutschen Angriff auf die UdSSR hätte sich in amerikanischen Wirtschaftskreisen die Furcht breit gemacht, Nazi-Deutschland könnte die riesige rohstoffreiche Sowjetunion überrennen, nach deutschem Muster umstrukturieren und so zu einer ernsthaften Konkurrenz für die USA werden. Das soll – neben dem Wunsch, die Vorherrschaft Japans zu beenden, welche die USA seit den frühen 30er-Jahren durch extreme Wirtschaftsblockaden bekämpfte – der Grund dafür gewesen sein, dass die amerikanische Führung Pearl Harbor ganz bewusst zugelassen hatte, obgleich man darüber informiert gewesen war. Die japanischen Funkcodes waren nämlich schon lange entschlüsselt, auch wenn einige Fakten dazu heute noch (!) geheim sind.

Besonders suspekt erscheint vielen, dass just die wichtigen Flugzeugträger am »Tag der Schande«, dem 7. Dezember 1941, nicht im Militärhafen auf Hawaii waren, sodass den angreifenden Japanern nur alte Schiffe aus dem Ersten Weltkrieg zum Opfer fielen. Und natürlich rund 3000 Seeleute. Wie zu erwarten, erklärte daraufhin Deutschland in – von Pragmatikern als verrückt bezeichneter – Nibelungentreue den USA den Krieg. Kurz gesagt: Pearl Harbor provoziert, um Deutschland als Konkurrenz ausschalten zu können.

Der »menschenrechtlich legitimierte Antifaschismus« scheint im Kalkül der Regierenden eine zweckdienliche Spätgeburt gewesen zu sein. Ähnlich der »Befreiung der Sklaven«, die als Grund für den amerikanischen Bürgerkrieg genannt wird, obwohl sie in Wirklichkeit nur das Eingreifen europäischer Mächte zugunsten der Konföderierten durch eine »moralische Bremse« verhindern sollte. Die schockierenden Hintergründe des unter »falscher

Flagge« geführten Krieges des Nordens gegen den Süden von 1861 bis 1865 lege ich in meinem Buch »Schatten der Macht« ausführlich dar.

Verlogenheit herrschte (und herrscht) überall. So war es damals mit Stalins »Antifaschismus« ebenso wenig weit her wie mit dem von Winston Churchill, der in den 30er-Jahren erklärte, England könne sich glücklich schätzen, wenn sich in einer Krise ein Mann wie der deutsche Führer fände. Stalin schloss mit dem glühenden Anti-Bolschewiken Hitler im August 1939 den bekannten Nichtangriffspakt und marschierte gemeinsam mit der Deutschen Wehrmacht noch im selben Jahr in Polen ein (für diesen Angriff wurde allerdings nur Deutschland nach dem verlorenen Krieg in Nürnberg angeklagt, während russische Richter dem Tribunal angehörten). Ferner überstellte Stalin seinem Nazi-Paktgenossen in die Sowjetunion geflüchtete Nazi-Gegner und sogar Kommunisten, die alle nach ihrer unfreiwilligen Heimkehr nach Deutschland kein langes Leben hatten.

Churchill wiederum soll noch bis kurz vor Kriegsende mit der von vielen Deutschen hoffnungsvoll geteilten Idee geliebäugelt haben, die deutsche Armee gegen die Sowjetunion weiterkämpfen zu lassen, um die Bolschewisten wenigstens aus Mitteleuropa wieder herauszudrängen. Als man Churchill die Nachricht überbrachte, Hitler sei »bis zum letzten Atemzug gegen den Bolschewismus kämpfend« gestorben, soll der britische Premier gesagt haben: *»Ich finde, dass er absolut Recht damit hatte, so zu sterben.«*

Kurzum: Die politischen Führungen des Westens hätten, wenn es ihnen mit ihrer Nazi-Gegnerschaft wirklich ernst gewesen wäre, damit schon 1933 anfangen können und müssen. Damit zur nicht weniger verlogenen Gegenwart.

Halten Sie das Völkerrecht, das unter anderem verbietet, Staatsoberhäupter vor Gericht zu stellen, für obsolet? Viele sagen »ja« angesichts der Bestialitäten, die sich manche Regierende leisten. Dabei fällt der eigentliche Sinn des völkerrechtlichen Schutzes für Staatschefs völlig unter den Tisch. Dieser liegt darin, kleine, machtlose Staaten davor zu schützen, dass mächtige Staaten (an vorderster Stelle die USA) ihnen nicht genehme Regierungen in Kommandoaktionen »verhaften«, in Den Haag abliefern und jene an die Macht bringen, die ihnen sehr wohl genehm sind.

Mit welchem Recht als mit dem Recht des Stärkeren, so fragen beispielsweise Internet-Blogger, maßt sich eine Macht, die Massenvernichtungswaffen anhäuft und – als einzige! – auch eingesetzt hat, an, andere dauernd moralisch zu ermahnen und ihnen die Entwicklung solcher Waffen verbieten zu wollen und – das ist das eigentlich Ärgerliche – wieso kommentieren die Medien das nicht einhellig als das was es ist, nämlich eine Frechheit?

Fakt ist: Vor dem Haager Kriegsverbrechertribunal landen nur jene, die Kriege verloren oder sich mißliebig gemacht haben. Deshalb betrachten Zeitgenossen, die sich nicht von der Medienorgel einseifen und von den sogenannten Eliten blöd machen lassen, besagtes Tribunal als Exekutionsinstrument für westliche Polit- und Wirtschaftsinteressen. Manche sehen sich angesichts der jeweils dort *nicht* Landenden oder auch nur Angeklagten bestätigt.

Im Februar 2006 hieß es, der Internationale Strafgerichtshof (IStGH) in Den Haag sei nicht bereit, gegen die Besatzungsmächte im Irak zu ermitteln. Wie der IStGH-Chefankläger in einem zehnseitigen Schreiben erklärt haben soll, hätte er zwar mehr als 240 Klagebegehren gegen Verantwortliche aus dem Kreis der »Koalition der Willigen« erhalten, müsse es aber dennoch vorläufig ablehnen, offizielle Untersuchungen einzuleiten. Er habe kein Mandat zu prüfen, ob der US-geführte Krieg gegen den Irak ein »Aggressionsverbrechen« und damit illegal war. Darüber hinaus erklärte der Chefankläger aber auch, keine Anzeichen für »Verbrechen gegen die Menschheit« (verbreitete und systematische Angriffe gegen die Zivilbevölkerung) gefunden zu haben.

Auch für einfache Kriegsverbrechen, gäbe es – noch – keine ausreichenden Hinweise. Die verfügbaren Informationen würden nicht auf absichtliche Angriffe auf die Zivilbevölkerung hindeuten. Als schlagende Beweise dafür, dass es auch keine Angriffe gab, die unverhältnismäßig viele Zivilisten töteten, führte der Chefankläger die »Sorgfalt der Zielauswahl« durch das britische Militär und den Anteil von nahezu 85 Prozent präzisionsgesteuerter Waffen bei der britischen Armee an, eine Zahl, die seiner Meinung nach die Anstrengungen, Opfer zu minimieren, zu bestätigen scheine. Einzig bei den Straftatbeständen »willkürliche Tötung« und »unmenschliche Behandlung« sähe er Ansatzpunkte. Alle verfügbaren Informationen gäben Anlass für die Annahme, dass es zwischen vier und zwölf willkürliche Tötungen und einige Opfer inhumaner Behandlung gegeben habe. Alles in allem handle es sich dabei aber um weniger als 20 Personen. Das wäre – angesichts anderer wichtiger Aufgaben, denen sich der IStGH zu widmen habe – keine ausreichende Zahl, um tätig zu werden.

»Das ist, wenn man allein an die Angriffe auf die irakische Stadt Falludscha denkt, doch sehr fragwürdig«, kommentierte ein Vertreter der »alternativen Irak-Tribunalbewegung« das Schreiben. *»Würde der Strafgerichtshof Untersuchungen wie die Studie im britischen Ärzte-Journal ›The Lancet‹ ernst nehmen, mit denen die Zahlen der direkten und indirekten Opfer von Krieg und Besatzung ermittelt wurden, so müsste der Chefankläger feststellen, dass es drei Jahre nach Invasionsbeginn im Irak zu 200 000 bis 500 000 Opfern gekommen sein dürfte.«* Laut UNO sollen es Anfang 2007 bereits 600 000 bis 800 000 gewesen sein, wobei nur ein verschwindender Teil den Attentaten zuzuschreiben ist und die zwei Millionen Opfer durch die Sanktionen nicht mitgerechnet werden. Vom Einsatz geächteter Waffen wie weißer Phosphor – dieser besonders in Falludscha – und Napalm durch die westlichen

Kämpfer, nicht wenige davon Privatkrieger von Sicherheitsfirmen, ganz zu schweigen.

Das waren jene, die nicht in Den Haag landen. Andere schon bzw. sind dafür vorgesehen.

Als eines der jüngsten Beispiele gilt Sudans Präsident Omar al-Bashir, der im Sommer 2008 als Kriegsverbrecher gebrandmarkt und (wirkungslos) zur Auslieferung ausgeschrieben wurde. Im März 2009 steigerte sich diese fast schon Schmierenkomödie durch Ausstellen eines Haftbefehls zur Auslieferung Bashirs nach Den Haag. Der »Erfolg« zeigte sich umgehend. Bashir konnte dem Strafgerichtshof natürlich nicht zugeführt werden, er hingegen ließ als erste Sofortreaktion zehn Hilfsorganisationen ausweisen. Die nun nicht von diesen NGOs betreuten Menschen, werden es den »internationalen Gerechtigkeitsausübern« sicher danken. Darüber hinaus demonstrierten als weitere Sofortreaktion in Khartoum Massen gegen »diesen neokolonialistischen Anschlag auf ihr Land«. Hierzulande fragen sich manche bitter, ob die Demonstranten im Grund nicht recht haben.

Um Missverständnisse hinsichtlich des Präsidenten des Sudan zu vermeiden: Selbstverständlich ist der Gute ebensowenig ein praktizierender Humanist wie seine Kollegen Saddam Hussein oder Noriega. Was Bashir mit ihnen gemeinsam hat, ist sein früherer Status als Darling des Westens und sein Verspielen desselben – zwar nicht durch seine unleugbaren Verbrechen, sondern durch sein Bestreben, China die Rohstoffe seines Landes, beispielsweise den Ölreichtum der in den Medien dauernd zititierten Region Darfur, zugänglich zu machen. *Das* geht doch wirklich nicht!

Um deutlich zu machen, wie sehr mit zweierlei Maß gemessen wird, ein kurzer Blick auf ein Land, in dem es mit den Menschenrechten, besonders mit den Frauenrechten, nicht zum Besten bestellt ist, das aber niemals abgemahnt oder gar sanktioniert wird. Es ist, Sie ahnten es vielleicht, Saudi Arabien, Liebling und Verbündeter der USA. Ein Land, in dem beispielsweise im März 2009 eine 75-Jährige zu vier Monaten Haft und 40 Peitschenhieben verurteilt wurde, die, so meinen Ärzte, für eine Frau dieses Alters tödlich sein können. Ihr »Verbrechen« bestand darin, dass ihr ein junger Mann Brot nach Hause gebracht hatte, was eindeutig ein Fall von »unmoralischem Zusammensein« gewesen war. Der Umstand, dass die alte Dame die Amme des jungen Mannes gewesen war und ihn als Baby gestillt hatte, fiel nicht ins Gewicht, obwohl sie auch nach islamischem Recht wie eine zweite Mutter für ihn galt und das Treffen entsprechend als nicht ungehörig. Doch der junge Mann wurde ebenfalls zu vier Monaten Haft und 40 Peitschenhieben verurteilt, die er wohl eher verkraften dürfte als seine Zweitmutter.

Bezeichnenderweise habe ich diese Information aus einer Kleinmeldung in einer Zeitung. Von Protesten irgendwelcher Art gegen solche Sitten und

Gebräuche war nichts zu vernehmen. Selbst jene Parteien, die Menschen- und Frauenrechte vehementest einzufordern pflegen, hüllten sich in vornehmes Schweigen. Damit wieder zu jenen, die *sehr wohl* am öffentlichen Pranger stehen.

Nicht anders als Bashir ergeht es seit einiger Zeit Robert Mugabe, Simbabwes im Herbst 2008 in einer Farce wiedergewählten Präsidenten. Dieser blutrünstige Ex-Liebling des Westens hat, wie berichtet wird, potenziellen Oppositionswählern die Hände abhacken lassen, damit sie nicht abstimmen können. Eine Barbarei, die extrem zynische Naturen zu der nicht gerade geschmackvollen Aussage verleitet hat: »*In Europa wäre das nicht notwendig, denn wir dürfen gar nicht abstimmen.*« Solche morbiden Scherze bezogen sich auf den Lissabon/EU-Vertrag, der von den meisten EU-Regierungen gegen den erklärten Willen des jeweiligen Staatsvolkes ratifiziert wurde.

Bleiben wir seriös. Mugabe, den man nicht nach Den Haag zerren, wohl aber in der Öffentlichkeit attackieren kann, hat wie Bashir ein unverzeihliches Verbrechen begangen, nachdem er fast drei Jahrzehnte lang vom Westen verhätschelt wurde. Von eben dem Westen, der wesentlich dazu beigetragen hat, dass das einstmals blühende Rhodesien zum völlig abgewirtschafteten Simbabwe mutieren konnte. Doch nun will Mugabe seinen westlichen Gönnern den Zugriff auf den »Great Dyke« vermiesen, der sich wie eine geologische Schneise von Nordost nach Südwest durch das ganze Land zieht. Es ist eines der reichsten Rohstoffgebiete der Welt, in dem es große Vorkommen an Chrom, Kupfer, Gold und vor allem Platin gibt. Auch das riesige Wasserkraft-Potenzial und die großen Kohle- bzw. Gasreserven von Simbabwe würden sich zur Ausbeutung sehr eignen.

Nicht nur, dass Mugabe mit China kooperiert, das seiner Regierung Kredite und günstige Zahlungsbedingungen ohne aufgezwungene »Strukturmaßnahmen« (Privatisierungen) oder militärische Stützpunkte gewährt, nein, auf seine alten Tage versucht er sogar, sein Land aus der sklavischen neokolonialistischen Abhängigkeit von den Anglo-Amerikanern zu befreien und ohne Internationalen Währungsfonds (IWF) und Weltbank die wirtschaftliche Entwicklung voranzutreiben. Die Beziehungen zu China sind mittlerweile so wichtig, dass Simbabwes Polizei eine spezielle »China-Abteilung« eingerichtet hat, um chinesische Interessen sowie Leib und Leben von Chinesen im Land zu schützen. Manche Kommentatoren, die schon länger feststellen, dass der aufstrebende Drache mehr und mehr zu einer »pain in the ass« für amerikanische Interessen wird, fragen sich, wann man in Washington auf die Idee kommen wird, störende Personen aus dem Reich der Mitte unter Terrorverdacht in Foltergefängnissen verschwinden zu lassen. Bürgern anderer Herkunft geht es ja schon seit längerer Zeit so, auch wenn sie bislang nicht gelber Hautfarbe sind.

Torture-Island

Obwohl die Medien kein großes Aufheben davon machen, ist der Welt-öffentlichkeit mittlerweile klar geworden, dass der globale moralische Zuchtmeister USA rings um die Welt verborgene Foltergefängnisse betreibt, woran sich nach Ansicht politischer Beobachter auch unter Barack Obama nicht viel ändern dürfte. Man spekuliert, wo die CIA solche Geheimgefängnisse unterhalten mag. Einige Neo-EU-/Ex-Ostblock-Staaten kamen in Verdacht, den USA in dieser Hinsicht unterwürfig dienstbar zu sein, stritten aber alles ab. In mehreren europäischen Staaten gab es fruchtlose Untersuchungsausschüsse. Gelegentlich wird aber Unerwartetes ruchbar:

Wenn US-Flugzeuge Ziele im Nahen Osten und in Zentralasien bombardieren, werden sie auf einem Atoll aufgetankt, das von Amerikanern und Briten seit 1973 als Militärstützpunkt genutzt wird. Es liegt im Chagos-Archipel in der Mitte des indischen Ozeans, etwa 990 Kilometer südlich der Malediven und 1800 Kilometer südlich der indischen Küste. Der Name der 174 Quadratkilometer großen, extrem ebenen Insel, deren höchste Erhebung keine sieben Meter beträgt, ist »Diego Garcia«. Auf ihr haben die Amerikaner eine fast 3700 Meter lange Landebahn gebaut, die auch den US-B-2-Fernbombern eine sichere Landung ermöglicht.

In den Nachrichten kommt »Diego Garcia« so gut wie nie vor. Wenn doch, wird die Insel meist als »unbewohnt« bezeichnet. Das war sie aber nicht immer. Wieso sie es heute ist, erfuhr man jahrzehntelang nicht. Inzwischen weiß man, dass die gesamte Inselbevölkerung, die sogenannten »Ilois«, auf Anweisung der britischen Regierung von Harold Wilson von 1965 bis 1973 unter absoluter Geheimhaltung und gegen die Beschlüsse der Vereinten Nationen aus ihrer Heimat nach Mauritius deportiert worden sind. Die Insel wurde als Atommülllager und Militärstützpunkt an die USA verpachtet.

Als einige der ehemaligen Inselbewohner im Jahr 2000 vor dem Obersten Gerichtshof Großbritanniens einen Prozess anstrengten und gewannen, blieb den britischen Medien nichts anderes übrig als die völkerrechtswidrige Vertreibung und das leidvolle Schicksal der »Ilois« zur Kenntnis zu nehmen. Dennoch dürfen die entwurzelten Ureinwohner mindestens bis zum Jahre 2016 nicht aus ihrem unfreiwilligen Exil in ihre Heimat zurückkehren. So lange läuft der militärische Nutzungsvertrag. Wenn erforderlich, kann der Vertrag noch einmal um 20 Jahre verlängert werden.

Weil Ausländer den Stützpunkt nicht betreten dürfen und ungebetene Gäste vor den Küsten sofort verhaftet und deportiert werden, gab es lange Zeit keine verlässlichen Informationen darüber, was auf dem Atoll tatsächlich vor sich geht. Die wenigen Satellitenaufnahmen zeigten den Bau eines U-Boot-Hafens, eine Landebahn, eine große Fläche für die Wartung der B-2- und B-52-Bomber und Gebäude, bei denen unklar war, welchem Zweck sie dienen. Die Spekulationen hatten im Sommer 2008 ein Ende.

Damals wurde in einer Ausgabe des »Time Magazine« ausführlich über ein Geheimgefängnis der CIA auf »Diego Garcia« berichtet. Mehrere Personen, die der Mitgliedschaft bei Al-Qaida verdächtigt wurden, waren dort bis 2003 eingekerkert, bevor man sie per Luftfracht in ein anderes Geheimgefängnis der CIA schaffte, wie es heißt, diesmal in Polen. Mindestens 14 der behaupteterweise schlimmsten Terroristen sollen über Jahre auf »Diego Garcia« gefangen gehalten worden sein. Heute sind sie angeblich alle entweder nach Guantanamo oder in andere CIA-Geheimgefängnisse verlegt worden. Bürgerrechtler meinen, wenn überhaupt, wird man wohl erst in einigen Jahren erfahren, ob und wer seit dem »Time Magazine«-Bericht auf »Diego Garcia« in den Zellen der CIA »bearbeitet« wurde oder vielleicht noch wird.

Die Enthüllungen waren für die amerikanische Regierung in mehrfacher Hinsicht äußerst peinlich, schließlich hatte sie die Existenz eines geheimen Gefängnisses auf dem Atoll bislang stets abgestritten. Noch peinlicher aber war der Bericht für die britische Regierung. »Diego Garcia« gehört zu Großbritannien. Die Ureinwohner haben die britische – und somit auch die EU-Staatsbürgerschaft. Aufgrund der in der EU herrschenden absoluten Niederlassungsfreiheit dürften sich die »Ilois« demnach niederlassen, wo sie wollten – sogar daheim. Auch die Briten hatten bislang behauptet, »Diego Garcia« sei nur ein militärischer Stützpunkt.

Ich glaube, es dürfte selbst dem idealistischsten Schwarmgeist an diesem Punkt des Buches klar geworden sein, dass Übles hinter den Kulissen vor sich geht und dass dies mit größter Wahrscheinlichkeit die Weltbühne für den »großen Clash« vorbereiten dürfte …

Weltneubau – Schritt für Schritt

Nüchterne Fachleute, die dem Choral der Medien, dem Gefasel der »Eliten« und vernagelter »Zukunftsforscher« von einer möglichen friedlichen Welt durch Vernunft und Einsicht nicht zustimmen, weil solche Umdenkprozesse der menschlichen Natur fremd sind, skizzieren unverblümt zwei unausweichliche Zukunftsszenarien, bei denen das erste bereits in voller Blüte steht und das zweite sich anscheinend noch in der Phase des Vorspiels befindet.

Szenario 1: Weltbürgerkrieg durch Bevölkerungsexplosion, Migrationsdruck, Wassermangel, ökologische Katastrophen etc. Nicht zu vergessen die beiden »todsicheren« Verelendungs- und damit Revolutionsmechanismen: *Marktsättigung* (Gebrauchsgüter, Autos, Fernsehapparate werden nun mal im Rhythmus einiger Jahre gekauft, jedoch laufend produziert) und *Globalisierung* (der mörderische Zwang zum immer billigeren Produzieren durch weltweiten Abbau von Schutzzöllen und Grenzen, verbunden mit rasender Automatisierung und ununterbrochenen Auslagerungen in immer weitere Fernen). Nachdem der Wohlstandskitt sich seit 2008 langsam aber sich auflöst, der die überfremdeten, völlig entsolidarisierten und innerlich total zersetzten westlichen Staaten bislang zusammengehalten hatte, sind immer größere Regionen erfassende Unruhen und bürgerkriegsähnliche Zustände zu erwarten.

Szenario 2: Weltkrieg mit Großwaffen (nukleare eingeschlossen). Bevor es damit aber »richtig losgeht«, gibt es die Phase der »Menschenrechts-Interventionen«, in der wir uns derzeit befinden. Diese Eingriffe, die eigentlich »Strafexpeditionen« heißen müssten, werden entweder durch eine »humane Katastrophe« (Jugoslawien) oder durch eine Provokation (Georgien) ausgelöst, wachsen sich dann in einen Lokalkrieg aus, der früher oder später im angestrebten Endziel mündet: Dem »All Out War«, sprich »Clash of Cultures« mit atomarem Feuer und Schwert.

Dazu ein Analyst: »*Der dritte Weltkrieg war in dem Augenblick vorprogrammiert und unvermeidlich, als nach dem Zusammenbruch der Sowjetunion die NATO sich nicht aufgelöst hat, sondern im Gegenteil zu expandieren und die ehemaligen Warschauer-Pakt-Staaten zu absorbieren begann.*«

In der Tat blieb die NATO nach dem Verschwinden der »Gefahr vom Osten« das Hauptinstrument der USA-Dominanz in Europa. Washington hat die NATO gezielt in ein Instrument verwandelt, das man wohl nur als Militärvehikel globaler imperialer Herrschaft Amerikas bezeichnen kann. Dass dem in der Praxis so ist, dafür werden zahlreiche Beispiele aufgeführt, sei es die völkerrechtswidrige Bombardierung des Kosovo im Jahr 1999 oder der ebenfalls völkerrechtswidrige Überfall auf den Irak 2003.

Seit 1991 wurde ein ehemaliges Mitgliedsland des Warschauer Paktes nach dem anderen sowie Teilstaaten der UdSSR überredet, sich der NATO anzuschließen, die mittlerweile bis zur »Schmerzgrenze« an Russland herangerückt ist. Viele wurden mit falschen Versprechungen bestochen. Betrieben wird die »NATO-neu« durch ein komplexes Netzwerk von Militärbasen, das vom Kosovo über Polen, die Türkei, Irak bis Afghanistan reicht. 1999 schlossen sich die ehemaligen Warschauer-Pakt-Staaten Ungarn, Polen und die Tschechische Republik der NATO an. Bulgarien, Estland, Lettland, Litauen, Rumänien und die Slowakei folgten im März 2004. Im April 2009 wurde sie um Kroatien und Albanien erweitert, womit dem Kernland des nicht mehr vorhandenen Warschauer Paktes seither 28 Mitglieder eines Verteidigungsbündnisses gegenüberstehen, von dem keiner sagen kann, gegen wen es sich eigentlich verteidigt. Damit dieser Ausdehnungsprozess klaglos über die Bühne gehen konnte und kann, werden zur Einsetzung willfähriger Marionettenregierungen »Befreiungsbewegungen« mit PR-mäßig eingängigen Namen inszeniert. Ich erwähnte es bereits.

Im Jahr 1993 hatte US-Präsident Bill Clinton die Grundzüge dieser US-amerikanischen Außenpolitik in einem geheimen Regierungsdokument niedergelegt. Der Titel lautete »Mit den Vereinten Nationen, wenn möglich, ohne sie, wenn nötig« (eine Doktrin, die Präsident Bush zu unglaublichen Höhen geführt hat). In Clintons Dokument soll es geheißen haben: »*Die NATO soll die Entscheidungskriterien für die UN festlegen und nicht umgekehrt.*«

Dazu einer der wichtigsten politischen Berater der US-Regierung, der Zugang zu geheimen Planungsunterlagen der US-Regierung hatte: »*Manche Regierungsmitglieder aus dem Außenministerium sprechen davon, Kosovo wäre nur der Auftakt für zukünftige Kriege der NATO in weit entfernten Ländern. Für Washington ist es damals nicht um die Demonstration der amerikanischen Führungsrolle in der NATO gegangen. Die wurde nie bestritten. Man wollte zeigen, dass die NATO überhaupt noch einen Zweck hat. Und dieser Zweck hat mit den rein defensiven Aufgaben nichts mehr gemein, für die die NATO gegründet wurde. Der Kosovo-Einsatz ohne UN-Mandat ist ein Musterbeispiel dafür, mitgetragen vom damaligen deutschen Verteidigungsminister.*«

Für manche Beobachter ist mittlerweile unbestritten, dass die USA den Kalten Krieg gegen Russland niemals eingestellt und alles getan haben, um das Land von innen zu schwächen und von außen politisch und strategisch einzukreisen. Bis dato ist es gelungen, die Länder Europas gegen Russland zu mobilisieren. Einigen europäischen Politikern ist in der Zwischenzeit allerdings klar geworden, dass die Einbeziehung der Ukraine und Georgiens in die NATO nach den Plänen der USA die schwersten Folgen für den Frieden in Europa und den der Welt haben würde, sodass dieser Prozess nicht so reibungslos verläuft, wie man sich das in Washington gedacht haben dürfte.

»Rübe ab!« mit dem Atomschwert

Militärhistoriker gehen von dem simplen und nicht einmal geleugneten Streben der USA aus, potenzielle Gegner (China dereinst, Russland akut) durch einen nuklearen »Enthauptungsschlag« von der globalen Wettbewerbsbühne hinwegfegen zu können. In dieses Konzept passt für Insider auch der einseitige Austritt der USA aus dem »Anti-Ballistic-Missile-Vertrag« (ABM) im Jahr 2002, der seit 1972 eine Begrenzung von Raketenabwehrsystemen vorsah.

Zur Untermauerung dieser These eine geschichtliche Richtigstellung: Es wird zwar heute noch immer von der Kuba-Krise von 1962 gesprochen, in der die damalige UdSSR die Welt an den Rand des Atomkriegs gebracht hat, weil Nikita Chrustschow Raketen mit Atomsprengköpfen auf besagter Insel und damit vor der amerikanischen Türschwelle stationieren ließ. Wenig bis gar nicht erwähnt wurde damals nicht – und wird es heute nach wie vor nicht –, dass dieses Vorgehen die Reaktion der sowjetischen Führung auf die Stationierung amerikanischer Raketen in der Türkei, und damit vor der Türschwelle der UdSSR, war. Diese Angriffswaffen wurden nach Beilegung der Krise von den USA dann auch – wie mit den Russen als Bedingung für den Abbau der Raketen auf Kuba vereinbart – aus der Türkei abgezogen. Allerdings ohne Medientrara, sondern klammheimlich.

In den 1960er-Jahren träumten die militärischen Planer und politischen Führer der Sowjetunion davon, den Westen siegreich anzugreifen, wobei man gedachte, sich mit atomaren Gefechtsfeldwaffen den Weg durch die feindlichen Kräfte freizuschießen. Und das unbeeindruckt vom ebenfalls nuklearen gegnerischen Feuer wie auch von der Tatsache, dass man in verseuchtem Gelände kämpfen musste.

Diesem Konzept stellte die NATO ihres der »flexiblen Antwort« entgegen, verbunden mit Vorwärtsverteidigung. Die Vorwärtsverteidigung ist auch für Laien sofort verständlich: Man wartet nicht, bis der Invasor das eigene Land – im damaligen Fall die BRD – verwüstet, sondern stellt sich ihm bereits vor den eigenen Grenzen. Die »flexible response« ist erklärungsbedürftig. Sie lässt sich simpel so beschreiben: Wenn der Gegner mit einer gewissen Stärke angreift, sagen wir mit einer Atombombe, antworten wir mit zwei. Wenn er darauf zwei schickt, bekommt er von uns vier usw. Das Ende dieser Schaukelei ist klar: Die Erde wird in die Luft gesprengt.

Genau wegen dieses berühmten »Gleichgewichts des Schreckens« ist sie nach einhelliger Ansicht nach noch vorhanden, obwohl die Grundprämisse auf reinem Wahnsinn basiert. Wieso das? Immerhin hat dadurch 40 Jahre lang der globale Atomkrieg nicht stattgefunden, vor dem sich alle gefürchtet haben.

Ausflug in den Wahnsinn

Die meisten Zeitgenossen hielten das Gleichgewicht des Schreckens für einen Beweis unfreiwilliger menschlicher Vernunft und halten es immer noch dafür, basierend auf der Doktrin »Wer zuerst schießt, stirbt als zweiter.« Ich erlaube mir, zu widersprechen.

Was hier tatsächlich für »Frieden in unserer Zeit« gesorgt hat, war ein Ausbund menschlicher *Un*vernunft. Wie das? Überlegen wir einmal. Stellen Sie sich vor, Sie wären in der Hochblüte des Kalten Krieges der amerikanische Präsident bzw. der Russische Premierminister gewesen und hätten folgende Meldung erhalten: »*Mr. President/Genosse Parteivorsitzender, 20 000 Interkontinentalraketen steuern auf die Vereinigten Staaten von Amerika/Mütterchen Russland zu. In zwei Stunden ist die westliche/östliche Hemisphäre dahin. Aus, Ende.*«

Was hätten Sie getan? Hätten Sie den Befehl zum Gegenschlag gegeben, im vollen Bewusstsein der Tatsache, dass eine Hälfte der Erde (Ihre) ohnedies unrettbar verloren ist, und dass Ihr Gegenschlag der anderen Hälfte den Rest gibt? Noch deutlicher: Ihr Gegenschlag würde die Menschheit ausradieren und den Planeten bis zur letzten Bakterie sterilisieren. Um wenigstens etwa die Hälfte der Menschheit zu retten, wäre es daher Wahnsinn gewesen, zurückzuschießen. Erst der Gegenschlag hätte den totalen Untergang bedeutet.

Im Umkehrschluss ergibt sich daraus, dass sich besagter Gegenschlag von selbst verboten hätte und daher der, der zuerst schießt, der Gewinner gewesen wäre, wenn, ja wenn, die Vernunft das Zepter schwingen würde. Was sie aber nicht tut. Jede der ehemaligen zwei Supermächte konnte absolut sicher sein, dass der zum Untergang verurteilte Gegner mit allem zurückschlagen würde, was sein Arsenal hergibt. So wäre es gelaufen, wenn es zum Äußersten gekommen wäre. Der Angegriffene hätte den Angreifer ins Jenseits mitgenommen, Überleben der Menschheit hin oder her.

Nicht grundlos hieß dieses so lange als Friedenssicherung bewährte System »Mutual Assured Destruction« (Garantierte gegenseitige Vernichtung, abgekürzt MAD – das englische Wort für verrückt). »Abgesichert« wurde es durch den 1972 unterzeichneten Anti-Ballistic-Missile-Vertrag (ABM-Vertrag), der sicherstellen sollte, dass keiner der beiden Kontrahenten seine Städte durch Abwehrraketen zu schützen versucht.

Heute ist das an sich schon verrückte MAD-System weltweit durch ein noch verrückteres ersetzt worden, denn es gibt bereits einige Staaten, die einen Atomkrieg zu führen bereit wären, weil »auf ihrer Seite mehr übrig bleiben würde«. Damit ist ein atomarer Konflikt generell weitaus wahrscheinlicher als auf dem Höhepunkt des Kalten Krieges«, so der australische Verteidigungsexperte Des Ball im Jahr 1999. Immer mehr Länder setzen in unseren Tagen auf »die Bombe« als Symbol nationaler Stärke.

Schon 1974 hatte der pakistanische Premier Zulfikar Ali Bhutto verkündet, dass »*wir die Bombe bauen werden, auch wenn wir Gras fressen müssen.*« Wie man weiß, stehen einander Indien und Pakistan atomar gerüstet gegenüber, und hätten auch fast schon einen Atomkrieg um das seit der Teilung Indiens nach dem Ende der britischen Kolonialherrschaft strittige Kaschmir geführt. Hindu-Fanatiker kündigten an, verstrahlte Erde von Atomtests im Land als Reliquie zu verteilen und Ähnliches mehr. Laut Recherchen des Fachmagazins »Jane's Weekly« hatte Indien vor der Jahrtausendwende bereits ein größeres Nuklearpotenzial als Großbritannien und stand etwa auf der Ebene von China oder Frankreich.

Dieser kleine Abstecher in die Abgründe der Psyche des Homo sapiens erklärt sowohl die abwegigen Siegesfantasien der UdSSR-Führung in den 1960er-Jahren als auch die »Dr.-Seltsam-Mentalität«, die den Herrschern der nunmehr einzigen Supermacht damals innewohnte und ihr Denken nach wie vor zu bestimmen scheint.

Der polnische General des ehemaligen Warschauer Paktes Pioro, der vor Jahrzehnten an Übungen und Planspielen für den sowjetischen »atomaren Endsieg« teilgenommen hatte, meinte: »*Es war wie im Märchen.*« Ähnlich poetisch urteilte sein Kollege, der Sowjetgeneral Larionov, indem er von »*nuklearer Romantik*« sprach. Genau diese Art von »Romantik« scheint im Westen nach dem Ende der UdSSR das Zepter zu schwingen.

Nukleare Aggression als »westlicher Lebensstil«?

Es ist ziemlich offensichtlich, dass Atomwaffen ein essenzieller Bestandteil des Feldzugs der jeweiligen US-Regierung zur Erringung globaler militärischer Vorherrschaft sind – *vor* Bush, *während* Bush und auch *weiterhin*, allen offiziellen Abmachungen zum Trotz.

Da gab es beispielsweise den »Nuclear Non Proliferation Treaty« (Vertrag zur nicht Weiterverbreitung von Atomwaffen, NPT), der 1970 in Kraft getreten ist. Er ist in erster Linie ein Abkommen zwischen Atom- und Nichtatomstaaten mit dem Ziel der weltweiten Reduktion bzw. Nicht-Anschaffung von Nuklearwaffen. Die wesentlichen Staaten mit Atomwaffen, USA, Russland, Großbritannien, Frankreich und China, erklärten sich bereit, diese abzuschaffen. Im Gegenzug dazu erklärten sich die Staaten ohne Atomwaffen dazu bereit, sich keine zuzulegen. Zusätzlich dazu haben die unterzeichnenden Staaten das Recht auf die Entwicklung von Atomkraft zu friedlichen Zwecken.

Das edle Projekt krankte von Haus aus daran, dass die anderen Länder, von denen bekannt ist, dass sie Atomwaffen haben, nicht mitmachten. Indien, Pakistan und Israel haben den Vertrag nie unterzeichnet. Nord-Korea hat sich von dem Vertrag zurückgezogen, um Atomwaffen aus Abschreckungsgründen zu entwickeln. Nichtsdestotrotz wurde der Vertrag im Jahr 2000 durch die Hinzufügung eines Dokumentes mit dem Namen »Die 13 Schritte« noch verstärkt: Darin erklären die Atomstaaten, die den Vertrag unterzeichnet haben, ihre unwiderrufliche Verpflichtung zur vollständigen Abschaffung ihrer Nukleararsenale.

Wie üblich, besteht zwischen hehren Absichtserklärungen und der desillusionierenden Realität ein himmelweiter Unterschied. Die fünf Atom- und Signatarmächte des Vertrags haben keinen Schritt in Richtung Abrüstung getan, wie es im Artikel 6 des Vertrages verlangt wird. Diese Doppelmoral wird von anderen als eine Provokation gesehen, die zur eigenen Atomrüstung animiert.

Für Analysten, die sich eingehend mit dem NPT beschäftigen, scheint klar, dass dieser Vertrag in Wirklichkeit ein Mittel der USA ist, allen anderen den Griff zur Atomwaffe zu verbieten – seit einiger Zeit ganz besonders dem Iran, auch wenn dieser offiziell stets von zivilen Zielen seines Atomkraftprogramms spricht, die durch den NPT-Atomsperrvertrag ausdrücklich gestattet sind. Hinsichtlich Nord-Koreas, von dem man nicht weiß, ob es nicht bereits im Besitz von Atomwaffen ist, fallen die westlichen Drohgebärden klarerweise zurückhaltender aus als gegen den Iran.

Die anglo-amerikanischen Kräfte setzen der Heuchelei dadurch die Krone auf, dass sie den von ihnen selbst initiierten und signierten NPT-Vertrag ignorieren. Bei der NPT-Vorbereitungskonferenz 2004 haben die US-amerikanischen Vertreter den Begriff Abrüstung noch nicht einmal erwähnt. Klar ist, dass weder bei den USA noch im Fall von Großbritannien von Abrüstung ernsthaft die Rede sein kann. Im Gegenteil: Beide Staaten entwickeln laufend neue Atomwaffen. Damit betreiben sie selbst deren Weiterverbreitung. Ganz schön verlogen.

Von NPT zu NPR

Im Dezember 2001 hat das US-Verteidigungsministerium im Auftrag des Kongresses einen Bericht herausgegeben, in dem es die Marschrichtung der US-amerikanischen Nuklearkräfte in den nächsten fünf bis zehn Jahren skizziert. Dieses Dokument namens »Nuclear Posture Review« (NPR) umriss eine neue Strategie für die US-Nuklearkräfte, die ausgesprochen gefährlich und destabilisierend ist. NPR bedeutet nämlich eine klare Abkehr von der Vorstellung im Kalten Krieg, Atomwaffen seien hauptsächlich dafür da, andere Länder davon abzuhalten, sie gegen einen zu benutzen, da man zurückschießen und das andere Land ebenfalls zerstören kann. Ich erwähnte bereits wie »mad« dieses »Mutual-Assured-Destruction-Konzept« (MAD) de facto war.

Stattdessen spricht das NPR gerade heraus über den Gebrauch nuklearer Waffen als »Erstschlagswaffen-Offensivsystem«. Dazu gehört die laufende Entwicklung neuer Nuklearwaffen und Trägersysteme. Sinngemäß ist ferner von Ländern die Rede, »*mit denen es einen Zwischenfall geben könnte, der größere Konsequenzen für die US-Nuklearkräfte haben könnte.*«

Für Kritiker ist diese Formulierung nicht mehr und nicht weniger als die schönfärberische Umschreibung dafür, dass die USA jederzeit einen präventiven Atomangriff durchführen können, um Terrorismus, oder was immer sie als Grund angeben, »vorzubeugen«. Die Länder auf der US-»Hitliste« für einen solchen eventuellen amerikanischen Erstschlag mit Nuklearwaffen sind Nord-Korea, Iran, Syrien, Libyen, China und möglicher Weise auch Russland, das derzeit allerdings noch gewaltig zurückschlagen könnte.

Zusätzlich zu dem im NPR dargelegten Horror, hat die ehemalige Bush-Regierung in einem Dokument mit dem Titel »National Strategy to Combat Weapons of Mass Destruction« diese neue Politik nochmals verdeutlicht. Darin wird das »Recht« der USA ausdrücklich betont, in ihrem eigenen Ermessen Atomwaffen präventiv einzusetzen. Und das – wohlgemerkt! – selbst in Friedenszeiten, »*um Staaten davon abzuhalten, atomare, chemische oder biologische Waffen zu erwerben.*«

Diese Doktrin, die von der britischen Regierung unterstützt wird, kam bereits beim Irak-Krieg von 2003 zum Tragen. Auch wenn man das seit 1991 völlig abgerüstete Land nicht mit Atomwaffen zupflasterte, so reichte der vermutete Besitz des Iraks von Massenvernichtungswaffen und die angebliche Nichtbefolgung von Abrüstungsbeschlüssen dafür aus, in Saddams Reich einzumarschieren. Heute weiß zwar jeder, dass es sich bei den Massenvernichtungswaffen um eine dreiste Lüge handelte, was aber an den Tatsachen nichts ändert.

Aus dem NPR geht eindeutig hervor, dass die USA planen, neue (Angriffs-)Atomwaffen zu entwickeln. Auch die britische Politik scheint hier wieder einmal im Gleichschritt mit dem »Großen Bruder« auf der anderen Seite des Atlantik zu marschieren.

Seit einiger Zeit sollen umfangreiche Modernisierungsinvestitionen in der Höhe von mehreren Milliarden Pfund in die britische Atombombenfabrik in Aldermaston stattfinden oder schon stattgefunden haben. Dazu zählt auch ein großer Zuwachs in der Belegschaft von mehreren Hundert Wissenschaftlern. Die altehrwürdige Anlage in der Grafschaft Berkshire war seit 1950 immer wieder Ziel von Demonstrationen der »Campaign for Nuclear Disarmament« (CND). Das dort tätige »Atomic Weapons Establishment« (AWE) ist für den größten Teil britischer Atomforschung, für die Entwicklung von Waffendesigns und für die Produktion der meisten Atomwaffenkomponenten verantwortlich. Es ist die Heimat der Trident-Sprengkopfproduktion und -Wartung. CND ist der Überzeugung, dass AWE Forschung und Entwicklung von fortgeschrittenen Atomwaffengenerationen betreibt. Indizien dafür sollen die neuen Laboratorien mit Supercomputern und Lasern sein, die das Testen von Atomwaffen simulieren können. Auch die Personalneueinstellungen sprechen dafür.

Dass die USA und Großbritannien den NPT nicht befolgen und den NPR betreiben, ist nicht zu verschleiern. Daher versuchen sie ihre Handlungen zu rechtfertigen. Sie betonen, die drastischen Veränderungen bei den internationalen Bedrohungsszenarien würden eine neue Sicherheitsdoktrin erfordern, die es erlaubt, zuzuschlagen, ehe man selbst getroffen wird. Wie nicht anders zu erwarten, ist auch bei dieser Argumentation wieder einmal der 11. September das Wesentliche.

Kritiker sprechen auch hier von Verlogenheit und argumentieren ihrerseits: Wenn jeder Staat von den USA auf bloßen Verdacht atomar zur Schnecke gemacht werden kann, ist es geradezu ein Überlebensgebot, sich selbst Atomwaffen zu beschaffen, um genau das zu verhindern. Denn – seien wir ehrlich – es gibt nur *einen* wirklichen Garant für staatliche Souveränität und Unversehrtheit: der Besitz von Atomwaffen (ich erinnere an Nord-Korea). Damit wird die schrankenlose Weiterverbreitung von Atomwaffen mit tödlicher Sicherheit gefördert.

Nicht selten sind es kleine Details, die keinem auffallen und die doch klar und deutlich zeigen, wohin der Hase läuft. Ein solcher Indikator ist für aufmerksame Kritiker die scheinbar bedeutungslose Namensänderung einer Abteilung im britischen Außenministerium, die sich mit der atomaren Proliferation befasst. Früher hieß sie »*Nicht*-Weiterverbreitungsabteilung«, nunmehr *Gegen*-Weiterverbreitungsabteilung.« Ein Schelm, der Übles dabei denkt …

Atomarer Erstschlag ist unser Ziel

Am 25. Januar 2005 hielt der bekannte Linguist und Autor, Professor am MIT, Träger von zehn Ehrendoktorwürden und zahlreichen Auszeichnungen, Noam Chomskys, in Santa Fe zum 25. Geburtstag des IRC (International Relations Center), zu dessen Direktorium er gehört, eine Rede, bei der er unter anderem sagte:

»In der Ära Clinton gab das ›Strategic Command‹ ein Papier mit dem Titel ›The Essentials of Post Cold War Deterrence‹ heraus. Das ›Strategic Command‹ hat die Verantwortung über die Nuklearwaffen. Dieses Dokument gehört zu den furchtbarsten, die ich je las. Allerdings wurde ihm wenig Beachtung geschenkt. In dem Report stellt sich das ›Strategic Command‹ die Frage, wie gestalten wir unsere Nuklearstreitmacht und die übrigen Streitkräfte in der Phase nach dem Kalten Krieg neu?

Es kommt zu dem Schluss, wir sollten uns primär auf unsere Atomwaffen verlassen, denn im Unterschied zu anderen Massenvernichtungswaffen – chemischen oder biologischen – seien deren Auswirkungen unmittelbar, verheerend und überwältigend. Die Auswirkungen wären nicht nur zerstörerisch, sondern verbreiteten regelrecht Terror.

Allein die Tatsache, dass wir im Besitz einer so massiven Nuklearstreitmacht sind, wirkt bereits auf jeden internationalen Konflikt – die Leute fürchten uns, weil wir im Besitz dieser verheerenden Macht sind. Am besten, wir entwickeln eine irrationale nationale Identität plus eine unkontrollierbare Streitmacht, und jeder zittert vor uns. Das wird uns in die Lage versetzen, alles zu bekommen, was wir wollen. Die Leute werden uns zu Recht fürchten, weil wir unsere Atomwaffen vor uns aufbauen – Atomwaffen, die diese Leute komplett in die Luft jagen. In Wirklichkeit werden sie uns alle hochjagen, wenn sie außer Kontrolle geraten.

Durch die Machtübernahme der Bush-Administration wurde alles noch extremer. Die Clinton-Doktrin lautete ›Kontrolle des Weltraums‹. Die jetzige Administration ging zu ›Besitz des Weltraums‹ über, zu ›unmittelbares Engagement überall‹ (deren eigene Worte) – will heißen, jeder Ort auf Erden kann ohne vorherige Ankündigung zerstört werden.«

Im Januar 2008 sind die Forderungen fünf hochrangiger und hoch dekorierter NATO-Generäle aus den USA, Frankreich, Großbritannien, Deutschland und den Niederlanden an die Öffentlichkeit gedrungen, die sich für eine deutliche Erweiterung der Nukleardoktrin des Bündnisses aussprachen. Auch eine Option für Erstschläge gegen Nicht-Atomstaaten wäre aufgrund noch nie dagewesener Bedrohungsformen unverzichtbar. Neben Terrorismus werden als Hauptbedrohungen zur Rechtfertigung eines atomaren Erstschlages die Verbreitung von Massenvernichtungswaffen, politischer Fanatismus und religiöser Fundamentalismus angeführt.

Als weitere Punkte werden der Klimawandel und die Sicherung von Energien und Ressourcen, die Möglichkeit umweltbedingter Massenwanderungen und sogar die organisierte Kriminalität genannt. Auch die Schwächung einzelner Nationen wie auch von Organisationen wie der UN, der EU und der NATO sei als eine indirekte Bedrohung anzusehen, auf jeden Fall aber als ein Risiko.

Das Hauptargument der Generäle ist, dass der »westliche Lebensstil« und die »Werte« bedroht seien. Aber der Westen tue sich schwer damit, den Willen aufzubringen, diese Errungenschaften zu verteidigen. In ihrem Manifest, das im Pentagon präsentiert wurde, betonten die hohen Militärs, seitdem es »keine realistischen Perspektiven für eine atomwaffenfreie Welt« mehr gäbe, müsse der Westen konsequent bereit sein, vorbeugende Nuklearschläge zu führen, um die Ausbreitung nuklearer und anderer Massenvernichtungswaffen zu verhindern. Die nukleare Erstschlagsoption sei somit ein »unabdingbares Instrument« und der *Verdacht auf den Besitz* atomarer Waffen ausreichend, um einen Präventivschlag in vollem Umfang zu rechtfertigen. So ein Verdacht ist schnell zur Hand, wie die Iraker seit 2003 leidvoll bestätigen dürften.

Um das vorgelegte Konzept in die Tat umzusetzen, sei die Einführung eines Mehrheitsvotums (»majority voting«) in den NATO-Gremien erforderlich. Mit anderen Worten: die Abschaffung nationaler Vetos. Allianzmitglieder, die nicht an Operationen beteiligt sind, sollen keine Rolle mehr im Beschlussprozess zu NATO-Operationen spielen. Des Weiteren fordern die Autoren den Einsatz von Streitkräften auch ohne die Autorisierung des UN-Sicherheitsrates wenn »*unverzügliches Handeln erforderlich ist, um eine große Zahl Menschen zu beschützen*«. Bis auf die zu erwartenden »Bedenken« von politischer Seite, hat das Konzeptpapier keine größere öffentliche Diskussion ausgelöst.

Das gänzlich Neue an dem beschriebenen »Umdenkprozess« ist Folgendes: Bislang bezog sich die abschreckende Wirkung einer Drohung mit Atomwaffen auf Situationen, in denen das eigene Land bzw. verbündete Staaten einer direkten Bedrohung durch eine gegnerische *Atommacht* ausgesetzt waren. Ein Nuklearschlag gegen *Nicht*-Atommächte wurde bislang ausgeschlossen.

Wenig verwunderlich, dass Russland nach der westlichen Bekundung, als solche deklarierte »Schurkenstaaten« in Atomwüsten zu verwandeln, seinerseits betonte, sich das Recht auf einen atomaren Erstschlag vorzubehalten. Generalstabschef Juri Balujewski sagte dazu, Russland wolle niemanden angreifen, aber die ganze Welt müsse wissen, dass Russland zur Verteidigung seiner Souveränität und territorialen Einheit bereit sei »präventiv auch atomare Waffen einzusetzen.«

Von den bekannten Atommächten haben nur Indien und die Volksrepublik China ihren generellen Verzicht auf einen nuklearen Erstschlag erklärt, wobei sich die Frage erhebt, ob sie sich nicht – wie Russland – veranlasst sehen werden, dem schlechten Beispiel der »westlichen Wertegemeinschaft« zu folgen.

Nun werden Sie vielleicht denken, reden und auf Bergen von Papier niederschreiben kann man viel. Passiert ist ja bis dato noch nichts, auch wenn diese Schreckenspläne offenbar schon seit einiger Zeit existieren. Ein nuklearer Erstschlag auf einen wehrlosen Gegner ist wohl doch nur schaurige Theorie und morbides Säbelrassen. Sie irren. Will man Aufdeckern glauben, hätte ein solcher Atomschlag bereits 2007 stattgefunden, wäre die Sache so abgelaufen, wie *die da oben* in den USA es offenbar geplant hatten.

Gerade noch davongekommen ...

Als im August 2007 ein B-52-Bomber mit sechs scharf gemachten Nuklearsprengköpfen stundenlang Tausende von Kilometern über den USA gondelte, ist die Welt möglicherweise dem Dritten Weltkrieg nur knapp entgangen. Die Originalmeldung, die von CNN-News am 6. September 2007 neben vielen ähnliche Berichten herausgegeben wurde, las sich trocken: *»Sechs Nuklearsprengköpfe wurden letzte Woche aus Versehen von Nord Dakota nach Louisiana geflogen. Das zieht nun eine große Untersuchung nach sich, wie Militärsprecher versichern.«*

Tage später, nachdem dieser »Vorfall« an die »Air Force Times« irgendwie »durchgesickert« war, musste ein Sprecher des Pentagon den »mysteriösen« Flug eingestehen. Nach ersten Aussagen der Beteiligten wussten angeblich weder der Pilot noch die Besatzung noch das Bodenpersonal von den »zur Verschrottung vorgesehenen« Atomsprengköpfen. Das Personal war davon ausgegangen, die Maschine sei mit konventionellen Sprengköpfen beladen. Tatsächlich flog der B-52-Bomber jedoch mit sogenannten »Stealthy Advanced Cruise Missiles W 80 Mod 1«.

Der Chef des Hauptkommandos der US-Luftstreitkräfte ordnete eine Untersuchung an, so die offizielle Formulierung. Damit schien dieser Vorfall für die Medien und die Öffentlichkeit erledigt. Nur die »Washington Post« brachte einen Bericht über die ersten Untersuchungsergebnisse. Demnach ließe sich das Geschehen vom 30. August auf eine Reihe von Fehlern auf verschiedenen militärischen Ebenen reduzieren.

Insider meldeten sich jedoch zu Wort: Sie stellten klar, dass ein Transport von scharfen Atomsprengköpfen nur mit Genehmigung »von ganz oben«

durchgeführt werden kann. Zudem dürfe ein solcher Transport niemals in Cruise Missiles, sondern nur im Rumpf einer Transportmaschine erfolgen. Was war nun tatsächlich vor sich gegangen? Ein B-52-Bomber hatte die Cruise Missiles während mehrerer Stunden von der »Minot Air Force Base« in Dakota zur Basis nach Barksdale in Louisiana geflogen, wobei diese »versehentlich« scharf gewesen waren. Ein Vorgang, den ein pensionierter Luftwaffengeneralmajor unter Hinweis auf ein Abkommen aus der Zeit des Kalten Krieges anzweifelt, nach dem als nuklear gekennzeichnete Sprengköpfe nicht in dieser Form transportiert werden dürfen. Ein ähnlicher Vorfall aus der Vergangenheit sei nicht bekannt. CNN: »*Die atomaren Sprengköpfe hätten von den Raketen entfernt werden müssen, bevor man sie am B-52-Bomber befestigte.*«

Wie offiziell erklärt, habe die Crew keine Ahnung gehabt, welch heiße Fracht sie da transportierte, obwohl die speziell gekennzeichneten Geschosse bereits dem Bodenpersonal hätten auffallen müssen.

Von Anfang an misstrauisch war ein Ex-CIA-Agent. Speziell die Versicherung, die Atomsprengköpfe wären zur Verschrottung bestimmt gewesen, hatte ihn hellhörig werden lassen. Er befragte einen alten Freund und ehemaligen B-52-Piloten nach seiner Meinung. Dieser betonte, dass es nur zwei Gründe gäbe, ein Flugzeug mit scharfen Waffen zu bestücken: Entweder im Alarmzustand oder mit dem klaren Auftrag, für einen Einsatz vorgesehene Waffen an einen bestimmten Platz zu fliegen. Interessant dabei ist, dass die »Barksdale Air Force Base« als Abflugbasis für Operationen im Mittleren Osten benutzt wird. Genau dort sollten die Atomsprengköpfe nach Angaben von US-Offiziellen verschrottet werden, obwohl dafür eigentlich die »Kirtland Air Force Base« in New Mexico zuständig wäre. Und für einen solchen Verschrottungsflug wären die hochexplosiven Geschosse nie und nimmer unter den Flügeln eines B-52-Bombers befestigt, sondern in seinem Laderaum aufbewahrt worden, selbstverständlich deutlich als »Verschrottungsgut« gekennzeichnet und keineswegs scharf.

Bereits am 9. September 2007, also nur wenige Tage nach Bekanntwerden des Vorfalls, konstatierte eine regierungskritische US-Radiosendung: »*Es handelt sich nicht um einen Fehler; es ist eine kriminelle Verschwörung im Gange, welche zum Ziel hat, nukleare Terroristenangriffe auf fünf US-Städte zu lancieren. Militärische Untersuchungsbeamte haben uns gegenüber bestätigt, dass Präsident Bushs persönlicher Autorisierungscode die Herausgabe der fünf 150-Kilotonnen-Nuklearsprengköpfe aus ihrem sicheren Lagerort genehmigt habe.*«

Eine andere, nicht weniger beunruhigende Version vertrat ein früherer NSA-Agent und Navy-Geheimdienstoffizier. Er hat als einer der ersten über den globalen Folter-Tourismus der USA berichtet und war als Computerexperte Teil der Militär- und Geheimdienstmaschinerie, bevor er sich mit dem

Ende der Ära Reagan zu einem der scharfzüngigsten Regierungskritiker wandelte. Seit dem ersten Irak-Krieg arbeitet er für internationale Fernsehsender, darunter BBC und CNN, aber auch Al Jazeera, Al Arabiya und Abu Dhabi TV. In mehreren Büchern beschäftigt er sich mit den weltweiten Menschenrechtsverletzungen unter der Regierung von George W. Bush. Besonders mit seinem Buch »Moralischer Bankrott. Der amerikanische Offenbarungseid« sorgte er für Unruhe in den Hallen der Macht.

In seinem Bericht »Lost B-52 nuke cruise missiles were on way to Middle East for attack on Iran« vom 24. September 2007 stellt er fest: Die Ereignisse waren kein Zufall! Vielmehr sei die Bekanntmachung des Transports von sechs Cruise Missiles am 29./30. August – jede bewaffnet mit einem Nuklearsprengkopf – auf eine Revolte gewisser Kreise innerhalb der US Air Force und der Geheimdienste zurückzuführen. Sie hätten die Sache auffliegen lassen, um einen geplanten nuklearen Angriff der USA auf den Iran zu verhindern. Und: Eine der Raketen sei nach wie vor spurlos verschwunden, was sich mit Medienberichten deckte, die anfänglich nur von fünf Sprengköpfen berichtet hätten.

Welcher Insider war nun besser informiert? Der Radiosender, der von einem Anschlag im Stil der zweifelhaften World-Trade-Center-Attacke sprach, die nach zahlreichen Expertenmeinungen von den USA selber inszeniert sein soll, oder der NSA-Experte mit nach wie vor hochrangigen Informationsquellen, der einen geplanten, aber vereitelten nuklearen Angriff auf den Iran vermutet? Es scheint vieles für letztere Version zu sprechen, ganz besonders die Aussagen des vor einiger Zeit zurückgetretenen Beraters von Vize Dick Cheney. Wie das renommierte Nachrichtenmagazin »Newsweek« am 25. September 2007 berichtete, soll dieser Mann, der sowohl die US-amerikanische als auch die schweizerische Staatsbürgerschaft hat, wenige Tage vor seinem Rücktritt vor Zeugen gesagt haben: »*Cheney wollte Israel zu Raketenangriffen auf iranische Atomanlagen überreden. Wenn der Iran dann zurückgeschlagen hätte, wäre das der Anlass für massive US-Angriffe auf militärische und atomare Ziele in dem Golfstaat gewesen.*«

Brisante Aussagen, die von der westlichen Lizenz- und Massenpresse erwartungsgemäß weitgehend ignoriert wurden. Wie es langjährige Praxis ist, wurde die offizielle US-Version nachgebetet, die am 23. September 2007 in der »Washington Post« verkündet wurde: Der bedauerliche Vorfall sei auf eine beispiellose Verkettung von Missgeschicken und Sicherheitsmängeln zurückzuführen. Am 20. Oktober 2007 verlautbarte die Nachrichtenagentur Reuters zum Abschluss der Affäre lapidar: »*Die US-Luftwaffe hat nach einem unerlaubten Transport von Atomsprengköpfen vier Kommandanten entlassen. Weiteren rund 65 Air-Force-Angehörigen sei die Erlaubnis entzogen worden, Nuklearwaffen zu bedienen. Die öffentliche Sicherheit war nach Militärangaben nie in Gefahr.*« Wie es scheint, dürften aber einige unfreiwillige Mitwisser nicht ganz so glimpflich davongekommen sein.

Eine Reihe von Todesfällen heben die Affäre für manche von der Ebene der Spekulation auf die der haarsträubenden Realität: Kurz nach dem Vorfall kamen sechs Luftwaffenangehörige ums Leben, die direkt oder am Rande in den Bombentransport verwickelt waren. Eine Gruppe mit einem idealistischen, um nicht zu sagen utopischen Ziel, das im Namen »Citizens for a Legitimate Gouvernement« zum Ausdruck kommt, nennt die Betreffenden: Airman First Class Todd Blue starb während seines Urlaubs. Das Militär gab seine Todesursache nicht bekannt. Er war 20 Jahre alt. Ein Ehepaar namens Jerry der Luftwaffenbasis Barksdale kam bei einem Motorradunfall zu Tode. Auch sie waren keine 40. Adam Barrs von der Minot Luftwaffenbasis starb durch einen Autounfall. Sein Alter: 20 Jahre. Der 28jährige First Lt. Weston Kissel, Bomberpilot der Minotbasis, starb bei einem Motorradunfall. Der Körper des vermissten Luftwaffenkapitäns John Frueh wurde von der Polizei nahe eines Berggipfels aufgefunden.

Diese Todesserie erinnert manche an die Massenwanderung der Kennedy- oder Dutroux-Zeugen ins Jenseits und erscheint ihnen ebenso unwahrscheinlich. Zur Sterbewelle der Kennedy-Zeugen stellte ein Versicherungsfachmann eine mathematische Studie an, wie sie bei Lebensversicherungen üblich ist. Danach hätte 1963 die Wahrscheinlichkeit, dass sich nur drei Jahre später alle genannten Personen, von denen die meisten noch jung waren, unter der Erde befinden würden, *1:100 000 Billiarden* betragen. Im Fall des Bombentransportes dürfte die Unwahrscheinlichkeit aufgrund der geringen Anzahl von Verblichenen nicht so exorbitant, aber immer noch astronomisch hoch sein.

Fazit: Der bereits vollständig ausgearbeitete Militärschlag gegen den Iran scheint also aufgrund massivsten Widerstandes von Seiten der Generalität und des Geheimdienstes, verbunden mit einer »Verhinderungsaktion«, nicht durchgeführt worden zu sein.

Vom »Orchideengarten« zum »Schachmatt«

Der besagte NSA-Experte, der laufend Unliebsames veröffentlicht, unter anderem auf seiner Website, vermutet nicht zum ersten Mal einen geplanten Angriff auf den Iran. Nach seinen Erkenntnissen sollen die Pläne für einen israelischen Angriff auf den Iran jedoch geändert worden sein. Statt dessen soll man sich vorerst zu einer Provokation Syriens in Form eines Angriffs auf eine angebliche syrisch-iranisch-nordkoreani-

sche Nuklearanlage in der Deir-ez-Zor-Region im Norden Syriens entschlossen haben. Ein solcher Luftschlag erfolgte tatsächlich am 6. September 2007 unter dem Decknamen »Orchard« (Orchideengarten) durch
die israelische Luftwaffe, wurde aber durch die syrische Luftabwehr weitgehend abgewehrt. Die Vermutung geht dahin, einen Vorwand für die
USA zu schaffen, den Iran anzugreifen. Informationen aus Militärquellen
sollen den Schluss zulassen, dass es sich bei dem ganzen Fall um das streng
geheime Projekt »Checkmate« (Schachmatt) handelt: den exakten Angriffs-
plan auf den Iran. Somit würde zwischen dem »Vorfall« mit dem B-52-
Atombombentransport und der »Operation Orchard« ein Zusammenhang bestehen.

Die Existenz des Projekts »Checkmate« war durch einen Bericht eines
Militäranalysten in der »London Times« an die Öffentlichkeit gelangt.
Demnach würde das Projekt »Checkmate« von einem US-Brigadegeneral
und seinem Chef-Zivilberater, einem früheren israelischen Geheimdienst-
offizier, geleitet. Bei »Checkmate« sollen in einem massiven amerika-
nisch-israelischen Angriff 3000 bis 4000 Ziele im Iran zerstört werden. Der
genannte Brigadegeneral und sein Berater sollen hinsichtlich der Operation direkt mit dem Stabschef kooperieren; just dem General, der damit
beauftragt gewesen sein soll, den Vorfall B-52-Atomwaffentransport zu
untersuchen und ihn als »menschlichen Fehler« darzustellen.

Ich nehme an, dass Ihnen aufgrund dieses Wirrwarrs an geheimen
Schachzügen, Vertuschungen, Verhinderungen und Schattenkämpfen
der Kopf dröhnt. Fassen wir zusammen, was kritische Analysten wie der
genannte NSA-Experte aus all dem herauslesen: Ihrer Ansicht nach dürfte sich im Hintergrund Folgendes abgespielt haben – und vielleicht nach
dem Präsidentenwechsel mit neuen Akteuren weiter abspielen: Offensichtlich gab es einen internen »Krieg« des US-Militärs gegen die »Neo-
Cons« und Kriegstreiber in der (Bush-)Regierung. Einige Stabsoffiziere im
Oberkommando der US-Streitkräfte gehören zu diesen »Falken«, andere
sind anscheinend nicht mehr bereit, bei weiteren Kriegen mitzumachen.
Und schon gar nicht bei einem »Präventiv-Krieg« mit Atomwaffen gegen
den Iran. Völlig offen ist die Frage, ob US-Piloten überhaupt bereit wären,
Atomwaffen gegen den Iran einzusetzen. Desillusionierte Beobachter sind
allerdings der Meinung, dass schon einige Piloten mit patriotischer Begeisterung dazu bereit sein dürften, ganz wie der sympathische Major
»King« Kong aus Stanley Kubricks Meisterwerk von 1964, »Dr. Seltsam.«

Nicht alle Aktionen enden als – noch dazu enthüllte – Flops. Manche gehen klammheimlich über die Weltbühne – bzw. im vorliegenden Fall unter der Wasseroberfläche vor sich –, von den Medien heruntergespielt und
von der Öffentlichkeit kaum bis gar nicht wahrgenommen …

Schnipp, schnapp – Kabel ab...

»*Das erste Mal ist's Zufall.*
Das zweite Mal Zusammentreffen.
Das dritte Mal ist's Feindaktion.«

Spruch aus der Unterwelt von Chicago,
zitiert von »Goldfinger« im gleichnamigen
Bond-Roman und Film

»Schluss mit lästigen Daten und Informationen!«

Anfang Februar 2008 berichteten die Medien wenig prominent über einen seltsamen »Serienschaden« bei Untersee-Internetglasfaserkabeln. Innerhalb eines Zeitraums von nur einer Woche waren zwei dieser Leitungen vor Ägyptens Küsten und zwei weitere im persischen Golf mit einer Gesamtlänge von 20 000 Kilometern gerissen oder gekappt worden. Trotz der Millionen Seemeilen, die tagtäglich vom internationalen Schiffsverkehr zurückgelegt werden, und obgleich jahrelang nichts passiert ist, lag für die Westmedien ein Zufall vor, als auf einmal (in Tagen oder gar Stunden) mehrere Leitungen durch Missgeschicke (Anker setzen etc.) zerstört wurden. Entgegen erster Meldungen konnte jedoch kein Schiffsanker die Kabel gekappt haben.

Ausgenommen Israel und Irak, bescherte diese Unterbrechung über 100 Millionen Computerbenutzern im arabischen und indischen Raum schwere Probleme. Teheran verzeichnete 100 Prozent Datenverlust, soll heißen: Das völlige Abtrennen vom Rest der Online-Welt. Das Internet ist jedoch niemals von einem einzigen Kabel abhängig. Wenn ein Knoten oder Router ausfällt, suchen sich die anderen Router einen neuen Weg zum Ziel. Dass der Iran total abgeschnitten wurde, ist für manche Fachleute ein klarer Beweis, dass irgendjemand den Iran *mit voller Absicht* komplett blind und taub gemacht hat.

Aufdecker verwiesen in dem Zusammenhang auf einen bewusst herbeigeführten »Informations-Blackout«, der wenig bekannt ist: Rund eine Woche vor dem 11. September 2001 waren systematisch arabische und muslimische Websites in den USA geschlossen worden. Nachdem eine 80 Mann starke gemischte Truppe, bestehend aus Einheiten von FBI, Secret Service, Agenten des Diplomatischen Dienstes, Steuerfahndern, Zollfahndern, Agenten der Einwanderungsbehörde, des Wirtschaftsministeriums sowie aus Computerexperten am 5. und 6. September 2001 eine überfallartige Razzia in den Büros des texanischen Internetproviders »Info-

Com Corporation« veranstaltet hatten, der eine große Anzahl arabischer Websites hostete, einschließlich des größten arabischen TV-Nachrichtensenders, berichtete BBC am 7. September, die Führer der amerikanischen Muslime würden die Behörden beschuldigen, eine anti-muslimische Hexenjagd zu veranstalten.

Auch ohne jegliche Polemik ist es ein Faktum, dass besagte Razzia die Schließung von 500 Kundenwebsites zur Folge hatte. Als dann just eine Woche später 9/11 über die Weltbühne ging, war eine arabische Gegendarstellung der offiziellen Version nicht möglich, weil man schlichtweg mundtot war. Auch diesmal ein Schelm, der – wie bei den gekappten Kabeln – Übles dabei denkt. Daher nur die Fakten.

Die Besitzer des Kabels im Persischen Golf erklärten, ihr Kabel wurde am Freitag um 5:59 Uhr GMT, 56 Kilometer vor der Küste von Dubai gekappt. Kreuzen da nicht dauernd US-Kriegsschiffe? Schon wieder ein Zufall! Das vierte, ebenfalls durchtrennte Kabel verbindet Qatar mit den Vereinigten Arabischen Emiraten.

Ein Kapitän äußerte sich im Internet zu diesen Absurditäten: »*Ich bin schon mit einem Segelboot über die Weltmeere gefahren. Deshalb weiß ich, dass die unterirdischen Kabel in allen nautischen Karten eingetragen werden und in der Nähe der Küste mit Bojen und Warntafeln markiert sind. Kein Kapitän kann sich erlauben, diese zu missachten und mit seinem Anker die Kabel zu beschädigen. Und dann passiert das an vier unterschiedlichen Stellen gleichzeitig und trifft nur die muslimische Welt und speziell den Iran? Da läuft doch was!*« Werfen wir einen Blick auf die im Internet präsentierte Abfolge der in unseren Breiten kaum so ausführlich dargestellten Vorgänge:

Sonntag, 3. Februar 2008: Der ägyptische Kommunikationsminister berichtet, die Durchtrennung der Kabel vor Alexandria sei nicht durch Schiffe und deren Anker verursacht worden. Videokameras, die das Gebiet beobachten, hätten in der fraglichen Zeit keinen Schiffsverkehr dort festgestellt. Außerdem sei die Gegend als »no-go-zone« auf den Karten markiert.

Dienstag, 5. Februar: Weitere Kabel wurden durchtrennt. Insgesamt sind es jetzt *sechs*: das »SeaMe-We-4 South East Asia – Middle East – Western Europe-4« nahe Penang (Malaysia), das »FLAG Europe – Asia« bei Alexandria, das »FLAG« ab der Küste von Dubai, das »FALCON« bei Bandar Abbas (Iran), das »SeaMe-We-4«, ebenfalls Alexandria, und das Kabel zwischen Qatar und den Vereinigten Arabischen Emiraten von Qtel.

Das Kabel, das zwischen Palermo in Italien und Alexandria in Ägypten verläuft, war am Mittwochmorgen *durchtrennt* worden. Sofort kam es zu Einschränkungen der Internet-Verbindungen vom Nahen Osten bis Indien. Der Datenverkehr wurde teilweise so stark verlangsamt, dass einzelne Internet-Provider ihren Dienst abbrechen mussten. Am Flughafen von Kairo wurde der Ticketverkauf eingestellt, der Flugverkehr konnte aber ungehindert weiterlaufen.

Rekapitulieren wir: Unterseekabel wurden an verschiedenen Orten durchtrennt. In allen sechs Fällen sollen Schiffe, die ihre Anker regelwidrig am Meeresboden schleifen ließen, dafür verantwortlich sein. Dass es also de facto *sechs* Kabel waren und nicht »nur« vier, davon vernahm man so gut wie überhaupt nichts. Vielmehr verebbte das Medieninteresse wieder; nicht aber das von Aufdeckern, die Beunruhigendes herausgefunden haben wollen, nicht zuletzt aufgrund nicht minder mysteriöser Aktionen von Russland. Der Tenor der im Internet kursierenden Informationen lässt sich so zusammenfassen: Die USA zerstörten Internetleitung nach Drohung von Saudi Arabien – Russland antwortet mit Luftwaffe. Um hier durchzublicken, müssen Hintergründe erörtert werden, die damals noch nicht so offenkundig waren, wie sie es heute durch den »Finanz-Tsunami Made in USA« sind …

Der »Adler« schnappt zu –

und der »Bär« schützt seine Sinnesorgane

Berichten zufolge soll die US-Führung Anfang 2008 wütend geworden sein, als die OPEC die Forderung einer sofortigen Erhöhung der Ölförderproduktion zurückgewiesen hat. Noch zorniger soll man in Washington gewesen sein, als die Türkei das US-Begehren ablehnte, Verbindungen zur iranischen Bank Mellat zu kappen, die den Iranern den Zugang zum globalen Bankennetz ermöglicht. Am ergrimmendsten war wohl, dass Saudi Arabien den USA ihre Bedrohungspolitik gegenüber dem Iran nicht nur negativ ankreidete, sondern es sogar wagte, Washington unverhohlen mit einem Ende der Koppelung des US-Dollars an den Weltölhandel zu drohen, sollte die amerikanische Hetze gegen den Iran weitergehen. Der Bär war endgültig los, als die Amerikaner Informationen erhielten, ihre saudischen »Verbündeten« hätten damit begonnen, die fallende US-Währung durch den Euro zu ersetzen. Das war das erste Mal, dass es die Saudis ablehnten, ihre Zinsen in gemeinsamen Schritten mit der (privaten) US-Notenbank »Federal Reserve« zu senken. Dazu ein russischer Banker, der aus naheliegenden Gründen anonym bleiben möchte: »*Sollten die Saudis ihren Ölhandel vom Dollar wirklich abkoppeln, würden die USA aufhören, aus allen praktischen Erwägungen heraus eine Weltmacht zu sein, da ihre Ökono-*

mie komplett zerbrechen wird, wenn der Dollar keine Deckung mehr besitzt; von sich heraus oder durch Öl, um ihre haarsträubenden Schulden zu bezahlen. Ohne Öl sind sie ein Nichts.«

Weil sie durch die Annäherung des saudischen Königs an den iranischen Präsidenten Ahmadinejad in höchsten Alarm versetzt worden war, wie auch, um ein vom Dollar unabhängiges Banksystem zu sabotieren, soll sich die amerikanische Regierung veranlasst gesehen haben, Unterseekabel zu durchtrennen, die die wichtigsten Bankzentren im Nahen Osten mit ihren westlichen und globalen Partnern verbinden. Im Kreml zirkulierende Berichte sollen US-Kriegsführer zeigen, die über den freien Fall der amerikanischen Wirtschaft in den Bankrott bereits so verzweifelt sind, dass sie selbst davor nicht zurückschrecken, den globalen Internetzugang für orientalische Bankenzentren in Ägypten, Saudi Arabien, Abu Dhabi, Iran, in den Vereinigten Arabischen Republiken, in der Türkei und in Kuwait zu zerstören.

Das sind zugegebenerweise kühne Mutmaßungen. Fakt ist: Das Abreißen oder Durchtrennen der Kabel verwehrt den Bankzentren im Nahen Osten den Zugang zur »Gesellschaft für weltweite Interbank Finanztelekommunikation« (SWIFT) mit Sitz in Brüssel, und damit zu einem Informationsfluss von täglich rund 13 Millionen Mitteilungen über Geldtransfers zwischen Banken in Saudi Arabien oder anderen Nahost-Staaten. Der Verlust dieser Kommunikationsmöglichkeiten bedeutet automatisch den Verlust der Fähigkeit verschlüsselte Währungsanweisungen umzuwandeln.

Substanz erhalten solche Theorien durch den Umstand, dass Russland kurz nach den »Kabeldefekten« Langstreckenbomber zur Bewachung der eigenen Unterseekabel ausgesandt hat, offiziell als Teil eines großangelegten Manövers im arktischen und nordatlantischen Raum. Ein Artikel von »Reuters News Service« trägt den Titel: »*Russen senden Bomber und Jäger in den Atlantik und in die Arktik*«. Das Kontingent soll mehr als 40 Einheiten umfasst haben, darunter zwei »Tupolev TU 160« strategische Bomber (NATO-Codename »Blackjack«), zwei Turboprop strategische Bomber »TU 95« (»Bear«) sowie »MiG-31«- und »Su-27«-Jäger.

Es heißt, die modernen Kriege sind primär reine Informationskriege. Deshalb ist das Stören, besser noch Unterbinden der gegnerischen Kommunikationsverbindungen eine der ersten Aktionen, die in einem Krieg passieren, um den Feind blind und taub zu machen.

Den meisten ist allerdings nicht bewusst, dass diese Vorgehensweise bereits im Ersten Weltkrieg ebenso ihre Anwendung gefunden hat, wie jene, »den Gegner den ersten Schuss tun zu lassen« (heute bekannt als »Countergang«).

Ein doppelt lehrreicher Rückblick in die Geschichte

Zu Beginn des Ersten Weltkriegs verfügte Deutschland über fünf transatlantische Kabel, die zum Pech der Mittelmächte durch den Englischen Kanal liefen. Am *ersten Tag des Krieges* durchtrennte das britische Kabelschiff »Telconia« das deutsche Kabel von Brest in Frankreich nach Vigo in Spanien, das nach Teneriffa und Nordafrika sowie beide Kabel nach New York über die Azoren. Übrig blieb nur eins nach Westafrika und Südamerika. Damit wurde das Kaiserreich von der Außenwelt abgeschnitten und war gezwungen, den starken Radiosender in Nauen bei Berlin zu verwenden oder auf die unsicheren Kabel anderer Länder zurückzugreifen. Primär zum Einsatz für die Kommunikation kam in der Folge der Sender. Genau das war der Sinn der britischen Übung, denn die Funkbotschaften konnten vom englischen und amerikanischen Geheimdienst sehr leicht abgefangen und entschlüsselt werden. Darunter war auch eine Nachricht von kriegsentscheidender Bedeutung:

Am 19. Januar 1917 knackten amerikanische Kryptographen das mit dem Code 0075 verschlüsselte Telegramm, das der deutsche Staatssekretär Arthur Zimmermann über die deutsche Botschaft in Washington an den deutschen Gesandten in Mexiko geschickt hatte. Es lautete: »Streng geheim. Beginn des uneingeschränkten U-Boot-Krieges auf den 1. Februar festgesetzt.« Zimmermann musste sein Telegramm verschlüsseln, weil bekannt war, dass die Alliierten nach ihrer Kappung der transatlantischen Kabel den gesamten transatlantischen Nachrichtenverkehr der Deutschen abhören konnten.

Für die Briten wie auch für die USA war sofort klar: Der U-Boot-Krieg konnte die Wende zugunsten der Mittelmächte bringen. Daraufhin erklärten die Vereinigten Staaten dem Deutschen Kaiserreich einschließlich seines Bündnispartners Österreich-Ungarn den Krieg. Moralischer Aufhänger war ein zwei Jahre zurückliegender »Mord auf hoher See«, wobei die britische Admiralität den Täter anscheinend dazu eingeladen hatte, »den ersten Schuss zu tun.«

Sie werden vielleicht schon vermuten, wovon die Rede ist: Von der »Lusitania«, zu deren »Mission« Winston Churchill am 21. September 1914 anlässlich seines Besuchs in den Docks von Liverpool eine verräterische Bemerkung entschlüpfen sollte. Als er die Schiffe der Cunard-Klasse inspizierte, die gerade in Hilfskreuzer umgewandelt wurden, blickte er auch zur »Lusitania« hoch. Dabei murmelte er zu Leonard Peskett, der die Bauplanveränderungen überwachte: »*Für mich sind das hier nur weitere 45 000 Tonnen Lebendköder.*« Diese Bemerkung sollte ihm von der Presse mehrmals vorgeworfen werden.

Als Churchill einige Monate später durch die Funkentschlüsselungsabteilung der britischen Admiralität im berühmten »Room 40« im »Old Building« von Whitehall darüber informiert wurde, deutsche U-Boote lägen auf der Route der »Lusitania«, behielt er diese Meldung anscheinend für sich und verhinderte jede Sicherung durch Zerstörer. Am 6. Mai 1915 wurden zwei Dampfer durch U-Boote genau an der Stelle versenkt, die die »Lusitania« einen Tag später passieren musste.

Commander Joseph Montague Kenworthy (1886–1953), 10th Baron Strabolgi, von der politischen Abteilung des Marinenachrichtendienstes war im Kartenraum der Admiralität anwesend, als der Begleitkreuzer »Juno« umdirigiert wurde, worauf die »Lusitania« – dies nicht wissend – ungeschützt ihrem Schicksal entgegendampfte. 1927 schrieb Kenworthy darüber in seinem Buch »The Freedom of the Seas«: »*Die ›Lusitania‹ wurde bei beträchtlich verminderter Geschwindigkeit und ohne die zurückbeorderten Geleitschiffe in eine Zone geschickt, in der bekanntermaßen ein U-Boot lauerte. Ihre Lordschaften hatten offenbar beschlossen, die internationale Legalität und den Erfolg der deutschen U-Boot-Offensive vor dem Gerichtshof der öffentlichen Meinung testen zu lassen.*« Im Originalmanuskript hieß es sogar »bewusst … geschickt«, doch wurde das Wort »bewusst« herausgestrichen, nachdem die Admiralität beim Verlag deswegen interveniert hatte.

Churchills »Lebendköder« wurde also (wunschgemäß?) am 7. Mai 1915 vom deutschen U-Boot »U 20« vor der irischen Südküste Englands torpediert. Unter den 1198 Opfern befanden sich auch 128 US-Bürger. Amerikaner, die unbekümmert die Fahrt von New York nach England mitgemacht hatten, ungeachtet vorheriger Warnungen durch die deutsche Reichsregierung wie auch trotz der offenkundigen Tatsache, dass es sich bei der »Lusitania« um einen von 40 bewaffneten Hilfskreuzern handelte, der noch dazu Munition transportierte. Der Luxusdampfer war in New York mit 5468 Kisten Munition, 4200 Kisten Metallpatronen, 18 Kisten Zündern sowie 1250 Kisten Schwarzpulver beladen worden. Und das in aller Offenheit, vor den Augen der Passagiere.

Die Versenkung lieferte den Beweis, dass das Passagierschiff eine schwimmende Bombe war. Ein *einziger* Torpedo der »U 20« verursachte eine unerwartet starke Explosion, die den Bug fast völlig vom Schiffsrumpf riss. Alle Überlebenden erklärten, *nach* der Torpedoexplosion sei eine *zweite*, noch viel gewaltigere erfolgt. Auch Kapitänleutnant Walther Schwieger war über die Wirkung seines einen Torpedos vom Typ G grenzenlos verblüfft, was im Logbuch der »U 20« vermerkt ist. 1982 entdeckten Taucher des britischen Spezialschiffes »Archimedes« auf der Backbordseite der gesunkenen »Lusitania« ein 14 Meter großes, gezacktes Loch, dessen Stahlwände *nach außen* gebogen waren.

Zum Zeitpunkt der Torpedierung befanden sich etwa dreitausend Tonnen Munition an Bord; ein Umstand, den man dem deutschen Militärgeheimdienst interessanterweise *aus den USA* vertraulich mitgeteilt haben soll. In den Ausgaben der britischen Marine-Jahrbücher »Jane's Fighting Ships« und »The Naval Annual« von 1914 findet sich die »Lusitania« als Hilfskreuzer und im »Annual« als bewaffnetes Handelsschiff. Dass die englischen Marine-Jahrbücher zur Standardausrüstung deutscher U-Boote gehörten, versteht sich von selbst. All das und eine weitere Flut von Beweisen eruierten Historiker bereits kurz nach dem Ersten Weltkrieg.

In seiner autobiografischen Darstellung des Ersten Weltkrieges, »The World Crisis 1911–1918«, vermerkte der Erste Seelord Winston Churchill: »*Das Manöver, das einen Verbündeten auf den Plan ruft, ist ebenso nützlich, wie das, das eine große Schlacht entscheidet.*« Kurz nach der Erklärung der deutschen Reichsregierung über den U-Boot-Krieg gegen die militärische Handelsschifffahrt, datiert vom 4. Februar 1915, schrieb Churchill sofort an den Präsidenten des englischen »Board of Trade«: »*Jetzt kommt es darauf an, neutrale Schiffe unsere Küsten anlaufen zu lassen, in der Hoffnung, insbesondere die Vereinigten Staaten mit Deutschland in Konflikt zu bringen.*«

Dieser Exkurs in eine für viele bereits nebelhafte Vergangenheit ist meiner Meinung nach nicht »nur« deshalb wichtig, um ein etabliertes, aber leicht schief hängendes Geschichtsbild gerade zu hängen, sondern um zu zeigen, dass es schon vor Jahrzehnten gang und gäbe war, den ins Visier genommenen Gegner als Angreifer dastehen zu lassen (sofern man nicht gleich so weit gegangen ist, als besagter Gegner verkleidet einen Angriff auf sich selbst vorzunehmen).

Nachdem wir zur Kenntnis nehmen mussten, dass in unseren Tagen Vorgänge ablaufen, die man als kriegerische Akte, um nicht zu sagen Kriegsvorbereitungen, betrachten könnte, nähern wir uns unerbittlich der Gretchenfrage: *Wenn* es ernsthaft losgeht, *wann* könnte das sein?

Armageddon 2012?

Die meisten von Ihnen werden jetzt denken: Ach ja, der ominöse Maya-Kalender, der 2012 endet – und das soll eine *reale* Bedrohung sein, auch wenn die Maya den Untergang ihrer eigenen Zivilisation korrekt vorausgesagt haben? Worum es geht, ist etwas weit weniger Mythologisches, auch wenn es bereits in der Vergangenheit seinen Anfang genommen hat.

Wovon ich spreche, ist der niemals ganz begrabene Traum des Westens vom Atomkrieg, bei dem man selbst ungeschoren davonkommt. Genau um diese Gefahr zu bannen, wurden – wie schon erwähnt – unter dem ABM-Vertrag von 1972 Raketenverteidigungssysteme geächtet. Die eigene Verwundbarkeit sollte als gegenseitiges Unterpfand dienen (Stichwort MAD). Dies wird allgemein für den Eckpfeiler für die atomare Zurückhaltung über drei Jahrzehnte lang gehalten. Die USA haben sich allerdings unter Präsident Bush im Juni 2002 einseitig von dem ABM-Vertrag zurückgezogen, vermuteterweise um das »Schlag ohne Gegenschlag-System« doch noch entwickeln zu können, zu dem der damalige US-Präsident Ronald Reagan bereits vor mehr als einem Vierteljahrhundert den Grundstein legen wollte. Mit seinem SDI-Programm (»Strategic Defense Initiative«, von den Medien rotzig »Star Wars« genannt) sollte die Erfüllung des gefahrlosen Erstschlag-Traums in die Wege geleitet werden, um den USA endlich einen atomaren Schlag ohne Vergeltungsschlag zu ermöglichen. Die technischen Möglichkeiten, die USA mit einem undurchdringlichen Abwehrschild zu umgeben, hinter dem heraus man unbehelligt seine Interkontinentalraketen abfeuern konnte, waren damals aber noch nicht vorhanden.

An der Wende zum 21. Jahrhundert erfolgte der nächste Anlauf zum »atomaren Genuss ohne Reue in planetarer Größenordnung«: Umgetauft in »National Missile Defense« (NMD) sollte das SDI-Raketenabwehrschild-Konzept doch noch in die Tat umgesetzt werden. Auch diesmal ergaben sich erhebliche Probleme. Zwar versucht man diesen durch Installierung eines gigantischen, schwimmenden Radarsystems beizukommen, offenbar ist man aber an höchster Stelle selbst skeptisch.

»Das ›Sea-Based X-Band Radar‹ (SBX, Seegestütztes X-Frequenzbereichs-Radar) stellt einen kritischen Schritt in der fortlaufenden Entwicklung nicht nur der bodengestützten Mittelstreckenverteidigung, sondern auch des gesamten Verteidigungssystems gegen ballistische Raketen dar und fügt erhöhte Fähigkeiten in der ganzen Bandbreite für eine mehrstufige Verteidigung gegen ballistische Raketen aller Reichweiten, während jeder Phase ihres Fluges, hinzu«, so der Vizepräsident des dafür zuständigen US-Konzerns in einer Erklärung. Besagtes Unternehmen soll von der amerikanischen Raketenverteidi-

gungsbehörde im Januar 2003 einen Vertrag im Gesamtumfang von fast 750 Millionen US-Dollar für die Fertigstellung des Systems erhalten haben. Nach Firmenangaben handelt es sich bei dem Radar um das größte, hochentwickeltste phasengesteuerte elektromechanische X-Frequenzbereichs-Radar der Welt, das aus Tausenden von Antennen besteht. Es soll eine Reichweite von 4800 Kilometern und eine Auflösung von 15 Zentimetern haben.

Aufgebaut wurde das SBX auf der Plattform »Moss Sirius«, die von der russischen Werft Vyborg im September 2002 an ein norwegisches Unternehmen geliefert wurde. Die Plattform ist 73 Meter breit, 118 Meter lang und hat eine Gesamthöhe einschließlich der Radaraufbauten von 85 Metern. Der vollständige Aufbau des Radars auf der Plattform erfolgte dann im texanischen Corpus Christi. Nach einer Reihe von Versuchen im Golf von Mexiko in den folgenden Monaten soll das SBX zu seinem eigentlichen Heimathafen Adak auf den zum US-Bundesstaat Alaska gehörenden Aleuten gebracht worden sein. Die Reichweite des Radars, verbunden mit seiner Mobilität, soll die Überwachung des Luftraums des größten Teils der Nordhalbkugel ermöglichen.

Eigenen Angaben zufolge soll Vyborg schon damals einen Auftrag zum Bau einer weiteren solchen Plattform erhalten haben. Aufgrund der vorgesehen Bauzeit von etwa 15 Monaten müsste auch diese Plattform bereits fertiggestellt und ausgeliefert sein. Informationen darüber sind aber nicht verfügbar.

Für skeptische Naturen stand von Anfang an fest: Da die Abschreckung durch Atomwaffen über Jahrzehnte hinweg hervorragend funktioniert hat, dürfte der eigentliche Zweck von SBX darin bestehen, die Voraussetzungen für gefahrlose eigene atomare Angriffe zu schaffen.

Trotz dieser beachtlichen Einrichtung herrscht im Pentagon aber nach wie vor Unklarheit darüber, ob es nicht doch ein Ding der Unmöglichkeit ist, ein Land wie die USA – das eigentlich ein Kontinent ist – mit einem Raketen- oder Lasergürtel-Schutzschild unangreifbar zu machen, um unter dieser Deckung Gegner nuklear liquidieren zu können. Daher scheint man zu einer neuen Doktrin übergegangen zu sein. Sie ist nachgerade genial: Wozu Amerika vor heranbrausenden Raketen schützen, wenn es doch viel einfacher ist, diese schon nach ihrem Aufstieg zu vernichten? Wie das? Einfach genug: Man zieht einen Abwehrraketengürtel um Russland, der alles, was sich von dort in die Lüfte erhebt, abschießt, während die eigenen Raketen das wieder auferstandene »Reich des Bösen« in eine Atomwüste verwandeln.

Aufhänger für diesen Plan, der einen Atomkrieg geradezu heraufbeschwört, ist eine vorgegebene Bedrohung durch Raketen von »Schurkenstaaten«, an vorderster Front der Iran, aber auch Nordkorea. Unter diesem Vorwand, dessen Absurdität nur noch durch seine Unverfrorenheit übertroffen wird, soll Russland also von amerikanischen »Verteidigungsraketen« umringt werden, welche die atomare Erst- oder Zweitschlagskapazität der Russen ausschalten sollen. Manche nennen den schönfärberisch so bezeichneten osteuropäischen US-»Abwehrraketenschild« mittlerweile ganz offen eine Angriffsvorbereitung.

Am 14. August 2008 wurde zwischen den USA und Polen das Abkommen zur Stationierung von Raketenabfangstellungen unterzeichnet, nachdem die Tschechische Republik bereits am 8. Juli 2008 einen Vertrag zur Installation der für das System erforderlichen amerikanischen Radaranlagen auf ihrem Territorium unterzeichnet hatte. Wenig bekannt ist, dass die Pläne für besagte Raketenabwehr in Polen bereits vor der sogenannten »atomaren Bedrohung durch den Iran« ausgebrütet worden sind.

Botmäßige Lakaien und Exekutierer dieses Plans hat man in den Regierungen der neuen EU-Staaten, die freudig zustimmen, wenn in ihren Ländern US-Raketen oder Radarstationen stationiert werden sollen. Am Anfang nur ein paar Abwehrraketen, »vor denen sich Russland nicht zu fürchten braucht« (ein fast wortgleiches Originalzitat diverser europäischer »Militärfachleute«), und dann schrittweise und katzenpfotig immer mehr Missiles (davon ist längst die Rede, wenn auch nur ganz am Rande).

Die Tatsache, dass die einzelnen Bevölkerungen weniger euphorisch sind – schon gar nicht, seitdem Russland erklärt hat, man werde diese Örtlichkeiten ins Raketenvisier nehmen – stört weder die neuen EU-Eliten noch die jeweiligen Machthaber in den USA.

Was der Öffentlichkeit von Lobhudlern und Amerika-hörigen Medien (praktischen allen »seriösen«) und sogenannten »Eliten« tunlichst verschwiegen wird, ist für Militärfachleute – beispielsweise von »Jane's Fighting Systems« – eine klare Sache: Wenn eine Nation in der Lage ist, innerhalb einer 150-Kilometer-Zone vom gegnerischen Territorium Stellungen selbst mit einer Batterie von primitiven Anti-Raketen-Raketen der ersten Generation zu stationieren, wird sie praktisch zum Gewinner des nuklearen Machtgleichgewichts. Damit ist die andere Seite gezwungen, entweder bedingungslos zu kapitulieren oder ihrerseits präventiv zu reagieren und einen Atomangriff durchzuführen, ehe sie völlig wehrlos ist.

Langjährige russische Parlamentarier erklärten, die genannten Abkommen würden die Sicherheit ihres Landes aufs Äußerste gefährden und bekräftigten, Russland werde entsprechende Schritte unternehmen. Ein russischer Präventivschlag müsste demnach (aufgepasst!) spätestens 2012 erfolgen. Das ist nämlich das Jahr, in dem dieses US-System in Dienst gestellt werden soll und wahrscheinlich auch wird, wie Analysten meinen, die Obamas Bereitschaft, das System eventuell zur Disposition zu stellen, von Anfang an für reine Augenwischerei hielten. Bei seiner Europareise im April 2009 hat der neue Hoffnungsträger ohnedies klargestellt, die USA würden am Projekt des Raketenschildes in Polen und Tschechien festhalten *»solange der Iran seine Haltung nicht ändert«*. Darüber hinaus spricht nach Meinung von Nicht-Obama-Euphorikern die NATO-Erweiterung vom April 2009 um Kroatien und Albanien eine gänzlich andere Sprache als die Schalmeientöne des Bush-Nachfolgers.

Dass solche Überlegungen keine Paranoia sein müssen, belegt die Geschichte: Zwischen 1975 und 1985 forderte die sowjetische Militärführung vom Zentralbüro heftig (wenn auch vergeblich, da wir sonst nicht hier wären), der erwarteten technologischen Überlegenheit des Westens durch einen (nuklearen) Präventivkrieg zu begegnen – und damals war die ehemalige UdSSR weit weniger bedroht als Russland derzeit. Die Situation ist heute weit gefährlicher als in den 1980er-Jahren, als der NATO-Doppelbeschluss zur Aufstellung amerikanischer Pershing-II-Raketen in Europa, speziell in Deutschland, die UdSSR fast zu einem Präventivschlag veranlasst hätte, weil man im Kreml überzeugt war, der Westen würde damit den Angriff vorbereiten.

Manche Analysten vermuten, der drohende Atomkrieg sei damals nicht ausgebrochen, weil zu dieser Zeit das Modell des »nuklearen Winters« entwickelt wurde. Es zeigte, dass selbst ein nicht totaler atomarer Schlagabtausch für die gesamte Erde eine verheerende Auswirkung haben wird, und führte die lächerlichen amerikanischen Atomkriegsübungen ad absurdum. Es war offensichtlich nicht damit getan, einen Atomangriff unter einem Tisch hockend im wahrsten Wortsinn auszusitzen, danach den Atomstaub abzuklopfen und zur Tagesordnung überzugehen, wie man heute noch den grotesken Propagandafilmen entnehmen kann, die das Pentagon unter dem Motto »duck and cover« der amerikanischen Öffentlichkeit servierte.

Inzwischen kann man die Warnungen führender strategischer Analysten selbst in den nüchternsten und respektabelsten Magazinen nachlesen: Die amerikanische Haltung beschwöre die Gefahr des »ultimaten Verhängnisses« (»ultimate doom«) in nicht allzu ferner Zukunft herauf. Krieg oder Frieden werden zunehmend von »Hairtrigger-Mechanismen« abhängig; ein Ausdruck, der sich auf einen besonders leicht zu betätigenden Abzug bei einer Waffe bezieht, die also bei der geringsten (Druck-)Belastung losgeht.

Atomkrieg »Made in Europe«

Das Konzept eines nuklearen Angriffskrieges scheint nunmehr auch auf europäischer Ebene verankert zu werden. Ein ehemaliger Staatssekretär im deutschen Verteidigungsministerium ist auch Mitautor des »European Defence Paper« von 2004. Dabei handelt es sich um ein von den EU-Regierungen in Auftrag gegebenes konzeptionelles Dokument zur Europäischen Militärpolitik. Es soll die Anwendung der 2003 beschlossenen »Europäischen Sicherheitsstrategie« präzisieren.

Die Autoren der Studie – eine Gruppe hochrangiger Militärberater – fordern eine energische, unverzügliche und umfassende Aufrüstung der EU. Ziel müsse es sein, den Status einer zur Führung von Angriffskriegen fähigen Weltmacht zu erreichen. Bereits die von Berlin initiierte EU-Militärdoktrin – die erste in der Geschichte der EU – erörtert die Möglichkeit zur Führung von Angriffskriegen, schönfärberisch als »Präventivkriege« definiert. Militärstrategen der Europäischen Union sollen mittlerweile einen atomaren Erstschlag in Betracht ziehen. Besagter Staatssekretär stellt fest, dass das Thema »Preemption/Prävention« in dem Dokument zwar vorwiegend unter dem Aspekt von Kriegseinsätzen mit konventionellen Streitkräften und operativen Spezialkräften behandelt wird, spricht aber auch darüber Hinausgehendes bezüglich der Kriegsszenarien der künftigen EU-Streitmacht an. So heißt es, britische und französische Nuklearstreitkräfte könnten in die Präventivkriegsoption »explizit oder implizit« einbezogen werden.

Verantwortet wird das Strategiepapier vom »Institute for Security Studies« (ISS). In Paris angesiedelt, war es bis 2001 für den europäischen Militärpakt »Westeuropäische Union« (WEU) tätig. Nach der Übertragung der operativen Funktionen der WEU an die EU fungiert es als autonomes EU-Institut. Seit Oktober 1999 hat es eine Leiterin, die zuvor beim offiziösen französischen Think-Tank namens »Institut français des relations internationales« tätig war. Stellvertretender Direktor ist ein ehemaliger Mitarbeiter der Friedrich-Ebert-Stiftung, in dessen Verantwortungsbereich Aufrüstungsstrategien der EU fallen – »nuclear issues« inklusive. In seinen Veröffentlichungen fordert der deutsche »senior research fellow« eine *»zentrale Rüstungsbeschaffungsdirektive«*, der die Waffen produzierenden Industrien der EU-Mitgliedsstaaten zu unterstellen seien. Da sich aber einige Staaten mit der angestrebten Rüstungs-Zentralisierung – insbesondere in puncto Massenvernichtungswaffen – (noch) nicht anfreunden können, hält der deutsche Waffenexperte eine Debatte über diese Beschränkungen für unvermeidlich.

Auch Berliner Militärs und Regierungsberater sondieren seit einiger Zeit atomare Optionen und fordern von der Bundesregierung ein Konzept zur Überwindung bestehender Widerstände gegen die angepeilte »Nukleармacht Europa«.

Anfang 2004 soll die Konrad-Adenauer-Stiftung (KAS) »eine Neuausrichtung des teilweise überkommenen Völkerrechtsverständnisses« gefordert haben. »Die Zulässigkeit von Präventivschlägen müsse festgestellt und ein Angriffskrieg mit Atomwaffen legitimiert werden.« Zur selben Zeit sollen in einem deutsch-französischen Strategiepapier konkrete Vorschläge für den gemeinsamen Einsatz von Atomwaffen unterbreitet worden sein. Unter Mitverfassung des »Institut français des relations internationales« soll angeregt worden sein, »alle Stufen der Eskalationsleiter abzurufen, bis hin zur Drohung eines Einsatzes nuklearer militärischer Mittel.«

Damit wollen wir es gut bzw. nicht gut sein lassen, dürfte doch selbst dem größten Optimisten mittlerweile klar sein, dass wir möglicherweise einer im wahrsten Wortsinn »strahlenden Zukunft« entgegengehen.

Angesichts der unverdrossen vorangetriebenen Bemühungen, der Menschheit einen umfassenden atomaren Feuersturm zu bescheren, fragen sich manche, ob der Wahnsinn endgültig alle Machtträger ergriffen hat. Vordergründig scheint es so. Manche vermuten dies allerdings nicht. Mit einer an Illusionslosigkeit nicht zu überbietenden eisigen Logik argumentieren sie: Jene im Hintergrund wissen genau, dass es eine Bedrohung gibt, die noch verheerender ist als die atomare, und die sie, die wirklich Mächtigen, atomar einzudämmen beabsichtigen. Eindämmen im wahrsten Sinn des Wortes. Ich gebe zu, dass mir selbst trotz meiner zum Zynismus neigenden Natur bei der Argumentation schauert, die ich im Interesse einer umfassenden Darstellung aber dennoch nicht unter den Tisch fallen lassen möchte.

Um welche Bedrohung geht es?

Die berühmte, von Walt Kelly kreierte, von 1948 bis 1975 täglich erscheinende Comicstrip-Figur Pogo hat die Antwort bereits 1972 in dem nicht minder berühmten Ausspruch gegeben: »*We have met the enemy and he is us.*«

Teil VIII

Die finale Front

Der tödlich verrückte Homo sapiens

*Indem die Natur den Menschen zuließ,
hat sie viel mehr als einen Rechenfehler begangen,
eher ein Attentat auf sich selbst.«*

Emil M. Cioran (1911–1995), kulturkritischer
rumänisch-französischer Philosoph und Schriftsteller

Selbstmord »Marke Eigenbau«

Haben Sie schon einmal den eigenartigen Begriff »Masernpartys« gehört? Angeblich wird dieser seltsame »Brauch«, bei dem auf Partys kranke Kinder gesunde mit ihrem Virus infizieren, schon seit geraumer Zeit, vor allem in Deutschland, gepflegt. Als in Österreich im März/April 2008 eine veritable Masernepidemie losgebrochen ist, erinnerten sich einige Medien dieses makabren Gesellschaftsspiels.

Bisher kannte ich Ähnliches nur aus Horror-Filmen, wenn Vampire normal Sterbliche zu einer Fete einladen, sich dann in deren Hälse verbeißen und sie auf diese Weise zu den ihren machen. Aber welchen Sinn sollte es haben, gesunden Kindern die Masern sozusagen »anzudrehen«? Welche Absicht steht da wohl dahinter, die für jeden Blödsinn zugänglichen Kids zu solchen Selbstmordaktionen zu animieren? Der Wahnsinn scheint allerdings nicht auf durchgeknallte Jugendliche beschränkt zu sein, denn man konnte lesen, dass Juristen und Mediziner darüber streiten würden, ob solche »Masernpartys« illegal sind oder nicht. Geht's eigentlich noch ärger? Es geht, denn schon seit geraumer Zeit gibt es auch sogenannte »Aids-Partys«, bei denen der »Kick« darin besteht, als Nicht-Infizierte/r mit möglichst vielen Infizierten im wahrsten Wortsinn zu verkehren, um zu zeigen, wie toll man ist. Das, liebe Leserin, lieber Leser, ist der Homo sapiens in zivilisatorischer Hochblüte, womit Sie das Folgende besser verstehen werden. Auch wenn es noch so wahnsinnig anmutet, *so* sind wir eben …

Manches, das ich hier aufzähle, ist schon in anderen meiner Bücher angesprochen worden und ich erwähne es oftmals in Vorträgen. Trotzdem – und weil die Bedrohungen seither nicht reduziert oder gar abgewendet werden konnten, im Gegenteil – muss ich Grundlegendes nochmals erwähnen, in den meisten Fällen um neuere Daten erweitert, die eines gemeinsam haben: Alles ist noch weit schlimmer, als es vor wenigen Jahren ohnedies schon war. Und es kommen immer neue Selbstvernichtungsprogramme des »denkenden Menschen« hinzu.

Um die Problematik einsichtig zu machen, ist eine Bestandsaufnahme der Probleme unerlässlich, deren Wurzel eine evolutionistische Regel ist. Sie lautet: Wenn eine Gattung beginnt, ihre Umgebung zu verändern, hört die Natur auf, *sie* zu verändern. Der von uns mit Ausrottung bedrohte Hai ist für seine ökologische Nische optimal beschaffen. Deshalb ist dieser angebliche Killerfisch seit etwa 400 Millionen Jahren unverändert und perfekt. Wir haben keine ökologische Nische und basteln uns daher etwa seit der Entstehung des Cromagnon eine solche, auch wenn sie dabei vor die Hunde geht.

Damit die *schlechte* Nachricht zum Auftakt: Der Zug in den Orkus *ist* bereits abgefahren, denn wir *haben* die Erde schon aufgefressen. Auch wenn wir uns dessen nicht bewusst sind (wie der Mann in dem bekannten Witz, der aus dem 30. Stock fällt und beim Vorbeifliegen an den ersten Stock meint, »*Bis jetzt ist es gut gegangen*«), so haben wir die Zukunft unserer Nachfahren bereits verpulvert!

Wovon ich spreche, ist der sogenannte »ökologische Fußabdruck«. Unter diesem Begriff, der von weniger dezenten Naturen brutal und realitätsnah »Vernichtungsfußabdruck« genannt wird, versteht man die Fläche auf der Erde, die notwendig ist, um den Lebensstil und Lebensstandard eines Menschen dauerhaft zu ermöglichen. Das schließt Flächen ein, die zur Produktion seiner Kleidung und Nahrung oder zur Bereitstellung von Energie, aber ebenso zum Abbau des von ihm erzeugten Mülls oder zum Binden des durch seine Aktivitäten freigesetzten Kohlendioxids benötigt werden.

Dieses Konzept wurde 1994 von Mathis Wackernagel und William E. Rees entwickelt. 2003 wurde von Wackernagel das »Global Footprint Network« gegründet, das unter anderem von der Nobelpreisträgerin Wangari Maathai, dem Gründer des »Worldwatch Institute« Lester Brown und Ernst Ulrich von Weizsäcker unterstützt wird.

Mit dem Jahreswechsel 2006 auf 2007 wurde die weltweit verfügbare Fläche zur Erfüllung der menschlichen Bedürfnisse nach Daten des »Global Footprint Network«, der »European Environment Agency« sowie des »World Food Report« insgesamt um 23 Prozent überschritten. Bereits 2003 sollen pro Weltbürger 2,23 Hektar beansprucht worden sein. Leider stehen lediglich 1,8 Hektar zur Verfügung. Dass in der Zivilisation ein Mehrfaches von dem Verbrauch in der Dritten Welt stattfindet, ist klar, allerdings will man es uns dort verständlicherweise in puncto Lebensstandard gleichtun.

Beispielsweise benötigen die EU und die Schweiz 4,7 Hektar pro Person, haben aber nur 2,3 Hektar zur Verfügung. Dies bedeutet eine Überbeanspruchung der europäischen Biokapazität um über 100 Prozent. Frankreich beansprucht annähernd das Doppelte, Deutschland etwa das Zweieinhalbfache und Großbritannien das Dreifache der verfügbaren Biokapazität. Wie zu erwarten, sind Daten über die USA kaum verfügbar. Fazit: Der ökologische Kontostand ist tief im Minus. Die Tragfähigkeit des Planeten ist weit überschritten: Wir verbrauchen heute bereits dreißig Prozent mehr, als die Erde regenerieren kann.

Wie sagte schon Mahatma Gandhi (1869–1948) auf die Frage eines arroganten Engländers, wie lange das eben selbstständig gewordene Indien wohl brauchen würde, um den Wohlstand Englands zu erreichen: »Ihr Engländer auf eurer kleinen Insel braucht drei Viertel der Welt für eure Lebensweise. Wie viele Planeten würden wir wohl brauchen, um so leben zu können wie ihr?« Ein weiser Mann.

Der Astrophysiker und Schriftsteller Heinz Haber (1913–1990, bekannt durch »Unser blauer Planet«) hat vor Jahren eine Berechnung angestellt, in der er unsere Schadstoffzufuhr in die Natur mit einer gerade noch zu tolerierenden Relation von eins zu einer Million (ein Gramm Gift pro Tonne sauberer Natur) angesetzt hat. Da der Homo sapiens als Parasit agiert, sollte sein Gewicht in Bezug auf die Biosphäre eine Relation von eins zu einer Million nicht überschreiten, damit er nicht selbst zum Giftstoff wird. Nach dieser Gleichung dürfte die Menschheit maximal 175 bis 200 Millionen Tonnen auf die Waage bringen, ein Gesamtgewicht, das vier Milliarden Personen mit einem Durchschnittsgewicht von 50 Kilogramm entspricht. Unser Realgewicht nähert sich derzeit dem Dreifachen und ist somit im wahrsten Wortsinn *Gift* für den Planeten. Manche sprechen vom »planetaren Krebsgeschwür Mensch«. Laut dem »Business & Media Institute« soll der Gründer der »Sea Shepherd Conservation Society«

zum Ausdruck gebracht haben, die Menschheit würde wie ein Virus agieren und Mutter Erde somit Schaden zufügen. In seinem am 4. Mai 2007 veröffentlichten Leitartikel stellt er die Frage: »*Der Anfang vom Ende des Lebens auf dem Planeten Erde, wie wir es kennen?*« Anschließend lässt er keine Zweifel über die Antwort aufkommen: »*Wir töten unseren Wirt, den Planeten Erde.*« Jahre zuvor hatte das ein Berner Philosophieprofessor weniger drastisch, aber mit identischer Aussage formuliert: »*Dass eine Art ihren eigenen Bestand angreife, weil sie sich unmäßig vermehre, ist in der Naturgeschichte nichts Neues. Einmalig ist dagegen die Situation, dass eine Spezies durch ihr starkes Wachstum nicht nur die eigene Existenz, sondern die Existenz der Biosphäre insgesamt gefährdet.*«

Das war der Einstieg. Wenn man den Lügen der Medien und der sogenannten Eliten nicht auf den Leim geht, ist klar: Der Homo sapiens ist im Ar... gen. Zahlreiche Fakten sprechen dafür, dass es im 21. Jahrhundert zu Desastern kommen wird, die die Existenz der Zivilisation, wie wir sie kennen, wenn nicht der Menschheit insgesamt, aufs Schwerste bedrohen. Nicht wenige davon würden nicht stattfinden, wäre der Mensch nicht von einem übermäßigen Drang beherrscht: von nackter Gier.

Überleben? Nicht profitabel!

»Klimabewusst« diskutiert man in der EU eine zehnprozentige Beimengung von Biosprit zum Treibstoff. Manche Fachleute argumentieren damit, zum Anbau müssten 18 Prozent der gesamten Fläche der EU herangezogen werden (ein Unding) und man bräuchte zur Erzeugung eines Liters Ethanol 1,2 Liter Benzin (sehr ökologisch). Ich bin nicht versiert genug, um zu diesem Expertenstreit eine Meinung abzugeben; Fakt jedenfalls ist, dass Eliten und Klimaschützer Forderungen dieser Art erheben.

Desillusionierende meinen dazu, dass es im Endeffekt um nichts anderes geht, als dass man mit Getreide nun endlich ebenso spekulieren kann wie mit Öl – was ja auch schon voll im Gange ist und bereits zu Hungerrevolten geführt hat. Das stört die Gewinnmaximierer aber offensichtlich ebenso wenig wie Warnungen, dass durch den vermehrten Anbau von Mais als Energiepflanze für Ethanol und Biogas auch die Vergiftungen mit Mykotoxinen, zu Deutsch: Pilzgiften, zunehmen dürften. Das hauptsächlich auftretende Pilzgift Aflatoxin ist einer der stärksten krebserregenden Stoffe.

Warum sollte es die Mächtigen auch kratzen, schließlich soll sich die Gesundheitsgefahr doch primär in der Dritten Welt auswirken, und zwar nicht »nur« in Form von Leber- und anderen Schäden, sondern auch verheerend für die Viehzucht, da sich bei der Ethanolgewinnung das Gift in den Nebenprodukten ansammelt, die ihrerseits wiederum als Futter dienen.

Doch es dürfte auch uns an den Kragen gehen, nicht zuletzt durch Medikamentenverlust als Folge des Artensterbens, von dem 70 Prozent der bekannten Pflanzen und 25 Prozent der Tiere bedroht sind. Medikamente gegen Magengeschwüre sind nicht mehr erzeugbar, weil sie aus dem Sekret der Magenbrüterfrösche gewonnen werden, die leider vor kurzem ausgestorben sind. Pfeilschwanzkrebse produzierten Peptide, die die Verbreitung von Leukämie, Brust- und Prostatakrebszellen stoppen. Leider ausgestorben. Aus den Lebersäften von Haien werden Antibiotika gewonnen. Haie leider im Niedergang, sei es wegen der Flossen, sei es wegen ihrer Massenvernichtung als Beifang. Und so geht es weiter …

So gut wie nichts ist in den Medien darüber zu vernehmen, dass die umweltschädigenden Auswirkungen der Überbevölkerung bereits mit jenen mithalten können, die durch die industriellen Aktivitäten der Ersten Welt verursacht werden.

Wer braucht schon Atemluft?

Nicht wenige Fachleute sehen in der Smog-Katastrophe von Südostasien im Jahr 1997 einen vorerst noch lokalen Weltuntergang; Generalprobe und Vorspiel zu Größerem. Monatelang standen Tausende Quadratkilometer Tropenwald in Flammen. Quelle des Desasters waren Waldbrände und Buschfeuer in Indonesien (nicht wenige davon aus Profitgier gelegt, um mit Ölpalmen- oder Edelholzkonzernen ins Geschäft zu kommen).

Über den Millionenstädten mischte sich die kontinentweite Rauchwolke mit Verkehrsabgasen und Industrieabgasen zu einem Giftcocktail. Ungeheure Rauchschwaden bedeckten Himmel und Erde und verwandelten selbst zur Mittagszeit die Sonne in eine matte Funzel mit einem düsteren Dämmerlicht. Ein Pesthauch des Todes raubte etwa 200 Millionen Menschen buchstäblich die Luft. Gesichtsmasken halfen nicht. Sie verwandelten ihre Träger lediglich in maskierte Gespenster inmitten der Rauchschwaden. Diese erlebten möglicherweise einen Vorgeschmack auf die Klima-Zukunft der Erde.

Es ist zu befürchten, dass in wenigen Jahrzehnten, oder auch nur Jahren, Milliarden Menschen dasselbe durchmachen werden: Erst belegt sich die Zunge, dann wird die Stimme rau, die Augen füllen sich mit Tränen, schließlich setzt keuchender Husten ein, der erst mit dem Tod endet.

Die Rauch- und Abgasglocke, die sich damals über Südostasien herabgesenkt hatte, bedeckte eine Fläche von der Größe Europas. Was dabei in einigen Monaten an Schadstoffen in die Atmosphäre gelangte, war ungleich mehr als der Schadstoffausstoß, den die gesamten Industriestaaten in vielen Jahren zusammenbringen. Es war die bisher größte von Menschen verursachte Naturkatastrophe der Geschichte mit fürwahr planetarischen Ausmaßen (so der »World Wide Fund For Nature«). Verwunderlich ist sie dennoch nicht. Immerhin ist bereits über ein Drittel der Tropenwälder Asiens abgeholzt oder, schlimmer noch, abgebrannt.

Aber auch ohne solche Mini-Weltuntergänge in Eigenregie arbeiten wir auf allen Ebenen daran, uns die Luft abzudrehen. Geschafft werden wir das wohl haben, wenn die »Vollmotorisierung« von derzeit 1,3 Milliarden Chinesen gelungen ist. Die dafür erforderlichen Autos verkauft ihnen der Westen gerne.

Wäre man ein Zyniker, müsste man feststellen, dass zwischen Erster und Dritter Welt ein regelrechter Konkurrenzkampf bei der Unbewohnbarmachung der Erde im Gange zu sein scheint ...

Endgame in allen Varianten

Atom- und Chemieunfälle sind bereits so häufig, dass man sie schon gar nicht mehr wahrnimmt. Dauernd stranden Wale und andere Meeressäuger, die aufgrund ihrer Kontamination als Sondermüll entsorgt werden müssen.

Die Tauben im Umkreis der britischen Wiederaufbereitungsanlage für Brennstäbe »Sellafield« sollen laut Experten so radioaktiv sein, dass sie als Atommüll entsorgt werden müssen, was auch für ihren Kot gilt. Das ist kein Wunder, fanden Umweltschützer doch in Bodenproben gewaltige Mengen von Cäsium 137, Kobalt 60 und Americium 241, eine Verseuchung, die stellenweise *größer ist als um den ukrainischen Todesreaktor von Tschernobyl*. Einen Unterschied gibt es allerdings: Um Tschernobyl ist eine riesige Sicherheitszone um die strahlende Reaktorruine für Menschen und landwirtschaftliche Nutzung gesperrt, während in der unmittelbaren Umgebung der britischen Anlage Menschen arbeiten, Ackerbau und Viehzucht betrieben wird und Nichtsahnende fröhlich in der verseuchten Irischen See baden.

Eine Ölpest jagt die nächste. Riesige Teppiche toter Fische, Krabben und anderer Meerestiere, wie sie beispielsweise schon mehrmals neben den Touristenstränden von Rio de Janeiro herumlagen, werden aufgrund ihrer Häufigkeit bereits zur Kleinmeldung.

Die Böden und Meere haben ihren Sättigungsgrad an Giften nahezu erreicht. Das vernetzte Ökosystem des Planeten hängt durch die rasende weltweite Bautätigkeit am seidenen Faden, was so gut wie überhaupt nicht in den Medien erwähnt wird.

Weltweit erschöpft sich der Boden aus Mangel an biologisch aktiven Bestandteilen selbst in den fruchtbarsten Gegenden der Erde. Der Grund dafür sind wir. Legionen von Regenwürmern lockern Milliarden Tonnen Ackerboden besser auf, als Pflüge es je vermögen. Sie bilden die *erste* Gäranlage. Den Würmern folgt die weidende – nicht die in Tierfabriken strammstehende – Kuh als *zweite* Gärfabrik. Exkremente und Misthaufen sorgen für den *dritten* Gärprozeß. Der Kreislauf ist beendet, und der Boden lebt – zumindest in der Theorie.

Die Praxis sieht anders aus: Seit dem 19. Jahrhundert hat sich in diesem fundamentalen Überlebenskreislauf ein Bruch vollzogen, da der Humus durch den massenhaften Einsatz von chemischen Düngemitteln auf rein mineralischer Basis, also von Stickstoff-, Phosphat-, Kalidüngern usw. systematisch abgetötet wird. Auf dem ganzen Planeten breitet sich die Wüste aus und frisst sich wie ein Krebsgeschwür in das uns nährende Erdreich.

Falls wir weitermachen wie bisher, wird die UV-Strahlung in wenigen Jahrzehnten derart intensiv sein, dass kaum noch Pflanzen wachsen, einschließlich der Grundnahrungsmittel wie Reis, Gerste, Mais. Die Gesundheitssysteme wären schon vorher zusammengebrochen.

Die Forscher rechnen damit, dass in den nächsten Jahrzehnten 60 Prozent der Riffe ruiniert sein werden; wo Fischreichtum herrscht, sogar 80 Prozent (1997 wurde noch von insgesamt einem Drittel gesprochen!). Ein weiteres Drittel ist durch Meeresverschmutzung, Überfischung und den Abbau von Korallenkalk als billiges Baumittel bedroht. Dazu gesellt sich noch eine weitere Bedrohung für die Korallen: der steigende CO_2-Gehalt der Luft. Nach einer Studie, die im US-Magazin »Science« veröffentlicht wurde, wird das Meerwasser durch besagtes Kohlendioxid immer saurer, sein Kalkgehalt sinkt. Die Korallen haben immer weniger Kalk zum Bau ihrer Skelette zur Verfügung. Als Folge dessen bieten die Korallenriffe weniger Arten und Lebewesen Nahrung und Schutz.

Das ist nur eine der vielen fatalen Kettenreaktionen, die wir in Gang gesetzt haben und die uns auf den Kopf fallen. Die Probleme der Korallen betreffen nämlich auch den Homo sapiens, denn die Riffe besiedeln einen erheblichen Teil der Weltmeere. Unser Dasein hängt von ihrem Zustand nicht weniger ab als von der Verfassung der tropischen Regenwälder. So hat die im Frühjahr 2009 wieder einmal offiziell festgestellte kontinuierliche Abnahme der Korallen – diesmal in der Karibik – seit 1995 die Zahl der dort lebenden Fische um mindestens 30, möglicherweise um 80 Prozent verringert.

Das gilt auch noch für andere Meeresbewohner, deren lebenserhaltende Wirkung nur Fachleuten bekannt ist. Unsereins wird das wohl erst zur Kenntnis nehmen (müssen), wenn wir etwas ins Meer kippen, das sie umbringt. Möglicherweise sind wir gerade jetzt dabei. Die Aufmerksamkeit wird sich in dem Fall allerdings nur sehr kurz auf sie richten können, da ihr Ende auch das unsere wäre.

Noch schneller würde uns die Luft ausgehen, wenn es uns endlich gelungen ist, durch Verklappung von Giften mit unaussprechlichen Namen oder ausrinnende Öltanker, deren Ölfilm alles unterhalb absterben lässt, die einzelligen Algen namens »Phytoplankton« zu liquidieren, die in Meerestiefen den Großteil des Sauerstoffs produzieren.

Verschlimmbesserungen

Ein exemplarisches Beispiel dafür, was passieren kann, wenn der Homo sapiens für seine Zwecke in die Natur eingreift, ist der von 1960 bis 1971 im südlichen Oberägypten erbaute Assuan-Staudamm; ein Konstrukt mit Nebenwirkungen und Spätfolgen. Schon Ende des 20. Jahrhunderts soll der Chefberater des ägyptischen Ministeriums für öffentliche Bauvorhaben laut Zeitungsmeldungen erklärt haben:»Es besteht die Gefahr, dass in den nächsten 20 Jahren das gesamte zufließende Wasser des Nils versinken wird. Zumindest aber dürfte der De-facto-Wasserverlust 70 Prozent ausmachen.« Das wäre eine der Spätfolgen des Dammbaus. Die Nebenwirkungen entdeckten Experten bereits kurz nachdem der Damm seinen Dienst aufgenommen hatte:

Seit seiner Inbetriebnahme sind die Bewässerungskanäle und Gräben, die vorher nur während der Zeit der Nil-Überschwemmungen Wasser führten, immer voll. Das hat zur Ausbreitung der verheerenden Bilharziose geführt. Erreger dieser Krankheit ist ein winziger Blutegel, der seine Larven in gigantischen Mengen im Wasser ablegt. Die sich entwickelnden Larven dringen in Wirtstiere ein, normalerweise Schnecken. Aber auch Menschen sind als Wirte hoch willkommen. In unseren Körpern nisten sich die Larven in der Leber fest und entwickeln weitere Eier. Seit dem Dammbau hat sich die Bilharziose wie ein Buschfeuer speziell in Unterägypten ausgebreitet; nicht zuletzt durch den Wasserstau. Früher wurden die Eier im schnell fließenden Nilwasser weggeschwemmt, während sie sich jetzt häuslich niederlassen können. In Planung befindliche weitere Wasserkanäle lassen eine Ausbreitung auch auf Oberägypten befürchten.

Besonders schlimm wird es, wenn der »denkende Mensch« daran geht, im großen Stil zu »korrigieren« oder gar zu »verbessern«. Die Folgekatastrophen ähneln jeweils in ihrer Unausweichlichkeit einer griechischen Tragödie.

So sollten vor dem Zweiten Weltkrieg die berühmten »Everglades« in Florida für die Zivilisation – sprich: die Industrie – erschlossen werden. Ein schnell wachsender Myrtenbaum aus Australien namens »Melaleuca quinquenervia« sollte nicht nur die »Fiebersümpfe« trockenlegen, sondern auch als Holzlieferant dienen. Setzlinge wurden in Massen eingepflanzt und man streute sogar Melaleuca-Samen vom Flugzeug aus auf die Everglades.

Dann stellte sich der »Erfolg« ein: Ein wild wucherndes, undurchdringliches Dickicht raubt den ortsansässigen Pflanzen Licht und Wasser. Aus den Wurzelmatten der Melaleuca-Bäume sickert eine für andere Pflanzen giftige Substanz. Die Stoffe, die von den angesiedelten Bäumen in die Luft abgegeben werden, erzeugen bei Menschen und bei einigen Tieren diverse Krankheiten. Der viel gepriesene Baum hat eine zundertrockene Rinde, seine Blätter sind mit einem leicht entflammbaren Öl überzogen. Obwohl er Wasser aufsaugt, brennt er mit explosiver Kraft. Nur wenige Tage nach einem Waldbrand streut er Millionen von Samen auf das verkohlte Land. Die Samen treiben in einer Woche aus, und die Sämlinge schießen schon im ersten Jahr bis zu zwei Metern in die Höhe.

Ein Baum gewordener Erfolgstyp, der am Ende des Jahrhunderts, in dem er importiert wurde, bereits über 600 000 Hektar der Everglades wie ein Leichentuch bedeckte. Forstexperten fürchten, dass die Everglades bald Geschichte sein werden.

Was die Tierwelt betrifft, so sind unsere »Leistungen« noch beeindruckender:

Schon im Jahr 1762 hatte ein Zuckerrohrfarmer auf Jamaika die brillante Idee, die Rattenplage durch die Einfuhr der aggressiven kubanischen Ameisenart »Formica omnivora« (zu deutsch: die Allesfressende) zu beenden. Die Ameisen fraßen auch fast alles. Mit den Ratten allerdings lebten sie in größter Harmonie.

Unverzagt holte man die unrühmlich bekannte, riesige südamerikanische Aga-Kröte »Bufo marinus« auf die Insel. Diese Krötenart hatte derzeit bereits einen Großteil von Australien unter ihre Herrschaft gebracht und dringt unaufhaltsam weiter vor. Auch sie interessierte sich, man ahnt es bereits, ebenso wenig für die Ratten wie vor ihr die Ameisen.

Also noch eins drauf: Der »Indische Mungo« wurde nach Jamaika verpflanzt, um endlich aufzuräumen. Das tat er auch, allerdings ebenfalls nicht unter den Ratten. Einige Jahre nach seiner Ankunft hatte der Mungo nicht nur die lokale Vogel- und Echsenpopulation erheblich dezimiert, sondern auch die Nutztiere der Eingeborenen.

Und das ist nur ein punktuelles Beispiel: Jamaica. Hier ein generelles, wie dieser Pfusch in der Regel abzulaufen pflegt:

Vor vielen Jahren wurde in Borneo gegen Malaria-Überträger vorgegangen, indem man Mückenlarven mit dem bewährten und lange Zeit überaus beliebten DDT erledigte. Dabei starben leider nicht nur diese, sondern auch die Echsen, die sich von den Mückenlarven ernährten sowie die Katzen, die die Echsen fraßen. Fazit: Eine Rattenplage wie noch nie. Zu ihrer Bekämpfung mussten Container voller Katzen per Fallschirm abgeworfen werden.

»The Good Duck Man« war klüger

Es gibt jedoch eine Geschichte über jemanden, der die Folgen seines Vorgehens bedacht hat. Es ist, Sie werden verblüfft sein, Daniel Düsentrieb. Als kleine Auflockerung meiner todernsten Ausführungen, aber auch gleichzeitig als Lehrstück ein Exkurs zum Schöpfer der berühmtesten Ente aller Zeiten. Der geniale Carl Barks (1901–2000; »The Good Duck Man«) hat bereits vor Jahrzehnten vorausgesehen, was passieren *muss*, wenn der Mensch in die Natur eingreift, sie »korrigiert« oder gar »verbessern« will:

Für ein Wettangeln, bei dem es darum geht, den Uraltbarsch »Bombastus« zu erfischen (der Name stammt natürlich von der nicht weniger genialen Übersetzerin Dr. Erika Fuchs), besorgt sich Donald bei Daniel Düsentrieb Spezialwürmer, die eine Kette bilden, indem sie sich ineinander verhaken und so den Riesenfisch herausziehen. Erster Preis gewonnen – nur leider vermehren sich die Würmer rasend und holen alle Fische heraus, worauf Donald und Daniel fast geteert und gefedert werden. Im Gegensatz zu den menschlichen Idioten hat Düsentrieb seinen Kampfwürmern jedoch einen Sicherheitsfaktor eingebaut: ihre extrem begrenzte Lebensdauer.

– Nach dieser Auflockerung wird es wieder bitterernst:

Ausplündern bis zuletzt!

Wie man einem Bericht des »Worldwatch Institute« von 1994 entnehmen kann, war 1984 das letzte Jahr, in dem es durch Einsatz von Kunstdünger zu einer Steigerung der Weltgetreideproduktion gekommen ist. Das seit 1950 vervierfachte Fischfang-Ergebnis auf allen Weltmeeren stieg bis 1989 und nimmt seitdem kontinuierlich ab. Die wenigsten wissen, dass es nicht die Lichter der Großstädte sind, die Astronauten (oder Aliens) als erste Leuchterscheinung wahrnehmen, wenn sie sich im Weltall Mutter Erde nähern. Nein: Es sind die Scheinwerfer der Fischfangflotten, die die Meere ausleuchten und mit riesigen Schleppnetzen versuchen, noch etwas aus den fast schon leer gefischten Tiefen herauszuholen. An dieser Praxis ändern auch Warnungen nicht das Geringste, beispielsweise eine UNO-Studie von Anfang 2008, in der klipp und klar festgestellt wurde, dass die Meeresfischbestände nicht mehr zu retten sind und dass keine Chance auf ihre Erholung besteht.

Mit den Meeren, in denen das Leben entstanden und der Großteil unseres Sauerstoffs erzeugt wird, geht es überhaupt bergab. Laut amerikanischen und europäischen Forschern haben die sogenannten »Todeszonen«, in denen wegen Sauerstoffmangel alles Leben stirbt, im Zeitraum von 1998 bis 2008 um ein Drittel zugenommen. Der Grund sind Düngemittel, die durch die Flüsse in die Weltmeere gelangen. Dort fördern sie das Wachstum der Algen massiv. Sinken abgestorbene Algen auf den Meeresboden, werden sie von Bakterien zersetzt, die für diesen Prozess Sauerstoff verbrauchen. Fehlt dieser, sterben zunächst die Lebewesen in Bodennähe, kurz danach auch die weiter oben lebenden Fische, soweit sie noch nicht von den Fangflotten »geerntet« wurden. Aber auch auf dem festen Lande steht es nicht zum Besten:

»Zootier Mensch« als Megacity-Bewohner

Millionen Menschen flüchten vom Land in die Städte, die entgegen früheren Prognosen nicht in die Höhe, sondern in die Breite wachsen. Einige Millionenstädte sehen den Horrorvisionen aus apokalyptischen Science-Fiction-Filmen immer ähnlicher. Es gibt mittlerweile einen eigenen Terminus für diese Monsterstädte oder Stadtmonster: »Megalopolen.«

In der Antike sollte die Stadt (»polis«) das bestmögliche Zusammenleben der Menschen schaffen. Vor über 2000 Jahren hat der Philosoph Plato (427–347 v. Chr.) sein ideales Stadtmodell auf Kreta angesiedelt. Die heutigen Stadtmonster mit Platos Utopie zu vergleichen, wäre lachhaft.

Zahlreiche Megalopolen sind heute schon höllische Orte und werden immer höllischer. Die bekannten Superstädte New York und London haben ihre Führungsplätze in puncto Bevölkerungszahlen bereits abgeben müssen. Diese werden von Mexico City, São Paulo und mehreren Städten in Indien und Südamerika eingenommen. Karatschi in Pakistan war von den britischen Kolonialherren mit einer Infrastruktur für maximal 150 000 Menschen versehen. Anfang 2009 drängten sich dort rund 13 Millionen Einwohner.

Manche Megacity-Bewohner machen aus ihrer Not eine Tugend, beispielsweise tauften Slumbewohner von Manila auf den Philippinen, die
auf einer riesigen qualmenden Müllkippe lebten, ihre Privathölle bitter
»Smokey Mountain«. Sie wurde Ende 1995 gewaltsam geräumt, was das
Problem nicht lösen konnte, sondern nur verlagerte.

Mehr Menschen verschärfen vorhandene Probleme. Das zeigt sich um
nichts weniger virulent in der Ersten wie in der Dritten Welt. Nach UN-
Studien werden sich im Jahr 2025 mehr Menschen in Mega-Städten zu-
sammenpferchen, *als heute insgesamt auf der Welt leben*, was ungute Aspekte in puncto Aggression eröffnet. Zu viele Menschen auf engem Raum
schaffen Armut, Unmut, Hunger und Gewalt.

Ein einziges Beispiel aus den »zivilisierten« USA: Bei den Rassenunruhen von Los Angeles 1992 – infolge des Freispruchs der Polizisten, die einen Schwarzen namens Rodney King zusammengeschlagen hatten – wurden mehr als 3600 Brände gelegt. Ein flammendes Inferno, in dem sich
die Nationalgarde der Feuerwehr den Weg zu den Brandherden freikämp-
fen musste und dabei vom Mob attackiert und beschossen wurde. Schon
1989 erstellte der berühmte Konfliktforscher Professor Hacker vor seinem
plötzlichen Tod am Beispiel von Los Angeles die Prognose, dass in Millionenstädten wie der »Stadt der Engel« in nächster Zukunft Jugendbanden
erbarmungslose Ausrottungskriege gegeneinander führen werden; Spie-
gelbild einer mehr und mehr aus den Fugen geratenden Welt.

Wenn Menschen oder Tiere zu eng zusammenrücken müssen, werden
sie aggressiv, brutal und krank. Ihre Sitten zerfallen. Auch die von Tieren,
die unter normalen Umständen Wohlverhaltensmuster haben, die mit
unseren vergleichbar sind. Deshalb erteilte der 1928 geborene weltberühm-
te britische Zoologe, Verhaltensforscher, Publizist und Künstler Desmond
Morris, Autor von »Der nackte Affe«, bereits in seinem 1969 erschienenen Buch »Der Menschen-Zoo« dem sprichwörtlichen Asphalt-Dschun-
gel, wie Großstädte gerne bezeichnet werden, eine Absage. Tiere im
Dschungel werden nicht herzkrank oder neurotisch. Auch pflegen sie sich
nicht gegenseitig zu verstümmeln und zu schädigen oder ihre Nachkommenschaft zu quälen (sie fressen sie gelegentlich zwar auf, aber nicht aus
perverser Lust oder anderen unnatürlichen Motiven, sondern weil es sein
muss). Tiere töten zwar, aber sie *morden* nicht.

Es gibt jedoch einen Ort, an dem sie all diese »menschlichen« Entar-
tungen an den Tag legen, die in größeren Städten zum Alltag gehören: im
Zoo. Die Megalopolen sind für Morris daher keine Mega-Asphalt-Dschun-
gel, sondern Mega-Menschenzoos, in denen Perversionen aller Art blü-
hen, wo gehungert, gefoltert und gekillt wird.

Städte wie nach einem Atomkrieg …

Die ursprünglich in Dritte-Welt-Megalopolen stattfindende Entwicklung ergreift seit Jahren unaufhaltsam auch die »Zivilisation«. In dem Zusammenhang erinnere ich an den Film »Eve und der letzte Gentleman« aus dem Jahr 1999, der generell als Romantik- und Liebeskomödie bezeichnet wird, meiner Meinung nach aber einen ebenso düsteren wie visionären Hintergrund und einen todernsten Handlungsrahmen hat.

Der Kalte Krieg beginnt sich zu entfalten, doch Wissenschaftler Calvin Webber (Christopher Walken) hat wohlweislich vorgesorgt: Sein selbst erbauter Bunker soll ihn und seine schwangere Frau (Sissy Spacek) im Fall des Falles schützen. Als 1962 am Höhepunkt der Kubakrise ein Flugzeug auf ihr Haus stürzt, ist für das Ehepaar klar, dass der Dritte Weltkrieg, sprich der Atomkrieg, begonnen hat. Beide flüchten in den Bunker, der ein Zeitschloss aktiviert, das sich erst nach 35 Jahren wieder öffnet. Kurz darauf wird Adam geboren und im Geiste der 1960er erzogen, während das Leben oben ganz normal weitergeht, und die Welt sich in jene unmittelbar vor der Jahrtausendwende verwandelt. Nach Ablauf der Zeitsperre steigt der nunmehr erwachsene Adam (Brendan Fraser) an die Erdoberfläche, um Vorräte zu besorgen. Dort findet er Slums, Dreck und sonderbare Gestalten vor, darunter transsexuelle Nutten, die er für Strahlungsmutanten hält, sodass er sich klarerweise in einem Nach-Atomkriegs-Los Angeles wähnt.

Erst als er auf die quirlige, chaotische Eve Rustikoff (Alicia Silverstone) trifft, wird ihm klar, wie die Dinge wirklich liegen und welche »Entwicklung« er im Bunker »versäumt« hat. Da sich die beiden erwartungsgemäß ineinander vergucken, beginnt nun der romantische Teil. Der Film zeigt humorvoll, aber unmissverständlich den Unterschied zwischen den sauberen und wohl geordneten 1960ern und den von Kriminalität, Verfall und Prostitution geprägten 1990ern.

Der sich fragmentierende »Schmelztiegel« USA macht uns die kommende europäische Entwicklung vor. Mittlerweile werden amerikanische Zustände in der Alten Welt mehr und mehr zur »Normalität«. Einiges davon habe ich bereits im ersten Teil angesprochen.

»Nächstes Mal warten wir nicht auf die Polizei, sondern empfangen sie mit den eigenen Waffen«, so sprach bereits vor Jahren ein Bewohner eines der berüchtigten Pariser Vorstädte nach einem der dort regelmäßig stattfindenden bürgerkriegsähnlichen Ausschreitungen. Im Großraum um Paris vergeht keine Nacht ohne Zwischenfälle. Einmal wird eine Schule in Brand gesteckt und die heranrückende Feuerwehr mit einem Steinhagel begrüßt, dann fahren Jugendliche mit gestohlenen Autos in Schaufenster oder rammen Polizeiwagen.

Französische Regierungsstellen versprechen seit langem einen »Marschallplan für die Vorstädte«. Unterdessen wird die Polizei für einen regelrechten Kampf in den Vorstädten aus- bzw. hochgerüstet. Man weiß schließlich nicht, welches Phänomen sich in den Vorstädten schneller verbreiten wird: Drogenkriminalität oder radikaler Fundamentalismus? Pessimisten (Realisten?) meinen: beides gleichzeitig.

Sogar an der Peripherie der als verschlafen geltenden »Europametropole« Straßburg kam es kurz vor der Jahrtausendwende zu mehreren Anschlägen Halbwüchsiger mit selbst gebastelten Sprengkörpern auf die eben eingeführte Straßenbahn. Die neue Linie musste daraufhin von Soldaten bewacht werden. Mitten in Westeuropa.

Meldungen über urbane Ausschreitungen mit Bürgerkriegscharakter geistern schon seit Jahren durch die Medien. So war die holländische Polizei am Sonntag, 25. April 1999, wegen schweren Krawallen während und nach der Meisterfeier von Feyenoord Rotterdam gezwungen, *in Notwehr mit scharfer Munition* auf Fußballrowdies zu schießen. Die Hooligans hatten zuerst nicht »nur« in üblicher Weise die Innenstadt verwüstet, sondern ihrerseits mit scharfer Munition auf alles geschossen, was sich bewegte. An den Ausschreitungen sollen viele Jugendliche im Alter von zwölf bis vierzehn Jahren beteiligt gewesen sein. Eine Polizeisprecherin dazu: »*Wir erleben eine neue Stufe der Gewalt.*«

Manche meinen: Wen wundert's, denkt man nur an die regelmäßigen »Chaos-Tage«, bei denen offen zugegeben wird, dass Anarchie das Ziel und Gewalt der Weg sind, dem sich Jahr für Jahr Tausende Jugendliche verschworen haben. Was sie genau wollen, wissen die adoleszenten Verwüster mitteleuropäischer Städte eigentlich nicht, nur eines: Der Frust muss raus!

Warnende Stimmen, die früher als Pessimisten verschrien wurden, heute aber langsam Gehör finden, meinen klipp und klar: »Wenn das so weitergeht, steht Weltbürgerkrieg ins Haus.«

Ich könnte noch endlos Niedergangsszenarios aufzählen, möchte aber stattdessen den Finger auf das schon angedeutete, tödlichste aller Probleme legen: Die Bevölkerungsexplosion, die man heutzutage in den Schlagzeilen vergeblich sucht. Noch in der Dezembernummer der Jubiläumsausgabe »25 Jahre Readers Digest« lautete der Aufmacher »*Bevölkerungsexplosion: Unabwendbar?*«. In dem Beitrag wurde die damalige Gesamtzahl von 3,8 Milliarden Menschen bereits als überaus bedrohlich für die Existenz allen Lebens auf der Erde angesehen. Zur Erinnerung: 2009 hat sich diese Zahl annähernd verdoppelt …!

Die »B-Bombe«

Der Schrecken der Exponentialkurve

Den makabren Titel »Die B-Bombe«, der »Bevölkerungs-Bombe« bedeutet, trug 1995 eine Dokumentation des Bayrischen Fernsehens in der Reihe »Reportage am Montag«, die sich mit dem Untertitel »Von der Bevölkerungsexplosion zum Umweltkollaps« mit einem Thema befasste, das heute offenbar zu den »unkorrekten« gehört, da es aus dem öffentlichen Diskurs verschwunden ist. Was nicht verschwunden ist, ist die Bevölkerungszunahme. Dabei wusste bereits Theodor Billroth (1829–1894), der Begründer der berühmten Wiener Schule der Chirurgie, was es geschlagen hat: *»Der medizinische Fortschritt wird die Menschheit durch Überbevölkerung vernichten, sofern er nicht Hand in Hand mit Bevölkerungskontrolle geht.«* Auch an die von Aldous Huxley in den 1930er-Jahren getroffene Feststellung *»Das Problem der Überbevölkerung ungelöst, wird alle anderen Probleme unlösbar machen«*, kann gar nicht oft genug erinnert werden.

Auch daran sollte immer wieder erinnert werden, dass so gut wie alle Staatsutopien von einer fixen Bevölkerungszahl ausgehen, die sich niemals ändern *darf* (!). Platos bereits erwähntes ideales Stadtmodell wird von insgesamt 5040 Familien bewohnt, deren Zahl *niemals* steigt, wofür auch gesorgt wird. Nicht nur erträumte Idealgemeinschaften wie Campanellas »Sonnenstaat«, Homers »Scheria«, die »Insel der Phäaken«, Owens »Meccania«, Cabets »Ikaria«, Bulwer-Lyttons »Land der Vrilyia« oder Bacons »Ensalem« aus seinem »Nova Atlantis«, sondern auch alle Überlieferungen eines vergangenen Utopia – sei es nun Atlantis, Mu, Lemuria, Hyperborea usw. – betonen die Wichtigkeit einer *stabilen Menschenanzahl*. Die tatsächliche Zunahme der Erdbevölkerung verkörpert nämlich in geradezu klassischer Weise eine exponentielle Wachstumskurve. Dazu eine Impression aus Wien, gefolgt von einer kleinen Chronologie:

Zwischen der Wiener Secession und der im Zusammenhang mit der Aufrüstung der Dealer bereits erwähnten U-Bahnstation »Karlsplatz« gibt es eine Passage, an deren Wänden laufend diverse Zahleninformationen leuchten: so und so viele Verliebte (es würde mich interessieren, wie man *das* erhoben hat), so und so viele Ausgaben für dies und das, und auch die Zahl der weltweiten Kriegstoten. Von 1. Januar bis 1. August 2008 waren es 11 000. Nicht angeführt wurde allerdings, dass der Bevölkerungszuwachs innerhalb nur einer Stunde ebenfalls 11 000 beträgt.

Ein ebensolcher morbider Vergleich bietet sich für manche angesichts der Katastrophen-Bilanz 2008 an. In diesem Jahr sind weltweit 240 000 Menschen Katastrophen zum Opfer gefallen – »aufgefüllt« wird diese bedauerliche Zahl in nicht einmal einem Tag.

Zur Erreichung der ersten Milliarde Anfang des 19. Jahrhunderts brauchte der Homo sapiens über zwei Millionen Jahre. Für die zweite Milliarde benötigte er nicht einmal 100 Jahre. Jahr für Jahr geht es immer flotter. In meiner bisherigen Lebenszeit (ich bin Jahrgang 1945) hat sich die Menschheit mehr als verdreifacht. Unvergesslich ist mir bis heute der Kinotrailer für David Cronenbergs Film »Scanners. Ihre Gedanken können töten« von 1981 (!) geblieben. Darin hieß es dramatisch: Es gibt vier Milliarden Menschen, 237 von ihnen sind Scanner, die Chancen sind also gleich. 1981 waren es also noch vier Milliarden. Man erwartet, dass eine Verdoppelung von derzeit nicht ganz sieben auf 14 Milliarden keine 15 Jahre dauern wird, die von 14 auf 28 Milliarden nur noch acht usw.

Es liegt zwar auf der Hand, wird aber dennoch so gut wie ignoriert, dass jeder Verdoppelung an Menschen auch eine Verdoppelung an Nahrungsmitteln und Güterproduktion gegenüberstehen *muss*. Soll die Menschheit nicht laufend ärmer, hungriger, ungebildeter und elender werden, muss neben jeder Straße eine zweite gebaut werden, neben jedem Kraftwerk ein weiteres. Noch einmal so viel Wälder müssen abgeholzt, zweimal so viel Atomabfälle gelagert, doppelt so viel Abgase aus Auspuffen und Schornsteinen geblasen, doppelt so viel Dreckberge ins Meer gekippt, doppelt so viel Chemie auf die Felder gesprüht, doppelt so viel unglückliche Tiere in Tierfabriken und Tiertransporte hineingestopft werden. Die Zahl der Krankenhäuser, der Gefängnisse, der Brunnen, der Toiletten, der Schulen, der Nutztiere, der Bergwerke usw. *muss* im gleichen Maße ansteigen wie die Zahl der Menschen.

Aus den Medien: Um den gegenwärtigen ärmlichen Lebensstandard der durchschnittlichen indischen Bevölkerung aufrechtzuerhalten, müssten jedes Jahr rund 130 000 bis 140 000 neue Schulen gebaut, 400 000 bis 500 000 neue Lehrer ausgebildet und rund fünf Millionen Arbeitsplätze geschaffen werden. Außerdem müssten zusätzliche 15 Millionen Tonnen Nahrungsmittel herbeigeschafft werden. All das lediglich um die jährliche *Zuwachsrate* in Indien von rund 20 Millionen zu versorgen. Zu meiner Schulzeit gab es 250 Millionen Inder, heute sind es über eine Milliarde.

Die Bevölkerungsexplosion in Niger hat dazu geführt, dass sich heute bis zu 40 Personen einen Acker teilen sollen, der früher einer einzigen Person zugutekam. Prognosen gehen davon aus, dass die Bevölkerung von Niger, 2009 bei rund 14 Millionen, 2020 bei 30 Millionen und 30 Jahre später bei 60 bis 70 Millionen liegen wird.

Vergleichbares konstatieren Statistiker im namensähnlichen Nigeria, dem mit über 140 Millionen Einwohnern bevölkerungsreichsten afrikanischen Land. Lagos, die größte Stadt des Landes, hatte Ende der 1950er-Jahre 300 000 Einwohner. Anfang des 21. Jahrhunderts hat sich die Einwohnerzahl mit über neun Millionen rund verdreißigfacht. 2020 rechnet man mit 30 Millionen.

Die Dramatik der Situation lässt sich an dem in anderen Medien zitierten makabren Beispiel ablesen, das im Britischen Ärztejournal »The Lancet« – ich erwähnte das Journal bereits im Zusammenhang mit dem Gemetzel im Irak – gemacht worden sein soll: *»Der tägliche Abwurf einer Atombombe des Hiroshima-Typs würde die Vermehrung (der Weltbevölkerung) kaum mindern.«* Makaberer, um nicht zu sagen morbider, geht es wohl kaum.

Wie groß glauben Sie, wird die Masse der Menschheit wohl in 6000 Jahren sein, wenn es so weitergeht? Der Astrophysiker Sir Frederick Hoyle hat es errechnet: Größer als die gesamte Materie des bekannten Universums.

Selbst wenn wir kürzer in die Zukunft blicken, wird uns auch schon ganz schön mulmig. Bei weiterer Vermehrung, wie sie im Gange ist, wäre das Gesamtgewicht der Menschheit nämlich schon im Jahr 3500 genauso so groß wie das Gesamtgewicht der Erde (immerhin 6700 Trillionen Tonnen). Da die Masse nicht größer, sondern lediglich umgeschichtet bzw. verdrängt werden kann, wäre die Erde dann – theoretisch – völlig in Menschen umgewandelt und als Planet nicht mehr vorhanden. Ein Menschenball würde um die Sonne kreisen. Gemütsmenschen kümmert die ferne Zukunft nicht. Blicken wir daher in die unmittelbare Zukunft:

Selbst bei einem jährlichen Zuwachs von »nur« 80 Millionen dürften sich im Jahr 2070 rund 30 Milliarden Erdenbürger aneinander pressen. Allein für die Ableitung der Körperwärme, die dann von den dichtgedrängten Massen ausgeht, würde die gesamte Industrieleistung der zukünftigen Erde benötigt werden.

»Endlich allein!«

Dieser Satz, den frisch Verliebte auszustoßen pflegen, wenn sie lästige Verwandte oder Freunde endlich losgeworden sind und sich einander ungestört widmen können, könnte dereinst auch für die Menschheit als Ganzes gelten. Einen romantischen Aspekt gibt es dabei allerdings nicht.

Der Kohlenstoff, aus dem alles Leben auf unserer geschundenen Erde besteht, wird klarerweise nicht mehr. Wie schon erwähnt, kann also nur *umgeschichtet* werden. Dazu hat der amerikanische Biochemiker und berühmte Science-Fiction-Autor russischer Herkunft Isaac Asimov (1920–1992) eine spezielle Berechnung angestellt. Er ging von der totalen Masse aller lebendigen Organismen aus, die derzeit etwa 20 Billionen Tonnen beträgt (das sind zwanzigtausend Milliarden). Rund zehn Prozent davon, also an die zwei Billionen Tonnen, sind Tiere, einschließlich des Homo sapiens, auch wenn wir uns gerne für etwas Besseres halten.

Einen höheren Anteil an tierischem Leben *kann* es nicht geben, weil ein Verhältnis von 90 Prozent Flora und zehn Prozent Fauna die Grundlage der Balance des Lebens ist. Das pflanzliche Leben *muss* immer weit überwiegen, da sich Tiere entweder direkt von Pflanzen ernähren, oder Pflanzenfresser bzw. andere Fleischfresser fressen, die ihrerseits wiederum Pflanzenfresser fressen. Wie vielgliedrig die Kette des Fressen-und-gefressen-Werdens auch sein mag, am Anfang und Ende stehen immer die Pflanzen. Nimmt eine Tiergattung zu, wird dafür eine andere weniger. Ein perfektes Gleichgewicht. Jedoch nicht mit unsereinem als Teilnehmer.

Derzeit beträgt die Masse der Menschheit über 300 Millionen Tonnen. Das ist mehr als ein Sechstel Promille der gesamten Fauna. Somit ist das Gesamtgewicht der Tiere approximativ sechstausendmal so groß als das der Menschheit. Würde die Menschheit um den Faktor sechstausend anwachsen, wäre sie in ihrer Gesamtheit genauso schwer wie es die Gesamtheit aller Tiere früher war, uns eingeschlossen. Die anderen Tiere gäbe es dann allerdings nicht mehr. Wir hätten sie verdrängt. Alle hätten uns durch ihren Tod weichen müssen. Es gäbe absolut keinen Platz mehr für Katzen, Hunde, Nutztiere, Vögel, Pferde, Hühner, Frösche, Heuschrecken, Käfer, Würmer, Fische oder für sonst irgendetwas, das da kreucht und fleucht. Ebenso wenig für Bäume, Wiesen, Felder. Wir wären die einzige animalische Spezies auf Erden. Mutterseelenallein und hungrig.

Um die dicht gedrängten hungrigen Mäuler zu füttern, müsste diese Mega-Menschheit alle Pflanzen mit nicht essbaren Teilen beseitigen und statt dessen einen Mikroorganismus züchten, um sich ausschließlich davon zu ernähren. Von wahren Gebirgszügen an Abfall, einschließlich der äußerst infektiösen menschlichen Ausscheidungen, wollen wir gar nicht reden.

Dieses Szenario ist in der Tat schreckenerregend, aber, so glaubt man unbekümmert, weit, weit in der Zukunft angesiedelt. Das muss doch noch Jahrtausende, wenn nicht gar Zehntausende Jahre dauern bis der Homo sapiens einsam und allein eine verwüstete Welt mit einer Bevölkerungsdichte von über einer halben Million Menschen pro Quadratkilometer bewohnt. Irrtum!

Etwa zwölf Verdoppelungen, für die die Menschheit bei der derzeitigen Vermehrungsrate um die dreihundert Jahre braucht, reichen aus und wir haben es geschafft. Dann gibt es nur noch uns und den Pflanzenbrei auf Erden; jeder Erdenbürger mit einem persönlichen »Freiraum« wie ein Legebatteriehuhn.

Selbst wenn es gelänge, durch gentechnologische Wundertaten laufend ausreichend Nahrung für die anschwellenden Menschenmassen zu produzieren, und man die in dem Fall zu erwartenden, alles Leben buchstäblich erstickenden Abfall- und Giftberge außer Acht lässt, kann es kein Vergnügen sein im Stehen zu essen, wie es der Ökologe Paul Lears formulierte. Aber dazu dürfte es ohnedies nicht kommen.

Viel wahrscheinlicher ist nach Ansicht desillusionierter Zukunftsforscher, dass die schicksalhafte Verknüpfung von Armut und Bevölkerungsexplosion unweigerlich dazu führen wird, dass die vermehrungsfreudigen Hungerleider ihre Lebensansprüche dereinst mit Gewalt durchzusetzen versuchen werden. Von ihrem Standpunkt aus gesehen, ein durchaus legitimes Begehren. Realistisch betrachtet, würden sie wahrscheinlich sogar im Falle grenzenloser Nahrungsmittelproduktion auf gentechnologischer Basis auf der Strecke bleiben. Am Gentech-Futternapf dürften wohl nur jene Platz nehmen, die dafür in harter Währung bezahlen können. Um den Direktor des Instituts für Europäische Umweltpolitik zu zitieren: »*Welches Gentechnik-Labor wird erst Millionen investieren, um nachher das Produkt zu verschenken?*«

Selbst optimistischsten Schwarmgeistern dürfte klar sein, dass wir uns schon weit vor allen Zahlspielereien, betreffen sie nun eine ferne oder eine nahe Zukunft, unter uns selbst und unter unseren Abfallprodukten begraben hätten, beziehungsweise, dass schon lange davor ein *echter* Weltkrieg um Ressourcen, Nahrungsmittel, Platz und ganz besonders um Wasser in vollem Gange sein muss. Auf dem Weg zum Alleinbewohner der Erde befinden wir uns jedenfalls nicht erst seit heute.

Am 11. Januar 1995 gab es im Zoo von Neu-Delhi einen makabren Jahrestag. An diesem Mittwoch schloss der einzige noch in Indien lebende Gepard seine Katzenaugen für immer. Sein Name war Alexis und seine Todesursache ist bezeichnend: Er starb aufgrund von Luftverschmutzung an einer Raucherlunge. Bereits am 4. Januar des Jahres hatte es im Zoo den zweitletzten Geparden Indiens erwischt. In der Zeit von 1990 bis Ende 1994 verendeten in dem Zoo insgesamt 16 Tiger und Panther, 80 Rehe, Hirsche und anderes Rotwild, 29 Primaten, mehr als 400 Vögel sowie 79 Reptilien schlicht und einfach »an der Zivilisation«.

Von 1500 bis 1850 starb etwa alle zehn Jahre eine Art aus. Von 1850 bis 1950 erhöhte sich das Artensterben auf eine Art pro Jahr. In den 90er-Jahren des 20. Jahrhunderts wurden bereits täglich zehn Arten ausgerottet. Mit dem Beginn unseres Jahrhunderts scheidet bereits *jede Stunde* eine Art dahin. Eine schlimmere Massenausrottung als durch den Dinosaurier-Meteor vor 65 Millionen Jahren! Die Entwicklung beschleunigt sich mit der Ausbreitung des zweibeinigen Herrn der Welt weiter, wobei keinem der Schwarze Peter zugeschoben werden soll. Ob reich oder arm, wir alle sägen einträchtig an dem Ast, der alles Leben trägt. Und das ebenso verbissen wie scheuklappenbewehrt. Wir *können* eben nicht anders.

Systeme des Teufels

»Weil der Mensch zählt«, heißt es in dem Lied, mit dem Alf Poier beim 48. Eurovision Song Contest am 24. Mai 2003 in Riga für viele überraschend den beachtlichen sechsten Platz belegt hat (immerhin das beste Abschneiden Österreichs seit 1989). Was der originelle Alpenlandbarde mit Sang und Klang anprangert, ist traurige Tatsache: Der sogenannte »denkende Mensch« wütet wie ein wahnsinniger Berserker unter den ihm anvertrauten Mitgeschöpfen. Und das, obwohl ihm sein Verstand sagen müsste, dass das nach hinten losgehen *muss*, von der biblischen Mahnung einmal ganz abgesehen, wir seien für unsere Mitgeschöpfe verantwortlich, »auf dass es ihnen wohl ergehe« (wovon ja wohl keine Rede sein kann). Wir gehen mit »Bruder Tier« um wie Kain mit Abel.

Damit nochmals zurück zum Contest-Song, bei dem eine Poier-Strophe es besonders in sich hat: »*Es sterb'n bald alle Vögel. Es sterb'n bald alle Käfer. Nur im Bett da liegt der Adam. Und vermehrt sich mit der Eva.*«

Fachleute drücken das Angesprochene weniger lyrisch aus: Je mehr Kinder es gibt, desto größer ist der Teil vom Bruttosozialprodukt, den sie aufessen. Und nimmt die Kinderzahl schneller zu als das Bruttosozialprodukt, so überholt der Storch den Pflug. Dann wird das Land ärmer statt wohlhabender. Entwicklung und Fortschritt stagnieren. Armut schafft Überbevölkerung, Überbevölkerung schafft Armut.

Wir kennen die Routineantwort auf Prognosen in puncto Bevölkerungswachstum: Steigender Lebensstandard, so heißt es gebetsmühlenartig, würde die Vermehrung einbremsen. Abgesehen von den ökologischen Horror-Auswirkungen weltweiter Wohlstandsvermehrung wurde dieser »Ausweg« schon 1971 vom 1918 geborenen Computerpionier und System-Analytiker Jay Wright Forrester als Seifenblase entlarvt. Sein Modell mit dem zutreffenden Titel »Der teuflische Regelkreis« zeigt ein fatales Zusammenspiel von Faktoren: Bevölkerungswachstum führt zu mehr Industrialisierung, mehr Nahrungsmittelproduktion und zur Besiedelung von mehr Bodenfläche. Mehr Nahrungsmittel und Siedlungsland begünstigen eine weitere Bevölkerungszunahme – und los geht's wieder von vorne.

Wohlstand kann das Grundproblem sogar unmittelbar anheizen, ohne Forresters stufenweise Entwicklung zu durchlaufen. Wie der Journalist und Pulitzer-Preis-Gewinner Joseph Lelyveld, der 1994 bis 2001 »Executive Editor« der »The New York Times« war, in dieser berichtete, wurde in einem acht Jahre dauernden Feldversuch von Entwicklungshelfern im indischen Verwaltungsbezirk Kaira gezielt der Lebensstandard der Bevölkerung angehoben. Mit dem Ausgang des Versuchs hatte niemand gerechnet: Nach den acht Jahren lag die Geburtenziffer *über* dem nationalen Durchschnitt.

Auch wenn es schmerzt, so muss immer wieder an die erkleckliche Anzahl von Berichten, Reports, Studien etc. – auch von UN-Organisationen – erinnert werden, in denen beklagt wird, dass Kinder nicht generell als Alterssicherung betrachtet werden können, da sie in großer Zahl verstoßen oder verkauft werden. Kinder »gehören« in manchen Weltregionen nicht den Frauen oder der Familie, sondern der Gesellschaft, manchmal sogar den Clanchefs – auch darüber gibt es Untersuchungen. Der Nachwuchs wird den Familien weggenommen und als Sklaven und/oder Prostituierte missbraucht. Nicht zu vergessen die steigende »Beliebtheit« von Kindersoldaten. Die unglücklichen Kleinen werden zum Verstümmeln und Töten gezwungen. Vielfach in jenen Gebieten, in denen ihre eigenen Gemeinschaften angesiedelt sind. Durch diese bewusst angewandte Strategie soll dem Kind die Rückkehr abgeschnitten und seine soziale Wiedereingliederung unmöglich gemacht werden. Es gibt Berichte, dass Kinder, die von Behörden ihren Eltern zurückgebracht werden, verstoßen werden. In der Dritten Welt gibt es viele bettelnde alte Frauen und Männer, um die sich niemand kümmert, obgleich sie sicherlich viele Kinder in die Welt gesetzt haben.

Ferner entscheiden mancherorts nicht Frauen über ihre Kinderzahl, wie gebildet sie auch sein mögen, sondern ihre Männer. Es ist tragisch, aber nicht zu leugnen, dass kinderarme (bzw. Verhütung betreibende) Frauen von ihren Männern verstoßen und von der Gesellschaft verachtet werden können. Männer suchen sich neue Frauen, wenn es mit dem Nachwuchs nicht weitergeht, Wohlstand oder nicht. Auch Reiche haben in einigen Ländern viele Kinder. Sei es als Beweis funktionierender Männlichkeit oder aus reiner Kinderliebe, die in der westlichen Wertegemeinschaft seit einiger Zeit ebenso wenig »in« ist wie die Großfamilie. Der viel gesuchte Osama bin Laden ist laut Medien nicht nur Mitglied einer Milliardärsfamilie, sondern auch das 17. Kind von 50. Zu all dem gibt es Berichte, Studien und Konferenzen.

Die Quadratur des Populations-Kreises

Man gewinnt fast den Eindruck, es würde in der öffentlichen Diskussion absichtlich (oder aus unglaublicher Ignoranz) völlig unter den Teppich gekehrt, dass eine weltweite Verbreitung *unseres* Lebensstandards zum sofortigen Untergang führen müsste. Ohne sich des Widerspruchs bewusst zu sein, wird die Ungleichheit des Wohlstandes als Quelle aller Konflikte beklagt und oft im selben Atemzug erwähnt, dass ein Zivilisationsbürger fünf bis neun Tonnen Energieträger im Jahr verpulvert, ein Dritte-Welt-Bewohner aber nur etwa 0,1 bis 0,2 Tonnen. Fällt denn niemandem auf, *was* passieren würde, wenn die Dritte-Welt-Bewohner denselben Energieverbrauch hätten wie unsereins? Die in einem solchen Fall produzierten zusätzlichen Müll- und Chemikaliengebirge könnte unser Planet nicht verkraften.

Die Zivilisationsbürger sind nämlich rund eine Milliarde und die Unterprivilegierten derzeit um die sechs Milliarden. Sechs oder mehr Milliarden zusätzlicher Verbraucher von jährlich fünf bis neun Tonnen Energieträgern, verbunden mit derselben Industrie- und Dreckproduktion wie sie dem Wohlstand der Ersten Welt innewohnen, *das* soll ein Überlebensprogramm sein? Obwohl wir dabei gemeinsam ins Gras beißen würden, wird dieses Selbstvernichtungsprogramm offiziell propagiert. Ungeachtet all dieser dürren Fakten gibt es immer noch Schwarmgeister, die meinen, die Erde könnte aufgrund der globalen Produktionskapazität leicht zwölf Milliarden Menschen ernähren. Ernähren vielleicht, aber *ertragen* auf keinen Fall. Unbeirrbare Optimisten meinen, es gäbe überhaupt keinen Grund zur Sorge: Menschheit und Wirtschaft könnten in schöner Zweisamkeit in alle Ewigkeit wachsen. Verglichen mit dieser Wahnvorstellung ist die Quadratur des Kreises eine leichte Übung.

Abweichler vom verordneten Einheitsjournalismus haben das Dilemma mit rotzigen Formulierungen auf den Punkt gebracht: »*Eine Rolle Toilettenpapier pro Dritte-Welt-Bewohner und Woche würde die Erde baumlos hinterlassen*« und, noch apokalyptischer: »*Wenn jeder Inder einen Kühlschrank hätte, wäre die Erdatmosphäre jetzt schon kaputt*«. Allein die darin enthaltenen FCKWs (Fluor-Chlor-Kohlenwasserstoffe) würden dafür sorgen, denn teure Öko-Kühlschränke würden sie sich nicht leisten können und die Konzerne ihnen nicht schenken.

Gar nicht erwähnt wird zudem die Wasserproblematik, braucht man doch für die Erzeugung eines Hamburgers 2400 Liter Wasser und für die eines T-Shirts 4100 Liter Wasser. Und jetzt stellen Sie sich sieben, zehn, 15 Milliarden Wohlstandsbürger vor, die Hamburger verdrücken und T-Shirts tragen. Der *tägliche* Pro-Kopf-Wasserverbrauch eines US-Amerikaners beträgt 575 Liter und der eines Bewohners von Mosambik neun Liter. Alles klar?

Im »Bild der Wissenschaft« wurde allerdings schon Ende 2000 vermerkt: »*Während die Weltbevölkerung jährlich um rund 80 Millionen Menschen wächst, verringert sich im gleichen Zeitraum das Ackerland um schätzungsweise 25 Milliarden Tonnen fruchtbaren Bodens.*« Ein Wasserforschungsprojekt in Amherst im US-Bundesstaat Massachusetts stellte bereits vor der Jahrtausendwende fest, dass die weltweiten Lebensmittelvorräte aus Wassermangel um mehr als ein Zehntel zurückzugehen drohen.

Zwei praktische Beispiele: In von Menschenmassen berstenden Mexico City wird heute schon mehr als die doppelte Grundwassermenge aus darunterliegenden Grundwasserbecken entnommen als zufließt. Folge: Die Quellen versiegen, der Boden bricht ein und ganze Stadtviertel versinken. Wassermangel und Dürre droht. Die Bevölkerung wächst weiter.

In Kairo, wo 1995 die groteske Weltbevölkerungskonferenz stattgefunden hat, sollen laut Medienberichten aufgrund der hemmungslosen Wasserentnahme für die immer mehr werdenden durstigen Münder die Pyramiden in den Boden einsinken. Und aus Platzmangel siedelt man auf den Friedhöfen.

Experten haben festgestellt: Selbst wenn alle Flüsse auf Äcker umgeleitet würden, könnten weder China noch Indien genug Felder bewässern, um die benötigten Grundnahrungsmittel für den *derzeitigen* Bevölkerungsstand zu produzieren. Dasselbe gilt für Afrika und weite Teile Südamerikas.

Global verbraucht die Menschheit heute schon erheblich mehr Wasser, als der Regen bringt. Die galoppierende Rodung der Wälder von Afrika sowie Mittel- und Südamerika wird die Niederschläge weiter reduzieren. Das Wasser wird knapper, die Dürreperioden werden länger.

Angesichts dieses Teufelskreises verstummen sogar die Gentechnologieeuphoriker, denn eine gentechnologische, wundersame Vermehrung von Wasser ist ein Ding der Unmöglichkeit.

Wer glaubt, wir brauchen uns nur alle zu bescheiden, um in »One World« weltweit glücklich, anspruchslos und zufrieden zu leben, ist nicht einmal ein Optimist, sondern ein Wirrkopf. Wann hat sich der Homo sapiens jemals *freiwillig* beschieden?

All das sind unangenehme, um nicht zu sagen »unkorrekte« Überlegungen. Die Natur entzieht sich aber nun einmal jeglicher moralischer oder moralisierender Bewertung. Das obligate »Vom Weltuntergang wurde immer schon geredet, es wird auch jetzt nichts passieren« der Ignoranten dürfte ihre Maßnahmen durch Realitätsverweigerung nur noch verschlimmern.

»*Lasst Venus gewähren. Sie wird Mars zu euch führen.*« Mit dieser poetischen Formulierung hat schon vor vielen Jahren der französische Philosoph und Nobelpreisträger von 1928, Henri Bergson, (1859–1941) zum Ausdruck gebracht, wohin der unselige Vermehrungsdrang des Menschen führt: in den finalen Krieg. Eine Erkenntnis, die offenbar von anderen geteilt wird, die sich aber im wahrsten Wortsinn »massiver« ausdrücken als der Franzose.

Radikalappell von Unbekannt

Ich liege wohl nicht falsch, wenn ich annehme, dass vielen meiner Leser die »Georgia Guidestones« unbekannt sind. Das ist nicht verwunderlich, immerhin kennen sie auch die meisten Amerikaner nicht. Ausgenommen einige Gruppierungen, die gegen das »Amerikanische Stonehenge« mit den unterschiedlichsten Motiven seit Jahren Sturm laufen.

Wovon die Rede ist, sind mehrere geometrisch-astronomisch angeordnete, aufrecht stehende Granitplatten, die von einem Deckstein gekrönt werden und die in der Tat entfernt an Stonehenge erinnern. Dieses seltsame Monument erhebt sich seit 22. März 1980 auf einem Hügel im Elbert County, Georgia, etwa 145 Kilometer östlich von Atlanta, als in Stein gemeißelter Beweis dafür, dass sich zumindest eine finanzkräftige Gruppe vehemente Sorgen über die Zukunft des Homo sapiens zu machen scheint. Es ist von der Schnellstraße aus sichtbar. Hinweisschilder beiderseits der Straße bezeichnen die Abzweigung zur »Guidestones Road«, die zu der Steinsetzung führt.

Auf dieser sind auf sechs großen Granitsäulen mit einer Gesamthöhe von fast sechs Metern zehn neue »Gebote« in acht modernen und vier antiken Sprachen eingraviert. Bei den modernen Sprachen handelt es sich um Englisch, Spanisch, Suaheli, Hindi, Hebräisch, Arabisch, Chinesisch und Russisch. Eine Inschrift in Deutsch fehlt. Die Übersetzung der Botschaft aus dem Englischen lautet:

1: Reduktion der menschlichen Bevölkerung des Planeten Erde auf 500 Millionen, um ein Leben in Eintracht mit der Natur zu ermöglichen.

2: Überlegte Reproduktion der menschlichen Spezies – Entwicklung von Fitness und Verschiedenheit.

3: Vereinigung der menschlichen Spezies mittels einer neuen, universellen Sprache [Anmerkung des Autors: die haben wir schon, schlechtes Englisch].

4: Beherrschung von Leidenschaften, Religion und Tradition mit abgeklärter Weisheit.

5: Schutz der Menschen und Nationen durch faires Recht und effiziente Gerichte.

6: Herrschaft einer Weltregierung über die einzelnen Nationen und Klärung von internationalen Streitfällen vor einem weltweit zuständigen Gericht.

7: Vermeidung von Ausnahmerechten und nutzloser Bürokratie.

8: Ausgewogenheit zwischen persönlichen Rechten und gesellschaftlichen Pflichten.

9: *Wertschätzung von Wahrheit, Schönheit und Liebe – Suche nach der Harmonie mit dem Unendlichen.*

10: *»Seid kein Krebsgeschwür für diese Erde! Lasst der Natur Raum!«*

Dazu gesellt sich auf einer Steintafel der Aufruf: *»Mögen diese Marksteine Wegweiser zu einem Zeitalter der Vernunft sein.«*

Nebst den Sponsoren des Projektes (»Eine kleine Gruppe Amerikaner, deren Ziel ein Zeitalter der Vernunft ist«) wird ein R. C. Christian genannt, allerdings mit dem Vermerk »Pseudony**n**«, wobei manche angesichts der Perfektion von allem anderen glauben, das Wort sei aus einem »geheimen Grund« bewusst falsch geschrieben. Dasselbe wird auch bei einigen wenigen Interpunktionsfehlern auf der Erklärungstafel vermutet und die Frage aufgeworfen, ob es sich dabei möglicherweise um einen Code handelt, der nur »Eingeweihten« die wirkliche Bedeutung der Inschriften und des gesamten Monumentes erschließen soll.

Der Ursprung der Marksteine ist und bleibt mysteriös. Niemand kennt die wahre Identität der »vernünftigen Amerikaner«, welche die Errichtung finanziert haben. Sicher ist lediglich, dass im Juni 1979 ein gut gekleideter und gebildeter Fremder im Büro der »Elberton Granite Finishing Company« erschien und erklärte, Vertreter einer Gruppe von Personen zu sein, die einen Weg zum wahren Menschsein weisen wollen. Zu diesem Zweck würde er ein Monument in Auftrag geben, welches eine Botschaft für die Menschheit enthält. Bis heute kennt niemand den richtigen Namen von R. C. Christian, ebenso wenig wie die Identität der Personen, die er zu repräsentieren vorgab.

Es wäre einfach, das amerikanische Stonehenge als Machwerk einer Gruppe größenwahnsinniger Exzentriker abzutun, wenn die gegenwärtigen Entwicklungen in Gesellschaft und Politik nicht verdeutlichen würden, dass es den Autoren der »Marksteine« mit ihren Appellen an eine möglicherweise doch noch vorhandene menschliche Vernunft bitter ernst sein könnte.

Auch ein Besorgter dürfte Jahre später der Wirtschaftsprofessor Mohammad Yunus sein, der für sein ausgezeichnetes Kleinkreditsystem der von ihm gegründeten »Grameen Bank« 2006 den Friedensnobelpreis erhielt. Er soll an die Kreditvergabe die Bedingung zur Familienplanung geknüpft haben, was in seinen zahlreichen öffentlichen Würdigungen nicht herausgestellt wurde. Zu befürchten ist allerdings, dass der Fortpflanzungstrieb des Homo sapiens größer sein dürfte als jede Vernunft. Es gibt hierzu eine halblustige Anekdote aus der Zeit der amerikanischen Wirtschaftsdepression zwischen den beiden Weltkriegen, die gelegentlich zitiert wird:

Ein sehr armer Farmer, der seine Frau und die zehn Kinder fast nicht mehr ernähren kann, klagt dem gelegentlich vorbeischauenden Doktor sein Leid. Der Arzt weiß Rat: »Du darfst keine weiteren Kinder mehr bekommen, Bill«, sagt er. »Schon wahr«, seufzt der Mann, »aber wie soll ich das machen?« Der Doktor weiß auch hier praktischen Rat: »Du musst dich im entscheidenden Moment beherrschen und abbrechen, ist das klar?« – »Schon«, räsoniert der Farmer, »aber das ist halt *so* schwer. Können Sie mir nicht sagen, wie ich das machen kann?« Der Doktor nimmt die Schulter des Gequälten. »Pass auf! Wenn der entscheidende Moment kommt, dann musst du dir selbst ganz fest, ganz konzentriert sagen *Ich kann kein elftes Kind mehr ernähren*, und dann schaffst du es!« Der Mann ist begeistert. »Danke, Doc. Das mache ich. Sie können sich auf mich verlassen.« Zehn Monate später wird der kleine Charly geboren. Der Arzt ist außer sich. »Du verantwortungsloser Tölpel«, schreit er den deprimierten Bill an. »Habe ich dir nicht gesagt, was du tun musst, damit du dich überwinden kannst? Du hast nicht fest genug daran gedacht, dass du kein elftes Kind durchbringen kannst, du Versager!« »Doch, Doc«, erwidert der Beschimpfte. »Ich habe fest daran gedacht. Aber in dem Moment, auf den es ankommt, war mir klar: Ich kann auch 100 Kinder ernähren.« So und nicht anders *ist* der Mensch.

Damit stellt sich die generelle Frage, ob elitäre, jeder demokratischen Kontrolle entzogene einflussreiche Gruppen, denen das bewusst ist, sich möglicherweise nicht mit Appellen und Warnungen begnügen, sondern bereits vor längerer Zeit zur Tat geschritten sind und begonnen haben, Maßnahmen für das Überleben einer Restmenschheit nach dem großen Krach zu treffen.

Der »Weltuntergangs-Tresor« und Überlebensstädte

Journalisten und Autoren haben die Existenz eines atombombensicheren Bunkers aufgedeckt, der sich im NATO-Land Norwegen tief im Innern eines Berges auf der Insel Spitzbergen befindet, die zur Gruppe der Svalbard-Inseln nahe dem Polarkreis in der Arktis gehört. Die offizielle Bezeichnung lautet »Svalbard Global Seed Vault« (SGSV).

Die BBC hat diese Anlage, die angeblich u. a. von der Bill und Melinda Gates-Stiftung zusammen mit der Rockefeller-Stiftung, der Monsanto Corporation, der Syngenta Foundation aus Basel und der Regierung von Norwegen errichtet worden sein soll, als »Doomsday Seed Bank« (Samenbank für den Weltuntergang) bezeichnet. Der Tresor wurde ursprünglich von der norwegischen Regierung als Dienst für die Weltgemeinschaft errichtet und eine NGO (nicht-staatliche Organisation) mit Sitz in Rom, der »Global Crop Diversity Trust«, soll für den Betrieb aufkommen.

Offiziell eingeweiht wurde der Bunker am 26. Februar 2008. Im März wurde von beauftragten Wissenschaftlern in aller Welt mit der Sammlung

der Saatproben sämtlicher bekannter Arten begonnen, die dort als land-
wirtschaftliches Erbe der Menschheit tiefgefroren gelagert werden sollen.
Eingesammelt werden die Samen in ausgesuchten Saatenbanken, welche
die »Consultative Group on International Agricultural Research« (CGIAR,
Beratungsgruppe für internationale Agrarforschung) weltweit unterhält.
Insgesamt verfügen die CGIAR-Zentren über mehr als 600 000 Pflanzen-
arten in Zuchtpflanzen-Samenbanken. Zur ersten Lieferung aus der CGI-
AR-Sammlung gehören Duplikate aus internationalen Forschungszen-
tren in Benin, Kolumbien, Äthiopien, Indien, Kenia, Mexiko, Nigeria,
Peru, den Philippinen und Syrien. Seit März 2008 sollen kolportierte über
200 000 Kulturpflanzensorten aus Asien, Afrika, Lateinamerika und dem
Mittleren Osten aus den CGIAR-Sammlungen nach Svalbard gebracht
worden sein, wo ihre Vitalität über mehrere Tausend Jahre erhalten wird.

Die Meinungen über den Zweck der Anlage gehen auseinander. Während beispielsweise mein Autorenkollege F. William Engdahl, der Anfang
2008 einen Artikel mit dem Titel »Tresor des Jüngsten Gerichts« darüber
verfasst hat, die Ansicht vertritt, Interessengruppen würden den Klima-
mythos ausnutzen, um sich den Saatenreichtum der Welt unter den Nagel zu reißen, glauben andere, der Tresor sei genau das, was sein Name
aussagt: ein Bunker für den Weltuntergang, der vielleicht nicht *nur* für
*Pflanzen*samen gedacht ist, sozusagen ein »Dr.-Seltsam-Programm«, das
schon längere Zeit geheim betrieben wird.

Was mit »Dr.-Seltsam-Programm« gemeint ist, erläutert ein kurzer Blick
auf die zeitlos-böse Satire des im März 1999 viel zu früh verstorbenen
Meisterregisseurs Stanley Kubrick: »Dr. Seltsam, oder wie ich lernte, die
Bombe zu lieben« aus dem Jahr 1964 zeichnet zugleich ein Psychogramm
des Homo sapiens, wie es prägnanter kaum denkbar ist. Bemerkenswert
ist der unglaubliche Ideenreichtum, die verbissene Zähigkeit und die ein-
satzfreudige Kompetenz, mit der die Akteure in meinem erklärten Lieb-
lingsfilm alle Hindernisse beiseite räumen, die dem Weltuntergang im
Wege stehen. Genauso würden wir auch im realen Ernstfall als gesamte
Spezies zur Hölle fahren. Unvergesslich der Rodeoritt auf der Bombe, mit
dem es »Major Kong« (Slim Pickens, Pseudonym von Louis Bert Lindley
jr., 1919–1983) allen Widrigkeiten zum Trotz doch noch schafft, den
Atomkrieg auszulösen.

Treffender als in Kubricks »todsicherer« Analyse menschlichen Verhaltens als Individuum, in der Gruppe und in der Großgemeinschaft lässt
sich unsere defekte Natur kaum auf den Punkt bringen. Wie meint doch
der von George C. Scott genial verkörperte Generalstabschef »Buck« Tur-
gidson versonnen, als er erfährt, dass die Sowjets über ein Gerät verfügen, mit dem man alles Leben auf Erden auslöschen kann: »*So ein Welt-*

vernichtungsmaschinchen sollten wir auch haben.« Fachleute glauben, sicher sein zu können, dass Kubrick diesen guten Mann, der dem US-Präsidenten den Atomkrieg mit den Worten »Mr. *Präsident, ich will nicht sagen, dass wir dabei keine Haare lassen müssen, aber nicht mehr als runde 25 Millionen Tote!*« schmackhaft machen will, dem damaligen Chef der strategischen US-Bomberflotte nachempfunden ist. Auch heute dürften uns Charaktere dieses Zuschnitts in entscheidenden Positionen nicht ganz fremd sein.

Dass Kubrick am Ende von »Dr. Seltsam« mittels besagter »Weltvernichtungsmaschine« fast die gesamte Menschheit auslöscht, macht den »Eliten« ebenso wenig aus, wie der Umstand, dass sie hundert Jahre unter der Erde leben müssen, ehe es wieder an die Oberfläche zurückgeht. Warum sollte es auch? Schließlich bekommt jeder Mann zehn Frauen, um sich für einen Neubeginn ins Zeug zu legen. Und der russische Botschafter im »War Room« des Pentagon spioniert selbst nach dem Weltuntergang weiter, denn in hundert Jahren kommen Ost und West wieder an die Erdoberfläche und das Wettrüsten fängt natürlich von neuem an.

Wie man Veröffentlichungen immer wieder entnehmen kann, soll es in den USA eine große Zahl unterirdischer Installationen geben, die die Bezeichnung *unterirdische Städte* verdienen würden. Errichtet sollen sie mithilfe der sogenannten »Schwarzen Budgets« sein, die für Projekte zur Verfügung stehen, mit denen der Präsident oder der CIA-Direktor die Öffentlichkeit oder den Kongress nicht behelligen wollen. Diese Untergrundstädte sollen »Continuation of Government« (COG, Bestehen bleiben der Regierung im Katastrophenfall) garantieren und nach wie vor errichtet werden.

Die berühmteste Untergrundinstallation ist die hinlänglich bekannte »Aera 51« oder auch »Dreamland«, weniger bekannt als »Die Box«, »Watertown« und »Die Ranch.« Dieses militärische Sperrgebiet in der Wüste von Nevada ist so hermetisch abgeriegelt, als wäre es auf dem Mond.

Die Groom-Lake-Basis, so der offizielle Name, liegt im Herzen des Nevada-Testgeländes, dem mit über 16 000 Quadratkilometern größten Testgelände der Welt. Im Süden durch die – nördlich von Las Vegas gelegene – Nellis-Luftwaffenbasis begrenzt, reicht die Basis weit in die so gut wie unbewohnte Wüste von Nevada hinein. Die eigentliche »Area 51« ist mit 40 Kilometern Länge und 35 Kilometern Breite fast quadratisch. In ihrem Zentrum befindet sich der Groom-Trockensee.

1954 als geheimes Luftwaffentestgelände gegründet, tauchte sie zum ersten Mal auf einer Karte der Kennedy-Administration als autonomes Gebiet auf, quasi ein 51. Bundesstaat der USA (daher der Name) mit eigener Verwaltung. Aus bescheidenen Anfängen entstand im Laufe der Jahre nicht nur ein abgekapseltes Riesengebiet, sondern eine internationale Fremdenverkehrsattraktion am Rande eines Gebietes, das so unzugänglich ist wie Fort Knox.

Trotz »Freedom of Information Act« und der von Präsident Clinton am 17. April 1995 unterzeichneten »Executive Order Nr. 12 985«, derzufolge zum 16. Oktober 1995 alle Geheimdokumente automatisch freigegeben werden, die älter als 25 Jahre sind, darf die Luftwaffe aufgrund einer Ausnahmeregelung vom selben Jahr alle Daten zur »Area 51« weiterhin geheim halten.

Amerikas »Unterwelt« kann noch mit weiteren Untergrundkomplexen voll verborgener Hangars, Tunnel, Schächte, Bunker, Kavernen, ja, mit ganzen subterranen Städten aufwarten. Es gibt Schätzungen, dass allein die in den USA für den Katastrophenschutz zuständige Bundesbehörde »Federal Emergency Management Agency« (FEMA) mehr als fünfzig geheime Untergrundeinrichtungen unterhält.

So gut wie unbekannt, aber nicht weniger interessant als die »Area 51«, soll eine weitverzweigte Untergrundbasis (mit dem bezeichnenden Namen »Nightmare Hall«) mit unterirdischen Verbindungen zu weiteren Basen, darunter auch zur weit entfernten »Area 51«, sein. Zu suchen ist sie unter der Archuleta-Mesa, einem Tafelbergmassiv nördlich von Dulce, New Mexico.

Im kalifornischen »Antelope Valley« finden sich geheime, utopisch anmutende Anlagen, die teilweise eindeutig in unterirdische Komplexe führen. Andere mysteriöse Anlagen sind bekannt.

Beachtung verdienen wohl auch die behaupteten ausgedehnten Untergrundanlagen mit komplexem Tunnelsystem, die zu den »Los Alamos National Laboratories« (LANL) im Norden von New Mexico, unweit dem Städtchen Taos, gehören sollen, und die bereits in den 1940er-Jahren fertiggestellt wurden. Diffuse Quellen erwähnen einen in den Felshang des Los-Alamos-Canyon gebohrten Tunnel mit massiven Türen, der ins Innere einer Geheimanlage mit der Bezeichnung »TA-41« oder »TA-11« führen soll. In dieser herrscht angeblich ein kontrolliertes Klima zwischen vier und 15 Grad Celsius und eine konstante Luftfeuchtigkeit von 50 Prozent.

Der umstrittenste Komplex befindet sich nach Berichten 30 Kilometer westlich von Washington nahe der Stadt Bluemont, Virginia, in der granitenen Flanke des Berges Mount Weather. Der Eingang soll einer Tresortüre ähneln. Der Zugang erfolgt über die Route 601, die zum Befremden der lokalen Bevölkerung nach jedem Schneesturm als erste freigeschaufelt wird.

Interviews mit Arbeitern aus der Anlage ergaben, dass diese Appartements mit allen Annehmlichkeiten in großer Zahl enthält, wie auch Straßen, Cafés, Krankenhäuser, ein Wasserreinigungssystem, ein Kraftwerk, ein Amtsgebäude, einen kleinen See, der aus unterirdischen Quellen gespeist wird, ja sogar ein Massentransportsystem mit Elektroautos. Eine Art Miniaturausgabe des Weißen Hauses würde es möglich machen, von der Untergrundanlage aus zu regieren, was von den USA übrig geblieben ist. Interessanterweise sollen regelmäßige Planspiele für genau diese Situation abgehalten werden, an denen Regierungsmitglieder teilnehmen. Da 1974 der Absturz einer TWA-Linienmaschine auf Mount Weather die Öffentlichkeit überhaupt erst auf die Geheimanlage aufmerksam machte, glauben manche, dass nur die Spitze des Eisbergs entdeckt wurde.

So soll sich 200 Meter unter der Böschung des Berges Raven Rock in Pennsylvania eine Untergrundstadt mit der militärischen Bezeichnung »Site R« befinden, die sogar einen direkten Treffer mit einer Wasserstoffbombe unbeschadet überstehen würde. Während weniger privilegierte US-Bürger sehen müssten, wo sie bleiben, hätten es die Regierungsmitglieder und Wirtschaftsführer in diesem tiefen Riesen-Privatbunker mit Friseurläden, Telefon, gesicherter Strom- und Wasserversorgung und was man nach dem Untergang der Zivilisation sonst so braucht, recht kommod. Heute, viele Jahre nach dem angeblichen Ende der Ost-West-Konfrontation, werden all diese Anlagen schwerst bewacht, obgleich es eigentlich keinen Grund mehr für Überlebensstädte im Erdinnern geben sollte.

Viele messen einer ausführlichen geologischen Studie der »Defense Nuclear Agency« aus dem Jahr 1975 über Regionen in den USA, die für extrem tiefe Untergrundanlagen (bis zwei Kilometer) geeignet sind, Bedeutung zu. Sie trägt den Titel »A Geology Compendium of the Continental United States – With Application to Deep-Based-Systems«, und nennt auch Gebiete nördlich und westlich von Taos.

Eine kolportierte Studie, angefertigt von der mysteriösen »Bechtel Corporation«, die seit 1996 auch in »Dreamland«, vulgo »Aera 51«, tätig sein soll, stellte bereits 1974 fest: »Das Verlangen nach Tunnelkonstruktionen und Untergrundaushöhlung zu Zwecken nationaler Verteidigung wird sehr hoch eingeschätzt.« In der Studie inkludiert sollen auch zukunftsweisende Entwürfe für Großtunnel-Bohrtechnologien sein, etwa Plasma-Bohrer, der Einsatz von Mikrowellen, Ultraschall oder von »Strahlenbohrern«. In einem späteren Beitrag wird ein Tunnelbohrgerät vorgeschlagen, das mittels Elektronenstrahl Gestein großflächig pulverisiert. Indizien scheinen dafür zu sprechen, dass Tiefbohrtechnologie mit Hochdruck, Erfindungsreichtum und beachtlichen Geldmitteln seit längerer Zeit vorangetrieben wird.

Alle Versuche, Genaueres über die Untergrundbasen in den USA und in Großbritannien sowie über die Motive zu ihrem Betrieb zu erfahren, zerschellen an einer Mauer offiziellen Schweigens. Dass derartiges in Russland ebenfalls im Gange sein soll, verwundert im Grunde ebenso wenig wie die Tatsache, dass man dort offiziell schon gar nichts erfährt. Allein der kolportierte Untergrundbunker zehn Kilometer außerhalb des Zentrums von Moskau mit dem Namen »Rameki« soll 120 000 Ausgesuchten die Unbilden einer Nuklearkatastrophe ersparen. Na, sind wir nicht voll in der »schönen neuen Welt von Dr. Seltsam« angekommen ...?

Unterschiedliche Machtgruppen, seien es die Warner mit den Guidestones, die Auftraggeber des Tresors oder wieder andere, könnten allerdings, parallel zu den Überlebensvorkehrungen für die »Eliten«, ihrerseits Maßnahmen zur »Bevölkerungsregulierung« ohne Atomkrieg in Erwägung ziehen:

Überbevölkerung: Warner und »Regulierer«

Der Chemiker, Professor an Fakultäten für Ingenieurwissenschaften, Management und Sozialwissenschaften Dennis L. Meadows, Jahrgang 1942, mit dem ich über das Thema korrespondiert habe, hat schon 1972 (!) als Autor der Systemanalyse »Die Grenzen des Wachstums« (im Auftrag des Club of Rome) massive Anstrengungen in Sachen Geburtenkontrolle und Umweltschutz dringend empfohlen. Wie man Zeitungsberichten entnehmen kann, führt seiner Meinung nach die Forderung nach Einwanderung zwecks Ausgleichs des im Westen medial beklagten Geburtenschwundes in Wirklichkeit dazu, den Druck von den Entwicklungsländern zu nehmen, die vor allem aus ökologischer Notwendigkeit gebotene Wende in deren Bevölkerungspolitik herbeizuführen. Daher forderte er, unter anderem bereits bei der »Wiener Zukunftsforschungskonferenz 1992«, eine restriktivere Ausländerpolitik der Industriestaaten.

Meadows vor wenigen Jahren wörtlich in einer TV-Sendung: »*Wenn die Menschheit um 2030 an die elf Milliarden erreicht haben dürfte, wird die Natur eingreifen, und die Menschheit auf ein erträgliches Maß (!) zurückstutzen.*« Im März 2008 hat er mir gegenüber seinen Stundpunkt wiederholt.

Auf das Eingreifen der Natur, das mit Sicherheit jeden vom Menschen gemachten Horror in den Schatten stellen dürfte, wollen es manche aber vielleicht nicht ankommen lassen: Wie kolportiert wird, soll der berühmte Meeresforscher, Autor und Dokumentarfilmer Jacques-Yves Cousteau (1910–1997) in etwa gemeint haben: »*In order to stabilize world population, we must eliminate 350 000 per day.*«

Der schon einmal erwähnte Gründer der »Sea Shepherd Conservation Society«, der für sein militantes Einschreiten gegen die bestialische Waljagd berühmt ist, soll einen Bevölkerungsrückgang unter die Ein-Milliarden-Grenze fordern. Ähnliches wurde von einer Rede berichtet, die Dr. Eric R. Pianka im Frühjahr 2006 vor der Texas »Academy of Science« gehalten hat, in welcher er angeregt haben soll, 90 Prozent der Bevölkerung mittels Ebola auszurotten. Vor einer Reihe von menschlichen Schädeln stehend, soll er dem Erreger von Ebola gegenüber dem HI-Virus (AIDS) aufgrund seiner ungleich größeren Wirksamkeit den Vorzug gegeben haben. Ferner habe er Chinas Ein-Kind-Politik und die Einsetzung der Polizei zu deren Kontrolle zum perfekten Modell erklärt, dem der Rest der Welt folgen sollte. Er soll sogar vorgeschlagen haben, sofort mit der Sterilisation der Bevölkerung zu beginnen.

Neben der verständlichen Ablehnung wiesen manche darauf hin, dass derartiges bereits 1974 von US-Stellen gefordert und amtlich gemacht worden sein soll. Dabei beziehen sie sich auf ein freigegebenes Dokument des Nationalen Sicherheitsrates mit dem Titel »The Implications of World-Wide Population Growth on the Security and External Interests of the United States« (Die Implikationen des Weltbevölkerungswachstums auf die Sicherheit und die Außeninteressen der Vereinigten Staaten). In diesem Dokument sei die Priorität gesetzt worden, die Kontrolle der Geburtenrate in dreizehn Schlüsselstaaten der Dritten Welt, vorrangig in Südamerika, rigoros durchzusetzen. Der hochrangige Verfasser der Studie soll zudem noch ein Manifest mit dem Titel »Global 2000« für Präsident Jimmy Carter ausgearbeitet haben, welches eingehend auf den Faktor »Nahrung als Waffe« hinweist, um die Dritte Welt zu entvölkern. Das Memorandum soll die Notwendigkeit betonen, Ländern der Dritten Welt vermehrt Hilfe in Bezug auf die Einführung von Programmen zur Sterilisation und Entvölkerung anzubieten. Der »US-Agency for International Development« (USAID) sollen zur Implementierung einer Politik der Geburtenraten-Kontrolle außerordentliche Mittel zur Verfügung gestellt worden sein.

Misstrauische glauben, der Großteil der Weltbevölkerung, der sich nun mal in der Dritten Welt befindet und dort explosionsartig anwächst, solle sukzessive reduziert werden, verbunden mit dem ebenfalls angestrebten Nebeneffekt, die Mittelschichten ihrer Vermögen und damit ihrer noch vorhandenen wirtschaftlichen Unabhängigkeit berauben zu können. All das würde mit einem Stufenprogramm in die Wege geleitet. Zuerst erst einmal durch eine drastische Senkung des Lebensstandards, die einen wachsenden Teil der Weltbevölkerung unter das Existenzminimum und eine große Zahl der Zivilisationsbürger, primär in den USA, aber auch in Europa, ins sogenannte »Prekariat« befördert.

Das Ziel des inszenierten Niedergangs ist für die besorgten »Unkorrekten« offensichtlich: Hand in Hand mit gezielter Spekulation und damit verbundener Preisexplosion bei Lebensmitteln, die zunehmend in Biotreibstofftanks landen, würde eine künftige Klimaabkühlung härter zuschlagen als bei früheren Missernteperioden. Sie sind davon überzeugt, dass das dauernde Geschrei über die Klimaerwärmung reine Propaganda ist, um Ziele zu verfolgen, die alles andere sind als ökologischer Natur, weil nämlich die Klimaerwärmung vor über zehn Jahren aufgehört hat und einer Abkühlung gewichen ist. In der Tat gibt es durchaus namhafte Fachleute, welche die Ansicht vertreten, allem Erwärmungsgedröhne zum Trotz hätte aufgrund der Umkehrung des 206-jährigen Sonnenzyklus in Wirklichkeit eine Kältephase eingesetzt. Erkennbar sei dies an den dramatischen und alarmierenden Veränderungen an der Sonnenoberfläche und an einer ungewöhnlich niedrigen und langsamen Sonnenfleckenaktivität. Dieser Zyklus trägt die wissenschaftliche Bezeichnung »Solar Hibernation« (Winterschlaf der Sonne). Wer sich über diese gegen den Meinungsstrich gebürstete These informieren will, findet in der Bibliografie am Buchende interessante und unkonventionelle Titel zum leidigen Klimathema. Vielleicht nur ein Faktum: Der Inselstaat Tuvalu, der seit Jahren angeblich als Folge der Klimaerwärmung vom Pazifik verschlungen wird, hat in den letzten Jahrzehnten nicht einen einzigen seiner 26 Quadratkilometer Landfläche eingebüßt – wohl aber ist seine Bevölkerungszahl rapide gewachsen, sodass die Einwohnerdichte mit an die 500 Menschen pro Quadratkilometer heute mehr als doppelt so hoch ist wie die von Deutschland und fünfmal so hoch wie die von Österreich. – Damit zurück zur Bevölkerungsthematik.

Angesichts des Vormarsches von »Genfutter« und der ausufernden Entwicklung von patentiertem Saatgut für den Großteil der Grundnahrungsmittel der Welt wie Reis und Getreide und von Futtermitteln wie Sojabohnen erhebt sich für manche die grausige Frage, ob hier möglicherweise eine verdeckte Form biologischer Kriegsführung gegen ein »Zuviel an Menschen« im Gange sein könnte. Einige beziehen sich dabei auf einen Professor für Internationales Recht an der Universität von Illinois. Laut dieses Insiders, der im Rahmen der Biowaffen-Konvention die amerikanische Gesetzgebung zur Durchsetzung dieser Konvention – den 1989 in Kraft gesetzten »Biological Weapons Anti-Terrorism Act« – erarbeitete, soll die US-Regierung in den Jahren 2001 bis 2004 sage und schreibe 14,5 Milliarden Dollar für angeblich zivile Forschung ausgegeben haben, die mit biologischer Kriegsführung in Zusammenhang steht. Weitere Fingerzeige zur fraglichen Zielsetzung will man entdeckt haben:

So hat beispielsweise eine kleine kalifornische Biotechnik-Firma 2001 die erfolgreiche Entwicklung einer gentechnisch veränderten Maissorte bekanntgegeben, die eine Sperma-abtötende Substanz enthält. Männer, die diesen Mais verzehren, werden steril. Wie kolportiert wird, soll der spermizide GMO-Mais mit Forschungsgeldern des US-Landwirtschaftsministeriums entwickelt worden sein. Bevor besagtes Kleinunternehmen von einer Biotechnik-Firma aus North Carolina aufgekauft wurde, hat es zur Verbreitung dieser Technologie ein Joint Venture mit zwei Großunternehmen abgeschlossen, die beide Sponsoren des »Tresors des Jüngsten Gerichts« in Svalbard sind.

Die Aufdecker warten mit einem weiteren Beispiel auf, dessen Wurzeln tiefer in die Vergangenheit reichen: In den 1990er-Jahren startete die Weltgesundheitsorganisation der UN (WHO) eine Impfkampagne, die Millionen Menschen im Alter von 15 bis 45 Jahren in Nicaragua, Mexiko und auf den Philippinen gegen Wundstarrkrampf (Tetanus) immunisieren sollte. Allerdings sollen nur Mädchen und Frauen im gebärfähigen Alter geimpft worden sein, obgleich Jungen und Männer vermutlich genauso oft auf rostige Nägel treten wie Frauen. Aufgrund dieses seltsamen Vorgehens ließ eine römisch-katholische Laienorganisation Proben des Impfstoffs untersuchen. Dabei soll sich herausgestellt haben, dass der Tetanus-Impfstoff die Substanz »Choriongonadotropin« oder HCG enthielt. Wenn dieses menschliche Hormon an das Gift des Tetanus-Erregers gekoppelt ist, ruft es die Bildung von Antikörpern hervor, die eine Schwangerschaft vorzeitig beenden. Keiner der geimpften Frauen soll das bekannt gewesen sein.

Später wurde von den Aufdeckern ergänzt, eine große Stiftung hätte zusammen mit dem von ihr initiierten Bevölkerungsrat, der Weltbank (Gastgeber der CGIAR) und dem amerikanischen Gesundheitsministerium ab 1972 für die WHO in einem 20-jährigen Projekt an diesem geheimen Abtreibungs-Impfstoff mit Tetanuserregern geforscht. Auch die norwegische Regierung, heute Gastgeber für den »Tresor des Jüngsten Gerichts«, soll 41 Millionen Dollar in die Entwicklung eines speziellen, Schwangerschaftsabbrüche hervorrufenden Tetanus-Impfstoffs investiert haben.

Nach dieser überwältigenden Ladung an Zukunftshorror werden die meisten von Ihnen wohl meinen, »Widerstand ist zwecklos!«, wie es das Borg-Kollektiv in der TV-Serie »Raumschiff Enterprise. Das nächste Jahrhundert« zu verkünden pflegt, wenn es daran geht, eine Zivilisation zu eliminieren. Wenn solche Mächte im Hintergrund agieren, was kann der Einzelne tun? Nichts – oder doch etwas? So abgedroschen es auch klingt: Jeder von uns kann sehr wohl Entscheidendes in Gang setzen und damit Globalisten, Atomkriegsüberlebern, Bevölkerungsregulierern oder wer auch immer im Dunkeln Übles plant oder ins Werk gesetzt hat, den Wind aus den Segeln nehmen …

Teil IX

Die Gegen-Front

Sand im Getriebe

Da es mittlerweile allenthalben brodelt, möchte ich mit nur einigen Schlaglichtern aufzeigen, dass möglicherweise auf den unterschiedlichsten Ebenen eine weltweite, nennen wir sie einmal »Befreiungsbewegung« gegen »One World« im Gange ist.

Bekannt dürften Ihnen die Speerspitzen dieser Bewegung sein, Präsident Hugo Chávez von Venezuela oder Evo Morales von Bolivien. Auch die 2004 gegründete Interessengemeinschaft von Staaten, die sich gegen die Vereinnahmung durch die Globalisierer wehren, die »Shanghai Cooperation Organization« (SCO), der China, Russland, Indien, Brasilien, die Mongolei, Kasachstan, Usbekistan, Tadschikistan, Iran, Pakistan und Venezuela beigetreten sind, dürfte Ihnen durch die Medien nicht unbekannt sein.

Was Ihnen wahrscheinlich entgangen sein dürfte, da von den Medien wenig bis gar nicht darüber berichtet wird, ist die Tatsache, dass sich auch in heimischen Gefilden Widerstände gegen die Verwandlung der Bürger in einen konturlosen Menschenbrei formieren, dessen wurzellose Bestandteile nur noch durch eine einzige Eigenschaft – nämlich Egoismus – definiert werden und damit ebenso steuer- und berechenbar sind wie Gasmoleküle. Die Gesamtheit dieser »Befreiungsbewegungen« könnte vielleicht im letzten Moment Extremmaßnahmen wie »Bevölkerungsregulierungsprogramme« oder gar einen Atomkrieg unterlaufen.

Wie es scheint, kommt der lange Zeit wie geölt laufende Globalisierungsmotor auch in Europa ins Stottern, worüber sich nicht nur in der EU »Eliten« und Medien lauthals »Sorgen« machen, die allerdings von der

Mehrheit der jeweiligen Landesbevölkerungen nicht geteilt werden. Sei es der im März 2009 erfolgte Sturz der EU-freundlichen Regierung von Tschechien – just als diese den EU-Ratsvorsitz innehatte –, sei es das »Nein« der Iren, die im Juni 2008 mit 53 Prozent gegen den »Vertrag von Lissabon« stimmten (der nach Meinung zahlreicher aber ignorierter Fachleute dem Selbstbestimmungsrecht der Völker in der EU endgültig den Garaus machen würde): Überall regt sich Widerstand gegen den Marsch in Richtung »One World«.

Auch wenn vieles noch im Fluss ist, so zeigt sich ein interessanter Faktor: Immer wieder sind es Einzelne, die den Keim für breiten Widerstand bilden. Während 2008 in Irland eine gewaltige PR-Kampagne nach der anderen das »Ja« forcieren sollte und sich fast ununterbrochen aus der Medienküche ein Schwall von Danksagungen für die Geldströme, die von der EU ins glückliche Irland fließen, über die Bürger ergoss, erschien unerwartet ein damals 39-jähriger Unternehmer namens Declan Ganley auf der Bildfläche. Der Mann, den davor niemand gekannt hatte, finanzierte mit eigenem Geld Informationskampagnen, in denen die Iren (endlich) erfuhren, was sie mit dem EU-Vertrag sanktionieren sollten – und siehe da: Aus dem herbeibeschworenen »Ja« wurde ein selbstbewusstes »Nein!« Ein Mann, wenn auch kein armer, der einer übermächtigen Propagandawalze Paroli bieten konnte, obwohl er umgehend als »Agent der USA« angepatzt wurde. Und in Tschechien kristallisierte sich im Frühjahr 2009 der Widerstand gegen den Vertrag um einen Mann, der sich traut, der EU den Marsch zu blasen: Präsident Václav Klaus.

Anhand dieser und weiterer Momentaufnahmen soll der unterschwellige Gegenaufbruch festgemacht werden.

Überwachung unerwünscht!

Seit einiger Zeit kann man in vielen Regionen auf deutschen Straßen Fahrzeuge erblicken, die im Schneckentempo unterwegs sind. Sie haben 360-Grad-Antennenkameras mit elf Linsen an Bord. Ihre Besatzungen filmen, digitalisieren, kartografieren und archivieren für den US-Suchmaschinengiganten »Google« Haus für Haus, Straße für Straße und was ihnen gerade vor die Linsen kommt. Solche »Spionage-Autos« sind seit mehreren Jahren rund um die Welt im Einsatz. Im April 2009 wurden erste von ihnen in den Straßen Wiens gesichtet. Offizielle Einwände dagegen erfolgten nicht und die Proteste der Datenschützer wegen des Verlustes der Privatsphäre stießen höheren Ortes auf taube Ohren. Nicht einmal die Bedenken, dass die Fotos in die USA geschickt würden, wo sie sogar von Geheimdiensten genutzt werden, beeindruckten die zuständige Kommission. Seither melden ergrimmte Österreicher, dass es zu Ausfällen bei Radio- und Fernsehübertragungen komme, wenn ein rotes Auto mit Kameras auf dem Dach vorbeifährt. Für den Konzernsprecher sind Störwellen durch Google-Fahrzeuge »völlig« unmöglich«, während ein Datenschützer das anders sieht: »Es ist vorstellbar, dass es bei der Übertragung der Bilder zu solchen Phänomenen kommen kann.«

Sofern es keine massiven Widerstände gibt, wird »Google« aber nicht der erste Anbieter für Einblicke aus lichten Höhen in Österreichs Hauptstadt sein. Seit Anfang 2009 bietet ein rumänisches Unternehmen dies nicht nur für Wien, sondern auch für osteuropäische Hauptstädte wie Prag, Bukarest oder Moskau an.

Die Aufnahmen dienen dem Tool »Google Street View« als Ergänzung von »Google Maps« und werden ins Internet gestellt. Durch sie lassen sich Wohnviertel am Computer so betrachten, als säße man in einem Auto und führe durch die Straßen. Neben dem Hineinzoomen in die Bilder kann man sie nach links und rechts wenden. Das Ganze lässt sich auch im Vollbildmodus darstellen. Mit der Zoom-Funktion ist es manchmal sogar möglich, durch die Fenster bis in die Räume hineinzublicken. Die »Normalbürger« sind skeptisch bis erregt. Einbrecher hingegen finden es durchaus positiv, dank des Systems lohnende Objekte vor einem Bruch an ihrem heimischen PC ausbaldowern zu können. Desgleichen Kinderschänder, denen es damit viel leichter fällt, den Weg auszukundschaften, den ihre potenziellen Opfer in die Schule und dann wieder nach Hause beschreiten.

Auch die »Deutsche Post AG« arbeitet an einem ähnlichen Projekt. Sie ist am Aufbau einer Bilddatenbank von deutschen Städten, um die Aufnahmen unter anderem für ihre Adressdatenbank statistisch auszuwerten und später auch einen virtuellen Stadtbesuch anzubieten. Diese Aktivitäten sind allerdings nicht so augenfällig wie die von »Google Street View« mit seinen knallroten Wägen.

Bürger können ihre Privatsphäre allerdings (noch) schützen: Sobald die Post AG oder »Google Street View« Aufnahmen von einer Wohnung oder von einem Wohnhaus veröffentlichen, auf denen private Details erkennbar sind, können Sie dieser Veröffentlichung widersprechen. Für die Verwaltungen einiger deutscher Gemeinden geht dieses System über virtuelles Flanieren im Stadtbild hinaus und tief hinein die Privatsphäre der Bürger, und sie haben dagegen geklagt. Dessen ungeachtet soll das Projekt unbeirrt fortlaufen.

In der Schweiz und in Großbritannien bekommen die »Google«-Knipser heftigen Gegenwind. Immer mehr Eidgenossen fotografieren sie ihrerseits und schicken die Aufnahmen an Schweizer Medien. Und mit den Briten soll man bekanntlich überhaupt nicht spielen. Viele von ihnen fordern erfolgreich, dass ihre Wohnadresse mit personenbezogenen Fotos aus dem Web genommen wird – und nicht nur das:

Wie im April 2009 gemeldet wurde, haben aufgebrachte Bewohner des britischen Ortes Broughton in der Grafschaft Buckinghamshire Kamerawägen von »Google Street View« mit einer Menschenmauer gestoppt und verjagt. Auf dem Google-Satellitenbild war nämlich klar zu sehen, dass in Broughton Wohlhabende mit Villen, Gärten, Tennisplätzen und teuren Autos wohnen. »Wird die Internetseite mit noch mehr Fotos bestückt, ist das eine Einladung an Verbrecher«, erklärte der Anführer der Bürgerproteste. Er hatte das Fahrzeug mit der auf dem Dach montierten 360-Grad-Kamera als Erster gesehen, war auf die Straße gelaufen und hatte dem »Google«-Fahrer den Weg versperrt. Weitere Anwohner kamen hinzu und bildeten eine Menschenkette. »In den vergangenen drei Wochen gab es hier drei Einbrüche, wir müssen uns gegen die Spionagekameras wehren«, so der Tenor der rabiaten Bürger. Google erklärte sich daraufhin bereit, keine Aufnahmen mehr zu machen: »Jeder Eigentümer hat das Recht, sein Haus von der Internetseite entfernen zu lassen«, hieß es. Auch in Brighton wurden die Kamerawagen von Anrainern regelrecht vertrieben.

Bezeichnenderweise hat der britische Autor Peter F. Hamilton bereits 2001 in seinem Science-Fiction-Roman »Fallen Dragon« eine ebenso simple wie wirksame Strategie gegen Ausspähung vom Himmel her beschrieben. In der Romanwelt ist die Überwachung durch Satelliten total. Effektiv ist sie trotzdem nicht, weil die Bewohner dieses Planeten breitkrempige Hüte tragen und nicht nach oben blicken. Der Einsatz der Technik zum Nachteil der Bürger muss also nicht resignierend hingenommen werden – weder von Einzelnen, noch von Kommunen und Regierungen …

Wahlcomputer ausgemustert

In meinem Buch »Mythos Informationsgesellschaft. Was wir aus den Medien *nicht* erfahren« habe ich die Einwände gegen die Wahlcomputer bei der ebenfalls umstrittenen Wiederwahl von George W. Bush im Jahr 2004 ausführlich behandelt. Bei der US-Kongresswahl im November 2006 sind in zahlreichen Bezirken neue Wahlmaschinen zum Einsatz gekommen. Trotzdem häuften sich bereits zu Beginn der Abstimmung die Beschwerden der Wähler über defekte Computer. Die liberale Organisation »People for the American Way« meldete aus ihrem Beobachternetzwerk laufend Probleme mit der Wahl-Infrastruktur aus den einzelnen US-Bundesstaaten.

Tatsache ist, dass sich mittlerweile eine wachsende Front gegen diese Geräte formiert, denen man mehr oder weniger blind vertrauen muss.

Im Oktober 2006 kam eine gemeinsam vom »Chaos Computer Club« und der niederländischen Stiftung »Wij vertrouwen stemcomputers niet« durchgeführte Analyse zu dem Schluss, Wahlcomputer seien einfach zu manipulieren, sodass Wahlen mit geringem Entdeckungsrisiko gefälscht werden können.

Im Mai 2008 beschloss der niederländische Ministerrat, bis auf Weiteres auf Wahlcomputer verzichten zu wollen. Solange es keine geeignete Alternative gebe, solle bei Wahlen in den Niederlanden ausschließlich mit Stift und Papier gewählt werden, hieß es in einer Publikation. Der Ministerrat folgte damit einer Empfehlung des Innenministeriums. Die Niederlande hatten bereits im Herbst 2007 den Einsatz von Wahlcomputern aus Sicherheitserwägungen beendet. Grund dafür war ein Bericht einer unabhängigen Untersuchungskommission zur Reform des Wahlverfahrens. Für viele ist das die einzig richtige Reaktion auf den Verlust des Wählervertrauens in die Computer.

Da die in Holland von einer einzigen Firma hergestellten und dort bis zu ihrer Ausmusterung fast flächendeckend verwendeten Wahlcomputer mit den in Deutschland verwendeten Systemen praktisch baugleich sind, haben Fachleute schon damals empfohlen, die Bundesregierung sollte die niederländische Entscheidung zum Anlass nehmen, die Zulassung der Wahlcomputer zurückzuziehen.

Mit der entscheidenden Frage, ob die Verwendung von Wahlcomputern mit den Grundsätzen eines demokratischen, freien, gleichen, geheimen, manipulationsfesten und vom Bürger nachvollziehbaren Wahlverfahrens vereinbar ist, wurde auch das deutsche Bundesverfassungsgericht befasst. Die Karlsruher Richter kamen nach einer von zwei Wählern eingebrachten Beschwerde Anfang 2009 zu der Entscheidung, der Einsatz von Wahlcomputern des niederländischen Herstellers bei der Bundestagswahl 2005 sei verfassungswidrig gewesen. Die etwa zwei Millionen betroffenen Bürger hätten nicht überprüfen können, ob ihre Stimmen korrekt erfasst wurden. Wahlmaschinen dürfen nach dem Urteil zwar grundsätzlich weiter eingesetzt werden, aber nur, wenn sie zur Bestätigung einen Papierausdruck hinterlassen.

Während also da und dort Gerätschaften Lebewohl gesagt wird, die viele als – gelinde ausgedrückt – nicht sehr demokratiefreundlich empfinden, versteift sich allenthalben auch der Widerstand gegen das Verscherbeln von »assets«, die eigentlich den Bürgern gehören sollten und nicht ihren »Vertretern« ...

»Hände weg vom Volkseigentum!«

Im September 2008 gab es spät in der Nacht auf »arte«-TV eine Dokumentation, die nicht nur in nüchternen Fakten darlegte, welch unglaubliche Spur der Verwüstung die in Neuseeland umfassend durchgeführte Privatisierung von Bahn, Post, Banken, Firmen aller Art – im Grunde des ganzen Landes – hinterlassen hatte, sondern auch ganz klar zeigte, dass die von der neuen Regierung ebenso umfassend durchgeführte Rückkehr des Staates in diese Bereiche das Land wieder aufblühen ließ. Private *können* nun einmal nicht für das öffentliche Wohl sorgen, weil das ein Widerspruch in sich selbst ist.

In den letzten Monaten des Jahres 2007 rief eine Bürgerinitiative in der Messestadt Leipzig die Einwohner mit einem Brief an alle Haushalte der Stadt, mit der Zeitungskampagne »Ja zu Leipzig« und mit einer Plakataktion auf, ihre Rechte wahrzunehmen. Sie wurden aufgefordert, über aktuelle Privatisierungspläne abzustimmen und sich für den Erhalt der städtischen Daseinsvorsorge in öffentlicher Hand auszusprechen. Auslöser für die Initiative waren die Pläne der Rathausspitze, Teile der kommunalen Stadtwerke an einen französischen Multikonzern zu verscherbeln.

In nur zwei Monaten sammelten die Initiatoren 40 000 Unterschriften, und damit genug, um einen Volksentscheid zu erzwingen. Beim daraufhin abgehaltenen ersten Bürgerentscheid votierten die Leipziger unmissverständlich für den Erhalt ihrer kommunalen Unternehmen sowie für ein umfassendes Privatisierungsverbot. Die Wahlbeteiligung war sehr hoch. Sie betrug 41 Prozent, von denen 87,4 Prozent gegen weitere Privatisierungen ihrer kommunalen Unternehmen stimmten, wie das CDU, SPD und FDP vorgehabt hatten. Mit dieser Willenskundgebung verbleiben Wasserwerke, Stadtwerke, Verkehrsbetriebe, das Krankenhaus, die Wohnungsbaugesellschaft und die Stadtreinigung weiter in den Händen der Bürger.

Aus Erfahrung klug Gewordene argwöhnen allerdings, die sogenannten »Volksvertreter« würden schon noch einen Umweg finden, um das Volksvermögen schlussendlich jenen zu übereignen, die damit nur eines im Sinne haben: Geld zu machen. Im Gegensatz zu meiner üblichen Skepsis teile ich persönlich diese Ansicht nicht. Ich glaube vielmehr: Das Votum entspricht der Stimmung in der Bevölkerung in so gut wie allen westlichen Staaten, und das dürfte es immer schwerer machen, kommunale Daseinseinrichtungen mit fadenscheinigen Begründungen privaten Profiteuren in den Rachen zu werfen.

Die Initiatoren der Leipziger Befragung haben danach formuliert, was heutzutage immer mehr Zeitgenossen – nicht aber der Politik – ein brennendes Anliegen ist:

»Das Votum stellt eine Absage an die hemmungslose Privatisierungs- und Liberalisierungspolitik der EU dar. Zentrale Bereiche einer Gesellschaft gehören nicht in die Hände privater Konzerne. Stattdessen muss bei der Ausrichtung kommunaler Unternehmen die demokratische Einflussnahme der Bürger sichergestellt werden. Strom- und Wasserversorgung, Stadtreinigung, Krankenhäuser usw. sind unverzichtbar für die Gesundheit und die Existenz der Bürger. Sie dürfen niemals Spielball von Spekulationen und gewinnorientierten Interessen privater Eigner werden, die naturgegeben andere Prioritäten als eine Kommune verfolgen.«

Manche finden es bedauerlich, andere finden es verdächtig, dass solche Worte überhaupt ausgesprochen werden müssen, da (dem Nicht-Politiker) doch völlig klar ist, dass man eine Konzernleitung, die Wasserwerke, die Eisenbahn, Autobahnen etc. in ihrem Besitz hat, nicht durch die Drohung, sie abzuwählen, dazu zwingen kann, diese Einrichtungen nicht nur als Geldquelle zu nutzen, sondern auch instand zu halten.

Es ist zu hoffen, um nicht zu sagen zu erwarten, dass das Leipziger Beispiel Schule machen wird, sodass die »Oberen« vor Privatisierungs-Winkelzügen zurückschrecken könnten. Die Hoffnung scheint anhand aktueller Entwicklungen berechtigt: In Berlin hat das Volksbegehren »Unser Wasser« genügend Unterschriften für die Offenlegung von Geheimverträgen bei der Privatisierung der Wasserbetriebe eingereicht. In Dresden gab es eine Unterschriftensammlung gegen die Privatisierung der Krankenhäuser. Eine Lübecker Initiative hat eine ausreichende Anzahl Unterschriften gegen die Privatisierung der Entsorgungsbetriebe zusammengebracht. In Meißen gab es ein Bürgerbegehren gegen den Verkauf der Elblandkliniken. Daraufhin wurde der Verkaufsentscheid revidiert.

Direkte Demokratie ist also nicht nur in der Schweiz machbar, sondern auch in Deutschland. Wenn der Bürger entschlossen agiert, muss er nicht alles »fressen« – und das im wahrsten Wortsinn …

»Behaltet euer Genfutter!«

»Heute hat eine neue, noch gefährlichere
Form des Kapitalismus die Bühne betreten:
Bio-Kapitalismus.«

Aus einer NGO-Publikation

Im März 2009 hat Luxemburg offiziell ein Verbot für den Anbau der umstrittenen gentechnisch veränderten Maissorte eines Großkonzerns verhängt, die unter der Bezeichnung »MON 810« patentiert wurde. In diesem, von manchen »Mutanten-Mais« genannten Getreide ist ein Gen eingebaut, das aus einem Bodenbakterium gewonnen wird. Dieses Bakterium produziert ein Gift gegen den Schmetterling »Maiszünsler« aus der Familie der »Crambidae«, dessen Raupen Maisschädlinge sind. Befürworter schwärmen von dadurch höheren Erträgen, während Umweltverbände negative Auswirkungen auf Flora und Fauna befürchten. Luxemburgs Gesundheitsminister hat die No-Entscheidung seiner Regierung am 22. dieses Monats bei einem Aktionstag zum Thema »Luxemburg und die Region ohne Biotechnologie« bekannt gegeben.

»MON 810« ist (bislang) die einzige GVO-Pflanze, deren Anbau die Europäische Kommission seit Jahren in der EU zugelassen hat, aber der Widerstand gegen ihre Einführung ist in den einzelnen Ländern nach wie vor sehr stark. Mit Luxemburg ist die Zahl der EU-Länder weiter gestiegen, die sich weigern, den Anbau von »MON 810« zuzulassen. Schon vorher hatten Frankreich, Österreich, Griechenland und Ungarn ähnliche Verbote erlassen.

Es gibt Berichte über massiven Druck, der hinter den Kulissen auf die Berliner Behörden ausgeübt worden sein soll, »MON 810« ohne Einschränkungen in Deutschland zuzulassen. Basisorganisationen von Verbrauchern und Landwirten in ganz Deutschland hatten umfangreiche Protestaktionen für den Fall einer Genehmigung vorbereitet, doch dann kam die Überraschung: Mitte April 2009 wurde die von verschiedenen Seiten schädlicher Wirkungen geziehene Sorte auch in Deutschland verboten. Lobbyisten sind natürlich umgehend gegen die Entscheidung Sturm gelaufen, doch die Genfood-Gegner hoffen, dass sie hält und scheinen, mit Stand Frühsommer 2009, am längeren Hebel zu sitzen.

Wie mein Autorenkollege William F. Engdahl schon 2004 in seinem Buch »Saat der Zerstörung: Die dunkle Seite der Gen-Manipulation«

dargelegt hat, soll GVO-Mais von anderen Herstellern im Verdacht stehen, sich im Verdauungstrakt von damit gefütterten Kühen in hochgiftige Chemikalien zu verwandeln, die zum Tod oder zu schweren Missbildungen oder zur Verseuchung des Bodens führen, auf dem die Kühe grasen. Ein Erzeuger stand wegen solcher Schäden in Hessen vor Gericht.

Es ließen sich noch weitere Beispiele dafür aufzählen, dass es da und dort zu dem eigentlich selbstverständlichen Schulterschluss von Regierten und Regierenden kommt, den die Globalisierer/Privatisierer/Deregulierer lange Zeit erfolgreich verhindert haben und der ihren Plänen mehr als lästig sein muss. Damit stehen wir – nein, im Grunde die ganze Menschheit – vor einer Weggabelung, an der jede denkende Spezies zu einem bestimmten Zeitpunkt angelangt sein dürfte …

Ausklang

Am Scheideweg ...

»Wo Gefahr ist, wächst das Rettende auch.«

Friedrich Hölderlin
(1770–1843)

Es mag Sie verblüffen, aber abstrakt anmutende Berechnungen über mögliches Leben in den Tiefen des Weltalls lassen sich ganz konkret für eine Aussage über die Zukunft in irdischen Gefilden und damit über unser Schicksal heranziehen.

Die Rede ist von der berühmten »Green-Bank-Gleichung«, auch »Drake-Gleichung« genannt. Sie verdankt ihren Namen dem Radioastronomischen Observatorium in Green Bank, West Virginia, USA. Dort kamen im November 1961 elf bedeutende Wissenschaftler zusammen, um die Frage nach der Wahrscheinlichkeit außerirdischer Intelligenzen ernsthaft anzupacken. Unter ihnen Kapazitäten wie Frank D. Drake, John C. Lilly und Carl Sagan.

Es ist bezeichnend für die Hochkarätigkeit der Anwesenden, dass für den Fall, einer von ihnen würde den Nobelpreis erhalten, während er sich in Green Bank aufhielt, Champagner bereitstand. Tatsächlich erhielt der Chemiker Melvin Calvin während der Tagung die Nachricht, der Nobelpreis für Chemie sei ihm zuerkannt worden. Damals wurde besagte Gleichung geboren, mit der sich die anzunehmende Zahl außerirdischer Zivilisationen mathematisch bestimmen lässt.

Ursprünglich wurde eine sehr hohe Zahl solcher Zivilisationen erwartet, was bei über 200 Milliarden Sonnen allein in unserer Galaxis nicht verwunderlich scheint. Selbst wenn nur jede tausendste Sonne ein Planetensystem besäße und von diesen wiederum nur jedes tausendste System einen erdähnlichen Planeten, so würde das satte 200 000 Zivilisationen von unserer Art bedeuten. Total fremdartige Lebensformen sind nicht eingerechnet, obgleich es auch solche zuhauf geben dürfte, bedenkt man die bekannte Dynamik des Lebens, das sich auf der Erde sogar in den unwirtlichsten Bereichen ausbreitet.

Für die Erkenntnis, dass die ursprünglich hohen Erwartungen trügen könnten, steht der siebente und letzte Faktor der Formel »L« für die Lebensdauer (»Longevity«) von Zivilisationen. Dieser Faktor ist auch für die Menschheit von entscheidender Wichtigkeit. Verkürzt dargestellt, definiert »L« einen Zeitpunkt von 6500 Jahren nach Entwicklung der Schrift als jenen Wendepunkt, an dem sich entscheidet, ob eine Zivilisation mit Mann und Maus untergeht oder ob sie sehr alt wird. Für *unsere* Zivilisation ist dieser schicksalhafte Moment *jetzt* erreicht, womit nicht der 21. Dezember 2012 aus dem Maya-Kalender gemeint ist, sondern die unmittelbare Zukunft an sich.

Ob es mit dem Homo sapiens aufwärts oder steil abwärts geht, kann – wie sich gezeigt hat – tatsächlich *durch jeden Einzelnen* beeinflusst werden. Daher nicht resignieren, sondern Stellung beziehen. Es lohnt sich, aufzumucken. Steter Tropfen höhlt nicht nur die Leber, sondern tatsächlich auch den Stein. Also dann …!

KLARSTELLUNG

Dies ist ein um Komplettheit bemühtes Buch. Sämtliche herangezogenen Werke sollen die Bandbreite des zu Diskutierenden möglichst umfassend darstellen. Es liegt in der Natur der Sache, dass einige wenige der herangezogenen Quellen als unseriös und bedenklich angesehen werden könnten, im Extremfall sogar versteckte Vorurteile und Verleumdungen enthalten mögen. Keiner dieser zurückzuweisenden Gedankengänge wurde in mein Buch übernommen, Zweifelhaftes wird als solches deklariert. Der überwiegende Großteil der Quellen erfüllt alle Anforderungen an seriöses Quellenmaterial.

Meine Empfehlung geht dahin, das eigene Geschichts- und Weltbild ebenso wenig von abstrusen Theorien beeinflussen zu lassen wie von altbekannten Schönfärbereien und Verzerrungen.

Bibliografie
Quellen und weiterführende Literatur

Abrahams, Eddie: *The New Warlords – From the Gulf War to the Recolonisation of the Middle East* (London 1994)

Adamek, Sascha/Kim, Otto: *Der gekaufte Staat* (Köln 2008)

Adams, James Truslow: *The Epic of America* (New York 1931)

Adler, Manfred: *Die Söhne der Finsternis* (Jestetten 1994)

Albrecht, Katherine/McIntyre, Liz: *Spychips* (Nashville 2005)

Allen, Gary: *Die Insider* (Wiesbaden 1980)

Ambros, Hans: *Die nächsten 40 Jahre* (Wien 1993)

Andreas, Joel: *Süchtig nach Krieg. Warum die USA nicht aufhören können, Krieg zu führen* (Frankfurt 2001)

Appel, Hans-Günter/Kaiser, Ulrich: *Die Energielügen und was sie uns kosten* (Schortens 2008)

Arendt, Hannah: *Elemente und Ursprünge totaler Herrschaft* (München 1986)

Asimov, Isaac: *Veränderung! 71 Aspekte der Zukunft* (München 1983)

Atkinson, Rick: *Crusade – The Untold Story of the Gulf War* (London 1994)

ATTAC Schweiz (Hrsg.): *Service Public. Perspektiven jenseits der Privatisierung* (Zürich 2005)

Bacevich, Andrew J.: *The New American Militarism. How Americans Are Seduced by War* (New York 2005)

Bachmann, Hartmut: *Der Lüge der Klimakatastrophe. Das gigantischste Betrugswerk der Neuzeit. Manipulierte Angst als Mittel zur Macht* (Berlin 2007)

Bader, Tobias: *Neokonservativismus, Think-Tanks und New Imperialism* (Köln 2006)

Baer, Robert: *Sleeping with the Devil. How Washington Sold Our Soul For Saudi Crude* (New York 2003)

Bairoch, Paul: *The Economic Development of the Third World since 1900* (London 1977)

Bairoch, Paul: *Economics and World History: Myths and Paradoxes* (New York 1993)

Barber, Benjamin R.: *Fear's Empire. War, Terrorism, and Democracy* (New York 2003)

Barnes, Harry Elmer: *The Genesis of War* (New York 1926)

Barnes, Harry Elmer: *Entlarvte Heuchelei* (Wiesbaden 1961)

Barth von Wehrenalp, Erwin: *Man sollte es nicht für möglich halten – Unglaubliches aus der Weltgeschichte* (Düsseldorf 1988)

Bastian, Til: *55 Gründe, mit den USA nicht solidarisch zu sein und schon gar nicht bedingungslos* (Zürich 2002)

Bauer, Dolores M.: *Der lange Schatten des Adlers. Menschenverachtung made in USA?* (Klosterneuburg 2004)

Beard, Charles: *The Devil Theory of War* (New York 1969)

Begich, Nick/Roderick, James: *Freiheit nehmen. High-Tech-Krieg auf unseren Willen und wie wir uns wehren können* (Peiting 2006)

Bello, Walden: *De-Globalisierung. Widerstand gegen die neue Weltordnung* (Hamburg 2004)

Bernays, Edward L.: *Crystallizing Public Opinion* (New York 1923)

Bernays, Edward L.: *Propaganda* (New York 1928, erweitert 1952)

Bernays, Edward L.: *The Engineering of Consent* (New York 1955)

274

Bernhard, Armin: *Antonio Gramscis Politische Pädagogik* (Hamburg 2005)

Bevölkerungsfonds der Vereinten Nationen (Hrsg.): *Weltbevölkerungsbericht 2008*

Biermann, Werner: *Die Herren der Welt. Die Weltmachtpolitik der USA nach 1945* (Köln 2000)

Biermann, Werner/Klönne, Arno: *Kapital-Verbrechen. Zur Kriminalgeschichte des Kapitalismus* (Köln 2006)

Blackburn, Robin: *The Making of New World Slavery* (London 1997)

Blackwood, Peter: *Die Netzwerke der Insider* (Leonberg 1986)

Blix, Hans: *Mission Irak. Wahrheit und Lügen* (München 2004)

Bonner, Bill/Wiggin, Addison: *Das Schuldenimperium. Vom Niedergang des amerikanischen Weltreichs und der Entstehung einer globalen Finanzkrise* (München 2007)

Borgese, Giuseppe Antonio: *Foundations of the World Republic* (Chicago 1953)

Borjesson, Kristina (Hrsg.): *Into the Buzzsaw. Leading Journalists Expose the Myth of a Free Press* (Amherst 2002)

Borjesson, Kristina: *Zensor USA. Wie die amerikanische Presse zum Schweigen gebracht wird* (Zürich 2004)

Böttiger, Dr. Helmut: *Klimawandel. Gewißheit oder politische Machenschaft?* (Petersberg 2008)

Boveri, Margret: *Der Verrat im XX. Jahrhundert.* 4 Bände. (Hamburg 1956)

Boxberger, Gerald/Klimenta, Harald: *Die 10 Globalisierungslügen. Alternativen zur Allmacht des Marktes* (München 1998)

Bozsoki, Jürgen: *Der neoliberale Großangriff auf Europa* (Wien/Klosterneuburg 2007)

Brisard, Jean-Charles/Dasquié, Guillaume: *Die verbotene Wahrheit. Die Verstrickung der USA mit Osama bin Laden* (Zürich 2002)

Brodie, Bernard: *Sea Power in the Machine Age* (London 1969)

Bruhn, Jürgen: *Schlachtfeld Europa oder Amerikas letztes Gefecht: Gewalt und Wirtschaftsimperialismus in der US-Außenpolitik seit 1840* (Bonn 1983)

Brzezinski, Zbigniew: *The Great Chessboard* (New York 1997)

Brzezinski, Zbigniew: *The Geostrategic Triad* (Washington 2001)

Buchanan, Pat: *A Republic, not an Empire.* Revised Edition. (New York 2002)

Buchanan, Pat: *The Death of the West* (New York 2002)

Buchanan, Pat: *Irrweg Einwanderung* (Selent 2007)

Büchel, Kurt G.: *Der Klimaschwindel* (München 2007)

Buck-Morss, Susan: *Dreamworld and Catastrophe* (Boston 2000)

Buckel, Sonja/Fischer-Lescano, Andreas: *Hegemonie gepanzert mit Zwang. Zivilgesellschaft und Politik im Staatsverständnis Antonio Gramscis* (Baden-Baden 2007)

Buitenen, Paul van: *Unbestechlich für Europa. Ein EU-Beamter kämpft gegen Misswirtschaft und Korruption* (Giessen 2000)

Buitenen, Paul van: *Korruptionskrieg in Brüssel* (Giessen 2005)

Büro für Frauenfragen und Chancengleichheit des Landes Salzburg (Hrsg.): *Andersrum ist nicht verkehrt. Diversity Management und sexuelle Orientierung in der Arbeitswelt* (Salzburg 2007)

Canetti, Elias: *Masse und Macht* (Frankfurt 1995)

Carmin, E. R.: *Das schwarze Reich* (München 2006)

Carr, William Guy: *The Conspiracy to Destroy All Existing Governments and Religions* (Metaire 1960)

Caspart, Dr. Wolfgang: *Das Gift des globalen Neobliberalismus. Mit Turbokapitalismus in die Krise* (Wien 2008)

Celente, Gerald: *Trends 2000* (New York 1997)

Cernin, Rudolf: *Vom Liberalismus zur Anarchie. Dem Sturz ins Chaos begegnen!* (Graz 2002)

Chomsky, Noam: *Necessary Illusion: Thought Control in Democratic Societies* (New York 1988)

Chomsky, Noam: *What Uncle Sam really wants* (New York 1992)

Chomsky, Noam: *Deterring Democracy* (London 1992)

Chomsky, Noam: *Profit over People* (Hamburg 2000)

Chomsky, Noam: *Wirtschaft und Gewalt. Vom Kolonialismus zur neuen Weltordnung* (Springe 2001)

Chomsky, Noam: *War against People* (Hamburg 2001)

Chomsky, Noam: *People Without Rights. Kosovo, Ost-Timor und der Westen* (Hamburg 2002)

Chomsky, Noam: *Power and Terror* (Hamburg 2002)

Chomsky, Noam: *Media Control* (Hamburg 2003)

Chomsky, Noam: *Hybris* (Hamburg 2004)

Chomsky, Noam: *Die neue Weltordnung* (Hamburg 2005)

Chomsky, Noam: *Die Zukunft des Staates* (2005)

Chomsky, Noam: *Eine Anatomie der Macht* (Hamburg 2005)

Chomsky, Noam: *Lügen unserer Zeit. Über die Widersprüche von Demokratie und Propaganda* (Hamburg 2005)

Chomsky, Noam: *Der gescheiterte Staat* (München 2006)

Chomsky, Noam/Beinin, Joel/Emery, Michael/Zinn, Howard/Hulet, Craig: *Die Neue Weltordnung und der Golfkrieg* (Grafenau 1992)

Chomsky, Noam/Herman, Edward S.: *Manufacturing Consent* (New York 2002)

Chossudovsky, Michel: *Global brutal. Der entfesselte Welthandel, die Armut, der Krieg* (Frankfurt a. M. 2002)

Chossudovsky, Michel: *The Globalization of Poverty and the New World Order* (Gabriola Island 2004)

Churchill, Winston: *The World Crisis 1911–1918 and the Aftermath.* 4 Bände. (London 1923–1931)

Cioran, Emil M.: *Die verfehlte Schöpfung* (Frankfurt 1979)

Clark, Gregory: *A Farewell to Alms: A Brief Economic History of the World* (Princeton 2007)

Clark, Ramsey: *Wüstensturm. US-Kriegsverbrechen am Golf* (Göttingen 1995)

Clarke, Richard A.: *Against All Enemies. Der Insiderbericht über Amerikas Kampf gegen den Terror* (Hamburg 2004)

Club of Rome: *Die Herausforderungen des Wachstums. Zur Lage der Menschheit am Ende des Jahrtausends* (Bern 1990)

Cockett, Richard: *Thinking the Unthinkable. Think-Tanks and the Economic Counter-Revolution 1931–1983* (London 1995)

Coleman, Dr. John: *Conspirators' Hierarchy* (Carson City 1989)

Connolly, Bernard: *The Rotten Heart of Europe* (London 1995)

Constantine, Alex: *Psychic Dictatorship in the U.S.A.* (Portland 1995)

Cooley, John: *Unholy Wars. Afghanistan, America and the International Terrorism* (New York 2002)

Creel, George: *How We Advertised America: The First Telling of the Amazing Story of the Committee on Public Information that Carried the Gospel of Americanism to Every Corner of the Globe* (New York 1920)

Creveld, Martin van: *Die Zukunft des Krieges* (München 1998)

Creveld, Martin van: *Aufstieg und Untergang des Staates* (München 1999)

Crossen, Cynthia: *Tainted Truth: The Manipulation of Fact in America* (New York 1996)

Cuppy, Will: *How to become Extinct* (New York 1946)

Cutlip, Scott M.: *The Unseen Power: Public Relations* (New York 2002)

Dallaire, Roméo: *Handschlag mit dem Teufel* (Frankfurt a. M. 2005)

DeGard, Leo H.: *Wer plant den 3. Weltkrieg?* (Rottenburg 2002)

Demeney, Paul: *A Perspective on Long-Term Populations Growth* (New York 1984)

Denson, John: *The Costs of War* (Dallas 1998)

Deschner, Karlheinz: *Der Moloch. Eine kritische Geschichte der USA* (München 1992)

Diamond, Jared: *Kolllaps: Warum Gesellschaften überleben oder untergehen* (Frankfurt a. M. 2005)

Dietl, Wilhelm: *Schwarzbuch Weißes Haus* (Erftstadt 2004)

Doob, Leonard: *Propaganda: Its Psychology and Technique* (New York 1935)

Dollinger, Hans: *Schwarzbuch der Weltgeschichte – 5000 Jahre der Mensch des Menschen Wolf* (Frechen 1999)

Drucker, Peter F.: *The new Realities* (London 1990)

Eco, Umberto: *Auf dem Wege zu einem neuen Mittelalter* (München 1989)

Ederer, Günter/Ederer, Peer: *Das Erbe der Egoisten* (München 1997)

Effenberger, Wolfgang/Löw, Konrad: *Pax Americana* (München 2004)

Eggert, Wolfgang: *Out of the Blue?* (München 2001)

Eggert, Wolfgang: *Angriff der Falken* (München 2004)

Eggert, Wolfgang: *Erst Manhattan – dann Berlin* (München 2005)

Engdahl, William F.: *Mit der Ölwaffe zur Weltmacht* (Wiesbaden-Nordenstadt 1992/2005)

Engdahl, William F.: *Saat der Zerstörung* (Rottenburg 2004)

Engdahl, William F.: *Apokalypse jetzt!* (Rottenburg 2007)

Epperson, Ralph A.: *The Unseen Hand – An introduction to the conspiratorial view of history* (Philamena Tucson 1995)

Eschbach, Andreas: *Das Buch der Zukunft* (Reinbek 2007)

Ewert, Michael: *Amerikas Punische Kriege. Niedergang, Terror und Gehirnwäsche* (Neu Isenburg 2005)

Eysenck, Hans Jürgen: *The Psychology of Politics* (London 1954)

Farkas, Viktor: *Das Ende der Zukunft* (Magazin 2000 Nr. 3/1979)

Farkas, Viktor: *Aus dem Meer in den Sumpf* (Andromeda 4/1979)

Farkas, Viktor: *Zukunftsfalle – Zukunftschance* (Frankfurt 2000)

Farkas, Viktor: *Geheime Bünde & Verschwörungen* (Wien 2001)

Farkas, Viktor: *Vertuscht. Wer die Welt beherrscht* (Marktoberdorf 2002)

Farkas, Viktor: *Schatten der Macht* (Rottenburg 2003)

Farkas, Viktor: *Geheimsache Zukunft. Von Atlantis zur hohlen Erde* (Peiting 2004)

Farkas, Viktor: *Lügen in Krieg und Frieden. Die geheime Macht der Meinungsmacher* (Wien 2004)

Farkas, Viktor: *Mythos Informationsgesellschaft. Was wir aus den Medien nicht erfahren* (Rottenburg 2005)

Farkas, Viktor: *Jenseits des Vorstellbaren* (Rottenburg 2006)

Farkas, Viktor: *Gnadenlose Macht* (Rottenburg 2007)

Fernau, Joachim: *Halleluja. Die Geschichte der USA* (München 1977)

Fey, B. Sidney: *Origin of the World War* (New York 1931)

Foerster, Heinz von/Poerksen, Bernhard: *Die Wahrheit ist die Erfindung eines Lügners* (Heidelberg 1998)

Forbes, B. O.: *Men Who are Making America* (New York 1922)

Ford, Franklin L.: *Der politische Mord* (Hamburg 1990)

Forrester, Jay W.: *Der teuflische Regelkreis. Kann die Menschheit überleben?* (Stuttgart 1971)

Fox, Robin/Tiger, Lionel: *The Imperial Animal* (London 1974)

Franken, Al: *Kapitale Lügner* (München 2004)

Frey, Eric: *Schwarzbuch USA* (Frankfurt 2004)

Friedman, Alan: *Spider's Web – The secret history of how the White House illegally armed Iraq* (New York 1993)

Fromm, Erich: *Anatomie der menschlichen Destruktivität* (Stuttgart 1980)

Fülberth, Georg: *G Strich – Kleine Geschichte des Kapitalismus* (Köln 2006)

Fuchs, Stefan (Hrsg.): *Die Hypermacht USA in Nahaufnahme* (Hamburg 2003)

Fulbright, William J.: *The Arrogance of Power* (New York 1966)

Fuller, Buckminster Richard: *Grunch – Raubzug der Giganten* (Wiesbaden 1985)

Furedi, Frank: *The New Ideology of Imperialism* (London 1994)

Gasche, Urs P./Guggenbühl, Hanspeter: *Das Geschwätz vom Wachstum* (Zürich 2004)

Gerlach, Thomas: *Die Herstellung des allseits verfügbaren Menschen. Zur psychologischen Formierung der Subjekte im neoliberalen Kapitalismus* (Frankfurt 2000)

German, Christiano: *Europa und die globale Informationsgesellschaft* (Baden-Baden 1998)

Goodman, Amy: *The Exception to the Rulers. Exposing Oily Politicians, War Profiteers, and the Media that Love them* (New York 2004/dt. Berlin 2006)

Gramsci, Antonio: *Erziehung und Bildung* (Hg. von Andreas Merkens, Hamburg 2004)

Gramsci, Antonio: *Amerika und Europa* (Hg. von Thomas Barfuss, Hamburg 2007)

Gray, John: *Die falsche Verheißung. Der globale Kapitalismus und seine Folgen* (Berlin 1999)

Greene, R.: *Power: Die 48 Gesetze der Macht. Machiavellis Thesen neu* (München 1999)

Greer, Steven M.: *Verborgene Wahrheit – Verbotenes Wissen* (Potsdam 2008)

Griffin, Des: *The Missing Dimension in World Affairs* (South Pasadena 1976)

Griffin, Des: *Descent into Slavery?* (South Pasadena 1980)

Griffin, Edward Des: *Die Herrscher. Luzifers 5. Kolonne* (Vaduz 1980)

Griffin, Edward Des: *Die Absteiger. Planet der Sklaven* (Wiesbaden 1981)

Griffin, Edward Des: *Wer regiert die Welt?* (Vaduz 1986)

Groll, Franz: *Wie das Kapital die Wirtschaft ruiniert* (München 2007)

Groves, L. R.: *Now it can be told* (New York 1962)

Gruen, Arno: *Der Wahnsinn der Normalität* (München 1987)

Gruhl, Herbert: *Ein Planet wird geplündert. Die Schreckensbilanz unserer Politik* (Frankfurt 1975)

Gruhl, Herbert: *Himmelfahrt ins Nichts. Der geplünderte Planet vor dem Ende* (München 1992)

Haber, Heinz: *Stirbt unser blauer Planet? Die Naturgeschichte unserer übervölkerten Erde* (München 1973)

Haber, Heinz: *Wieviel Tonnen darf die Menschheit wiegen?* (Hamburg 1985)

Hahne, Peter: *Schluß mit lustig. Das Ende der Spaßgesellschaft* (Lahr 2004)

Hamilton, Peter F.: *Fallen Dragon* (London 2001)

Hamm, Bernd: *Die soziale Struktur der Globalisierung. Ökologie, Ökonomie, Gesellschaft* (Berlin 2006)

Hammond, Allen: *Projekt Erde. Szenarien für die Zukunft* (München 1999)

Hankel/Nölling/Starbatty/Schachtschneider: *Die Euro-Illusion. Ist Europa noch zu retten?* (Hamburg 2001)

Hannich, Günter: *Börsenkrach und Weltwirtschaftskrise. Der Weg in den 3. Weltkrieg* (Rottenburg 2001)

Hannich, Günter: *Sprengstoff Geld. Wie das Kapitalsystem unsere Welt zerstört* (Rottenburg 2004)

Hannigan, John: *Fantasy City: Pleasure and Profit in the Postmodern Metropolis* (Rutledge 1998)

Hansl, Proctor: *Years of Plunder* (New York 1935)

Hausdorf, Hartwig: *Geheime Geschichte I–III* (Marktoberdorf 2002–2005)

Hayek, Friedrich August von: *Der Weg zur Knechtschaft* (Bonn 1944/1991)

Haydt, Claudia/Pflüger, Thomas/Wagner, Jürgen: *Globalisierung und Krieg* (Hamburg 2003)

Heinrich, Michael: *Kritik der politischen Ökonomie* (Stuttgart 2005)

Hentoff, Nat: *The War on The Bill of Rights and the Gathering Resistance* (New York 2003)

Herrholz, Eduard: *Die geheime Macht* (Bausendorf 1991)

Hersh, Seymor M.: *Die Befehlskette vom 11. September bis Abu Ghraib* (Reinbek 2005)

Hill, Ralf U.: *Das Deutschland Protokoll* (Gelnhausen 2008)

Hill, Ralf U.: *Das Deutschland Protokoll II* (Gelnhausen 2008)

Hippler, Jochen: *Die Neue Weltordnung* (Hamburg 1991)

Hirschfeld, Uwe/Rügemer, Werner (Hrsg.): *Utopie und Zivilgesellschaft. Rekonstruktionen, Thesen und Informationen zu Antonio Gramsci* (Berlin 1990)

Hoar, William B.: *Architects of Conspiracy: An Intriguing History* (Western Islands 1984)

Hoering, Uwe: *IWF und Weltbank* (Göttingen 1999)

Hoffman II, Michael A.: *Secret Societies and Psychological Warfare* (Lilburn 1991)

Hoggan, David L.: *Das blinde Jahrhundert, Band 1: Amerika, das messianische Unheil* (Tübingen 1979)

Holmes, Donald: *System Sapiens – Die Verschwörung der Illuminaten* (München 1990)

Hoppe, Hans Hermann: *Democracy: The God that failed* (New Brunswick/London 2002)

Howard, Michael: *The Occult Conspiracy: Secret Societies – Their Influence and Power in World History* (Rochester 1989)

Hufschmid, Eric: *Time for Painful Questions* (New York 2002)

Hummel, Jeffrey Rodger: *Emancipating Slaves, Enslaving Free Men* (New York 1996)

Hunt, E. Howard: *Undercover. Memoirs of an American Secret Agent* (New York 1974)

Hunter, James Davidson: *Culture Wars: The Struggle to define America* (Washington 1991)

Huth, Peter/Engelke, Jan: *Die Selbstbediener. Wer sich unser Geld einsteckt* (Coburg 2004)

Huxley, Aldous: *Schöne Neue Welt* (Leipzig 1932)

Huxley, Aldous: *The Perennial Philosophy* (London 1958)

Hyams, Edward: *Der Mensch – Ein Parasit der Erde?* (Düsseldorf 1956)

Inglis, Brian: *The Hidden Power* (London 1986)

Institute for Propaganda Analysis: *The Fine Art of Propaganda* (New York 1939)

Jacobi, Claus: *Uns bleiben 100 Jahre – Ursachen und Auswirkungen der Bevölkerungsexplosion* (Frankfurt 1986)

Jäger, Margret/Jäger, Siegfried: *Gefährliche Erbschaften* (Berlin 1999)

Jasper, William F.: *Global Tyranny ... Step by Step* (Western Islands 1992)

Joeres, Annika: *Cross Border Leasing – Jetzt zittern die deutschen Städte* (Frankfurt 2008)

Jungk, Robert: *Amerikas Macht und Ohnmacht* (Stuttgart 1952)

Kah, Gary H.: *En Route to Global Occupation* (Lafayette 1991)

Kahn, Mansur U.: *Die geheime Geschichte der amerikanischen Kriege – Verschwörung und Krieg in der US-Außenpolitik* (Tübingen 2003)

Kahn, Mansur: *Das Irak-Komplott* (Tübingen 2004)

Kaplan, Robert T.: *The Coming Anarchy* (Boston 1994)

Kappatsch, Dr. Axel: *Union der Narren. Wie »Europa« die Deutschen ruiniert* (Coburg 2005)

Karathanassis, Athanasios: *Naturzerstörung und kapitalistisches Wachstum* (Hamburg 2003)

Karl, Jonathan: *The Right to Bear Arms – The Rise of America's New Militias* (New York 1995)

Kaufmann, Stefan: *Kommunikationstechnik und Kriegsführung 1815–1945, Stufen telemedialer Rüstung* (München 1996)

Keith, Jim: *Strikeforce for the New World Order* (New Delhi 1994)

Keith, Jim: *Mind Control, World Control* (Illinois 1997)

Keith, Jim (Hrsg.): *Secret and Suppressed: Banned Ideas and Hidden History* (Portland 1993)

Kennedy, Paul: *Aufstieg und Fall der großen Mächte* (Frankfurt 1989)

Kennedy, Paul: *In Vorbereitung auf das 21. Jahrhundert* (Frankfurt 1993)

Kenworthy, Joseph Montague/in Kooperation mit Young, Sir George: *The Freedom of the Seas* (London 1927)

Kepplinger, Hans Martin: *Die Kunst der Skandalisierung und die Illusion der Wahrheit* (München 2004)

Kevles, Daniel J.: *In the Name of Eugenics* (New York 1985)

Keynes, John Maynard: *Vom Gelde* (Berlin 1931/1983)

Kissinger, Henry A.: *Memoiren in zwei Bänden* (München 1979/1982)

Klein, Naomi: *Die Schock-Strategie, der Aufstieg des Katastrophen-Kapitalismus* (Frankfurt a. M. 2007)

Kluge, Alexander/Negt, Oskar: *Öffentlichkeit und Erfahrung* (Frankfurt a. M. 1974)

Knaur, Kulwant: *US and the emerging New World Order* (New Delhi 1994)

Knaut, Horst: *Das Testament des Bösen* (Stuttgart 1979)

Knop, Dr. Ingmar: *Mit der EU in den Abgrund* (München 2004)

Koch, Egmont R.: *Die CIA-Lüge. Folter im Namen der Demokratie* (Berlin 2008)

Koch, Egmont R./Sperber, Jochen: *Die Datenmafia – Computerspionage und neue Informationskartelle* (Hamburg 1996)

Kofler, Birgit: *Kinderlos, na und? Kein Baby an Bord* (Wien 2006)

Kolko, Gabriel: *The Triumph of Conservatism* (Chicago 1967)

König, Johann-Günther: *Alle Macht den Konzernen* (Reinbek 1999)

Köstler, Arthur: *Der Mensch als Irrläufer der Evolution* (München 1991)

Kotkin, Joel: *Stämme der Macht. Der Erfolg weltweiter Clans in Wirtschaft und Politik* (Hamburg 1996)

Krech, Hans: *Vom zweiten Golfkrieg zur Golf-Friedenskonferenz* (Bremen 1996)

Kronberger, Hans: *Blut für Öl. Der Kampf um die Ressourcen* (Wien 1998)

Kühne, Hartmut: *Auslaufmodel Föderalismus? Den Bundesstaat erneuern – Reformblockaden aufbrechen* (München 2005)

Kurnitzky, Horst: *Die unzivilisierte Zivilisation* (Frankfurt 2002)

Kursbuch Verschwörungstheorien (Berlin 1996)

Kurtz, Michael L.: *Crime of the Century* (Knoxville 1982)

Kurz, Robert: *Weltordnungskrieg* (Bad Honnef 2003)

Kurz, Robert: *Das Weltkapital. Globalisierung und innere Schranken des modernen warenproduzierenden Systems* (Berlin 2005)

Lammer, Helmut/Lammer, Marion: *Verdeckte Operationen* (München 1997)

Lammer, Helmut/Lammer, Marion: *Schwarze Forschungen. Geheime Versuche unter Ausschluß der Öffentlichkeit* (München 1999)

Landolt, Roman: *Das Spiel mit dem Feuer einer neuen Weltordnung* (Müstair 1999)

Landscheidt, Theodor: *Solar activity: A dominant factor in climate dynamics* (Bonn conference 1997)

Laughland, John: *The great Deception: The Secret History of the European Union* (London 2003)

Lay, Rupert: *Die Macht der Unmoral, oder: Die Implosion des Westens* (Düsseldorf 1993)

Le Bon, Gustave: *Psychologie der Massen* (Stuttgart 1911/1982)

Lederer, Emil: *Der Massenstaat: Gefahren der klassenlosen Gesellschaft* (Graz/Wien 1995)

Lee, Alfred McClung: *How to Understand Propaganda* (New York 1952)

Leisinger, Klaus M.: *Die sechste Milliarde. Weltbevölkerung und nachhaltige Entwicklung* (München 1999)

Leroux, Penny: *In Banks We Trust* (Garden City 1984)

Levine, Robert: *Die große Verführung. Psychologie der Manipulation* (München 2003)

Leyendecker, Hans: *Die Lügen des Weißen Hauses* (Reinbek 2004)

Liedtke, Rüdiger: *Special: Konzerne* (Reinbek 1995)

Lietaer, Bernard A.: *Das Geld der Zukunft. Über die destruktive Wirkung des existierenden Geldsystems und die Entwicklung von Komplementärwährungen* (München 1999)

Limburg, Michael: *Klimahysterie – was ist dran? Der neue Nairobi-Report über Klimawandel, Klimaschwindel und Klimawahn* (Jena 2009)

Lippmann, Walter: *Public Opinion* (New York 1922)

Löbsack, Theo: *Versuch und Irrtum. Der Mensch: Fehlschlag der Natur* (München 1974)

Löbsack, Theo: *Das unheimliche Heer* (Frankfurt 1989)

Löbsack, Theo: *Unterm Smoking das Bärenfell – Was aus der Urzeit noch in uns steckt* (Frankfurt 1990)

Löbsack, Theo: *Die letzten Jahre der Menschheit* (Frankfurt 1992)

Lohoff, Ernst/Trenkle, Norbert/Lewed, Karl-Heinz/Wölflingseder, Maria (Hrsg.): *Dead Men Working. Gebrauchsanweisungen zur Arbeits- und Sozialkritik in Zeiten kapitalistischen Amoklaufs* (Münster 2004)

Löpfe, Philip/Vontobel, Werner: *Der Irrsinn der Reformen – Warum mehr Wettbewerb und weniger Staat nicht zu mehr Wohlstand führen* (Zürich 2005)

Lovelock, John: *Gaias Rache. Warum die Erde sich wehrt* (Berlin 2007)

Lunev, Stanislaw: *Through the Eyes of the Enemy* (Washington 1998)

Luttwak, Edward: *The Coup d'Etat: A Practical Handbook* (London 1968)

Lutzenberger, José/Schwartzkopff, Michael: *Giftige Ernte – tödlicher Irrweg* (Berlin 1993)

Machen, Arthur: *Furcht und Schrecken* (1917/München 1993)

Mackay, Judith: *Der Welt-Gesundheitsatlas* (Bonn 2006)

Madsen, Wayne: *Moralischer Bankrott. Der amerikanische Offenbarungseid* (Wassertrüdingen 2006)

Maler, Juan: *Verschwörung* (Buenos Aires 1978)

Man, Henrik de: *Vermassung und Kulturverfall: Eine Diagnose unserer Zeit* (Berlin 1951/1970)

Mandel, Michael: *How America Gets Away with Murder* (New York 2005)

Mander, Jerry/Goldsmith, Edward (Hrsg.): *Schwarzbuch Globalisierung. Eine fatale Entwicklung mit vielen Verlierern und wenigen Gewinnern* (München 2004)

Mander, John/Cavanough, John (Hrsg.): *Eine andere Welt ist möglich. Alternativen zur Globalisierung* (München 2003)

Mangott, Gerhard: *Der russische Phönix. Das Erbe aus der Asche* (Wien 2009)

Manvell, Roger/Fraenkel, Heinrich: *The Incomparable Crime. Mass Extermination in the 20th Century* (London 1967)

Marchetti, Victor/Marks, John D.: *The CIA and the Cult of Intelligence* (New York 1975)

Markhof, Georg J. E.: *Der verspielte Wohlstand* (Graz 2000)

Martin, Hans-Peter/Schumann, Harald: *Die Globalisierungsfalle* (Reinbek 1996)

Martin, Hans-Peter: *Die Europafalle* (München 2009)

Maser, Werner: *Fälschung, Dichtung und Wahrheit in der Zeitgeschichtsschreibung* (München 2004)

Mayer, Frederick: *Wahnsinn USA* (Wien 1984)

McArthur, John R.: *Die Schlacht der Lügen – Wie die USA den Golfkrieg verkauften* (München 1994)

McChesney, Robert W.: *Corporate Media and the Threat to Democracy* (New York 1997)

McManus, John F.: *The Insiders: Architects of the New World Order* (Appleton 1992)

McRae, Hamish: *The World in 2020* (London 1995)

Meadows, Donella/Meadows, Dennis L./Randers, Jørgen/Behrens III., William W.: *Die Grenzen des Wachstums – Bericht des Club of Rome zur Lage der Menschheit* (München 1972)

Meadows, Donella/Meadows, Dennis L./Randers, Jørgen: *Die neuen Grenzen des Wachstums* (Reinbek 1993)

Meadows, Donella/Meadows, Dennis L./Randers, Jørgen: *Grenzen des Wachstums – Das 30-Jahre-Update* (Stuttgart 2006)

Mechtersheimer, Alfred: *Handbuch Deutsche Wirtschaft 2005/2006. Internationale Konzerne kaufen Deutschlands Unternehmen auf – Politik und Verbraucher machtlos?* (Starnberg 2005)

Menzel, Ulrich: *Das Elend der Dritten Welt und das Scheitern der großen Theorie* (Frankfurt 1992)

Merz, Friedrich/Glos, Michael (Hrsg.): *Soziale Marktwirtschaft im 21. Jahrhundert* (München 2005)

Meves, Christa: *Verführt. Manipuliert. Pervertiert – Die Gesellschaft in der Falle modischer Irrlehren* (Gräfeling 2004)

Meyssan, Thierry: *11. September 2001. Der inszenierte Terrorismus – Auftakt zum Welt-brand?* (Bad Wildungen 2002)

Michael, Heinrich: *Kritik der politischen Ökonomie* (Stuttgart 2004)

Mies, Maria: *Krieg ohne Grenzen. Die neue Kolonialisierung der Welt* (Köln 2006)

Mies, Maria/Werlhof, Claudia von: *Lizenz zum Plündern* (Hamburg 1998)

Mikoletzky, Hans Leo (Hrsg.): *Geschichte lebt* (Wien 1958)

Mises, Ludwig von: *Liberalismus* (Jena 1927)

Moench, Doug/Stang, Rev. Ivan: *The Big Book Of Conspiracies* (New York 1995)

Morelli, Anne: *Die Prinzipien der Kriegspropaganda* (Springe 2004)

Morris, Dick: *The New Prince: Machiavelli Updated for the Twenty-First Century* (Los Angeles 1999)

Morris, Desmond: *Der Menschen-Zoo* (München 1969)

Morris, Desmond: *Das Tier Mensch* (München 1994)

Morris, Desmond: *Menwatching. Reisen zur Erforschung der Spezies Mensch* (München 2002)

Moscovici, Serge: *Das Zeitalter der Massen: Eine historische Abhandlung über die Massen-psychologie* (München 1984)

Möstl, Markus: *Verfassung für Europa* (München 2005)

Moyers, Bill: *The Secret Government* (Washington 1988)

Müller, Albrecht: *Die Reformlüge. 40 Denkfehler, Mythen und Legenden, mit denen Poli-tik und Wirtschaft Deutschland ruinieren* (München 2004)

Müller, Manfred J. W.: *Die Klimalüge* (Wiesbaden 1997)

Müller, Wolfgang: *Die großen Wirtschaftslügen. Raffgier mit System* (München 2009)

Mullins, Eustace C.: *The World Order* (Boring 1984)

Mullins, Eustace C.: *Our Secret Rulers* (New York 1996)

Mullins, Eustace C./Bohlinger, Roland: *Die Bankierverschwörung* (Struckum 1980)

Napoleoni, Loretta: *Ökonomie des Terrors. Auf den Spuren des Dollars hinter dem Terro-rismus* (München 2005)

Napoleoni, Loretta: *Die Zuhälter der Globalisierung* (München 2008)

Nelson-Pallmeyer, Jack: *Brave New World Order – Must we pledge Allegiance?* (New York 1993)

Norden, Albert: *So werden Kriege gemacht!* (Berlin 1968)

Norman, Solomon: *War Made Easy: How Presidents and Pundits Keep Spinning Us to Death* (New York 2005)

Nowak, Karl W.: *Friedenskrieg. Die Errichtung des geheimen Weltreichs* (Mödling 1996)

Nozick, Robert: *Anarchie – Staat – Utopia* (München 2009)

O'Grady, Olivia: *The Beasts of the Apocalypse* (New York 1959)

Ogger, Günter: *Kauf dir einen Kaiser* (München 1978)

Ogger, Günter: *Nieten in Nadelstreifen* (München 1992)

Ogger, Günter: *Die Ego AG. Überleben in der Betrüger-Wirtschaft* (München 2005)

Opoczynski, Michael: *Die Blutsauger der Nation. Wie ein entfesselter Kapitalismus uns ruiniert* (Coburg 2005)

Orwell, George (eigentl.: Eric Blair): *1984* (New York 1949)

Ötsch, Walter: *Handbuch für Demagogie* (Wien 2000)

Ovason, David: *Der Dollar. Die Enthüllung seiner geheimen Symbole und deren verborge-ner Magie* (Rottenburg 2005)

Packard, Vance: *The Hidden Persuaders* (New York 1957)

Packard, Vance: *The People Shapers* (London 1978)

Packard, Vance: *Die Ultra-Reichen* (Düsseldorf 1990)

Pakraduny, Tigran: *Die Welt der geheimen Mächte* (Wiesbaden 1981)

Palast, Greg: *Armed Madhouse: Who's Afraid of Osama Wolf?* (New York 2006)

Passos, John dos: *Mr. Wilson's War* (New York 1962)

Paye, Jean-Claude: *Das Ende des Rechtsstaats. Demokratie im Ausnahmezustand* (Zürich 2005)

Peikoff, Leonard: *The Ominous Parallels* (New York 2001)

Pelletière, Stephen: *Iraq and the International Oil System. Why America went to War in the Gulf* (Westport 2001)

Perkins, John: *Bekenntnisse eines Economic Hit Man* (Frankfurt 2004)

Pfeiffer, Heinz: *Brüder des Schattens* (Zürich 1984)

Phillips, Peter: *Democracy in Action – Censored 2004. The Top 25 Censored Stories* (New York 2004)

Pilger, John: *Hidden Agendas* (London 1998)

Pilger, John: *War American Style. The Great Power Game* (Petrolia 2001)

Pilger, John: *The New Rulers of the World* (London 2002)

Pilger, John: *Verdeckte Ziele. Über den modernen Imperialismus* (Frankfurt a. M. 2004)

Pipes, Daniel: *Verschwörung* (München 1998)

Pizzo, Stephen/Muolo, Paul/Fricker, Mary: *The Looting of America's Savings and Loans* (New York 1989)

Polanyi, Karl: *The Great Transformation. Politische und ökonomische Ursprünge von Gesellschaften und Wirtschaftssystemen* (Frankfurt 1944/1995)

Ponsonby, Arthur: *Lügen in Kriegszeiten* (Berlin 1930)

Postman, Neil/Weingartner, Charles: *Teaching as a Subversive Activity* (New York 1971)

Potter, Elmar B. u. a.: *Seemacht* (Herrsching 1982)

Prause, Gerhard: *Niemand hat Kolumbus ausgelacht – Fälschungen und Legenden der Geschichte richtiggestellt* (Düsseldorf 1986)

Prestowitz, Clyde: *Schurkenstaat. Wohin steuert Amerika?* (Düsseldorf 2004)

Proctor, Hansl: *Years of Plunder* (New York 1935)

Prouty, Leroy Fletcher: *The Secret Team – The CIA and its Allies in Control of the United States and the World* (New Jersey 1973)

Quigley, Caroll: *Tragedy and Hope – A History of the World in our Time* (California 1994)

Raeithel, Gert: *Geschichte der nordamerikanischen Kultur. 1600 bis 2002.* 3 Bände. (Frankfurt 2003)

Ranelagh, John: *The Agency* (London 1986)

Rattray, Taylor Gordon: *The Biological Timebomb* (London 1966)

Reed, Douglas: *Der große Plan der Anonymen* (Zürich 1952)

Reilly, Philip R.: *The Surgical Solution: A History of Involuntary Sterilization in the United States* (Baltimore 1991)

Reimon, Michel/Felber, Christian: *Schwarzbuch Privatisierung. Wasser – Schulen – Krankenhäuser – Was opfern wir noch dem freien Markt?* (Wien 2003)

Reimon, Michel/Weixler, Helmut: *Die sieben Todsünden der EU* (Wien 2006)

Reisach, Ulrike: *Die Amerikanisierungsfalle* (Berlin 2007)

Reischl, Gerhard: *Im Visier der Datenjäger* (Wien 1998)

Reisegger, Gerhoch: *Wir werden schamlos irregeführt! Vom 11. September zum Irak-Krieg* (Thalheim 2003)

Rétyi, Andreas von: *Die unsichtbare Macht. Hinter den Kulissen der Geheimgesellschaften* (Rottenburg 2002)

Rich, Frank: *The Greatest Story Ever Sold: The Decline and Fall of Truth from 9/11 to Katrina* (London 2006)

Richter, Karl: *Tödliche Bedrohung USA* (Tübingen 2003)

Ridgeway, James: *The March to War* (New York 1991)

Riedl, Rupert/Kreuzer, Franz: *Die überschätzte Vernunft* (Hamburg 1983)

Rifkin, Jeremy: *Das Zeitalter des Zugriffs* (Frankfurt 2000)

Rifkin, Jeremy: *Das Ende der Arbeit und ihre Zukunft* (Frankfurt 2004)

Rifkin, Jeremy: *Access – das Verschwinden des Eigentums* (Frankfurt 2007)

Ritter, Manfred/Zeitler, Klaus: *Armut durch Globalisierung – Wohlstand durch Regionalisierung* (Graz 2000)

Roberts, John M.: *The Mythology of Secret Societies* (New York 1972)

Robertson, Pat: *The New World Order* (Dallas 1991)

Rosenkranz, Barbara: *MenschInnen. Gender Mainstreaming. Auf dem Weg zum geschlechtslosen Menschen* (Graz 2008)

Roser, Ellen: *US-Cross-Border-Leasing* (Aachen 2003)

Ross, Colin: *Welt auf der Waage* (Leipzig 1929)

Ross, Colin: *Die westliche Hemisphäre* (Leipzig 1942)

Roß, Jan: *Was bleibt von uns? Das Ende der westlichen Weltherrschaft* (Berlin 2008)

Rossum, Walter von (Hrsg.): *Schwarzbuch Deutschland. Das Handbuch der vermissten Informationen* (Reinbek 2007)

Roth, Jürgen: *Ermitteln verboten. Warum die Polizei den Kampf gegen die Kriminalität aufgegeben hat* (Reinbek 2007)

Roszak, Theodore: *The Making of a Counter Culture* (New York 1968)

Roszak, Theodore: *Alarmstufe Rot. Amerikas Wildwest-Kapitalismus bedroht die Welt* (München 2008)

Roth, Jürgen: *Die Mitternachtsregierung* (Hamburg 1990)

Rowse, Edward/Fish, Louis: *Fundamentals of Advertising* (United States Armed Forces Institute, Washington 1943/1948)

Rügemer, Werner: *Cross Border Leasing. Ein Lehrstück zur globalen Enteignung der Städte* (Münster 2004)

Rügemer, Werner: *Die Berater. Ihr Wirken in Staat und Gesellschaft* (Bielefeld 2004)

Rühl, Lothar: *Das Reich des Guten. Machtpolitik und globale Strategie Amerikas* (Stuttgart 2005)

Ruppert, Michael C: *Crossing the Rubicon – The Decline of the American Empire at the End of the Age of Oil* (Gabriola Island 2004)

Salinger, Pierre/Laurent, Eric: *Krieg am Golf. Das Geheimdossier* (Rottenburg 2003)

Samhaber, Ernst: *Das Geld. Eine Kulturgeschichte* (München 1964)

Sampson, Anthony: *Globalmacht Geld* (Hamburg 1990)

Sampson, Anthony: *The Seven Sisters. The Great Oil Companies & The World they shaped* (New York 1978)

Sampson, Ronald V.: *The Psychology of Power* (New York 1966)

Schaar, Peter: *Das Ende der Privatsphäre. Der Weg in die Überwachungsgesellschaft* (München 2008)

Schafarschik, Walter (Hrsg.): *Herrschaft durch Sprache: Politische Reden* (Stuttgart 1973)

Schäfer, Wilhelm: *Der kritische Raum: Der zweite Grad des Überlebens. Rettung oder Population* (Frankfurt 1972)

Schätzing, Frank: *Der Schwarm* (Köln 2004)

Scheflin, Alan/Opton jr., Edward: *The Mind Manipulators* (London 1978)

Scheuer, Michael F. (Anonymus): *Imperial Hubris* (Washington 2004)

Scheunemann, Egbert: *Der Jahrhundertfluch. Neoliberalismus, Marktradikalismus und Massenarbeitslosigkeit. Eine allgemeinverständliche Erklärung der Zusammenhänge* (Münster/Hamburg/London 2004)

Schimmek, Tom: *Das Massenmedienmonster* (Frankfurt a. M. 2009)

Schlosser, Eric: *Die scheinheilige Gesellschaft. Sex, Drogen und Schwarzarbeit – die dunkle Seite der USA* (München 2003)

Schmutzer, Heinz B.: *Auch bei uns leben Millionen Menschen zuviel* (Salzburg 1986)

Schneider, Wolf: *Unsere tägliche Desinformation. Wie die Massenmedien uns in die Irre führen* (Hamburg 2003)

Schreiber, Georg/Schreiber, Hermann: *Geheimbünde von der Antike bis heute* (Augsburg 1992)

Schuberth, Winfried: *Klimawandel – Dichtung und Wahrheit* (Wien 2009)

Schüddekopf Otto-Ernst: *Der erste Weltkrieg* (Gütersloh 1977)

Schui, Herbert: *Neoliberalismus – Der Versuch, die Konzentration von Einkommen und Vermögen zu legitimieren* (Heilbronn 1996)

Schuler, Thomas: *Immer im Recht. Wie Amerika sich und seine Ideale verrät* (München 2003)

Schulze, Marianne (Projektleitung): *Wie geschah es wirklich? Den Geheimnissen der Weltgeschichte auf der Spur* (Stuttgart 1990)

Schuster, Georg: *Geheime Gesellschaften, Verbindungen und Orden* (Dreieich 1905)

Schwab, Günther: *Der Tanz mit dem Teufel* (Hameln 1958)

Schwinge, Erich: *Machtmißbrauch der Medien* (Tübingen 2003)

Scott, Ernest: *Die Geheimnisträger – Auf den Spuren der verborgenen Baumeister der Evolution* (München 1989)

See, Hans: *Kapitalverbrechen – die Verwirtschaftung der Moral* (Düsseldorf 1990)

Seifert, Thomas/Werner, Klaus: *Schwarzbuch Öl. Eine Geschichte von Gier, Krieg, Macht und Geld* (Wien 2005)

Senf, Bernd: *Der Tanz um den Gewinn* (Lütjenburg 2005)

Short, Martin: *Inside the Brotherhood* (Glasgow 1989)

Shuler, Conrad: *Unter Brüdern. Die USA, Europa und die Neuordnung der Welt* (Köln 2005)

Sichelschmidt, Gustav: *Amerikanismus. Weltfeind Nr. 1* (Landsberg 1990)

Simpson, Colin: *Die Lusitania* (Frankfurt 1973)

Sims, W.: *Über den U-Boot-Krieg* (Berlin 1919)

Singer, Fred S. (Hrsg.): *Die Natur, nicht menschliche Aktivität, bestimmt das Klima* (Jena 2008)

Singer, Peter Warren: *Die Kriegs AG* (Frankfurt 2006)

Sklar, Holly (Hrsg.): *Trilateralism – The Trilateral Commission and Elite Planning for World Management* (Boston 1980)

Smoot, Dan: *The Invisible Government* (Boston 1965)

Snow, Nancy: *American Propaganda, Free Speech, and Opinion Control Since 9/11* (New York 2003)

Snow, Nancy: *Propaganda, Inc.: Behind The Curtain at the U.S.I.A.* (www.nancysnow.com)

Snyder, Ernst E.: *Todeskandidat Erde* (München 1972)

Sontag, Sherry/Drew, Christopher: *Blind Man's Bluff: The Untold Story of American Submarine Espionage* (New York 1998)

Spataro, Mario: *Der europäische Knebel – Wie Europa die Freiheit tötet* (Rom 2002)

Stahlhofen, Paul: *Programmierter Wahnsinn. Wer manipuliert Deutschland?* (Coburg 2004)

Stein, Conrad C.: *Die Geheime Weltmacht. Die schleichende Revolution gegen die Völker* (Tübingen 2003)

Steinhardt, Martina Dr.: *Der stille Holocaust* (Wien 1985)

Steppan, Rainer: *Versager im Dreiteiler. Wie Unternehmensberater die Wirtschaft ruinieren* (Frankfurt 2003)

Stiegnitz, Peter: *Die großen Lügen der kleinen Politiker* (Klosterneuburg 2004)

Stiegnitz, Peter: *Die Luzifer-Methode* (Klosterneuburg 2009)

Stiglitz, Joseph E.: *Die Schatten der Globalisierung* (München 2004)

Strange, Nicholas: *Keine Angst vor Methusalem. Warum wir mit dem Altern unserer Bevölkerung gut leben können* (Röse 2006)

Stringfield, Leonard H.: *Im Allerheiligsten der Geheimdienste und des U.S. Militärs* (Rottenburg 1996)

Ström, Pär: *Die Überwachungsmafia. Das lukrative Geschäft mit unseren Daten* (München 2008)

Sturdza, Prince Michael: *The Suicide of Europe* (Boston 1968)

Summers, Anthony: *Conspiracy* (New York 1989)

Sutton, Anthony C.: *Roosevelt und die internationale Hochfinanz* (München 1975)

Sutton, Anthony C: *America's Secret Establishment* (Billings 1986)

Tansill, Charles Callan: *America Goes To War* (Boston 1938)

Tarpley, Webster Griffin: *Barack Obama. Wie ein US-Präsident gemacht wird* (Rottenburg 2008)

Taylor, Gordon Rattray: *The Biological Timebomb* (London 1966)

Taylor, Gordon Rattray: *The Doomsday Book* (London 1970)

Thielen, Helmut (Hrsg.): *Der Krieg der Köpfe – Vom Golfkrieg zur Neuen Weltordnung* (Bad Honnef 1991)

Thompson, Damian: *Das Ende der Zeiten* (München 1999)

Thum, Gladys/Thum, Marcella: *The Persuaders: Propaganda in War and Peace* (New York 1972)

Thüne, Wolfgang: *Kohlendioxid ist kein Klimakiller* (Saarbrücken 1996)

Thüne, Wolfgang: *Der Treibhaus-Schwindel* (Saarbrücken 1999)

Tilgner, Ulrich: *Der inszenierte Krieg* (Berlin 2004)

Toffler, Alvin: *Future Schock* (New York 1970)

Toffler, Alvin: *The Third Wave* (New York 1987)

Toffler, Alvin: *Power Shift* (Aylesbury 1991)

Toffler, Alvin: *War and Anti-War* (New York 1993)

Tuchmann, Barbara: *Die Torheit der Regierenden* (Frankfurt 1986)

Tye, Larry: *The Father of Spin: L. Bernays and the Birth of Public Relations* (New York 2001)

Uessler, Rolf: *Krieg als Dienstleistung. Private Militärfirmen zerstören die Demokratie* (Berlin 2006)

Ulfkotte, Udo: *So lügen Journalisten. Der Kampf um Quoten und Auflagen* (München 2002)

Ulfkotte, Udo: *SOS Abendland. Die schleichende Islamisierung Europas* (Rottenburg 2008)

United Nations (Hrsg.): *Human Development-Report 2004* (Sommer 2005)

United Nations (Hrsg.): *Human Development-Report 2005* (Herbst 2006)

United Nations (Hrsg.): *Human Development-Report 2006* (Sommer 2007)

United Nations (Hrsg.): *Human Development-Report 2007* (Sommer 2008)

United Nations (Hrsg.): *Human Development-Report 2008* (Frühling 2009)

United Nations (Hrsg.): *World Population Prospects* (New York 1985–2008)

Vallée, Jacques: *The Invisible College* (New York 1975)

Vankin, Jonathan/Whalen, John: *The 60 Greatest Conspiracies of all Time* (Secaucus 1996)

Vicary, James: *Die unterschwellige Werbung im Dienste des Absatzes* (Hamburg 1959)

Virilio, Paul: *New York im Delirium* (München 1998)

Von Balanyá, Belén/Doherty, Ann/Hoedemann, Olivier/Ma'anit, Adam/Wesselius, Erik: *Konzern Europa. Die unkontrollierte Macht der Unternehmen* (Zürich 2001)

Votsos, Theo: *Der Begriff der Zivilgesellschaft bei Antonio Gramsci* (Berlin 2001)

Wagemann, Dr. Ernest: *Wo kommt das viele Geld her?* (Düsseldorf 1940)

Wagner, Bruno: *Business ist wie Krieg führen* (Frankfurt 2004)

Walker, Martin J.: *Dirty Medicine – Science, Big Business and the Assault on Natural Health Care* (London 1993)

Wallace, William: *The Transformation of Western Europe* (London 1990)

Watrin, Konrad: *Shock and Awe – 11. September – Irak Krieg – Masterplan für den Nahen Osten* (München 2004)

Webster, Nesta H.: *The Plot Against Civilization* (London 1921)

Webster, Nesta H.: *Secret Societies* (New York 1924)

Wehrenalp, Erwin Barth von: *Man sollte es nicht für möglich halten – Unglaubliches aus der Weltgeschichte* (Düsseldorf 1988)

Weiss, Hans/Schmiederer, Ernst: *Asoziale Marktwirtschaft. Insider aus Politik und Wirtschaft enthüllen, wie die Konzerne den Staat ausplündern* (Köln 2005)

Wells, Herbert G.: *The New World Order* (New York 1940)

Welzer, Harald: *Klima-Kriege. Wofür im 21. Jahrhundert getötet wird* (Frankfurt a. M. 2008)

Wendling, Peter: *Die Unfehlbaren – die Geheimnisse exklusiver Klubs, Logen und Zirkel* (Zürich 1991)

White, Theodore: *Der Präsident wird gemacht* (Köln/Berlin 1963)

Wilgus, Neal: *The Illuminoids* (New York 1979)

Wilson, Colin: *A Criminal History of Mankind* (London 1986)

Wilson, Edward. O.: *Die Zukunft des Lebens* (Berlin 2002)

Winkler, Ernst: *Theorie der natürlichen Wirtschaftsordnung* (Heidelberg 1952)

Winter, Rolf: *USA go home. Plädoyer für den Abschied von einem gewalttätigen Land* (Hamburg 1989)

Wise, David/Ross, Thomas B.: *The Invisible Government* (New York 1965)

Wisnewski, Gerhard: *Verschlusssache Terror. Wer die Welt mit Angst regiert* (München 2007)

Wisnewski, Gerhard: *Verheimlicht – vertuscht – vergessen. Was 2008 nicht in der Zeitung stand* (München 2009)

Wohlmeyer, Heinrich: *Globales Schafe Scheren. Gegen die Politik des Niedergangs* (Klosterneuburg 2006)

Wolf, Naomi: *Wie zerstört man eine Demokratie. Das 10-Punkte-Programm* (München 2008)

Wolf, Winfried: *In den letzten Zügen. Bürgerbahn statt Börsenwahn – zur Kritik der Bahnprivatisierung* (Hamburg 2006)

Wright, Evan: *Generation Kill* (Frankfurt a. M. 2005)

Wright, Micah Ian: *He Sie da! Keine Fragen bitte! Oder wir inhaftieren Sie illegal in Guantanamo* (München 2004)

Yergin, Daniel: *Der Preis. Die Jagd nach Öl, Geld und Macht* (Frankfurt 1991)

Zastrow, Volker: *Gender. Politische Geschlechtsumwandlung* (Leipzig 2006)

Zeller, Christian (Hrsg.): *Die globale Enteignungsökonomie* (Münster 2004)

Zeger, Dr. Hans G.: *Paralleluniversum 2.0. Wie Online-Netzwerke unsere Gesellschaft verändern* (Wien 2009)

Ziegler, Jean: *Die neuen Herrscher der Welt und ihre globalen Widersacher* (München 2003)

Zinn, Howard: *Amerika, der Terror und der Krieg* (Freiburg 2003)

Zunnek, Karl-Heinz: *Countdown zum 3. Weltkrieg? Der 11. September, der Irak-Konflikt und die Verschwörung zur US-Weltherrschaft* (Rottenburg 2003)

... Sowie zahlreiche Zeitschriften und Publikationen, weiteres reichliches Archivmaterial aus unterschiedlichen, privaten und öffentlich zugänglichen Quellen (von der »Library of Congress« in Washington bis zur österreichischen Nationalbibliothek ...) wie auch aus TV- und Filmdokumentationen sowie aus dem Internet, einschließlich Onlinediensten.

Namens- und Stichwortverzeichnis

C

294

298

Der wöchentliche Informationsdienst des Kopp Verlags mit brisanten Hintergrundanalysen

www.kopp-exklusiv.de

Informationen, die Ihnen die Augen öffnen

Werfen Sie einen Blick hinter die Kulissen der Macht – und erfahren Sie, was die Massenmedien Ihnen verschweigen!

Das Informationsangebot erscheint in einer globalisierten und vernetzten Welt schier unermesslich. Dennoch gleichen sich die Schlagzeilen der Tageszeitungen, die Aufmacher in Funk und Fernsehen. Dabei gibt es regelmäßig wichtige Nachrichten, Informationen und Zusammenhänge, die nicht veröffentlicht werden. Vor diesem Hintergrund wurde *Kopp Exklusiv* ins Leben gerufen. *Kopp Exklusiv* soll Lesern jene Informationen aus Deutschland und der Welt liefern, die (noch) nicht in den Massenmedien veröffentlicht werden.

▶ *Kopp Exklusiv* wird grundsätzlich nicht an die Presse verschickt und dient ausschließlich zu Ihrer persönlichen Information. Jede Ausgabe ist gründlich recherchiert, im Klartext geschrieben und setzt Maßstäbe für einen kritischen Informationsdienst, der nur unter ausgewählten Lesern zirkuliert und nur im Abonnement zu beziehen ist.

▶ *Kopp Exklusiv* ist unabhängig von Parteien, Banken, Konzernen und Anzeigenkunden. Verpflichtet sind wir nur dem Leser. Und wenn es sein muss, verzichten wir gerne darauf, politisch korrekt zu sein.

▶ *Kopp Exklusiv* blickt hinter die Kulissen. In *Kopp Exklusiv* finden Sie Woche für Woche Hintergrundanalysen und vertrauliche Informationen aus Politik und Finanzen sowie Militär und Geheimdiensten, die Sie in den Massenmedien vergeblich suchen.

▶ *Kopp Exklusiv* ist kompetent und zuverlässig. Eine Auswahl der besten Enthüllungsjournalisten schreiben für *Kopp Exklusiv*. Sie finden hier so bedeutende Namen wie Bruno Bandulet, Jürgen Elsässer, F. William Engdahl, Michael Grandt, Andreas von Rétyi, Jürgen Roth, Udo Ulfkotte oder Gerhard Wisnewski. Jede Ausgabe ist sorgfältig recherchiert und jede Ausgabe profitiert von den langjährigen Erfahrungen und den sensiblen Kontakten dieser Spezialisten. Es wird Klartext geschrieben. So knapp wie möglich, so ausführlich wie nötig. Jeder Beitrag setzt Maßstäbe für einen Informationsdienst.

Fünf gute Gründe,
warum Sie *Kopp Exklusiv*
regelmäßig lesen sollten!

NEU!
Heute noch ABONNIEREN!
Keine Ausgabe verpassen!

▶ Werfen Sie einen Blick hinter die Kulissen der Macht!
Erfahren Sie, was die Massenmedien Ihnen verschweigen.

▶ Profitieren Sie vom Insiderwissen der besten
Enthüllungsjournalisten Deutschlands.

▶ Leisten Sie sich den Luxus einer eigenen Meinung!
Informieren Sie sich unabhängig.

▶ Erfahren Sie brisante und wichtige Dinge früher als andere.
Das sichert Ihnen einen unschätzbaren Wissensvorsprung!

▶ Sparen Sie Zeit! Lassen Sie ein Team von Spezialisten die
Flut an Nachrichten für Sie auswerten. Sie werden kurz,
knapp und präzise informiert!

**Lernen Sie *Kopp Exklusiv* kennen und bestellen Sie jetzt
Ihr kostenloses Probe-Exemplar!**

Jetzt bestellen unter: Tel. (0 74 72) 98 06-10
www.kopp-exklusiv.de